AF861203

L’argent des Français

CHEZ LE MÊME ÉDITEUR

Vive la crise et l'inflation (en collaboration avec Alain Plessis), Hachette, 1983.

Empire colonial et capitalisme français, Histoire d'un divorce, Albin Michel, 1984 ; réédition collection « Evolution de l'humanité », Albin Michel, 2005. Prix des Ambassadeurs, 2005.

L'Age d'or de la France coloniale, Albin Michel, 1987.

Le Temps des chemins de fer en France (en collaboration avec Clive Lamming), Nathan, 1987.

La France travaille trop. Eloge du jeune rentier, Albin Michel, 1989.

Lettre ouverte aux Français qui s'usent en travaillant et qui pourraient s'enrichir en dormant, Albin Michel, 1992.

C'est beau la France ! Pour en finir avec le masochisme français, Plon, 1993.

Nouvelle histoire de la France, Perrin, 1999.

France, terre de luxe, Editions de la Martinière, 2000.

Le Grand Gaspillage, Perrin, 2005 ; collection « Tempus », 2005.

Les Wendel 1700-2004, Perrin, 2004.

Les 100 dates de la France en guerre : 1939-1945, Perrin, 2004.

« Françaises, Français », le goût de vivre 1944-1968 (en collaboration avec Janine Niepce), Imprimerie nationale, 2005.

La Guerre des deux France, Perrin, 2004 ; collection « Tempus », 2005, prix Jean-Fourastié 2005.

Du bon usage de la guerre civile en France, Perrin, 2006 ; collection « Tempus », 2006.

Les Bons Chiffres pour ne pas voter nul en 2007, Perrin, 2007.

Mécénat des dynasties industrielles et commerciales, Perrin, 2008.

Pour en savoir plus
sur les Editions Perrin
(catalogue, auteurs, titres,
extraits, salons, actualité...),
vous pouvez consulter notre site internet :

www.editions-perrin.fr

Jacques Marseille

L'argent des Français

Les chiffres et les mythes

PERRIN
www.editions-perrin.fr

© Perrin, 2009
ISBN 978-2-262-02253-3

Introduction

Au secours ! Zola revient

La crise financière a agi comme une piqûre de rappel sur une hantise séculaire des Français : leur pouvoir d'achat baisserait, la pauvreté exploserait et les inégalités s'accroîtraient de manière telle qu'elles annuleraient presque un demi-siècle de croissance. 57 % des personnes âgées de 20 à 30 ans pensent qu'elles vivront moins bien que leurs parents. 47 % des Français estiment même qu'ils pourraient devenir un jour sans-abri. Apparaissent des « nouveaux pauvres », femmes et hommes cisaillés par les licenciements, qui deviennent les cibles favorites des marchands de sommeil prospérant sur la misère humaine. Des femmes et des hommes qui doivent se contenter de 448 euros par mois, le montant versé aux bénéficiaires du revenu minimum pour se loger, se nourrir et se déplacer. De CDI en CDD, de CDD en temps partiel, de temps partiel en intérim ou en travail au noir, ils seraient des dizaines de milliers à glisser ainsi vers la précarité, jusqu'à ce qu'une infortune quelconque – séparation, endettement, maladie – les pousse dans la rue.

Dans le même temps mûrissent « les raisins de la colère ». L'idée que les responsables du désastre financier continueraient de s'enrichir alors que chômage et récession menacent alimente une colère populaire qui puise sa légitimité dans les dérives d'un système dont les élites auraient perdu le sens des valeurs morales. Est-il normal que des dirigeants quittent les poches pleines une entreprise affichant des pertes colossales et annonçant des licenciements massifs ? Que penser d'un Noël Forgeard, ancien patron d'EADS, exerçant ses « options » dans des conditions que sinon la loi, du moins la morale réprouve ? Que penser du patron de Suez, encaissant en 2003 un bonus de 1,59 million d'euros alors que son entreprise enregistre une perte de 2,3 milliards d'euros ? Que penser d'Antoine Zacharias, résidant en Suisse, « arrachant » à Vinci 2,2 millions d'euros de retraite par an jusqu'à la fin de ses jours alors que le revenu moyen des Français ne dépasse pas 1 800 euros par mois ?

Autant de « scandales » qui aigrissent les humeurs, plongent le pays dans la sinistrose et font croire aux Français qu'ils sont devenus les victimes d'un monde sans foi ni loi où l'opulence des uns se nourrit de la misère des autres. Des loyers qui s'envolent, des bailleurs de plus en plus exigeants, des immeubles vendus à la découpe, des salariés en voie de « smicardisation », entre un et deux millions d'enfants vivant sous le seuil de pauvreté, des patrons sans pudeur s'offrant des rémunérations sans rapport avec les performances de leurs entreprises, des prélèvements qui explosent : la « fracture sociale » ne cesserait de s'aggraver. Bref, à en croire tous ceux qui se penchent sur la nouvelle « question sociale », la France du début du XXIe siècle serait redevenue une société profondément inégalitaire, semblable à celle que fustigeait Emile Zola à la fin du XIXe siècle. A cette date, les maîtres de forge servaient de plastron à la colère des chômeurs. Aujourd'hui, ce sont les patrons du CAC 40. A cette date, les corons alignaient leurs rangées de maisons collées dos à dos plantées au milieu de jardins sales qu'encombraient des arbustes maigres et des vieux ustensiles rouillés. Aujourd'hui, des centaines de milliers de personnes vivraient dans des chambres de bonne, des hôtels au mois ou des HLM « ghettoïsés ». Un demi-siècle après le phénomène qui avait révolté l'abbé Pierre à l'hiver 1954, des femmes et des hommes s'useraient au travail sans pouvoir s'offrir en retour un toit et une vie seulement décente, réduits à la soupe populaire du Secours catholique ou aux nuitées du Samu social.

Un siècle de croissance pour rien ? Telle est la redoutable interrogation posée à ceux qui entendent mesurer les faits et en comprendre les évolutions. Les faits ? En un peu plus d'un siècle, de la mort d'Emile Zola (1902) à aujourd'hui, le revenu par habitant de la France est passé, en monnaie constante, d'un peu plus de 2 200 euros à un peu moins de 22 000 euros. Dans le même temps, toujours, le temps de travail a été divisé par deux. Autant dire que le « prolétaire » a vu son pouvoir d'achat multiplié par dix et son temps de travail divisé par deux. Immense progrès ou formidable illusion ? Mythe ou réalité ? Telle est la question à laquelle ce livre souhaite répondre.

Première partie

1,6 %

« Enrichissez-vous ! » Cette injonction célèbre prononcée en 1843 par François Guizot, alors ministre des Affaires étrangères et véritable chef du gouvernement de Louis-Philippe, est sans doute l'une des formules qui ont le plus gravement nui à la santé morale des Français, en leur faisant croire que libéralisme se conjugue fatalement avec conservatisme et qu'économie de marché fait toujours bon ménage avec accroissement des inégalités. « Enrichissez-vous », ce célèbre débris d'apostrophe qui traduirait à l'excès la dureté des bourgeois conquérants de la monarchie de Juillet suffirait à résumer pour toujours l'affairisme triomphant d'une caste qui n'aurait que l'arrogance à opposer aux forces de progrès.

Pourtant, jamais programme ne fut aussi bien respecté que celui proposé aux Français par le protestant austère qu'était François Guizot. Le 1er mars 1843, à l'occasion d'une loi relative aux fonds secrets, quelques députés de l'opposition attaquent vivement Guizot, en lui reprochant notamment de faire trop longtemps attendre les réformes désirées. Contestant le régime censitaire qui réservait le droit de vote aux seuls Français qui payaient 200 francs d'impôts directs – soit 248 000 Français pour une population de 35,2 millions –, ils réclamaient un abaissement de ce seuil à 100 francs pour élargir le droit de vote à 200 000 électeurs de plus. François Guizot, sans s'opposer par principe à cette réforme, en contestait l'opportunité. Selon lui, le progrès devait consister, dans un premier temps, à apprendre aux citoyens l'usage des droits sociaux et politiques établis par la Révolution de 1789. « A présent, disait-il dans sa réponse, usez de ces droits ; fondez votre gouvernement, affermissez vos institutions, éclairez-vous, *enrichissez-vous*, améliorez la condition morale et matérielle de notre France : voilà les vraies innovations ; voilà ce qui donnera satisfaction à cette ardeur de mouvement, à ce besoin de progrès qui caractérise cette nation[1]. »

C'était vouloir dire qu'entre les privilèges caractéristiques de l'Ancien Régime et l'égalitarisme hérité de la Terreur, il devait y avoir place pour une société fondée sur la raison, le travail et l'épargne. Entre le « prolétariat » dont Marx voulait faire à la même date la seule force de progrès et les « possédants » dont la seule ambition était de nier le mouvement qui est l'essence même de l'histoire, il y avait place pour ces « classes moyennes » dont l'enrichissement devait seul permettre d'établir un régime politique garant des libertés. C'était vouloir dire que dans l'ordre social, « aucun artifice ne devait gêner le mouvement d'ascension ou de décadence des individus[2] ». Tel était, pour Guizot et la génération libérale, le principe d'un bon gouvernement et d'une société stable.

Autant dire que Guizot mérite d'être relu et médité[3]. Aujourd'hui que se dissipent les mirages de l'Etat-providence, il peut être en effet utile de comprendre comment et pourquoi Guizot a pu penser et finalement prédire qu'enrichissement et démocratie politique ne pouvaient qu'aller de pair. Aujourd'hui, un Français « moyen » est quinze fois plus « riche » qu'à l'époque de François Guizot. En 1843, le revenu annuel d'un Français moyen, mesuré en euros constants d'aujourd'hui, s'élevait à un peu plus de 1 400 euros. Aujourd'hui, il s'élève à un peu moins de 22 000 euros (voir annexe 1). Le pouvoir d'achat moyen des Français a donc été multiplié par 15 en un peu plus de cent soixante ans. Autrement dit, il s'est accru en moyenne d'un peu plus de 1,6 % chaque année. Un Français gagne aujourd'hui en moins d'un mois ce que son aïeul pas si lointain gagnait en plus d'un an.

Telle est la mesure du « progrès » dont on détaillera plus bas les possibles mesures et leurs limites. Mais telle est, aussi, l'ampleur de la frustration, une frustration dont ce seul pourcentage suffit à prendre la mesure. Qu'est-ce, en effet, que 1,6 % par an ? Rien de plus, aujourd'hui que 29 euros par mois, le prix d'un modeste dîner au restaurant pour saluer cette bonne nouvelle. Quasiment imperceptible. Sauf que ce 1,6 % par an depuis cent soixante ans permet par exemple aux Français de vivre aujourd'hui près de quarante ans de plus que ceux qui vivaient à l'époque de Guizot. A cette date, l'espérance de vie des hommes à la naissance, fortement compromise par le taux de mortalité infantile, était de 39 ans. Elle est aujourd'hui de 76 ans. Mais à quoi sert de vivre pour se plaindre et nier le « progrès » ?

1.

Des chiffres et des larmes

Richesse, pauvreté, « grand sujet de toutes les recherches en économie politique », écrivait le 26 janvier 1817 Malthus à Ricardo à propos du destin des nations[4]. Richesse, pauvreté, inépuisable sujet de perplexité pour tous ceux qui veulent s'en tenir au langage des chiffres tout en prenant en compte les réalités humaines que l'arithmétique peine à saisir. Pour mesurer l'ampleur du problème, il suffit de lire les *Notes sur Anzin* d'Emile Zola. Après avoir, en 1884, pénétré dans l'intimité même des familles de mineurs pour mieux comprendre ce monde si différent du sien, il assénait à ceux qui critiquaient sa « diffamation de la société française » : « Qu'on ne me contredise pas avec des raisons sentimentales ; qu'on veuille bien consulter les statistiques, se renseigner sur les lieux, et l'on verra si j'ai menti[5] ! » Pourtant, il ignorait cette statistique tout aussi « réelle » : entre 1861 et 1881, le salaire annuel ouvrier est passé, en francs courants, de 756 francs à 1 035 francs (c'est bien le salaire que relevait Emile Zola pour le mineur de fond : 1 010 francs), et en euros constants (de 2007) de 2 646 euros à 3 535 euros[6]. Une hausse de plus de 33 % en vingt ans alors que ce même salaire n'avait augmenté que de 10 % au cours des quarante années précédentes. Qui dit la vérité ? Emile Zola, qui a eu le sentiment de décrire de manière « authentique et précise la quotidienneté ouvrière », ou l'historien, qui multiplie les approches et recoupe les sources pour noter la progression importante du salaire « réel » ?

De même, en mars 1955, alors que le salaire annuel de l'ouvrier était passé de 61 900 francs (anciens) en 1946 à 379 520 francs et, en euros constants, de 4 610 euros à 7 396 euros, *une hausse historique de 60 % en dix ans*, Maurice Thorez, le « fils du peuple », secrétaire général du parti communiste, écrivait dans les *Cahiers du communisme* : « L'aggravation des conditions de logement s'accompagne d'une baisse évidente de la qualité du vêtement. Parce que la casquette, portée naguère par tous les ouvriers, revient trop cher, on lui préfère un simple béret ; et les bleus de travail, qui coûtent plusieurs billets de mille francs, sont remplacés par des salopettes en tissus collés ; le pantalon de velours, si répandu autrefois, est aujourd'hui à un prix prohibitif[7]. »

Devant les doutes suscités par cette démonstration outrancièrement misérabiliste, deux « intellectuels » du Parti enfonçaient le clou en « démontrant » que l'ouvrier de 1955 était plus pauvre que celui de 1914, que celui de 1914 était plus pauvre que celui de 1870, que celui de 1870 était plus pauvre que celui de 1849 et enfin (la chaîne s'arrêtait là), que celui de 1849 était plus pauvre que celui de 1826. Ainsi, écrivait Pierre Louis dans *Economie et politique* (revue fondée par le parti communiste en 1954), « le travailleur parisien qui, il y a un siècle, pouvait se procurer avec son salaire quotidien : 16 kilos de pain ou 4,250 kilos de viande, ou 3,700 kilos de beurre, ou 84 œufs ou une centaine de kilos de pommes de terre, achetait avec ce salaire en 1901, 20 kilos de pain, ou 4,360 kilos de viande, ou 2,130 kilos de beurre, ou 58 œufs ou 50 kilos de pommes de terre. En 1949, à Paris, avec un gain de 800 francs, il payait 23 kilos de pain, ou 2,500 kilos de viande ou 1,250 kilo de beurre, ou 40 œufs, ou 37 kilos de pommes de terre[8] ». Pour renforcer la démonstration que l'ouvrier de leur temps mangeait moins qu'à l'époque de

Napoléon III mais, pire encore, que la qualité de sa nourriture s'était dégradée, les auteurs citaient un texte de Lénine daté de 1912 : « La margarine coûte moins cher que le beurre. Le beurre n'est pas pour le porte-monnaie de l'immense majorité de la population des pays capitalistes. »

En septembre 1975, cinq cents jours après l'élection de Valéry Giscard d'Estaing à la présidence de la République, *Le Nouvel Observateur* lançait une grande enquête sur « Le prix d'un Français », avec cette accroche explosive : « Une méthode de sondage révolutionnaire, des questionnaires à la limite de l'indiscrétion, des chiffres qui feront grincer les dents... » François-Henri de Virieu, qui dirigeait l'enquête, écrivait : « Depuis maintenant trois ans, nous essayons de photographier la société française, sous tous ses angles, en recourant aux analyses mathématiques les plus sophistiquées pour voir si la croissance économique dissout vraiment, comme certains le prétendent, les classes sociales. Nos deux premières enquêtes nous ont permis de constater qu'il n'en était rien : les classes sociales existent toujours, avec leurs riches et leurs pauvres... Plus grave encore : la “distance sociale”, loin de se réduire, a au contraire tendance à s'allonger. Les riches deviennent plus riches, les puissants plus puissants et les pauvres plus pauvres encore[9]. »

Pourtant, à la date où cet article était écrit, le salaire annuel ouvrier venait d'atteindre 15 227 euros, en hausse de 25 % par rapport à 1970 (12 138 euros) ! Comparé à l'« enquête » du parti communiste, il avait même plus que doublé (7 396 euros en 1955). En 1975 toujours, la part du travail dans la valeur ajoutée totale, qui mesure le partage du « gâteau » national entre les « capitalistes » et les « travailleurs », était passée de 68 % (en 1955) à 71,4 % (en 1975). Enfin, la part des 1 % des salariés les mieux payés dans la masse salariale totale était passée de 9,1 % en 1947 à 6,3 % en 1975. Qui disait la vérité ? Les enquêteurs du *Nouvel Observateur* qui, « à l'aide d'une méthode de sondage révolutionnaire », s'employaient à faire reconnaître « le plus grand scandale de la société française » ou l'économiste Thomas Piketty qui, après avoir été le premier à dépouiller systématiquement et minutieusement les déclarations de salaires et les déclarations de successions en longue durée, démontrait, de manière « irréfutable », que les inégalités s'étaient réduites ?

Le 30 juin 2004, pendant le Conseil des ministres, Jacques Chirac, évoquant le thème de la « fracture sociale », dont il avait fait largement usage lors de la campagne présidentielle de 1995, estimait que « au cours des quinze dernières années, malgré des périodes de forte croissance, les inégalités n'avaient pas cessé de croître ». Un constat « authentifié » en avril 2005 par une étude de l'association CERC (Connaissance de l'emploi, des revenus et des coûts) selon laquelle la condition salariée serait « comparable à celle qui prévalait au milieu des années... 1950[10] » ! Un constat partagé par 81 % des Français sondés pour la fondation Jean-Jaurès.

Rompant avec une progression régulière des revenus et des patrimoines depuis près de deux siècles, la France serait-elle entrée depuis quinze ans dans une phase tragique de son histoire, alors que les statistiques les plus courantes laissent entendre que les Français auraient vu leur pouvoir d'achat s'accroître d'un tiers depuis 1982 ? Une large majorité de Français le pensent. Que tous les rapports, études et enquêtes dépeignent une France objectivement moins inégalitaire que ne le suggèrent ces discours et ces perceptions ne change rien à l'affaire. Qu'ils ne relèvent aucun signe de décrochement marqué, ni en bas ni en haut de l'échelle des revenus disponibles, qu'ils indiquent que la France d'aujourd'hui est beaucoup moins inégalitaire que la France prospère des années 1960 n'empêche pas que, aujourd'hui comme hier, il paraît impossible de réconcilier les statistiques et les représentations.

C'est qu'en la matière, l'arithmétique ne répond jamais aux questions que l'on se pose. D'où viennent les inégalités ? Quels en sont les effets ? Est-il aujourd'hui plus difficile ou plus facile de s'enrichir au cours d'une vie ? Les jeunes, aujourd'hui, disposent-ils, au même âge, d'un revenu plus faible que ceux d'hier ? La France est-elle plus inégalitaire que les autres pays ? Toutes les inégalités sont-elles fatalement injustes ? Comment mesurer le pouvoir d'achat ? L'indice des prix est-il un bon indicateur ? Peut-on comparer les francs d'hier, anciens et nouveaux, avec les euros d'aujourd'hui ? L'impôt sur le revenu a-t-il porté remède aux inégalités ? Faut-il se préoccuper des inégalités de revenu ou des inégalités des chances ? Justice sociale et performance économique sont-elles incompatibles ? Autant d'interrogations semées d'embûches et auxquelles il est fort malaisé de répondre. A supposer, en effet, que l'on puisse comparer avec précision la situation de deux personnes exerçant le même métier, ayant le même nombre d'enfants, vivant dans la même ville, disposant du même revenu, habitant des logements similaires et réussissant à avoir, au bout d'un temps donné, des niveaux ou des genres de vie très « inégaux », quelle fatalité incriminer ? Un être humain ne peut pas, par essence, être égal à un autre comme un volume est égal à un volume.

Il suffit, pour s'en convaincre, de comparer deux itinéraires de vie et de se poser cette simple question : inégalité de quoi, entre qui ?

2.

Charles, Louise, Louis-Pierre et Sophie

Savant attiré par les problèmes sociaux, théoricien soucieux de réalité, bourgeois désireux d'améliorer le sort des classes populaires, Frédéric Le Play, dont on a oublié le bicentenaire de la naissance en 2006, apparaît pourtant comme un précurseur. Ce conservateur humaniste, persuadé que, dans la science des sociétés comme dans celle des métaux, la vérité ne peut s'appuyer que sur l'observation des faits, a voulu multiplier les observations sur des familles « concrètes », pour répondre aux mêmes questions que celles que nous nous posons aujourd'hui : « Comment vit l'immense majorité des membres de la famille humaine ? Quelles institutions, quelles coutumes agissent sur l'obscure destinée de l'ouvrier ? Quels maux pèsent sur son intérieur ou sur sa personne ? Quels biens influent sur sa santé, sur sa conscience, sur son intelligence, sur son bonheur ? A mesure que l'égalité des droits et l'universalité des lumières pénètrent dans ces familles innombrables qu'on se borne à appeler de ce nom sommaire : les masses, à quels éléments de progrès ou de péril doivent s'attendre et se préparer les sociétés modernes[11] ? »

Parmi les dizaines de « monographies » rassemblées par ses disciples, du paysan du Labourd à celui du Lavedan, du décapeur d'outils en acier de la fabrique d'Hérimoncourt au tonnelier des caves de la Champagne, du porteur d'eau à Paris au tisseur en châles de Malakoff, nous avons choisi de présenter deux « tranches de vie » le mieux à même de répondre à nos interrogations : celle de Charles, un serrurier-forgeron à Paris, et celle de Louis-Pierre, un ouvrier éventailliste à Sainte-Geneviève, dans l'Oise, deux ménages ouvriers contemporains d'Emile Zola[12].

En 1878, Charles, âgé de 42 ans, habite, à Paris, une maison située boulevard de la Chapelle, dans le 18e arrondissement. Il travaille comme forgeron dans un atelier de serrurerie en bâtiment, qui occupe toute l'année 160 à 180 ouvriers, et où l'on fabrique des grilles, des balcons, des rampes d'escalier, des paratonnerres, des charpentes et des planchers métalliques. Sa femme, Louise, 36 ans, est piqueuse de guêtres de bottines. Elle travaille à domicile et aux pièces pour le compte d'une maison de cordonnerie en gros comme 15 000 femmes qu'occupe alors l'industrie de la cordonnerie à Paris. Charles et Louise ont cinq enfants, Jeanne, 7 ans, Louise et Henri, 5 ans, Marie, 3 ans, et Charles, âgé de 18 mois. Charles gagne 7,25 francs par jour et 2 412 francs par an, soit près de trois fois le salaire ouvrier moyen de l'époque (931 francs). Louise gagne 2,60 francs par jour et 730 francs par an. Leur revenu annuel s'élève donc à 3 142 francs.

De son côté, Louis-Pierre, âgé de 65 ans, possède en 1863 une maison dans la commune de Sainte-Geneviève, dans le canton de Noailles, à 28 kilomètres de Senlis et à 19 kilomètres de Beauvais. Son travail principal, comme celui de la moitié des habitants du village, consiste à façonner des bois d'éventails pour un fabricant de Paris. Il est payé aux pièces et perçoit 633 francs par an. Sophie, son épouse, âgée de 64 ans, achève le façonnage des pièces ébauchées par son mari pour 273 francs par an. Le couple dispose donc d'un revenu annuel de 906 francs, inférieur de près de quatre fois à celui de Charles et de Louise.

Et pourtant, c'est bien Louis-Pierre et Sophie qui jouissent du « niveau de vie » le plus élevé. N'ayant plus d'enfants à charge – ils en ont mis deux au monde, dont l'un est mort en bas âge –, ayant fait bâtir une maison – payée par acomptes successifs – sur un terrain acheté avec leurs économies, élevant trois couples de lapins donnant naissance en moyenne à trente-six jeunes chaque année, produisant en quantité suffisante leurs légumes et leur cidre dont ils vendent une partie, Louis-Pierre percevant par ailleurs un traitement fixe de 150 francs par an comme bedeau pour sonner les cloches à 4 heures du matin, l'été, et à 5 heures, l'hiver, récoltant quelques pourboires pour porter l'eau bénite chez les particuliers, le couple épargne 261 francs par an, *soit près de 30 % du revenu familial.*

Leur alimentation est abondante et saine. Le petit déjeuner, pris à 9 heures, se compose de pain blanc avec du fromage ou des pommes de terre cuites sous la cendre accompagnés d'un verre de cidre. Le déjeuner se compose, trois jours par semaine au moins, d'une soupe à la viande, d'une soupe au lait ou aux légumes, de viande ou de lard avec des œufs, de pain blanc et d'un verre de cidre. Le dîner, pris à 21 heures, se fait avec la viande restant du déjeuner, du pain et un nouveau verre de cidre. Ils y ajoutent quelquefois un fruit. Sophie modifie souvent l'ordinaire des repas : ainsi, une fois par mois, on tue un lapin ; un jour, c'est de la viande de bœuf, un autre jour, du mouton ou du lard et des œufs. Au total, leurs dépenses annuelles pour la nourriture s'élèvent à 487 francs, dont 219 francs de pain de première qualité acheté chez le boulanger. La valeur des aliments autoconsommés, légumes, cidre, lapins, était évaluée à 115 francs.

Louis-Pierre avait 18 ans à la mort de ses parents et se trouvait l'aîné de six orphelins. Pour nourrir cette nombreuse famille, il l'a fait entrer en apprentissage dans la tabletterie. Sophie, qui a eu également six frères et sœurs, a été obligée de se placer comme domestique dans une maison, condition qu'elle a quittée pour se marier. La maison qu'ils se sont fait construire à l'âge de 23 ans, avec les 500 francs hérités des parents de Louis-Pierre, se compose d'une pièce qui sert à la fois de cuisine et de salle à manger. La cheminée est large et haute, comme dans presque toutes les maisons du pays. Dans un angle, un petit fourneau en fonte. La tablette sert d'étagère. Une douzaine d'assiettes en vieille faïence à fleurs y figurent des deux côtés d'un huilier, escortées de quelques verres, d'une bouteille et de deux chandeliers en cuivre. Au-dessus, et de chaque côté de la cheminée, deux saladiers de même faïence que les assiettes, suspendus à l'aide d'une ficelle attachée au fond par-derrière ; au milieu, un petit pot en porcelaine. Deux gravures collées sur carton complètent l'ornement de la cheminée.

En face de la porte se trouve une armoire en bois de noyer destinée à contenir le linge. A côté, dans sa boîte peinte en rouge, une de ces horloges appelées comtoises, d'une valeur de 60 francs (l'équivalent de 40 kilos de bœuf) ; puis un pétrin en bois de chêne, souvenir du temps où chaque famille cuisait elle-même son pain. Sous le pétrin, qui ne sert plus qu'à renfermer le pain, est placé un grand chaudron pour faire la lessive, et au-dessus sont accrochées deux casseroles et une écumoire en cuivre.

Entre la cheminée et le mur s'ouvre un placard où l'on enferme la vaisselle : trois douzaines d'assiettes, quatre soupières, deux saladiers, cinq plats, un panier avec ses douze verres, deux douzaines de cuillères, autant de fourchettes et une douzaine de couteaux, pour une valeur estimée de 104 francs, l'équivalent de cinq mois de salaire de Sophie. La vaisselle est en porcelaine opaque. Derrière la porte, un billot de cuisine avec le couperet suspendu à côté, pour hacher la viande. A droite de la porte, une table en chêne où la famille prend ses repas ; il y a toujours dessus une carafe et deux verres.

L'atelier s'ouvre à droite de la cuisine. C'est une chambre crépie en plâtre où Louis-Pierre exerce son métier, en donnant la première façon aux bois des éventails qui, pour les trois quarts d'entre eux, seront ensuite livrés au Brésil, au Mexique, à La Havane, au Chili ou à Manille, où la concurrence chinoise commence à se faire sentir.

De l'autre côté de la cuisine est la chambre de réception ; c'est là que l'ouvrier reçoit dans les grands jours, là qu'il donne les repas de famille ; c'est là aussi que couchent les amis auxquels il offre l'hospitalité. Elle est tendue de papier peint et renferme six chaises, un lit et une table de nuit en noyer. Sur la cheminée, en bois peint imitant le marbre, on trouve une pendule à sujet, une glace, deux chandeliers argentés, deux autres en bronze et deux petits vases en porcelaine. Enfin, de chaque côté de la cheminée est pratiqué un placard où l'on serre les habits.

Le linge de maison, particulièrement bien entretenu par Sophie, se compose de dix paires de draps en fil de bonne qualité, de douze serviettes en fil de coton, de deux nappes en toile, de trente-six torchons, de trente-six mouchoirs de poche et de rideaux de croisées servant seulement pendant l'été. Louis-Pierre, parvenu à un degré d'aisance assez élevé alors que sa spécialité demande peu de qualification, aime porter beau. En « vêtements du dimanche », il possède vingt chemises en toile, une redingote en drap bleu, un paletot en drap marron, un paletot d'été en drap fantaisie, un pantalon de drap noir, un gilet de soie noir, un gilet de drap noir, un gilet fantaisie, une cravate en soie noire, un chapeau de soie noir, le tout pour une valeur de 262 francs, soit plus de la moitié de son budget alimentaire annuel.

Sophie, fort coquette, possède, quant à elle, une garde-robe estimée à 329 francs mêlant robes en mérinos et robes en indienne, jupons en calicot blanc et châles en mousseline, souliers en cuir et foulards en soie. Il faut dire que Sophie ne passe pas de dimanche sans fréquenter les deux salles de bal du village pour voir danser ses petits-enfants. « Malgré ses soixante-quatre ans, note l'enquêteur de Le Play, elle est vive et gaie, prompte à la repartie et possède un répertoire inépuisable de chansons qu'elle chante avec un joyeux entrain. »

Un « entrain » de... « capitalistes », puisque Louis-Pierre et Sophie disposent d'un patrimoine estimé à 10 000 francs, 5 000 francs pour l'habitation et le jardin et 5 000 francs placés en obligations à 4,5 % qui leur rapportent 225 francs par an, soit le quart du revenu familial ! Des placements qui leur ont permis de fournir en dot une habitation à leur fille quand elle s'est mariée, d'adoucir les derniers jours de la mère de Sophie, morte à l'âge de 82 ans, d'exempter leur petit-fils du service militaire et même de... perdre complètement une somme de 300 francs prêtée imprudemment sans reçu.

A l'opposé, Charles, le serrurier-forgeron qui habite à Paris et dispose d'un revenu près de quatre fois supérieur à celui de Louis-Pierre, ne possède aucun patrimoine et « ne songe même pas à la possibilité d'en acquérir jamais ». La famille habite un logement de 28 mètres carrés composé de trois chambres et d'une cuisine qu'elle loue 350 francs par an. Les trois pièces sont éclairées chacune par une fenêtre à deux battants ouvrant sur la cour. Les papiers collés sur les murs sont vieux et tachés. L'exposition au nord et le niveau du plancher, qui est de plain-pied avec le pavé de la cour, rendent l'appartement humide pendant l'hiver, ce qui oblige la famille à entretenir constamment un poêle allumé dans la pièce où elle se tient pendant la journée.

Né en 1836 à Arinthold, dans le Jura, Charles est le troisième et dernier fils d'un cultivateur qui, après avoir exercé le métier de forgeron, fut obligé de renoncer à cette profession à la suite de la fermeture de l'usine pour laquelle il travaillait. « Monté » à Paris à 16 ans, il s'engage comme apprenti chez un serrurier du quartier du Temple. En l'espace de vingt-six années, il travaille dans onze ateliers différents avant de se fixer. De 2,75 par jour à l'origine, son salaire s'est élevé à 7,25 francs en 1878, une hausse d'un peu plus de 160 %.

Louise, qu'il a épousée à l'âge de 25 ans, est née à Paris en 1842. Ses parents, originaires du Nord, jouissaient d'une certaine fortune, acquise dans l'exploitation d'une fabrique de chaussures. Mais, à la suite d'une faillite, Louise, alors âgée de 14 ans, dut se placer comme demoiselle de magasin chez un commerçant de chaussures.

Depuis la naissance des enfants, elle confectionne à domicile des guêtres de bottines en peau ou en drap. Les dépenses concernant la nourriture s'élèvent à 2 092 francs, dont 435 francs de viande représentant 231 kilos (118 kilos de bœuf, 39 kilos de mouton, 52 kilos de veau et 22 kilos de porc), 348 francs de pain pour 942 kilos, 127 francs de café, 117 francs de vin acheté au détail (156 litres), sans compter les 181 litres achetés au cabaret et consommés à l'atelier par Charles, pour la somme de 126 francs, et les 48 francs d'une sorte de bière que Louise prépare tous les quinze jours en mettant dans un baril d'une capacité de trente litres du houblon, de l'orge, de la chicorée, du genièvre et du sucre. Ajoutons-y les 350 francs de loyer, 122 francs de charbon pour le chauffage, 96 francs d'éclairage au pétrole, 245 francs de vêtements, 102 francs de blanchissage, 80 francs de nourrice pour le dernier-né, 35 francs de jouets, 36 francs de tabac, 56 francs de frais de maladie et de médicaments, et c'est la totalité des revenus de la famille qui est absorbée, avec pour seule distraction la promenade du dimanche faite sur les boulevards avoisinant le domicile et les dîners qui réunissent la famille chez la grand-mère, deux fois par an, et avec pour risque un accident de la conjoncture qui provoquerait un ralentissement dans l'activité du travail.

Ville ou campagne, possession ou non d'un logement, alimentation fortement carnée ou plus riche en légumes, taille des ménages, chance ou malchance, tempérament de fourmi ou de cigale, stabilité ou non des ménages, autant d'éléments qui rendent difficile de déterminer le niveau de vie d'un individu à partir de son seul salaire, autant d'éléments qui font de chaque trajectoire humaine une histoire singulière.

Si cet ouvrage avait pour résultat de réconcilier le perçu et le réel, de dissiper les clichés du misérabilisme, de dédramatiser les relations des Français avec l'argent et de leur proposer une vision plus optimiste de l'économie de marché, le pari serait gagné. Il est sans aucun doute présomptueux mais peut-être pas insurmontable.

3.

Mesurer quoi ?

Le « progrès », c'est quoi ? Cette question, qu'on ne posait pas avant la Seconde Guerre mondiale, a trouvé depuis lors sa réponse et son chiffre. Intellectuellement conçu pendant l'entre-deux-guerres sous l'influence de Simon Kuznets et de John Maynard Keynes, et mis au monde en France après la Libération par ceux qui voulaient donner un nouveau souffle à l'économie française, le Produit national brut (puis le Produit intérieur brut) est devenu l'indicateur privilégié de la croissance et de la richesse, tant il semblait alors évident que le niveau de vie des habitants d'un pays dépendait de sa production de biens et de services. Comme si « progrès » était synonyme de « beaucoup produire ».

Une confusion qui explique sans aucun doute la fracture qui s'est établie depuis un certain nombre d'années entre les faits et leur représentation, entre les chiffres et les mythes. Même si le Produit intérieur brut reste cet indispensable outil de mesure de la croissance dans le temps et dans l'espace, ce chiffre magique attendu chaque trimestre avec impatience ne saurait mesurer le « bien-être »[13].

Construit dans un premier temps à partir des chiffres de production disponibles grâce aux déclarations de TVA des entreprises, le PIB comptabilise comme une « richesse » les milliards que coûtent à la collectivité les destructions humaines et environnementales, de l'amiante aux accidents de la route, de la grande tempête de décembre 1999 à la consommation massive de cigarettes ou d'antidépresseurs. Ainsi, une société où il y a beaucoup d'accidents de la route, qui vont exiger des soins médicaux et des services d'urgence, aura tendance à avoir un PIB plus élevé qu'une société où les chauffeurs conduisent prudemment. Plus précisément, elle devra orienter une partie de ses activités vers la réparation des dégâts sans que cette activité « productrice » de chiffre d'affaires se traduise par une progression du « bien-être ». De même, une catastrophe est en fait un gigantesque pourvoyeur de croissance par les activités de reconstruction qu'elle engendre. Comme l'est aussi une montée de l'insécurité et du terrorisme : si les ménages achètent en effet de plus en plus d'équipements et de services de protection contre le vol ou si les Etats dépensent des milliards pour prévenir des risques terroristes, il en résultera évidemment une hausse de la croissance, et donc du « niveau de vie ». Ainsi, exemple imaginaire mais à peine, écrit Jean Gadrey, « si un pays rétribuait 10 % des gens pour détruire des biens, faire des trous dans les routes et endommager des véhicules... et 10 % pour réparer et boucher les trous, il aurait le même PIB qu'un pays où ces 20 % d'emplois (dont les effets sur le bien-être s'annulent) seraient consacrés à améliorer l'espérance de vie en bonne santé, les niveaux d'éducation et la participation aux activités culturelles et de loisir[14] ».

A l'inverse, toute activité bénévole au profit de la collectivité ou toute activité personnelle destinée à améliorer son « bien-être » ou celui de sa famille font baisser le PIB. Ainsi, le PIB ne prend pas en compte la production domestique, préparation des repas, entretien du linge et du logement, réparations multiples, soins aux enfants, devoirs répétés à la maison, alors que si ces « services » fort utiles au « bien-être » étaient effectués par une personne salariée ou par une entreprise, ils « enrichiraient » le pays et les ménages. En France, ces activités de « bien-être » représenteraient entre le quart et la moitié du PIB, selon la méthode d'évaluation choisie. Pour Louis-Pierre et Sophie, le couple d'ouvriers-éventaillistes de l'Oise, cette contribution au « bien-être » était estimée par les disciples de Le Play à 176 francs (115 francs pour la nourriture et 61 francs pour l'entretien des vêtements) alors que leurs revenus s'élevaient à 906 francs.

De la même manière, nettoyer bénévolement les plages ou aider gratuitement des handicapés ne permet aucune progression de richesse alors que la destruction organisée de la forêt amazonienne fait grimper le PIB mondial. De la même manière encore, une politique efficace de prévention des risques sanitaires aurait tendance à diminuer la contribution des services de santé à la croissance du PIB alors qu'elle ferait vraisemblablement progresser le bien-être.

Autant de perversités comptables qui peuvent expliquer une progression de la croissance des richesses et une insatisfaction de ceux qui en perçoivent des droits de tirage qui peuvent être illusoires. Mieux vaut donc multiplier les indices « alternatifs » qui permettent de tenir compte des richesses « oubliées » et de soustraire les « fausses » richesses, d'évaluer la « santé sociale » que diagnostiquent à la fois le taux de mortalité infantile, le taux de suicide des jeunes, l'usage des drogues, les accidents de la route mortels liés à l'alcool et les inégalités de revenu, de calculer le sentiment de sécurité personnelle que représentent la sécurité de l'emploi et la sécurité face aux délits, de redonner au travail domestique toute sa « valeur » et de refuser de compter comme contribution positive à la richesse toutes les dépenses qui servent à réparer les dégâts liés à nos modes de vie.

Reste qu'en l'absence d'études historiques rétrospectives, on devra bien se contenter de l'existant, même imparfait...

Qu'on se rassure toutefois : au cours des cent soixante dernières années, le revenu moyen des Français, qui reste la moins mauvaise approche de l'évolution de leur pouvoir d'achat, a augmenté en euros constants de 1,65 % par an. Dans le même temps, le PIB par habitant, mesuré par Angus Maddison, a augmenté de 1,69 % par an[15]. Quant à la consommation des ménages, qui mesure peut-être encore mieux le progrès matériel et dont certains économistes pensent qu'elle pourrait aujourd'hui remplir l'office du PIB, dans la mesure où elle évalue mieux la richesse des individus, elle a augmenté pour les mêmes dates de 1,70 %. Des convergences telles qu'elles renforcent surtout la pertinence de l'analyse historique et les vertus des approches de longue durée. Au final, quels que soient les indicateurs retenus, les Français se sont considérablement enrichis. Mais au rythme difficilement perceptible de... 1,6 % par an.

4.

L'extinction du paupérisme

Grâce à qui ? Grâce à quoi ? Les Français sont toujours tentés de répondre : grâce aux luttes sociales, grâce au mouvement ouvrier et aux forces syndicales, grâce à l'intervention de l'Etat pour briser les forces aveugles du marché, grâce à la Sécurité sociale qui a mis fin au paupérisme, etc. Pour vérifier la pertinence de ces hypothèses, qui semblent des certitudes solidement établies, mieux vaut observer la courbe qui trace l'évolution du revenu des ménages des années 1840 à nos jours.

REVENU par habitant de 1840 à 2007

—EN EUROS (2007)

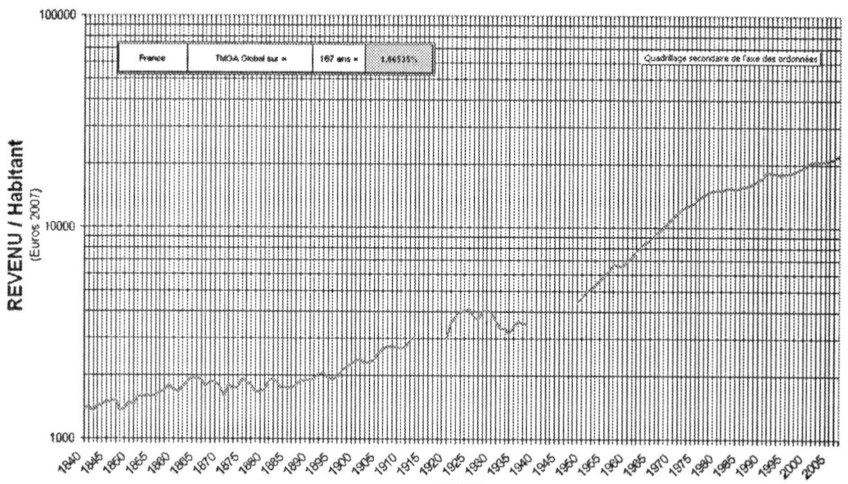

Une « loi d'airain »

Nous avons choisi de calculer, année par année, et en « euros d'aujourd'hui », le revenu national par habitant, c'est-à-dire la rémunération des salariés des entreprises, le revenu disponible brut des entrepreneurs, la rémunération des salariés des administrations publiques et les revenus de la propriété qui s'élevaient en 2007 à 1 399,6 milliards d'euros pour une population de 63,7 millions d'habitants, soit 21 971 euros par habitant et, en 1843, à 10,9 milliards de francs pour une population de 35,2 millions d'habitants, soit 310 francs de l'époque de Guizot, ou 1 439 euros d'aujourd'hui (voir annexe 1).

Impressionnante dans sa trajectoire, cette courbe semble venir de loin, suivre son bonhomme de chemin en subissant quelques troubles et s'acheminer vers un avenir paisible, comme si les colères des hommes et les versatilités de l'électorat n'avaient sur elle aucune prise. Fascinante et terrifiante à la fois, cette courbe gomme les régimes politiques, ignore les flambées sociales et se moque des hommes qui croient influer sur l'événement.

Plusieurs ondulations en infléchissent toutefois le *tempo*. De 1840 à 1849, comme pour insulter l'injonction de François Guizot, la courbe languit paresseusement, n'arrivant pas à percer durablement le plafond de 1 400 euros. Certes, elle connaît de belles flambées en 1845, 1846 et 1847 mais aussi de rudes ressacs, comme en 1842 et 1848, chutant en cette année révolutionnaire de plus de 11 %. Aucune revanche du capital dans ces années stagnantes mais simple effet d'une économie tyrannisée comme depuis des siècles par les caprices des saisons et les insuffisances de l'offre. Si le revenu des ménages augmente de 14,4 % entre 1842 et 1847, c'est tout simplement parce que la production agricole s'accroît dans le même temps de plus de 50 %, enrichissant les paysans-producteurs (plus de la moitié de la population) et assurant le pain quotidien de ceux qui le consomment. Si le revenu des ménages s'effondre de près de 13 % en 1848 et 1849, ce n'est pas à cause des journées révolutionnaires de février 1848 ni des barricades qui se dressent dans Paris mais parce que la production agricole chute de 37 % en deux années, entraînant avec elle l'ensemble des activités et donc des revenus. A l'époque de Guizot comme à celle de Louis XIV, ce sont toujours les crises dites de « subsistances » qui rendent les vies populaires incertaines, et non la rudesse d'un patronat qui maintient les salaires nominaux en l'état mais ne peut rien à la flambée cyclique des prix qui malmène leur pouvoir d'achat.

Tel est bien le sens du mot « paupérisme » qui fleurit alors sous la plume des philanthropes comme sous celle de Karl Marx. Pour les contemporains de ces temps incertains, c'est moins le niveau des salaires qui compte que l'« insécurité » d'une existence sur laquelle le « prolétaire » ne peut avoir aucune prise. Dans la mesure où le prix « naturel » du travail est alors celui qui fournit aux ouvriers les moyens de subsister et de se reproduire, toute variation du prix de ces mêmes subsistances peut les plonger dans la misère ou leur procurer une précaire aisance selon, en fait... le niveau de productivité d'une économie qui n'a pas encore été fécondée par la liberté des échanges et l'aiguillon de la concurrence.

Ainsi se trouvait formulée dans les premières années de la révolution industrielle cette « loi d'airain » qui hante toujours nos modernes contempteurs de l'économie de marché comme elle hantait Karl Marx et Friedrich Engels quand ils rédigeaient, en 1847, le *Manifeste du Parti communiste*. Ainsi se trouvait disqualifié pour le même espace-temps l'un des meilleurs porte-parole de l'économie libérale, Frédéric Bastiat, qui écrivait, quasiment à la même date : « Je crois que l'invincible tendance sociale est une approximation constante des hommes vers un commun niveau physique, intellectuel et moral, en même temps qu'une élévation progressive et indéfinie de ce niveau. Je crois qu'il suffit au développement graduel et paisible de l'humanité que ces tendances ne soient pas troublées et qu'elles reconquièrent la liberté de leurs mouvements. Je crois ces choses, non parce que je les désire et qu'elles satisfont mon cœur, mais parce que mon intelligence leur donne un assentiment réfléchi[16]. »

Les premières « glorieuses »

Un « assentiment réfléchi » au rythme « graduel » et « paisible » de 1,6 % par an.

Un rythme qui entame sa pente « naturelle » dans les années 1850. De 1850 à 1864, la croissance annuelle moyenne est de 2,2 %, une première rupture forte de l'histoire longue. En quinze ans, le revenu moyen annuel des Français s'accroît de 157 francs de l'époque (550 euros), une hausse considérable de 39,4 % qui donne raison à Bastiat plus qu'à Marx et assure à l'Empire autoritaire de Napoléon III les plébiscites d'un peuple qui semble avoir alors la reconnaissance du ventre. Cent cinquante-sept francs de l'époque, en effet, ce n'est pas rien. Aux prix parisiens de 1860, cela représente 65 kilos de beurre, 785 kilos de pain rond de première qualité, 225 kilos de viande de bœuf, 633 kilos de pommes de terre, 49 kilos de café, la moitié d'un loyer annuel de trois pièces à Paris, rue du Faubourg-Saint-Martin, neuf costumes du dimanche. Tel fut le gain en pouvoir d'achat d'une modeste famille ouvrière en quinze ans : rien de moins que le passage d'une vie dominée par la crainte de la disette à celle d'une vie où le pain était devenu réellement quotidien. En quinze ans, au rythme allègre de 2,2 % par an et avec seulement deux fort mauvaises années, en 1860 (– 4,1 %) et en 1861 (– 2,5 %).

Un mauvais esprit pourrait attribuer à l'empire autoritaire

et à la mise au pas des « partageux » ces gains inespérés. Il n'aurait pas tout à fait tort. Le fossoyeur de la IIe République avait trop le sens du « progrès » pour ne pas vouloir désespérer la classe « industrieuse ». « Son dada est le peuple », avait fait observer, réprobatrice, Mme Dosne, la belle-mère de Thiers, qui, comme toutes les élites d'hier et d'aujourd'hui, ont vite fait de baptiser « populistes » ceux qui usent de formules que tous peuvent comprendre et aisément retenir. Ainsi ces propos tenus en juin 1850 à Saint-Quentin, devant un public d'artisans : « Mes amis les plus sincères, les plus dévoués, ne sont pas dans les palais, ils sont sous le chaume ; ils ne sont pas sous les lambris dorés, ils sont dans les ateliers, dans les campagnes. Je sens, comme disait l'Empereur (Napoléon Ier, son oncle), que ma fibre répond à la vôtre, que nous avons les mêmes intérêts, les mêmes instincts[17]. »

Bravant les « budgétaires » qui, au corps législatif, s'acharnaient à rogner les crédits qu'ils jugeaient excessifs, le nouvel empereur s'est activement employé à « éteindre » le paupérisme. Il pose en ces termes étrangement contemporains le principe d'une véritable politique du revenu et de la dépense publique : « Le prélèvement de l'impôt, écrit-il dans *L'Extinction du paupérisme*, une brève brochure écrite en 1844, à la suite de son emprisonnement au fort de Ham, peut se comparer à l'action du soleil qui absorbe les vapeurs de la terre, pour les répartir à l'état de pluie, sur tous les lieux qui ont besoin d'eau pour être fécondés et pour produire... Si les sommes prélevées chaque année sur la généralité des habitants sont employées à des usages improductifs, comme à créer des places inutiles, à élever des monuments stériles, à entretenir au milieu d'une paix profonde une armée plus dispendieuse que celle qui vainquit à Austerlitz, l'impôt, dans ce cas, devient un fardeau écrasant, il épuise le pays, il prend sans rendre. C'est dans le budget qu'il faut trouver le premier point d'appui de tout système, qui a pour but le soulagement de la classe ouvrière[18]. »

Le moins qu'on puisse dire, c'est qu'il fit preuve d'un réel activisme pour réaliser ce programme. Stimulant la construction des chemins de fer, bouleversant l'architecture des villes, concluant, dans le plus grand secret, le traité de libre-échange de 1860 avec la Grande-Bretagne qui ouvrait le marché français aux produits de l'industrie britannique, établissant la grande loi de 1867 sur les sociétés anonymes qui dispensait leur création de l'autorisation préalable du gouvernement, encourageant la constitution d'un système financier permettant la mobilisation de l'épargne, ce « libéral autoritaire » n'est pas pour rien dans le « grand bond en avant » que réalisa l'économie française dans la première partie de son règne.

En 1849, la France ne possédait que 500 kilomètres de lignes de chemin de fer. Elle en compte plus de 16 000 en 1870. Au début du règne, on comptait 7 290 machines à vapeur pour une force motrice de 90 000 chevaux-vapeur ; à la fin, on en compte 24 787 pour 305 000 chevaux-vapeur. Et même si le prix du froment est passé de 19 francs le quintal en 1850 à 33 francs en 1864, cette inflation dont personne ne connaissait alors les mystères n'a pas compromis la hausse du pouvoir d'achat, comme souvent dans l'histoire longue où les années « glorieuses » ont presque toujours été marquées par des prix alertes. Il serait bon de s'en souvenir.

5.

Victor, Girard et Jean

Tout le monde ou presque profite en effet de ce beau décollage qui rend les vies ordinaires moins précaires. Mieux que les statistiques, le foisonnement des destinées individuelles que nous retracent les enquêteurs de Le Play en témoigne. Victor, 43 ans, est un manœuvre agriculteur de Champagne, canton de Suippes, sur la route de Reims à Châlons[19]. Né près d'Epinal en 1813, il a émigré en Champagne à 18 ans : d'abord colporteur en mercerie puis domestique, il change constamment de maison, fréquente les ouvriers nomades, séduit Marie, une jeune fille de 16 ans née de parents jardiniers, la met enceinte, l'épouse puis la quitte pour chercher du travail dans les Ardennes. Renvoyé par ses employeurs et ne pouvant plus nourrir sa femme et son enfant qui meurt en bas âge, il laisse Marie retourner chez ses parents et continue sa vie dissolue. En 1844, il construit sa maison avec un crédit que lui assure son beau-père bien indulgent et s'y installe avec Marie, décidément amoureuse. Le couple saisit l'opportunité des grands travaux entrepris par l'Etat dans la région afin de faire passer un canal du bassin de la Vesle dans celui de la Marne pour loger une partie des ouvriers travaillant sur le chantier et les nourrir. En quinze mois, le ménage réalise assez de bénéfices pour payer les dettes accumulées par le mari auprès des cabaretiers, rembourser le prêt du beau-père et accéder à la propriété d'une maison estimée à

1 100 francs, soit à peu près deux années de salaire d'un journalier agricole (3 850 euros d'aujourd'hui), d'un jardin de trois ares attenant à la maison et d'un champ de 33 ares acheté 50 francs mais dont l'inflation naissante a porté le prix à 120 francs au bout de trois ans.

Pour satisfaire son ambition, qui est de s'acheter une vache, Marie exécute des travaux de couture sitôt qu'elle a fini de ramasser les excréments des chevaux laissés sur la voie publique. Chaque semaine, c'est un mètre cube de ce fumier qu'elle revend 5,50 francs, l'équivalent de 65 kilos de pommes de terre – soit leur consommation de deux mois – ou de trois kilos de bon beurre. En un an, la vente de ce fumier assure à la famille le tiers de son budget alimentaire. Est-ce pour remercier le régime impérial que Marie a appelé ses deux filles Eugénie-Augustine et Augustine-Eugénie, du prénom de l'impératrice ?

Victor, qui gagne 564 francs par an, soit légèrement plus que le revenu national moyen à cette date (510 francs), est-il un exemple isolé de « coup de veine » ? Pas vraiment. En ce premier « beau » XIXᵉ siècle, n'en déplaise à Zola, les Français ont incontestablement vu s'éloigner le spectre du paupérisme.

En 1858, Girard, 46 ans, marié, trois enfants, né dans le Cantal, habite à Paris le quartier de la Sorbonne, près de la place Saint-Michel, où il puise l'eau gratuitement pour la livrer ensuite aux particuliers[20]. Porter deux seaux de 20 litres convient bien à cet Auvergnat qui effectue en moyenne 35 à 40 voyages par jour, sans compter les marches qui mènent aux derniers étages des maisons. Dans ses moments « creux », il scie et transporte le bois, déménage les familles d'ouvriers qui habitent le quartier et, le soir, quand sa femme Elisabeth a quelque ouvrage un peu pressé pour le fabricant de chapeaux qui l'emploie à domicile, l'aide dans ses travaux de piqûre. Tout cela n'empêche pas la promenade du soir dans le jardin du Luxembourg.

Girard, qui travaille 320 jours par an, gagne la somme « considérable » de 1 100 francs par an, plus de 3 850 euros d'aujourd'hui. Et cela se sent dans l'ordinaire. Notre porteur d'eau ingère 146 kilos de viande par an, du bœuf pour moitié, sans compter l'épaule de mouton que, plusieurs fois par an, on fait cuire au four chez le boulanger avec des pommes de terre. Victor ne consommait que 20 kilos de fruits, des cerises du jardin, Girard, lui, en met sur la table de son modeste deux-pièces qu'il loue 180 francs par an, 94 kilos. Le café, qui était encore inconnu en Champagne *pouilleuse*, se consomme pour 15 kilos par an à la Sorbonne. Là où Victor et Marie dépensaient 100 francs pour l'achat de nouveaux vêtements, Girard et Elisabeth y ont consacré 217 francs, dont 45 francs pour Girard, qui se fait confectionner au « pays » ses costumes vert foncé.

Jean, 72 ans, dont la campagne de Russie, menée comme soldat du 30e régiment de ligne, n'a pas altéré la santé, malgré deux doigts de la main gauche emportés par un éclat d'obus à la bataille de la Moskova, travaille dans l'usine Peugeot d'Hérimoncourt, dans l'arrondissement de Montbéliard[21]. Surnommé Jean le Laveur parce qu'il décape ou lave l'acier, il est employé, à cause de son âge, à des travaux faciles. Douze heures par jour (!), il est attaché au magasin, graisse les outils, scie le bois et fait chauffer les aliments apportés aux ouvriers par leurs femmes. Le soir, en rentrant de l'usine, et quelquefois le matin, en été, avant de s'y rendre, il scie les neuf stères de bois que son ménage consomme pour le chauffage et la cuisine ; il fait les menus travaux nécessaires pour entretenir la maison et le mobilier, saigne, dépèce et aide à préparer le porc engraissé pour être tué à Noël ; enfin, comme il n'a pas entièrement oublié le métier de tailleur qu'il exerçait au régiment dans lequel il a servi, il raccommode lui-même ses vêtements de travail. Marianne, sa femme, âgée de 64 ans, n'est pas en reste. C'est elle qui cultive le jardin de huit ares et les deux champs de huit ares chacun loués à l'année. C'est elle qui les pioche et les retourne trois fois par an, ensemence et récolte. En 1857, elle a récolté 650 kilos de pommes de terre, 500 pièces de choux de deux kilos chacune, 44 kilos de gros haricots verts, 45 kilos de carottes, 15 kilos d'oignons, 10 kilos d'endives et 32 kilos de poires et de prunes... De quoi assurer, avec la viande des deux porcs engraissés à l'année, près de 60 % du budget alimentaire de la famille élargie à un fils aîné, sa femme et sa fille et à un fils cadet, célibataire, qui habite la maison paternelle en payant une pension de 30 francs par mois.

Quand Jean était en pleine activité, son salaire était de 1,50 franc par jour. Il fut ensuite abaissé à 1,25 franc par le directeur de l'usine, décidément pingre, avant d'être rétabli à 1,67 franc par les... patrons de Peugeot ! Jean gagne donc 525 francs par an, soit le revenu national moyen par habitant de l'époque. Mais il possède un capital évalué à 3 000 francs, qui comporte une maison contenant deux logements dans le corps du bâtiment principal, un petit bâtiment annexe, une chambre habitable, une étable à porcs, le fameux jardin de huit ares et son verger. Une maison qu'il chauffe avec les stères de bois de hêtre livrés en droit d'usage par la commune.

Quant aux distractions, l'une des plus... lucratives est la contrebande à laquelle se livre Jean en se rendant tous les quinze jours en Suisse, dans le canton de Berne, pour s'y approvisionner en café, en sucre, en chicorée et en tabac. Une contrebande que l'administration de l'empire « autoritaire » tolère, tant elle satisfait les ménages qui se livrent « sans aucun scrupule de conscience » à cette « subvention » dont le bénéfice est évalué à 40 francs par an, soit près de 8 % du revenu annuel de Jean.

Autant de menues fantaisies qui égaient des vies devenues moins monotones. Le père Tiennon, un métayer bourbonnais dont Emile Guillaumin nous a raconté la « vie de simple » confesse : « Beaucoup commençaient à user de cette amélioration ; il y en avait même qui, remplaçant le seigle par le froment, mangeaient du vrai pain de bourgeois. De ces derniers, on parlait avec un peu d'ironie, disant qu'ils en faisaient trop et couraient aux abîmes[22]. »

6.

Une neurasthénie collective

Les « abîmes » s'ouvrent en 1865, date à laquelle le revenu national moyen baisse de 1 % en un an. Rien de bien grave, sauf que ce fléchissement annonce une érosion qui se confirme au fil des ans. Cinq cent quarante-cinq francs en 1866, 514 en 1872, 553 en 1875 mais 512 en 1877 et 477 en 1878, 520 en 1880, mais 491 en 1884. Il faut attendre 1892 pour que le revenu moyen par habitant de 1864 soit enfin dépassé, avec 578 francs par habitant (2 023 euros d'aujourd'hui) !

Les autres variables mesurables de la conjoncture confirment la tendance. Le PIB, reconstitué par Maurice Lévy-Leboyer, qui atteignait 21,278 milliards de francs en 1868, plafonne encore à 21,777 milliards en 1896[23] ; la consommation des ménages, qui était passée de 9,6 milliards de francs en 1850 à 17,2 milliards en 1868, n'a pas bougé en 1895. Le produit agricole passe de 9,1 milliards de francs pour la période 1869-1873 à 7,4 milliards pour 1889-1893. Celui de l'industrie n'augmente que de 18 % au cours de ces mêmes vingt-cinq ans. Seul le salaire ouvrier semble échapper à la morosité générale, passant en moyenne annuelle d'un peu plus de 800 francs en 1866 à 1 070 francs en 1891. D'où la conclusion de Paul Leroy-Beaulieu, l'économiste le plus réputé de son temps : « Le travailleur manuel, voilà en effet le grand bénéficiaire de notre civilisation : toutes les situations s'abaissent autour de lui et la sienne s'élève[24]. » Le constat n'est pas faux mais, dans une France où les ouvriers ne représentent qu'un peu plus de 20 % des actifs, cette hausse ne peut doper un revenu national largement compromis par la baisse du pouvoir d'achat des paysans qui, eux, assurent encore, agriculteurs exploitants et salariés agricoles, 45 % des actifs. Ainsi s'installe une sorte de neurasthénie collective qui, à bien des égards, est proche de celle qui affecte les Français depuis maintenant une trentaine d'années.

Pour en décrire les symptômes, qui ne sont pas seulement français, il suffit d'exhumer un texte écrit en 1895 par Hector Denis, un économiste belge : « On a adopté en Angleterre et aux Etats-Unis les mots de dépression industrielle ou commerciale ou dépression économique, pour exprimer l'état récent de notre activité économique... On les a substitués aux mots crise économique. La crise est conçue, en général, comme une perturbation brusque, violente parfois, mais de courte durée, ayant des résultats décisifs, et qu'une reprise des affaires ne tarde pas à suivre. Le mot dépression exprime une décroissance de vitesse et d'intensité dans le mouvement général de la richesse ; c'est comme un retrait lent, graduel de la vie, dont les effets s'aggravent par sa prolongation même, et dont on n'entrevoit pas l'issue. Telle est la grandeur émouvante de ce phénomène dont nous sommes à la fois les agents et les victimes ; agents et victimes, la plupart inconscients, incertains presque tous de savoir si la dépression nous prépare des destinées plus heureuses ou si elle est le prodrome d'une dissolution sociale. La dépression est rigoureusement une crise prolongée, une rupture de l'équilibre économique dont les causes générales persistent. C'est par cette prolongation même que la dépression envahit peu à peu l'ordre moral ; un affaissement moral accompagne le ralentissement de la vie économique. Les fonctions de la vie spirituelle des sociétés subissent le contrecoup des perturbations de leur vie organique et économique : le découragement des mariages marquera le manque de foi dans l'avenir ; le progrès du suicide et de la criminalité sera le rayonnement sinistre de la rupture de l'équilibre économique[25]. »

Autant dire que pour les contemporains, la responsabilité des hommes n'était pas engagée. De 1850 à 1864 en effet, au cours de ces années « glorieuses » pendant lesquelles les « simples » voulaient se comporter comme des bourgeois, le PIB par habitant calculé par Angus Maddison a augmenté de 24,5 % en France et en Allemagne, de 25,9 % au Royaume-Uni, de 20,6 % aux Etats-Unis, de 19,8 % en Suède et de 33,5 % en Belgique, qui mène de loin le peloton.

De 1864 à l'année de la franche reprise qui s'amorce, selon les pays, entre 1890 et 1895, le PIB par habitant a augmenté en France de 29,2 %, au Royaume-Uni de 29,8 %, en Allemagne et en Belgique de 34,6 %, en Suède de 35,1 % et aux Etats-Unis de 45 %. Selon une habitude qui lui restera familière, la France se comporte donc plus mal que les autres en période dépressive, comme si les neurasthénies collectives faisaient partie de son « modèle ».

Evidemment, hier comme aujourd'hui, la mondialisation fut le premier bouc émissaire offert à la rancœur des populations. Dans la mesure où le tassement de l'activité intervenait dans une période où l'abaissement des tarifs douaniers, l'extension du réseau des transports, le mouvement des migrants et des capitaux vers les pays d'outre-mer élargissaient les marchés et contribuaient à intégrer les économies de manière beaucoup plus étroite que dans le passé. Accusées de tirer profit d'activités qui vidaient le marché français des capitaux, les banques, surtout quand elles étaient juives, étaient des cibles privilégiées. Le dirigeant socialiste Jules Guesde dénonçait leurs « tripotages financiers » fondés sur l'exploitation du travail. Dans son article « L'agiotage », publié en 1887 dans *La Revue socialiste*, Auguste Chirac écrivait : « Assoiffés de luxe insolent, affamés de cette souveraineté que leur procure leur oisiveté, les agioteurs dédaignent l'exploitation des terres dans les Etats d'Occident où ils résident ; car là, sous l'œil d'un populaire plus clairvoyant, ils n'oseraient pas employer les procédés de vampires dont, impunément, ils se servent à l'étranger ; et voilà pourquoi ils rêvent l'affermage de pays entiers, tout là-bas, bien loin, hors du regard ! C'est ainsi que Rothschild a l'Egypte, Hirsch, la Turquie d'Europe, Camondo, la Roumanie, Dreyfus, le Pérou, c'est ainsi que d'autres, dont la liste serait trop longue, tiennent sous leur talon des morceaux de pays, des fractions de provinces, des villes entières, des routes, des canaux et tous les instruments indispensables au travail et à la vie humaine[26]. » Ajoutons-y un autre classique des mauvais jours : le péril jaune. La concurrence des hindous et des Japonais est stigmatisée, en raison des « délocalisations » dans ces pays des usines textiles, des entreprises métallurgiques et des raffineries de sucre que des capitalistes cupides montaient pour exploiter le bas coût d'une main-d'œuvre docile. « L'opération est fort habile à leur point de vue personnel, dénonçait encore en 1881 Paul Leroy-Beaulieu dans son *Essai sur la répartition des richesses*, mais elle est désastreuse pour les métropoles[27]. »

En fait, si le revenu moyen des Français a fait du surplace pendant un quart de siècle, c'est moins à cause de la concurrence internationale que parce que la misère rurale, héritée de l'époque préindustrielle, n'a été résorbée qu'avec beaucoup de lenteur. Quand l'inflation des prix améliorait l'ordinaire des paysans-vendeurs, la croissance globale pouvait aller bon train. Mais lorsque le quintal de froment qui se négociait 36 francs en 1867 plonge à 14 francs en 1894, la France, qui a toujours voulu faire de sa paysannerie le pilier de son modèle social, en subit lourdement les effets. Pour un pays dont plus de la moitié du PIB dépendait de la production agricole et de la consommation du monde rural, cette terrible dépression des prix agricoles se répercutait sur l'ensemble de l'économie et donc du revenu. Le porc vivant, qui se vendait 120 francs en 1868, se livre 95 francs vingt ans plus tard. Le beurre, le seigle, la pomme de terre ont baissé d'un tiers. Si l'Allemagne a fait légèrement mieux que la France pendant cette longue dépression, c'est peut-être parce que les prix de détail y ont augmenté de 14 % entre 1871 et 1895, alors qu'en France ils reculaient de 25 %. Des prix qui baissent annoncent rarement de bonnes nouvelles. N'est-il pas le produit de cette neurasthénie collective, ce fabricant parisien de fontes moulées d'art qui, en 1884, commente ainsi avec satisfaction la baisse de son chiffre d'affaires : « Nous avons supprimé les voyageurs, les dépositaires, etc. ; il faut qu'on vienne chez nous pour la qualité de nos produits ; ceux qui voudront du bon sauront où nous trouver ; nous nous contentons de ceux-là. J'ai diminué notre chiffre d'affaires ; il est moitié aujourd'hui de ce qu'il était il y a vingt ans, mais nous arriverons à un meilleur résultat[28]. » Peu de Français comprennent alors que ce que Taylor va appeler bientôt l'« organisation scientifique du travail », c'est-à-dire la productivité, est la seule source du progrès. Ils se limitent souvent à constater que l'ouvrier français travaille moins dans la journée que l'ouvrier anglais...

7.

Une Belle Epoque à 2,6 %

En 1891, avec 547 francs de l'époque (1 914 euros d'aujourd'hui), le revenu national moyen était toujours inférieur à son niveau de 1864 (555 francs). Dix-sept ans plus tard, il est à 859 francs en 1908 (3 006 euros), soit 57 % de pouvoir d'achat en plus, malgré ou... grâce à des prix en hausse. Un taux moyen de croissance supérieur à celui du XXe siècle (2,1 % de 1913 à 2007) et à celui de nos trente dernières années (1,6 %). Pour une fois, voilà un siècle qui avait le bon goût de s'ouvrir avant l'heure et d'être prometteur.

A qui ou à quoi attribuer cette « Belle Epoque » ? A l'action bienfaisante de Jules Méline, ce républicain de « droite » qui réclame la « justice » pour les paysans et fait voter à la Chambre le 11 janvier 1892 un tarif douanier destiné à les protéger de la « mondialisation » ? A l'action bienfaisante du pape Léon XIII qui, dans l'encyclique *Rerum novarum* publiée en 1891, invite les « maîtres de l'industrie » à ne « point traiter l'ouvrier en esclave » et à mettre au premier rang de leurs devoirs principaux « celui de donner à chacun le salaire qui lui convient » ? A la création de la Confédération générale du travail (CGT) au Congrès de Limoges en 1895 ? A l'Exposition universelle, qui se tient à Paris en 1900 et qui marque de son empreinte la capitale, avec l'agrandissement d'hôtels pour accueillir les 48 millions de visiteurs, la construction du Grand et du Petit Palais, celle de la gare d'Orsay et du pont Alexandre-III et, formidable innovation technique, la construction du métropolitain, dont on ouvre le 19 juillet la première ligne, reliant la porte Maillot à la porte de Vincennes ? Au président de la République Emile Loubet qui prophétise : « Je suis persuadé que le XXe siècle verra luire un peu plus de fraternité sur moins de misère » ? A la loi du 30 novembre 1894 autorisant l'édification d'habitations à bon marché ?

Les bénéfices de la mondialisation

Nul besoin d'invoquer les hommes et les gouvernements pour répondre à ces questions. Force est en effet de constater que la « Belle Epoque » a été la chose au monde la mieux partagée. Entre 1892 et 1913, si le PIB par habitant s'accroît en France de 39,8 %, il augmente de 44,4 % en Suède, de 47,7 % en Allemagne, de 61,7 % aux Etats-Unis et de 65,6 % en Italie. Seule la Belgique, avec 36,7 % de hausse, et le Royaume-Uni, avec 27,9 %, font moins bien que la France. Une France qui, en dépit de son protectionnisme affiché, tire profit d'une « mondialisation » qui s'accélère et dont les bénéfices sur les populations sont sensibles. A la veille du vote du « tarif Méline », les importations représentaient 18,2 % du PIB ; en 1913, elles en couvrent 21,7 %. A cette même date, la France exportait 17,7 % de son PIB, contre 15 % en 1892, des taux qui ne seront dépassés qu'au milieu des années 1970. Certes, la balance commerciale est déficitaire, comme c'est d'usage pour les grandes puissances, mais la balance des paiements, que gonflent les revenus des capitaux placés à l'étranger, dégage des excédents considérables : 1 515 millions de francs, soit près de 4 % du PIB[29]. Un pourcentage assez proche de celui de « notre » mondialisation, puisque, aujourd'hui, les revenus tirés des capitaux placés à l'étranger atteignent environ 100 milliards d'euros, soit 5,3 % du PIB de 2007. Jean Jaurès lui-même, en socialiste intelligent, en admettait le principe et la nécessité. Dans la séance de la Chambre des députés du 8 février 1907 consacrée aux investissements en Russie, il déclarait : « Je ne suis pas opposé de parti pris à tout placement de capital français dans des pays étrangers... Il est impossible, et sans doute ne serait-il pas bon, d'interdire aux capitaux français, à l'heure où le monde entier est en travail et en croissance économique, de participer à ce mouvement[30]. »

Une furie carnassière

Un mouvement dont les travailleurs français n'avaient aucune raison de se plaindre. Trois cent douze francs de plus par an entre 1892 et 1913, soit 1 092 euros d'aujourd'hui, autorisaient en effet quelques « folies ». Aux prix parisiens de 1900, cela représentait 890 kilos de pain, alors que la consommation moyenne d'une famille de quatre personnes n'excédait pas 480 kilos par an, 170 kilos de bœuf, 135 kilos de veau, 150 kilos de porc, trois tonnes de pommes de terre, 90 kilos de café, 346 repas pris à l'extérieur, sept tonnes de charbon, 100 visites de médecin qui coûtaient trois francs au patient, ou encore un an et demi de loyer dans le quartier de la Goutte-d'Or à Paris.

En quelques années, le prolétaire passait du pain noir au pain blanc et du bœuf bouilli au bœuf rôti. En 1902, dans *Le Mécanisme de la vie moderne*, le vicomte d'Avenel constatait qu'il était devenu pratiquement impossible de trouver du pain noir, ce symbole de la pauvreté, et proclamait que la culture industrielle des fraises permettait au plus humble de manger pour quelques sous un dessert que seuls les riches pouvaient s'offrir dans les années 1860. En 1913, une enquête en Bretagne confirmait le remplacement du pain de seigle, des bouillies d'avoine et des gâteaux de sarrasin par le pain de froment, les pommes de terre, la viande et le café. En 1907, dans un village de la Nièvre, Jules Renard entendit une vieille femme qui revenait du marché s'écrier avec stupéfaction : « Le monde devient carnassier[31] ! » Il y avait en effet désormais cinq boucheries là où l'on n'en trouvait qu'une autrefois. Cette frénésie carnassière qu'alimentent, à partir des années 1880, les arrivages réguliers de viande congelée en provenance de l'étranger, n'avait pas que des effets positifs. En 1910, le seuil de saturation des 3 300 calories par jour était franchi. En France plus qu'ailleurs, la progression du revenu se portait avant tout vers ce qui repaît plutôt que vers ce qui plaît. En 1912, l'ouvrier allemand consacrait à son logement 17 % de son revenu, tandis que l'ouvrier français ne lui en réservait que 8 %.

Du coup, la fée électricité eut beau être la reine du spectacle à l'Exposition universelle, elle tardait à s'introduire dans les foyers. En 1898, un abonné parisien à l'électricité ne consommait que 850 kilowattheures par an, contre 3 317 à Berlin. Il faut dire qu'avoir l'électricité chez soi était ostentatoire. A Paris toujours, faire monter l'eau du rez-de-chaussée était chose inhabituelle et coûteuse. En 1902, lorsque le duc de Broglie, un des hommes les plus riches de France, acheta un hôtel particulier dans la capitale, la maison n'avait pas de cabinet de toilette et seulement un robinet d'eau par étage. En 1903, seul un immeuble parisien sur dix était relié au tout-à-l'égout. A Rennes, pour 70 000 habitants, à la même date, on recensait trente baignoires et deux maisons avec salle de bains.

Elise et Clovis

De ces Français robustes qui consomment plus de 500 litres de vin par an mais vivent dans des logements sans eau, Clovis est un exemple fort sympathique. Né en

1869 à Abbeville, dans le département de la Somme, huitième enfant d'un cordier, il « monte » à 18 ans à Paris où vivent déjà trois de ses frères et deux sœurs. « Les premiers mois furent un peu pénibles car l'ouvrage n'abondait pas, écrit Clément Louis, le bibliothécaire de la Société d'économie sociale ; enfin, au bout d'un certain temps, il put trouver à travailler comme aide chez un entrepreneur de plomberie qu'il quitta pour entrer à la compagnie du Nord, dans le service de la voie, où il est encore aujourd'hui[32]. »

En 1898, à 30 ans, il épouse Elise, une « payse », née en 1877 à Abbeville, également fille de cordier, qui travaillait dans une grande maison de couture de la ville. Deux enfants, Robert et Germaine, nés à un an d'intervalle, constituent cette famille qui vit près de la gare du Nord, dans un logement fourni gratuitement par la Compagnie des chemins de fer et qui se compose d'une entrée, d'une salle à manger de 2,50 mètres sur 4, d'une chambre à coucher de 3,50 mètres sur 4 et d'une cuisine de 3,50 mètres sur 1,50 mètre. Outre l'inévitable buffet à vitraux Henri II, la table avec trois allonges et les six chaises du même modèle, il y a le strict nécessaire pour s'éclairer, 55 litres de pétrole ; pour nettoyer, du carbonate de soude, du savon minéral et un balai ; pour se chauffer, 900 kilos de charbon. Au total, l'habitation représente 5,4 % des dépenses totales du ménage.

Cantonnier-poseur de voies, Clovis travaille neuf heures par jour l'hiver, dix ou douze heures l'été, la journée étant coupée d'un repos d'une heure pour le déjeuner. Titularisé en 1891 avec un salaire annuel de 1 362 francs, il est passé à 1 590 francs en 1901 pour 320 jours de travail. C'est, à cette date, plus de deux fois le revenu moyen par habitant (675 francs) et un tiers de plus que le salaire annuel ouvrier moyen. A la Belle Epoque comme aujourd'hui, les cheminots, même quand ils travaillaient pour les Rothschild, les propriétaires de la Compagnie du Nord, n'étaient pas les plus mal lotis. Car, outre le logement, la compagnie assurait les soins médicaux et pharmaceutiques, vendait sans bénéfices dans son économat les produits alimentaires et le charbon et versait à une caisse spéciale 9 % du traitement de Clovis pour lui assurer, à 50 ans, une pension de retraite égale au quatre-vingtième de la moyenne des six dernières années multiplié par le nombre des années de service.

Le régime alimentaire de ces robustes Picards absorbe 64 % de leurs dépenses totales. Quatre cent quatre-vingts kilos de pain, 204 kilos de viande, dont la moitié de bœuf, 284 kilos de légumes, dont 120 kilos de pommes de terre, 440 litres de lait et 530 litres de vin pour deux personnes et deux enfants en bas âge. Les dépenses de vêtements, 256 francs par an, coûtent trois fois plus que celles consacrées au logement, le double en pourcentage d'un budget moyen d'aujourd'hui. C'est que la garde-robe de Clovis en ferait presque un bourgeois. Ses vêtements du dimanche comprennent trois complets, dont un avec redingote et pardessus, un chapeau haut de forme – qui n'est donc pas un signe distinctif réservé aux « deux cents familles » –, deux chapeaux melon, un chapeau de paille, deux paires de chaussures, trois cravates, deux chemises en toile et deux chemises en satinette. Ceux d'Elise se composent de deux tailleurs, de deux jupons, de douze chemisiers, de deux chapeaux, d'un collet en fourrure, d'un cache-corset, d'un corset, d'une paire de chaussures, de trois paires de bas, de douze mouchoirs blancs, d'un parapluie et d'une ombrelle. Un patrimoine vestimentaire évalué par le disciple de Le Play à 1 000 francs, soit près de 60 % du salaire annuel de Clovis. Un salaire sur lequel le cantonnier prélève 60 francs par an, comme ses frères et sœurs, pour verser une pension alimentaire de 400 francs à son père âgé de 70 ans et dans l'incapacité de travailler.

En ces premières années du XXe siècle, ceux que les syndicalistes d'alors appelaient les « serfs » du rail avaient, dans ce centre « populaire » du quartier de la Chapelle, élu un radical modéré à la place d'un socialiste révolutionnaire ! C'est tout dire.

8.

Victoire et... déboires

Tout observateur de courbe qui ignorerait l'événement pourrait affirmer que la « Belle Epoque » ne s'achève qu'entre 1925 et 1929. En 1925, en effet, en pouvoir d'achat, le revenu national moyen par habitant s'est accru de 37,5 % par rapport à 1913, une hausse moyenne de 2,5 % l'an. Après les trente-deux années piteuses de la « grande dépression » (1864-1896) s'achèvent donc en 1925 les « trente glorieuses » de la « Belle Epoque ». A cette date, le revenu national moyen s'élève à 4 153 euros d'aujourd'hui, contre 3 006 en 1913. Comme si la « grande boucherie » de la Première Guerre mondiale n'avait en rien interrompu le processus de la croissance.

Pour la première fois, la France fait exception : entre 1913 et 1925, alors que son PIB par habitant s'accroît de 20 %, celui de l'Allemagne recule de 3 % et celui du Royaume-Uni plafonne, avec une hausse de seulement 4,5 %. Seuls les Etats-Unis font aussi bien que la France. Ainsi, et le paradoxe est trop évident pour ne pas être analysé, tout s'est passé, au plan du revenu des survivants, comme si la guerre n'avait pas eu lieu !

La première explication, mécanique, est à la mesure de l'hécatombe. Un million trois cent mille décès militaires, 200 000 décès civils en plus de l'« ordinaire », 1 400 000 naissances en moins par rapport à ce qu'aurait dû être l'évolution normale, soit près de trois millions de

Français en moins pour se partager le revenu national. En 1920, au lieu de s'élever à 2 979 euros d'aujourd'hui, le revenu national moyen par habitant se serait élevé à 2 806 euros pour le même nombre d'habitants qu'en 1913. Et si la population s'était autant accrue entre 1913 et 1920 qu'entre 1906 et 1913 (soit 573 000 habitants), il ne se serait plus élevé qu'à 2 766 euros d'aujourd'hui.

Comme pour les périodes précédentes, la tyrannie des mouvements longs peut aussi expliquer l'étonnante prolongation de la Belle Epoque. Malgré la guerre, le rythme de croissance est assez soutenu pour gommer le poids de l'hécatombe humaine et celui des destructions matérielles. Pour situer cette croissance, il suffit de savoir que les niveaux atteints à la veille du choc pétrolier de 1973 auraient été les mêmes si la production avait continué à croître régulièrement après 1925 au taux moyen observé de 1892 à 1925 (voir annexe 2) ! Autant dire que le « miracle » des « trente glorieuses » n'aurait pas eu lieu.

Vive l'inflation !

La dernière explication tient surtout et une nouvelle fois au stimulus qu'a constitué l'inflation d'après-guerre. Absent du vocabulaire courant avant la guerre – « Inflation : enflure. Terme pathologique. Peu usité », peut-on lire dans le *Petit Larousse* en 1905 –, le terme fait une entrée triomphale dès le début des années 1920. En 1922, sous le patronage du président de la République, une « Semaine de la monnaie » est organisée par tout ce que la France compte d'« intelligences économiques ». Dans la présentation, on peut lire : « Les ruines que la guerre a accumulées, la diminution extraordinaire des richesses qu'elle a entraînée n'ont pas encore suffisamment frappé les esprits, à cause principalement des politiques monétaires qui ont été suivies par un nombre considérable d'Etats ; ces débauches de billets, ce gonflement des prix, cet accroissement numéraire des fortunes qui s'en sont suivis, ont dissimulé pendant longtemps aux yeux des peuples la situation véritable. Ignorants de la réalité austère, ils ont vécu dans l'illusion ; aveugles sur leur dénuement, ils l'ont encore accru par un gaspillage général dont certaines trésoreries publiques donnent le lamentable spectacle[33]. »

« Inflation fiduciaire », le mot était lâché, promis à une belle fortune tant il est vrai que la hausse des prix avait de quoi inquiéter. De 1913 à 1926, les prix de détail ont été multipliés par 5,5 à Paris et 5,7 en province. En 1920, on a même pu assister à une hausse annuelle de 42 % sans que soit pour autant entravée, on l'a vu, la progression de la production, de la productivité et du revenu national. De 1919 à 1926, la production industrielle globale a augmenté en France de 121 %, largement plus qu'aux Etats-Unis (29,8 %), qu'en Angleterre (– 2 %), qu'en Allemagne (83 %) et qu'en Belgique (55 %). Surtout, toujours entre 1920 et 1925, le revenu national moyen s'est accru de près de 40 %, en dépit de, ou *grâce* à, cette inflation qui, à en croire certains représentants du patronat, pouvait devenir l'antichambre de la révolution.

Lors de cette même Semaine de la monnaie, Eugène Mathon, vice-président de l'Association française des fabricants de tissus, déclarait sur un ton moralisateur : « On voyait des gens passer en quelques mois de la médiocrité à la richesse, du salariat au patronat. Non seulement on développait ses propres affaires, mais on s'intéressait à quantité d'autres auxquelles on était demeuré étranger jusque-là. Les valeurs en Bourse montaient sans arrêt, les bénéfices de toutes les entreprises atteignaient des chiffres étourdissants, tout réussissait. Si l'on ajoute à cette situation économique le besoin de se détendre, de jouir de la vie, qui prend tous ceux qui ont souffert et subi des privations, on peut se rendre compte de la désorganisation sociale qui s'en est suivie. C'était un besoin universel de jouir. Les théories révolutionnaires trouvaient là un bouillon de culture tout préparé[34]. »

François Kinner n'était guère sensible à ce « bouillon »[35]. Né en 1863, il assure encore en 1928 son rude service d'ajusteur au chemin de fer de l'usine de Wendel à Moyeuvre. De son mariage en 1898 avec Sophie Wittenberg, huit enfants sont nés : deux sont morts en bas âge et six sont encore vivants. Tous ou presque travaillent chez Wendel. François, qui souffre d'un peu d'arthrite, part de chez lui chaque matin à 4 h 45, fait deux bons kilomètres pour atteindre le chemin de fer Wendel qui l'amène vers 5 h 45 à l'usine. Il la quitte à 14 heures. Deux heures plus tard, lorsque le temps est beau, on est sûr de le trouver dans son champ ou son jardin, à moins qu'il ne soit à quelque travail pour la basse-cour et le ménage. La mère avoue n'avoir jamais été malade.

Depuis 1898, ils habitent une maison de cinq pièces et son jardin. François, qui ne gagnait alors que 160 marks par mois (la Lorraine était depuis 1871 allemande), put emprunter à la maison Wendel 1 400 marks à rembourser, à raison de 25 marks par mois. Cinq ans après, il était libéré de sa dette et devenait propriétaire d'une maison réparée et modernisée de fond en comble. Trente ans plus tard, cette bâtisse lorraine qui jouit de son « water-closet » et de l'électricité est estimée à 45 000 francs (soit cinq années de revenu annuel), l'équivalent de 25 000 euros d'aujourd'hui. En y ajoutant le reste du patrimoine, les meubles, le linge, les dix oies, les trente lapins, les vingt-cinq poules, les deux porcs et les 12 000 francs d'argent placé, l'avoir de la famille Kinner atteignait 80 000 francs, soit plus de 44 000 euros d'aujourd'hui.

François, qui fut tour à tour chargeur, mécanicien, surveillant de voie et ouvrier de dépôt, gagne 9 600 francs en 1928, déduction faite des assurances sociales et y compris les allocations familiales et de vie chère. C'est 25 % de plus que le revenu national moyen et que le salaire annuel ouvrier moyen. L'argent placé rapporte 600 francs par an. Albert, le dernier fils, âgé de 28 ans et qui demeure encore à la maison familiale, verse à ses parents 4 800 francs par an. La vente des légumes et des produits de la basse-cour rapporte 2 400 francs. Sur ces recettes de 17 400 francs, le budget nourriture s'élève à 11 975 francs, 2 760 francs pour le pain, qui absorbe toujours 15,8 % des dépenses totales, la viande de boucherie (hors les deux porcs élevés et abattus par an) 3 760 francs, soit 21,6 % des dépenses totales, le beurre (104 kilos), 1 248 francs, soit 7,2 % des dépenses totales, le lait 780 francs, le vin 500 francs et le charbon (500 kilos), 158 francs. Le budget vêtements s'élève à 1 400 francs, les frais de culte pour cette famille très catholique à 240 francs et, grande nouveauté de l'après-guerre, les impôts et assurances à 600 francs. L'épargne de l'année a représenté 3 463 francs, soit près de 20 % des recettes, un taux d'épargne singulièrement élevé.

Ainsi vivait, au terme de la grande vague de la « Belle Epoque », une famille ouvrière lorraine travaillant chez l'un des membres les plus illustres des « deux cents familles ». L'inflation, ces « vieux » qui avaient connu l'avant-guerre auraient pu en prendre la mesure. Le pain que Clovis, le cantonnier-poseur de voies, payait 35 centimes le kilo, valait 2,30 francs, 6,5 fois plus, tout comme le café ; l'huile et le sucre avaient quintuplé. Les Kinner dépensaient 5 200 francs là où ils auraient dépensé 896 francs avant-guerre (merveille de l'approche empirique, on retrouve cette multiplication de 5,8 donnée dans la statistique nationale des prix de détail).

Une « inflation » qui n'a en rien entamé leur pouvoir d'achat et leur moral : la cuisine qui sert de salle de réunion et de salle à manger est impeccable, le fourneau reluit, le plancher est lavé, l'évier est brossé chaque jour. Tandis que la marmite bout ou mijote, le four est occupé à cuire et à dorer quelque tarte aux fruits. Du porc, on extrait le maximum : boudin, saucisse, fromage de tête, andouillette, jambon et pâté, en attendant de déguster la choucroute, cuisinée exclusivement avec des produits maison. Une retraite assurée, un logement acquis, dix-huit enfants à table tous les dimanches midi, que demande le peuple ?

Le temps de la pénitence

Ce qu'il demande ? Hier comme aujourd'hui, moins l'argent des « riches » que la sécurité de l'emploi. Or, en 1926, comme avant en 1865, la mécanique s'enraye et la marée basse de la conjoncture s'amorce pour une éclipse de croissance de vingt-trois ans, le temps qu'il faudra au revenu national moyen par habitant pour dépasser le niveau atteint en 1925. A cette date, il s'élevait, selon nos calculs, à 4 153 euros d'aujourd'hui ; en 1949, il atteint 4 442 euros*.

Le renversement de la vague ne date donc pas du « Jeudi noir », le 24 octobre 1929, contrairement à un mythe qui reste aujourd'hui particulièrement tenace. La nouvelle « dépression » s'amorce en France dès 1926. En cette année, le revenu national moyen par habitant chute de 11,5 % par rapport à 1925. En 1927, nouvelle chute de 1,3 %. En 1928 et 1929, remontée pour atteindre 4 091 euros, soit moins qu'en 1925. A cet égard, Thomas Piketty a beau contester ma thèse « hétérodoxe » selon laquelle la crise de 1929 en France n'aurait pas été importée des Etats-Unis[36], la série du revenu fiscal moyen par habitant qu'il dresse la confirmerait plutôt : baisse de 9,7 % en 1926 par rapport à 1925 ; baisse de 3,6 % en 1927 ; remontée pour atteindre en 1929

* D'autres estimations confirment la morosité du plateau. En 1925, calculé par Thomas Piketty, le revenu fiscal moyen par habitant s'élève à 13 142 francs de 1998, à 14 355 francs en 1949. En 1921, calculé par Olivier Marchand et Claude Thélot, le salaire annuel ouvrier en francs 1995 s'élève à 25 375 francs, à 26 968 francs en 1949.

un niveau inférieur de 4,8 % à celui de 1925. Corrélation parfaite sur les séries statistiques, divergence sur les interprétations.

Sans doute parce que 1926 n'est pas une date « innocente ». Le retour au pouvoir, le 23 juillet, de Raymond Poincaré, après l'expérience du Cartel des gauches, marque l'arrêt de l'inflation et la remontée du franc. L'indice des prix de détail, qui était encore à 591 (base 100 en 1914) en octobre 1926, tombe à 530 un an plus tard et la livre sterling, qui était au cours moyen de 165 francs en octobre 1926, revient à 122 francs en décembre. Enfin, la loi du 25 juin 1928 prévoit que le franc pèse désormais 65,5 mg d'or, chiffre correspondant au cours de 125,21 francs pour la livre et de 25,53 francs pour le dollar. Une dévaluation de 80 % par rapport au niveau de la « Belle Epoque » qui consolide la réputation de Raymond Poincaré et fait écrire à Alfred Sauvy que, « de toutes les grandes décisions prises entre les deux guerres, en matière économique et financière, la réforme monétaire de 1928 est presque la seule à ne pas être une grande faute. C'est la seule à avoir été réfléchie, voire calculée. Un îlot de raison dans un océan d'erreurs[37] ».

Peut-être, mais force est de constater qu'hier comme aujourd'hui, le fétichisme monétaire et l'obsession du risque inflationniste se sont traduits par une déflation qui n'est pas pour rien dans l'entrée précoce de la France dans la dépression des années 1930 et, surtout, dans sa difficulté à en sortir. La cassure de la courbe du revenu national moyen à partir de 1926 est à la mesure de la « pénitence économique » que va subir le pays pendant près d'un quart de siècle. La stabilisation du franc sur le marché des changes a tout d'abord entraîné en 1927 une crise particulièrement brutale[38]. En moyenne, la chute de la production industrielle a été de 20 % mais, pour le bâtiment, l'industrie de la soie, la construction navale et le travail du cuivre, la chute a pris les allures d'un krach. En janvier 1927, le délégué général du Syndicat de l'industrie cotonnière constate que son industrie « souffre d'un arrêt à peu près complet des ordres depuis plusieurs semaines » et observe qu'« à partir du moment où le franc a été revalorisé puis stabilisé, le marché a cessé d'être orienté à la hausse ». L'orfèvrerie Christofle, qui avait réalisé en 1926-1927 un chiffre d'affaires de 61,8 millions de francs et un bénéfice de 4 millions de francs, voit ces chiffres chuter à 45,7 millions et 182 000 francs. Les ventes de courant électrique, qui étaient passées de 187 millions de kWh en 1922 à 365 millions en 1926, stagnent pour la première fois en 1927. Renault, dont la production chute de 47 657 véhicules en 1926 à 40 221 en 1927, réduit pour la première fois ses effectifs.

Autant de mauvais chiffres qui révèlent l'extrême sensibilité des entreprises françaises au niveau du franc et le formidable « coup de veine » qu'avait représenté l'inflation pour hâter la reconstruction. Excellent baromètre de l'« opinion économique », l'indice des demandes en autorisations de construire, qui était passé de 80 en 1925 (base 100 en 1913) à 114 en 1926, chute à 80 en 1927. Et même si, à partir de 1928 et jusqu'en 1930, l'activité reprend, les réserves d'or qu'accumule la Banque de France – 18 milliards de francs en 1927, 64 milliards en 1928, 80 milliards en 1930 – ne peuvent masquer le fait que cette énorme encaisse métallique était beaucoup moins un indice de prospérité qu'une « crise d'abondance ». Le 24 octobre 1930, Claude-Joseph Gignoux, directeur de *La Journée industrielle*, dénonçant ce « voile d'or » qui pénalisait les entreprises, écrivait : « Nous sommes actuellement trop riches ou, ce qui n'est pas exactement la même chose, trop pourvus de capitaux inemployés. »

Il ne faut donc pas s'étonner qu'à partir du dernier trimestre 1928, la plupart des branches industrielles voient leur production s'essouffler. Ce sont aussi les cours en Bourse qui baissent dès février 1929, en même temps que fléchit la rentabilité financière des entreprises. Surtout, l'appréciation du franc a eu des effets dramatiques sur les exportations françaises, qui chutent de plus de 40 % de 1929 à 1932, et même de 70 % pour les tissus de soie qui étaient le premier poste à l'exportation. La part de la France dans les exportations du monde s'effondre ainsi de 6,3 % en 1925 à 3,7 % en 1937, le pourcentage le plus bas de son histoire. A cette date, toujours, la France était le seul pays industrialisé, avec les Etats-Unis, à ne pas avoir retrouvé un PIB par habitant supérieur au plus haut niveau des années 1920. La chute était de 4,7 % en France, de 6,8 % aux Etats-Unis, mais la hausse était de 14,5 % en Allemagne, de 13 % dans le très démocratique Royaume-Uni, de 16 % en Nouvelle-Zélande et de 20,5 % en Suède.

En s'abstenant de dévaluer comme l'avaient fait ces pays pour préserver la parité or du franc, la France avait ainsi retardé le moment de la reprise. A cet égard, les espoirs fous qu'a provoqués chez les travailleurs la victoire du Front populaire en mai 1936 ont été largement déçus. Même si le revenu national moyen par habitant a augmenté de 6,3 % de 1935 à 1936, à la suite des augmentations de salaires accordées au lendemain des grèves de juin, il baissait déjà de 4,4 % en 1937 avant de remonter, en 1938, de 2 %. Au total, le Front populaire n'avait pu inverser la tendance de fond amorcée en 1926. Pour les ouvriers, la déception fut même plus rude puisque le pouvoir d'achat du salaire annuel chuta de 14,3 % entre 1936 et 1938. Paul Reynaud en livrait peut-être une explication qui ne vaut pas que pour 1936 : « Les Français, même quand ils sont socialistes, sont au fond des conservateurs. Pour eux, la monnaie a un caractère sacré. Ils n'osent pas y toucher[39]. »

9.

Vaches « grasses » et vaches « maigres »

Toucher à la monnaie fut précisément la grande révolution des Trente Glorieuses, cette ère de l'opulence qui n'en finit pas de marquer nos esprits chagrins d'aujourd'hui. C'est qu'en 1944, il y avait urgence. A cette date, le produit intérieur brut par habitant (2 422 dollars de 1990), qui avait chuté de près de 50 % par rapport à son niveau de 1929 (4 710 dollars), était revenu à son niveau de 1891 (2 432 dollars) ! Dans les grandes villes, un enfant sur trois présentait des troubles de croissance. A 14 ans, comparés à leurs aînés de 1935, ils avaient perdu de 7 à 11 centimètres de taille et de 7 à 9 kilos en poids : des moyennes de... 1900. Un bébé sur 13 mourait avant l'âge d'un an. Autant dire que la France était revenue un demi-siècle en arrière, au terme de quatre années d'occupation. En 1929, son PIB par habitant représentait 68 % de celui des Etats-Unis ; en 1944, il n'en représentait plus que 19,6 %.

C'est dans ce contexte que Pierre Mendès France, comme s'il voulait confirmer le jugement de Paul Reynaud, propose de freiner l'inflation par le blocage des prix et des salaires, comme si le sauvetage de la monnaie était la priorité absolue en ces temps d'intense pénurie. Que le général de Gaulle ait choisi le laxisme plutôt que la rigueur montre la distance qui sépare le politique du doctrinaire. Dommage pour Pierre Mendès France. Dommage pour le franc. Tant mieux pour le revenu des Français. Car le glissement vers l'inflation chronique allait accompagner la hausse la plus massive de pouvoir d'achat que les Français auront connue dans leur histoire et leur permettre de combler en quelques années le fossé qui s'était creusé avec leurs voisins.

Les Trente Glorieuses

En 1949, le revenu national moyen par habitant est de 4 442 euros d'aujourd'hui. Il atteint 12 624 euros en 1973. On ne dira jamais assez à quel point un taux de croissance de 3,9 % par an pendant vingt-cinq ans est historiquement « révolutionnaire ». En un quart de siècle – le temps qui sépare la naissance d'un homme de son entrée dans le monde des adultes –, le niveau de vie par Français s'est deux fois plus accru qu'entre Vercingétorix et Charles de Gaulle. En l'an 0 de notre ère, le revenu moyen d'un Gaulois avoisinait 400 dollars d'aujourd'hui. En 1950, il atteignait 5 000 dollars. Il s'était donc accru de 4 600 dollars en 1950 ans. En 1973, il s'élevait à un peu plus de 13 000 dollars. Il s'était donc accru de plus de 8 000 dollars en vingt-cinq ans. A une époque où les rédacteurs du *Programme commun de gouvernement* écrivaient sans faire rire : « La vieille machine capitaliste tourne encore, mais elle est déjà dépassée par l'histoire vivante », l'économie de marché, cette « vieille machine », faisait accéder à la société d'abondance ceux qui avaient peine à en prendre conscience.

C'est que la statistique rend difficilement compte des bouleversements que cette période a apportés dans la vie des Français. Richard Schnell, fils et petit-fils de mineurs de la région d'Hettange-Grande, en Moselle, en a, lui, gardé les traces[40]. Le 23 mai 1947, à 14 ans, il obtient son certificat d'études. Le lendemain matin, il entre comme apprenti chez Albert Serva, chaudronnier d'art à Etain, dans la Meuse, à 10 francs de l'heure, alors que le paquet de cigarettes le moins cher de l'époque, les Elégantes, valait 20 francs. Dans leur trois-pièces-cuisine, sans douche ni salle de bains, les Schnell vivent au jour le jour.

Après trois ans d'apprentissage et de cours du soir et du samedi pour améliorer son arithmétique, son orthographe et apprendre la technique et le dessin industriel, Richard décroche son CAP de serrurier qui fait de lui, en 1950, un ouvrier qualifié à 240 000 anciens francs par an, près d'un tiers de plus que le revenu national moyen par habitant de l'époque, soit plus de 6 000 euros d'aujourd'hui. En 1954, au moment de partir pour le service militaire, il touche 420 000 anciens francs par an, soit un peu plus que le salaire moyen d'un ouvrier de l'époque (8 265 euros). Après leur mariage, en décembre 1954, sa femme prend un travail chez Petitcollin, le fabricant de baigneurs. Pour l'année 1958, elle apporte au ménage 420 000 anciens francs en multipliant les heures supplémentaires. De quoi acheter le mobilier. A cette date, une chambre à coucher en latté contreplaqué et chêne clair poncé verni naturel vaut 97 500 francs.

Vers 1960, Richard touche 743 francs (nouveaux) par mois, près de 9 000 francs par an (12 910 euros), toujours le salaire moyen annuel, mais cette fois d'un employé de bureau. Une augmentation qui s'accompagne d'un grand événement : sa première voiture, une 2 CV achetée d'occasion, à crédit, 3 000 francs. Le Frigidaire et la télévision font partie de la fête. En 1965, Richard s'émerveille de la 3 CV achetée neuve, cette fois, pour 7 500 francs, soit près de six mois de salaire. Pas d'inquiétude, l'ascenseur professionnel fonctionne bien : il devient OQ3. En 1975, première vraie folie, il acquiert une GS Pallas avec toutes les options : peinture métallisée, vitres teintées... Il lui en coûte 35 000 francs, 21 700 euros, soit près de huit mois de salaire. Tel était le signe du « miracle ». En 1949, cet achat aurait représenté près de cinq années du revenu national moyen par habitant ; en 1975, il n'en représentait plus que dix-neuf mois.

Le formidable renouveau démographique qui s'amorce en 1942, au cœur même de la guerre, peut expliquer pour partie ce « miracle ». En trente ans, la population française s'est accrue de près de 13 millions d'habitants, soit autant qu'entre 1700 et 1945. L'équivalent de deux siècles et demi en trente ans. Même si les liens entre croissance économique et croissance démographique sont particulièrement difficiles à démêler, force est toutefois d'observer que le pays qui a connu le meilleur taux de croissance du revenu par habitant au cours de cette période est aussi celui qui a connu la plus forte hausse de sa population.

L'inflation, sensiblement plus forte en France qu'ailleurs, explique peut-être aussi, là comme autrefois, une partie du « miracle » ! La hausse régulière et continue des prix, en assurant des taux d'intérêt très bas, voire négatifs pendant toute la période, a joué dans l'optimisme des emprunteurs et des entrepreneurs. En 1954, 35,5 % des ménages étaient propriétaires de leur résidence principale ; en 1975, ils étaient 46,7 %. Certes, au cours de cette période, le franc fut plusieurs fois malmené, mais c'était pour la bonne cause. Comme l'exprimait François Bloch-Lainé, appelé à la direction du Trésor en 1947, il fallait à cette date « sortir de son attitude traditionnelle à l'égard de l'économie, attitude consistant à agir contre ce qui paraît inopportun ou nocif, plutôt qu'à agir pour ce qui peut être bénéfique ». « Mieux vaut l'inflation, écrivait le lointain prédécesseur de Jean-Claude Trichet, que l'arrêt de l'équipement[41]. »

Les années « piteuses »

En 1982, les Français étaient donc devenus plus « riches » qu'ils ne l'avaient jamais été au cours de leur histoire mais, sondés par la SOFRES pour *L'Expansion*, ils n'étaient que 48 % à estimer qu'ils étaient plus « heureux » qu'autrefois. François Mitterrand, avec son prêche sur la « civilisation pastorale », qui avait paru plutôt insolite, était bien en phase avec la sensibilité profonde de ses compatriotes. En fait, la « rupture » avec les années « glorieuses » ne s'amorce pas au lendemain du choc pétrolier de 1973 mais au lendemain de l'arrivée de la gauche au pouvoir. De 1973 à 1982, en effet, le pouvoir d'achat des Français continue sa progression au rythme de 2 % par an en moyenne, augmentant de plus de 25 % en dix ans. La véritable cassure se fait en 1983, date à laquelle la pente historique amorcée en 1945 connaît son premier fléchissement. Avec quatre maigres euros de progression annuelle, le revenu national s'établit à 15 395 euros ; la suite oscille entre léger recul et progression modeste, au rythme de 1,5 % l'an, soit un dixième de point en dessous de notre fameux taux de longue durée*.

Entre ceux qui croyaient que la gauche allait « changer la vie » et découvraient qu'il était hasardeux d'y compter quand les chômeurs allongeaient sans cesse la file et ceux qui tablaient sur un Chirac transformé en Thatcher à béret pour doper la croissance, il fallut déchanter. Au demeurant, les vaches n'étaient pas si maigres que cela ; entre 1983 et 2001, le revenu monte, de 35,1 %. Sauf que hormis l'Allemagne, le pays est à la traîne comme s'il avait toujours de la peine à encaisser le choc de la vague descendante. Pour la même période, l'Italie enregistrait une hausse du revenu moyen de 42,2 %, les Etats-Unis de 47,7 %, les Pays-Bas de 49,9 % et le Royaume-Uni de 50,1 %.

* Calculé par Thomas Piketty, le revenu fiscal moyen par habitant confirme cette tendance. En francs 1998, il passe de 46 195 francs en 1973 à 58 843 francs en 1982 (une hausse de 27 %), atteint 58 958 francs en 1983, 58 773 francs en 1984 et 59 237 francs en 1985, avant de repartir à la hausse en 1986.

Ce retournement n'a rien d'insolite à l'échelle de l'histoire, mais des logiques dépassent les Français – croissance molle des revenus, désinflation et ouverture massive au monde. Ils ont le sentiment que ceux qui les dirigent ont de moins en moins d'influence. Ce en quoi ils ont raison. Telle est bien, en effet, la première « leçon » de cette histoire. En longue durée, le progrès est réel mais toujours incertain, soumis à des ondulations qui peuvent désespérer une génération. Comme l'écrivait Joseph Schumpeter, la performance économique du capitalisme « ne ressort que sur le plan d'une perspective lointaine : tout argument procapitaliste doit être fondé sur des considérations à long terme. A court terme, ses superbénéfices et ses inefficacités se profilent au premier plan. Pour se résigner à son triste sort, l'égalitariste d'antan ou le chartiste de 1838 auraient dû se bercer de l'espoir d'une vie meilleure pour leurs arrière-petits-enfants. Pour s'identifier au système capitaliste, le chômeur contemporain devrait faire complètement abstraction de son propre destin et le politicien contemporain faire litière de ses ambitions personnelles... Aux yeux des masses, ce sont les considérations à court terme qui comptent... Les niveaux d'existence constamment améliorés et, en particulier, les loisirs que le capitalisme moderne procure au travailleur jouissant du plein-emploi... eh bien ! Il n'est pas besoin d'achever cette phrase, ni de développer un argument qui, pour être ressassé, éculé, banal entre tous, n'en reste malheureusement que trop pertinent. Un progrès séculaire, considéré comme allant de soi, accouplé à une sécurité individuelle, douloureusement ressentie, constitue évidemment la meilleure des huiles à jeter sur le feu de l'agitation sociale[42] ».

Un feu dont la température n'est que de 1,6 % l'an et qui exigerait qu'à partir de demain la croissance du pouvoir d'achat s'élève à plus de 3 % par an pour rattraper la perte historique annoncée à partir de 1897 (voir annexe 2)... Un pari sur de nouvelles « trente glorieuses » ?

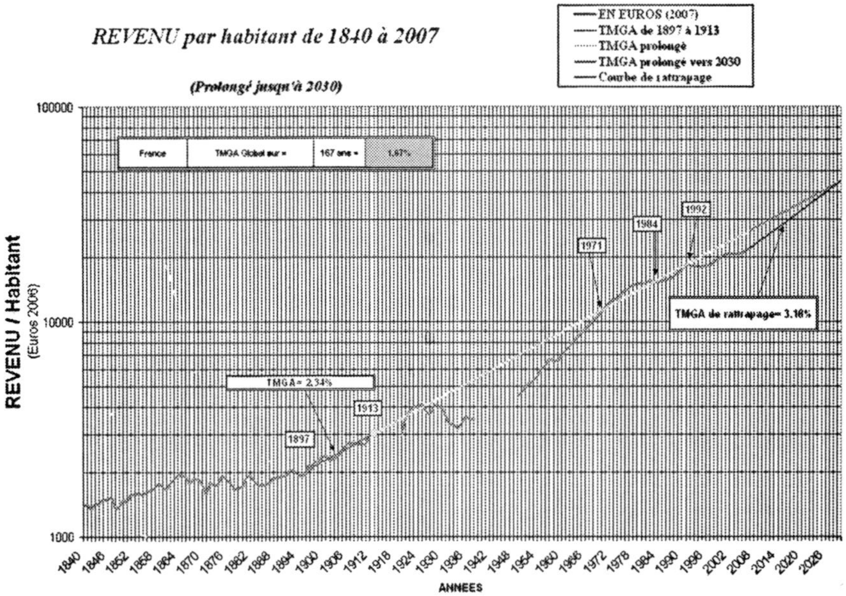
REVENU par habitant de 1840 à 2007
(Prolongé jusqu'à 2030)
EN EUROS (2007)
TMGA de 1897 à 1913
TMGA prolongé
TMGA prolongé vers 2030
Courbe de rattrapage
France
TMGA Global sur =
167 ans =
1,67%
REVENU / Habitant
(Euros 2006)
100000
10000
1000
TMGA= 2,34%
1897
1913
1971
1984
1992
TMGA de rattrapage= 3,18%
ANNEES

Deuxième partie

1,5 %

Comment lutter contre la pauvreté ou en « atténuer » les effets ? En permettant aux pauvres de devenir « riches ». Cette proposition paraît, au choix, digne de La Palice ou provocation gratuite. Elle a pourtant été formulée par un professeur d'économie américain jouissant d'une solide réputation. En 1991, dans son ouvrage, *Assets and the Poor : A New American Welfare Policy*, Michael Sherraden entendait démontrer que la constitution d'un patrimoine était une arme de première importance dans la lutte contre la pauvreté. Plutôt que de privilégier la garantie de ressources pour les pauvres dans la stratégie traditionnelle des pays industrialisés de l'OCDE, il semblait plus pertinent d'inciter les plus modestes à se constituer un patrimoine pour les aider à sortir de la pauvreté[43].

Michael Sherraden faisait précéder sa proposition de deux observations. Premièrement, si les pouvoirs publics des pays développés ont recours depuis longtemps à des mesures visant de manière directe ou indirecte à encourager l'ensemble de la population à se constituer un patrimoine grâce à l'épargne ou l'accession à la propriété immobilière, ces mesures ne bénéficient pas aux pauvres. Pire, elles ont même souvent un effet dissuasif. Les pauvres étant rarement imposables, ils n'ont pas en effet accès aux allégements fiscaux qui sont le moyen le plus utilisé par les pouvoirs publics pour la constitution de ce patrimoine. Pire encore, quand les actifs pauvres commencent à avoir des revenus suffisants pour devenir imposables, ils constatent avec émoi que l'imposition qui leur est alors imputée est supérieure au revenu supplémentaire qu'ils ont obtenu. *De facto* – c'est ce qu'on appelle communément une « trappe à pauvreté » –, il en résulte une incitation à rester au sein du dispositif de l'aide publique, à vivre avec moins d'argent, et donc à se priver de la possibilité de se constituer une épargne, même modeste. La seconde observation, confortée par des études empiriques, part du constat que les pauvres ont envie d'épargner et qu'ils parviennent à mettre de côté des sommes modestes, parfois au prix de sacrifices beaucoup plus importants que ne l'imaginent les « élites » et les catégories favorisées. Certes, l'épargne croît avec le revenu, mais les études montrent que le *taux* d'épargne est plus important chez les pauvres.

C'est fort de ces constats de « bon sens » que Michael Sherraden et ses partisans défendent le patrimoine comme mesure prophylactique contre l'aliénation économique et sociale qui accompagne trop souvent la pauvreté. Il imagine ainsi de verser aux pauvres qui auraient mis régulièrement de petites sommes de côté, toutes les semaines ou tous les mois, sur une période de trois ans environ, des sommes égales au montant épargné. En fin de période d'accumulation, le pauvre pourrait utiliser les fonds épargnés, augmentés de la bonification, pour acheter un logement, créer une petite entreprise ou financer un investissement de formation.

Cette philosophie politique qui part du principe que le bien-être des populations n'est pas uniquement affaire de pouvoir d'achat et de consommation mais qu'il s'alimente aussi, et peut-être surtout, de la constitution d'un patrimoine – même modeste – n'aurait en rien surpris François Guizot. Quand Michael Sherraden énumère en effet sa « théorie du bien-être fondée sur le patrimoine », il reprend pour l'essentiel la dynamique libérale dont l'expression la plus triviale est le nom de la société formée en 1827 et présidée par Guizot lui-même, *Aide-toi, le ciel t'aidera.* Inviter les individus à se prendre en charge eux-mêmes et à ne compter que sur leurs propres forces, tel est bien le message que la majorité des Français a assimilé. Au milieu des années 1830, leur patrimoine s'élevait à 382 milliards d'euros d'aujourd'hui, soit 11 235 euros par habitant. En 2007, il s'élevait à 9 389 milliards d'euros, soit 147 394 euros par habitant. Une hausse moyenne annuelle de 1,5 %. Autrement dit, sur le long terme, le travail a un peu mieux payé que le capital ! Une réalité que n'aurait toujours pas désapprouvée Guizot qui avait placé ce dernier en second dans son « Enrichissez-vous ! ».

10.

« Millionnaires » ordinaires

147 394 euros par habitant en 2007 convertis en francs d'avant-hier font presque un million. Devenir « millionnaire », ce rêve caressé par tant de Français depuis l'instauration du franc en 1803, est donc devenu réalité pour un très grand nombre d'entre eux, tels Frédéric et Christiane[44]. Lui, âgé de 52 ans, issu de famille très modeste, est agent administratif dans une entreprise de matériel informatique de l'Essonne et gagne 1 415 euros nets par mois, c'est-à-dire quasiment le revenu médian des Français. Militant syndical à Force ouvrière, il est apprécié pour sa franchise, son honnêteté et son réalisme. Christiane, 52 ans également, issue d'une famille nombreuse de neuf enfants, est infirmière dans un hôpital de jour à Sainte-Geneviève-des-Bois. Elle gagne 2 134 euros nets par mois. Ils ont trois enfants, Amélie, qui a obtenu une licence de langue et veut devenir professeur des Ecoles, Quentin, qui a réussi sa licence d'histoire à la Sorbonne et souhaite passer le concours d'inspecteur des impôts, et Julien, qui est encore au collège et veut devenir mathématicien.

En 2003, ils ont fini de rembourser leur pavillon acheté 750 000 francs en 1988 et dont la valeur est désormais estimée à un peu moins de 300 000 euros. Ce couple de quinquagénaires qui consacrait au remboursement du crédit 946,30 euros par mois, soit 32 % de ses dépenses totales, est donc dans l'exacte moyenne des Français « riches » d'aujourd'hui. S'ils ne changent rien à leurs habitudes de vie, ils pourront épargner près de 1 000 euros par mois, devenir, à leur mort, « millionnaires », en euros cette fois, acquitter l'impôt sur la fortune et transmettre le « million » à leurs enfants ! Du coup, le militant syndicaliste est, comme 69 % des Français, favorable à la suppression des droits de succession votée par le Parlement français à l'été 2007.

Insolite, ce parcours ? Pas vraiment. Au lendemain de son licenciement, à 54 ans, Alain, ingénieur d'affaires, se pose la question angoissante de savoir comment assurer les revenus de sa famille jusqu'à la retraite[45]. Ce ne sont pas les 28 000 euros de son indemnité de licenciement qui pourront pourvoir à l'affaire. Avec ses 1 825 euros par mois d'allocation d'Aide au retour à l'emploi (ARE) et le modeste salaire mensuel net de 1 070 euros que perçoit Françoise, son épouse, secrétaire à temps partiel, la situation de la famille risque de se dégrader. Par bonheur, les 450 000 euros de patrimoine détenus par le couple permettent d'envisager l'avenir avec plus de sérénité. Une résidence principale de 300 000 euros sur laquelle ne court plus aucun crédit ; deux logements locatifs acquis à Annecy et dans sa banlieue, une épargne financière valorisée à hauteur de 53 000 euros permettent d'envisager une retraite paisible : 31 000 euros de pension annuelle pour Alain et Françoise mais surtout 150 000 euros de patrimoine hors résidence principale qui permettront de ne pas passer trop de nuits blanches. Une situation qui démontre à quel point le patrimoine fonctionne comme une épargne de précaution capable d'amortir les chocs de l'existence et permet à ceux qui ont pris la précaution de s'en pourvoir d'éviter les stratégies angoissantes de survie.

Autant de parcours de Français « moyens » dont on retrouve les prodromes au milieu du XIXe siècle. En 1850, le patrimoine moyen des Français était d'un peu plus de

3 000 francs, ce qui représente un peu plus de 15 000 euros d'aujourd'hui. C'est trois fois moins que ce que possédaient en 1863 Louis-Pierre et Sophie, nos éventaillistes de Sainte-Geneviève, dans l'Oise. A cet égard, les observations recueillies par les disciples de Le Play rejoignent celles de nos économistes d'aujourd'hui. « Les premières économies du ménage, écrivaient-ils, sont ordinairement employées à l'achat d'un terrain sur lequel on élève une jolie maison en briques entre cour et jardin. [...]

« On a essayé, à plusieurs reprises, d'organiser dans la commune des sociétés de secours mutuels, mais toujours inutilement. Chaque famille, en effet, ne compte que sur elle-même. Chacune tient à honneur de ne rien devoir à personne, et, si elle se trouve momentanément gênée, de ne pas le laisser apercevoir, espérant d'ailleurs qu'il lui sera possible, avec de l'ordre et du travail, de sortir seule de cette situation[46]. »

Aide-toi, le ciel t'aidera, en somme.

Ce que Michael Sherraden traduit en ces termes pour les ménages d'aujourd'hui : « L'idée avancée ici est que si l'on commence à s'intéresser à l'avenir, c'est en partie grâce au patrimoine, lequel dessine des structures d'opportunité qui ensuite s'internalisent très rapidement. » Autrement dit, le patrimoine « donne le pouvoir » sur sa propre vie et permet à ceux qui en possèdent un, même modeste, d'échapper à la dépendance sociale et de se « tenir debout ». Idée reprise par Hernando de Soto, un économiste péruvien, dans *Le Mystère du capital* : « Les pauvres ne sont pas le problème, ils sont la solution. » Ce n'est pas de notre compassion dont ils ont besoin mais des droits de propriété qui leur permettront de faire fructifier leur capital et leurs talents. Aujourd'hui comme hier, pour reprendre sa formule, « les pauvres sont plus riches qu'on ne le croit »[47].

11.

L'étrange XIXe siècle

De ces patrimoines modestes qui s'arrondissent et de ces héritages qui se transmettent, on connaît finalement assez peu de chose. Edmond Malinvaud, le directeur général de l'INSEE, écrivait en 1979, en avant-propos d'un numéro d'*Economie et statistique* consacré au patrimoine national : « Le capital physique et financier tient une place importante dans la vie économique et sociale : matérialisation des efforts passés d'accumulation, il est source aujourd'hui de revenus et de pouvoirs ; par sa nature et sa répartition, il influence largement le dynamisme de la collectivité nationale et se trouve ainsi intimement lié aux potentialités de croissance et de développement économiques... Or un retard certain de la matière statistique sur les développements théoriques a caractérisé ces dernières années[48]. »

Curieusement, alors que nous possédons une série statistique complète du montant des donations et des successions transmises par les Français de 1826 à 1913, l'administration fiscale s'est montrée bien plus paresseuse au XXe siècle. La série indiquant le nombre et le montant des successions ne reprit qu'en 1925, date à partir de laquelle elle se poursuivit jusqu'en 1964, avec des interruptions en 1928, 1934, 1961 et 1963. Depuis 1964, l'administration fiscale a abandonné la publication de cette longue série, se contentant, en 1984 et 1994, de mener des enquêtes à partir d'échantillons représentatifs. Une telle lacune contribue à entretenir bien des idées reçues.

L'autre moyen, plus aléatoire, de suivre l'évolution de la fortune des Français est de reprendre les enquêtes successives qui ont tenté de mesurer la richesse nationale en agrégeant les valeurs des terrains et des logements, des objets de valeur, des actifs financiers, actions et obligations, et du patrimoine professionnel. Analysées, corrigées et rassemblées par Maurice Lévy-Leboyer, elles nous révèlent le modeste enrichissement des Français au XIXe siècle[49]. En 1835, la fortune nationale par Français s'élevait à un peu plus de 2 400 francs de l'époque, soit 11 500 euros d'aujourd'hui. Au début du XXe siècle, elle atteint 6 250 francs, soit 19 900 euros.

Des chiffres qu'il faut mettre en situation pour mieux les comprendre.

La somme de 2 400 francs en 1835 est en cohérence avec les déclarations de succession enregistrées après décès. A cette date, elles s'élevaient à 1 540 millions de francs, soit 2 390 francs pour chacun des 642 800 décédés après l'âge de un an, soit huit fois le montant du revenu national moyen de l'époque (291 francs)[50]. Une proportion plus forte qu'aujourd'hui puisqu'en 2007, 147 394 euros par Français représentent un peu moins de sept fois le revenu national moyen de chacun d'entre eux. Une proportion qui peut surprendre ceux qui voient le XIXe siècle avec les lunettes de Marx et de Zola mais qui est confirmée par une étude récente de qualité qui démontre que maîtriser son existence dans la durée était bien une préoccupation majeure. Réalisée à partir de l'enquête TRA – un échantillon constitué de 74 094 Français dont le nom commence par TRA, morts entre 1800 et 1940 –, elle révèle que près de 70 % d'entre eux laissèrent une succession entre 1820 et 1849, ce qui est finalement considérable. Par adulte décédé, le montant de la succession s'élevait à

2 659 francs. Par adulte décédé laissant une succession, il atteignait 4 956 francs[51]. A l'amorce de la révolution industrielle en France, la fortune moyenne des Français avoisinait bien 2 400 francs, soit aussi *la fortune médiane* puisqu'à Paris, par exemple, en 1847, les successions comprises entre 2 000 et 2 999 francs partageaient les Parisiens en deux, 45,7 % laissant moins et 45,1 %, plus[52].

Joseph, Antoine et les autres

Pour prendre la mesure de ce que représentait cette somme, les enquêtes de Le Play nous sont une nouvelle fois d'un grand secours. Né à Aix-les-Bains en 1825, marié en 1851, Joseph appartient à la catégorie incertaine des ouvriers chefs de métier qui, pour gagner plus, travaillent toujours plus[53]. En dehors de la chasse, de la pêche, de la culture d'un jardin-vignoble et de l'élevage d'animaux domestiques dont la valeur estimée représente 17,8 % des dépenses totales du ménage, Joseph confectionne dans sa boutique des objets de ferblanterie qui y sont vendus, exécute en qualité de tâcheron ou de journalier des couvertures en plomb ou en zinc, des chéneaux, des gouttières et des tuyaux de descente pour les bourgeois de la ville et, ce qui est plus lucratif, confectionne et ferme des cercueils en zinc destinés à l'ensevelissement des étrangers pendant la saison des eaux thermales (!), soit, au total, 559 francs. Claudine, son épouse, âgée de 28 ans, assure la direction des affaires commerciales en plus des travaux de ménage et des soins donnés aux animaux domestiques.

Par quelle heureuse « fortune » Claudine et Joseph peuvent-ils espérer – c'est leur ambition affichée – « s'acheminer peu à peu vers la condition de rentiers » ? En grande partie parce qu'en multipliant les activités, le ménage arrive à épargner la quasi-totalité des bénéfices de ses activités industrielles, soit 366 francs par an, placés à intérêt au taux de 5 %. Au total, les « propriétés » possédées par la famille, essentiellement composées de sommes prêtées sur hypothèque à des petits entrepreneurs de bâtiment, de marchandises en vente dans la boutique et du matériel nécessaire au métier de ferblantier-couvreur s'élèvent à 6 322 francs, soit huit fois les salaires de l'année observée. Divisés par les deux têtes, ces 6 322 francs représentent aussi un peu plus de la « fortune » moyenne des Français. Autant de trajectoires ordinaires qui confirment la statistique globale et dessinent une France éloignée des clichés qui encombrent la mémoire. Etre un « moyen riche » à l'époque de Guizot et de Napoléon III était bien à la portée des Français modestes.

2 227 francs en 1858, un peu moins que le patrimoine moyen des Français, voilà ce que possédait Antoine, 58 ans, manœuvre-vigneron de l'Aunis, dans un village situé à cinq kilomètres de La Rochelle[54]. Une maison composée d'un rez-de-chaussée et d'un premier étage d'une valeur de 800 francs, un jardin de trois ares et une pièce de vigne de 34 ares, d'une valeur de 1 100 francs, un porc d'une valeur de 32 francs et un matériel de travail d'une valeur de 90,75 francs composaient ce patrimoine d'un chef de famille peu nombreuse dont le principal travail consistait à travailler sur la vigne d'un propriétaire moyennant un salaire à la journée de 1,50 franc avec, en outre, un litre de vin. Ses 388 francs de salaire par an plaçaient Antoine en dessous du revenu national moyen de l'époque (431 francs), alors que son patrimoine le situait en position médiane. Est-ce parce qu'il jouissait de cette aimable « fortune » qu'il passait de longues heures au cabaret à boire et à jouer aux cartes ?

Antoine avait surtout la chance de vivre adulte sous la monarchie de Juillet et le second Empire. En 1835, le patrimoine moyen par habitant s'élevait en effet à 2 408 francs, soit 11 500 euros d'aujourd'hui. En 1850, il atteignait 15 091 euros et en 1870, à la fin du second Empire, 17 984 euros. Une hausse de 56,3 % en trente-cinq ans alors que, dans le même temps, le revenu national moyen par tête n'avait augmenté que de 26,1 %. Hausse spectaculaire également confirmée par l'évolution des successions. En 1835, la succession moyenne par adulte décédé s'élevait à 11 423 euros ; en 1875, elle atteignait 25 013 euros, soit 119 % en quarante ans !

Les tourments des « propriétaires »

C'est à partir de cette date que la mécanique de l'enrichissement s'enraye. En 1880, la fortune moyenne par habitant ne s'élève plus qu'à 18 117 euros, une progression de 0,7 % par rapport à 1870. En 1890, elle s'élève à 20 284 euros, à 21 171 euros en 1900 et à 19 906 euros en 1913. Alors qu'elle avait progressé de 56,3 % entre 1835 et 1870, elle s'essouffle et ne progresse plus que de 10,6 % de 1870 à 1913, avec même une baisse de 6,4 % de 1900 à 1913, en pleine Belle Epoque.

Les déclarations de successions enregistrent le même mouvement. En 1913, la déclaration moyenne par adulte décédé s'élève à 31 246 euros d'aujourd'hui, une hausse d'un peu moins de 25 % de 1875 à 1913, avec la même baisse de 7,7 % de 1900 à 1913. Alors que, pour cette dernière période, le revenu national moyen s'est accru de 29,5 %. L'enquête TRA confirme encore cette évolution. Alors que la proportion de ceux qui laissaient une fortune à leur décès oscillait entre 65 et 70 % de 1820 à 1875, elle descend aux environs de 58 % entre 1880 et 1909 et à un peu plus de 50 % seulement en 1910. Curieux constat : la proportion de décès sans fortune augmente au moment même où le pays connaît une croissance importante et où le salaire annuel moyen ouvrier s'accroît de 43,7 %, entre 1876 et 1913 !

Dans le couple travail/capital se dessine ainsi un étrange XIXe siècle. Etrange dans la mesure où la périodisation qu'il nous offre surprendra tous ceux qui le voyaient écrasé par la puissance du capital. Jusqu'aux années 1870, le capital, baptisé ici « fortune », progresse à un rythme allègre et, surtout, se diffuse dans toutes les couches de la société, même les plus modestes. Du milieu des années 1870 à la veille de la Première Guerre mondiale, le travail semble prendre sa revanche sur un capital qui peine à se reproduire et dont l'accumulation a du mal à suivre celle du travail.

La principale explication tient à la longue stagnation qui a déprimé l'économie française pendant le dernier tiers du XIXe siècle et dont nous avons vu qu'elle avait finalement peu touché le salaire ouvrier. La baisse des prix, surtout agricoles, a par contre lourdement affecté la valeur de la propriété foncière, qui est passée de 87,5 milliards de francs en 1880 à 59,4 milliards en 1903. Le vieux dicton : « Solide comme une ferme en Beauce », qui semblait vérité d'évidence et comptait pour 42 % dans le patrimoine national, s'est trouvé démenti. Dans son *Art de placer et gérer sa fortune*, un best-seller destiné aux « rentiers », Paul Leroy-Beaulieu écrivait, dans une langue qui pourrait toujours nous parler : « Le placement le plus sûr et le plus tranquille de nos grands-pères et de nos arrière-grands-pères est devenu, depuis 1880 et encore plus depuis 1890, un des plus malchanceux et des plus préoccupants. [...] S'il n'y avait qu'une cause unique, comme la concurrence des pays neufs (Amérique du Nord et du Sud, Australie, Nouvelle-Zélande, Sibérie, etc.), ou des vieux pays en train de rajeunissement (Inde, Egypte), on pourrait compter davantage sur l'arrêt prochain de la crise agricole et sur une nouvelle période de sécurité sinon d'ascendance, pour la propriété rurale dans l'occident de l'Europe.

« Malheureusement, il y a bien d'autres causes à cette langueur de la propriété rurale : quasi tout notre état social en est responsable. La généralisation du bien-être, de l'ambition ou du désir de s'élever, une moindre ardeur au travail, le goût des distractions, ont changé l'âme de la population des campagnes.

« Fermiers et ouvriers des champs ont une autre conception de la vie. Les uns et les autres, leurs femmes et leurs enfants aussi, sont dans l'ensemble plus exigeants et moins laborieux. Ils veulent gagner davantage et prendre moins de souci et moins de peine... On arrive à cette situation, en apparence paradoxale, que plus la production agricole générale augmente, plus le revenu du propriétaire tend à se réduire... La propriété rurale n'est plus une tente dressée pour le sommeil[55]. »

Pour étayer sa démonstration, Paul Leroy-Beaulieu prenait l'exemple d'une ferme louée 4 000 francs bruts. De cette somme, il fallait soustraire 250 à 300 francs de réparations ordinaires, 1 500 à 2 000 francs d'installations nouvelles à chaque renouvellement de bail, soit 150 francs par an, 30 francs pour l'assurance des constructions, 600 francs d'impôts. Restaient 2 700 francs nets, soit un rendement d'un peu moins de 3 %.

Ainsi, à l'heure où la première mondialisation levait les obstacles qui avaient protégé les économies locales des logiques du marché, le mode d'épargne qui avait structuré les Français depuis la nuit des temps subissait de tels tourments que l'état de « propriétaire » devenait de moins en moins assuré. La « terre qui ne ment pas » était devenue plus un « embarras » qu'un placement de premier ordre.

Et que dire des « placements en maisons » qui avaient été sous Louis-Philippe et Napoléon III l'investissement préféré de la bourgeoisie des villes ? Un placement qui représentait, en 1880, 14,8 % de la fortune des Français. « Des maisons convenablement placées à Paris et dans les principales villes étaient d'un bon rapport, causaient peu de tracas et se réalisaient facilement sans perte, souvent même avec gain, au cas où on ne désirait plus les conserver, poursuivait Paul Leroy-Beaulieu. On en tirait communément 4,5 à 5 % de revenu net. Les vacances étaient rares, les frais d'entretien relativement peu élevés... Les impôts comme les charges diverses changeaient peu ; s'ils montaient légèrement, l'allure ascensionnelle en était lente. [Le propriétaire] touchait sans grand souci. Souvent même les loyers augmentaient, et, comme aux plus beaux temps de la propriété rurale pour le propriétaire campagnard, il arrivait au propriétaire urbain de profiter d'une plus-value. »

Un « âge d'or » qu'avait également mis en pièce la nouvelle conjoncture. Désormais, de nouveaux quartiers s'étaient créés. Les installations s'étaient compliquées, les locataires étaient devenus plus instables, les impôts s'étaient accrus et « les conceptions hygiéniques » des municipalités s'avéraient de plus en plus exigeantes. En vingt ou trente ans, on avait vu des maisons de rapport se déprécier de 20 à 30 %.

Déconseillant vivement au « capitaliste ordinaire » d'investir dans la pierre, sauf pour son agrément personnel, Paul Leroy-Beaulieu reprenait ses calculs, qui ne sont pas si éloignés de ceux qu'on pourrait faire aujourd'hui : « Il faut tenir compte aussi des 10 % environ de frais d'achat : vous achetez une maison 400 000 francs ; vous la payez 440 000 ; et cependant, le lendemain, en admettant que vous l'ayez achetée à son juste prix, elle ne vaut toujours que 400 000 francs. Si vous faites exactement l'inventaire de votre fortune, vous devez rayer de votre avoir ces 40 000 francs de frais. Tout au moins devez-vous les reconstituer par un prélèvement sur le produit de la maison ; pour cette reconstitution des frais en vingt ans, il faut un prélèvement d'environ 0,5 % sur le revenu... C'est ainsi que tel placement en maison qui paraît donner du 4,5 % net ne fournit en réalité que 3,6 % en supposant que l'immeuble ait été acheté à sa valeur courante et qu'il n'y ait pas de vice caché. »

S'appuyant sur une grande enquête de l'Administration réalisée en 1890, qui faisait ressortir à 2,811 milliards le revenu brut des 8 914 000 maisons existant en France et à 272 millions l'impôt foncier sur la propriété bâtie et l'impôt sur les portes et fenêtres, Paul Leroy-Beaulieu fixait à 3,3 % environ le rendement du « placement en maisons ». Ne restaient alors pour lui que ce qu'il nommait les « placements modernes », c'est-à-dire les valeurs mobilières, dont l'immense avantage était d'être à tout moment liquides, fractionnables en coupures de moyenne ou petite importance et peu soumises à l'impôt. Un placement qui, effectivement, connut un fort accroissement des années 1880 aux années 1910, passant de 72 à 116 milliards de francs. Reste qu'en ayant préféré aux actions les rentes et les obligations qui constituaient les deux tiers des portefeuilles en 1913, ces « rentiers » de la Belle Epoque – mais ils ne pouvaient pas le savoir – préparaient leur infortune.

Autant d'observations qui corrigent sérieusement l'impression de richesse que la France a donnée et donne encore au début du XXe siècle. Le taux de croissance de la « fortune », même si les sources sont peu nombreuses et incertaines, est incontestablement beaucoup moins élevé des années 1880 à 1913 que des « années Guizot » aux années 1880. Surtout, pour que la richesse des Français s'accroisse de 48 milliards de francs entre ces deux dates, il aura fallu qu'ils épargnent plus de deux milliards par an. Cette épargne nouvelle ne faisait que compenser les moins-values enregistrées sur la propriété foncière et sur la propriété bâtie. Entre 1835 et 1880, la fortune privée était passée de 80 à 207 milliards de francs courants, moins par une épargne accrue que par une augmentation de la valeur des actifs. De 1880 à 1913, elle a augmenté seulement d'un gros quart.

Triste époque où les Français devaient épargner pour ne pas s'appauvrir. Comme l'écrivait toujours Paul Leroy-Beaulieu, « la fortune, soit qu'on l'ait faite, soit qu'on l'ait reçue, est exposée à tant de risques qu'on ne saurait trop s'appliquer à la grossir... Le lecteur trouvera peut-être que nous avons trop souvent répété le mot banal d'économie ; mais c'est l'alpha et l'oméga de toute formation de fortune et même de toute conservation prolongée de la fortune. On peut dire qu'il est impossible qu'une fortune, si grande soit-elle, se maintienne pendant plusieurs décennies sans la pratique rigide d'économies régulières, si nombreux sont les risques auxquels l'exposent notre état social et aussi notre état mental ».

Le siècle qui s'ouvrait à la date où il écrivait ces lignes allait lui donner tristement raison.

12.

Les « soixante piteuses »

Marx n'aurait jamais pu l'imaginer. Keynes l'avait espéré. Le XXe siècle l'a fait, en éradiquant de manière spectaculaire la richesse des Français. En 1900, leur « fortune » moyenne s'élevait à 21 171 euros. Il faudra attendre 1961 pour qu'elle dépasse ce niveau, avec un patrimoine moyen par Français de 21 695 euros ! Mais à cette date, cela ne représentait plus que trois années de revenu annuel moyen, contre neuf en 1900. Une Berezina patrimoniale que confirment d'autres estimations. En 1902, la valeur moyenne des successions léguées par les Français s'élevait à 33 860 euros ; en 1964, elle ne s'élevait plus qu'à 21 190 euros. A l'époque même où surgissaient les mythes du « mur d'argent » et des « deux cents familles », le patrimoine moyen des Français s'effondrait de manière spectaculaire. En 1902, les 27 plus grosses successions avaient laissé au décès 250 millions de francs de l'époque, soit 875 millions d'euros. En 1994, les 537 plus grosses successions ont laissé seulement le double, soit 1 747 millions d'euros. 32,4 millions d'euros par décédé « richissime » en 1902, 3,2 millions d'euros seulement en 1994. Dix fois moins, avant impôt !

Pour comprendre l'ampleur de cette déroute, il faut tout d'abord en cerner la périodisation. La Première Guerre mondiale a évidemment représenté une césure majeure. On estime à 55 milliards de francs 1913 la perte totale subie par la France du fait de la guerre, comprenant les dommages, l'usure du patrimoine et la perte de valeurs mobilières étrangères ou de créances sur l'étranger. C'est donc plus de 20 % de la fortune privée des ménages qui s'est volatilisée. En 1934, une étude d'une extrême minutie réalisée par Paul Cornut l'évaluait à 851,7 milliards de francs de l'époque, soit 13 036 euros par Français, à comparer aux 21 171 euros de 1900. La perte se chiffrait alors à 38,5 % en monnaie constante. En 1951, on était tombé à 11 514 euros par habitant, soit une perte de 45,6 % en un demi-siècle[56].

L'évolution des successions après décès confirme le mouvement. En 1902, nous l'avons vu, la valeur moyenne des successions léguées par les Français décédés s'élevait à 33 860 euros. En 1925, elle avait été réduite à 11 655 euros. En 1936, elle était remonté à 13 100 euros avant de s'effondrer à 5 760 euros en 1949 ! Un cataclysme, cette fois-ci, qui a réduit de 83 % la fortune au décès. Autant de statistiques qui invitent à réécrire l'histoire sociale de la France. Au beau XIXe siècle qui s'achève dans les années 1880 succède une période sombre qui couvre un très large XXe siècle. On l'avait déjà souligné à propos du revenu national moyen. Avec une croissance du pouvoir d'achat de 3,9 % par an, les Trente Glorieuses semblaient avoir transformé de fond en comble la société. De la même manière, le formidable enrichissement patrimonial des Français depuis une vingtaine d'années s'apparente à un « rattrapage » simplement destiné à combler les infortunes de la fortune bien plus sévères que celles subies par le salaire.

La tyrannie du « veau d'or »

L'INSEE a comparé en 2002 les performances réelles de trois types de placement de 1913 à 2000 dans une étude fort originale présentant l'évolution d'un capital formé de titres composant un portefeuille moyen de valeurs sur l'ensemble du XXe siècle. Trois placements sont étudiés : l'or, les actions et les obligations. L'objectif est de rendre compte des gains réels de chacun de ces placements, en les corrigeant des effets liés à l'inflation. Pour l'or, la source est le prix du gramme d'or fin établi mois par mois à partir de la cote officielle du lingot. Pour les actions, l'échantillon est constitué des 300 actions qui forment l'indice boursier des valeurs françaises à revenu variable. L'étude considère que les dividendes versés sont réinvestis immédiatement le jour de leur distribution. Pour les obligations, c'est l'indice boursier des valeurs à revenu fixe, exprimé en moyenne mensuelle, qui a été retenu. Comme pour les actions, les intérêts versés annuellement sont immédiatement réinvestis. Les résultats, édifiants, démontrent à l'envi à quel point faire fortune est un métier à très haut risque et combien il est imprudent de s'endormir pour espérer s'enrichir[57].

Un Français qui aurait acheté 100 francs en or en 1913, soit cinq napoléons de vingt francs, aurait pu avoir l'illusion que la Belle Epoque pouvait se poursuivre. En 1925, il les aurait revendus pour 112 francs, compensant un peu une inflation qui avait entre ces deux dates multiplié les prix par 4,5. Celui qui avait fait le choix de toute la petite bourgeoisie et aurait acheté 100 francs en obligations, ce placement « sûr » qu'on pourrait aujourd'hui comparer à l'assurance-vie, n'aurait récupéré en 1925 que 22,90 francs. Enfin, celui qui aurait pris le risque actions n'aurait récupéré que 69,60 francs. En 1936, à la veille du Front populaire, le placement en or aurait rapporté 33,8 %, par rapport à 1913 toujours, le placement en obligations aurait fait perdre 45,8 % et l'investissement en actions 1,3 % seulement. Trois ans plus tard, à la veille de la Seconde Guerre mondiale, stimulé par l'inflation des années 1936-1938 et par les menaces de guerre, l'or atteignait l'indice 183,5 (base 100 en 1913), les obligations, l'indice 46,4 et les actions, l'indice 91,6. En 1949, l'or atteignait encore l'indice 147,5 mais les obligations se retrouvaient à 4,6 et les actions à 47 !

Etrange premier XXe siècle où l'or, cette « relique barbare » stigmatisée par John Maynard Keynes, prend le pas sur les placements dynamiques et enfonce les Français dans une prudence anesthésiante qui sera fatale à l'économie nationale et à leur fortune privée. Comment, en effet, construire l'avenir si le seul placement « rentable » ne présente aucune utilité sociale ? Etrange France qui, pendant un demi-siècle, subit la tyrannie du « veau d'or » et thésaurise à tout va pour mieux préparer sa ruine. Etrange Banque de France aussi, qui, à partir de 1928, achète tout l'or qui traîne sur les marchés mondiaux pour porter son encaisse de 28,9 milliards de francs en juin 1928 à 83 milliards de francs en décembre 1932 et couvrir ainsi la quasi-totalité des billets en circulation dont le montant était de 85 milliards d'euros. Au moment même où la crise de 1929 avait plongé le monde dans la dépression et le chômage de masse, c'était préférer « les vérités que l'expérience a consacrées », écrivait alors son directeur, à la relance que la situation exigeait. Une expérience que raillait Keynes : « La France est toujours la même, et la Manche est vaste et large. Pour un Français, les réserves d'or sont toujours destinées à l'ornement, non à l'usage – les joyaux de famille. Pour un Anglais, elles sont toujours destinées à l'usage, et non à l'ornement – l'encaisse de la famille[58]. » Mais comment détourner les épargnants français du « veau d'or » quand celui-ci était alors le seul placement à résister à la déconfiture de la fortune ?

Quels que soient les indicateurs retenus, la stagnation est bien le caractère majeur des années 1880-1940. Le nombre de villes de plus de 100 000 habitants, qui était passé de quatre en 1846 à seize en 1901, plafonne à dix-sept en 1936. Cette république de sous-préfectures a d'ailleurs inspiré un jugement sévère à Marc Bloch, dans *L'Etrange Défaite* : « Ayons le courage de nous l'avouer, ce qui vient d'être vaincu en nous, c'est notre chère petite ville. Ses journées au rythme trop lent, la lenteur de ses autobus, ses administrations somnolentes, les pertes de temps que multiplie à chaque pas un mol laisser-aller, l'oisiveté de ses cafés de garnison, ses politicailleries à courtes vues, son artisanat de gagne-petit, ses bibliothèques aux rayons veufs de livres, son goût du déjà vu et sa méfiance envers toute surprise capable de troubler ses douillettes habitudes : voilà ce qui a succombé devant le train d'enfer que menait, contre nous, le fameux dynamisme d'une Allemagne aux ruches bourdonnantes[59]. »

France de rentiers passifs en effet que ce pays où, en 1954 encore, les immeubles construits avant 1870 représentaient 37 % du nombre total des logements dans les villes de 50 000 à 100 000 habitants, 34,6 % dans celles de plus de 100 000 habitants, et 38,4 % à Paris.

La « pierre » peut aussi mentir

France de rentiers passifs que ce pays où, en 1941-1942, moins de 10 % des logements étaient dotés d'une salle de bains dans les villes de plus de 30 000 habitants, et 17,6 % à Paris. Un contraste saisissant avec la Grande-Bretagne de Keynes où, durant les années 1930, la reprise de la construction contribuait à abréger la dépression économique et à en surmonter les conséquences. En 1949 encore, le logement ne représentait que 2,8 % des dépenses totales des Français, deux fois et demi moins que les dépenses en boissons ! Une lecture rapide de cette statistique pourrait amener à penser qu'à cette époque se loger était vraiment bon marché. Une lecture plus patrimoniale nous invite à considérer plutôt la dégradation phénoménale de la valeur d'un parc immobilier qui a écorné aussi bien le patrimoine des propriétaires que celui d'une nation qui a peu et mal construit pendant un demi-siècle et laissé dépérir un patrimoine dont il fallut par la suite combler à marches forcées l'usure.

Le 27 mars 1935, réunis à la salle Wagram, les propriétaires avaient pris l'engagement « de ne faire aucune construction, aucune amélioration, de ne plus commander de travaux d'aucune sorte »[60], la préfecture se voyant même obligée de tolérer l'absence de ravalements réglementaires. Sage prudence dans la mesure où, de 1914 à 1935, l'indice des loyers avait été multiplié par un peu moins de trois alors que, dans le même temps, celui des prix de détail avait été multiplié par 4,4. C'est dire qu'en valeur réelle, une nouvelle fois, celui qui aurait trouvé refuge dans la « pierre » aurait vu le rendement de sa « fortune » amputé de 50 % selon le type de loyer. Ainsi, en 1939, le nombre de logements vétustes en France était passé à 2 800 000, contre 150 000 seulement en 1911. En 1946, sur les 12 584 600 logements recensés, 2 270 000, abritant 29 % de la population, étaient considérés comme dans un état de « surpeuplement critique ». Céline, dans *Mort à crédit*, paru en 1936, écrivait ainsi : « Les habitations à force de souffrir, elles sont devenues des vraies passoires... personne payait plus son terme... Personne lutte plus pour l'entretien... grand-mère, elle s'est donné tant de mal, ça lui a pas réussi... c'est de ça même qu'elle est morte au fond... c'est d'être restée en janvier, encore plus tard que d'habitude à tripoter l'eau froide d'abord et puis l'eau bouillante... exposée en plein courant d'air, à remettre de l'étoupe dans la pompe, et à dégeler les robinets. Autour de nous, les locataires, ils venaient avec leurs bougies, pour nous faire des réflexions et voir si le boulot avançait. Question des loyers, ils demandaient encore des sursis[61]. »

C'est que tout avait concouru à encourager la passivité des propriétaires. En 1914, les charges fiscales portant sur la propriété bâtie à Paris s'élevaient à 14,1 % du revenu net imposable des immeubles. En 1937, elles atteignaient 44 %. La rentabilité nette des immeubles tendait alors vers

1 % ! En admettant qu'un propriétaire compte uniquement sur le revenu de ses immeubles – en 1900, la propriété bâtie représentait 22 % de la fortune privée totale –, il aurait dû trouver d'autres moyens de subsistance jusqu'en 1926, accepter un niveau de vie réduit de moitié en 1935 et du tiers en 1939 par rapport à 1900, ou n'effectuer aucune grosse réparation de son immeuble. La valeur des immeubles urbains dans les successions après décès, elle, s'élevait en 1908 à 3 847 euros d'aujourd'hui en moyenne nationale par habitant ; en 1934, elle stagnait au même niveau (3 891 euros) et atteignait 1 523 euros seulement en 1949. Une baisse de 60 % en un demi-siècle parfaitement conforme aux autres estimations enregistrées.

La suppression du marché a été finalement le plus antisocial des comportements. En voulant protéger le locataire au détriment du propriétaire, la législation mise en place au lendemain de la Première Guerre mondiale conduisait directement à la situation contre laquelle s'insurgeait en 1954 l'abbé Pierre. Comme si la « punition » infligée aux détenteurs de patrimoine se retournait contre l'ensemble des Français.

A cet égard, la croissance des Trente Glorieuses ne corrigea qu'à la marge cette évolution. Certes, de 1949 à 1975, le patrimoine moyen des Français reprit sa progression au même rythme que celle des revenus, avec un taux de croissance moyen annuel de 4,4 %. Reste qu'en 1975, la fortune privée moyenne par habitant, 41 495 euros, ne représentait qu'un peu plus de trois années de revenu national moyen contre un peu plus de neuf années en 1900. En 1975 toujours, les performances des trois types de placement avaient toutefois évolué. Par rapport à l'indice 100 en 1913, le pouvoir d'achat de l'or restait toujours positif (113,9), celui des actions l'emportait enfin à l'indice 236,6, et celui des obligations – le placement préféré des Français – s'était effondré à l'indice 6,8 ! A horizon de trente ans, un Français qui aurait tout misé sur l'or en 1945 ou sur les obligations aurait vu son pouvoir d'achat s'effondrer de plus de 60 %. Celui qui aurait cru aux actions, à la même date, aurait vu son pouvoir d'achat augmenter de 90 %. Mais, même dans ce cas, le gain annuel de la fortune placée n'aurait été que de 2 %, inférieur de moitié à la progression du pouvoir d'achat du salaire ouvrier.

En fait, au cours de cette période, l'urgence pour les Français qui avaient la capacité d'épargner ou l'intelligence de s'endetter était de devenir propriétaires d'un logement décent disposant de l'eau courante et de W.-C. ! En 1965, 39 % étaient propriétaires de leur logement ; ils étaient 45,5 % en 1973. A cette date toujours, le logement principal représentait 41,6 % du patrimoine moyen des ménages et les valeurs mobilières (actions et obligations) 5,6 % seulement. Forme ultime du masochisme à une époque où l'inflation dépassait le rythme annuel de 10 %, les liquidités – compte-chèques postal ou bancaire et livrets de la Caisse d'épargne – représentaient toujours 21,2 % de l'ensemble du patrimoine des ménages en 1973 ! En 1981 encore, au terme d'une décennie de forte inflation, face à 870 milliards de francs d'obligations et 230 milliards de francs d'actions, la masse de l'épargne liquide ou quasi liquide dépassait 1 400 milliards.

13.

Les nouvelles « trente glorieuses » de la fortune

« Enrichissez-vous par l'épargne », avait conseillé Guizot ; il fallut attendre un siècle et demi pour que la recommandation porte ses fruits. De 1975 à 2007, la fortune moyenne par habitant s'est accrue d'un peu plus de 4 % par an alors que, dans le même temps, le revenu national moyen n'augmentait que de 1,4 % par an. Aujourd'hui, le patrimoine moyen des Français représente plus de sept années de revenu, contre tout juste trois au début des années 1970. Non pas une *évolution* mais une *révolution* qui, à bien des égards, duplique celle qu'avait connue la courbe des revenus de 1945 à 1973. En 1975, la fortune moyenne par habitant s'élevait à un plus de 40 000 euros ; elle atteint aujourd'hui près de 144 000 euros, comme s'il avait fallu un « miracle » financier pour compenser enfin les déboires de la longue durée. Comme s'il avait fallu trente années d'enrichissement pour retrouver la pente des années 1830-1900, brisée par les années piteuses du long XXe siècle.

Comme à l'époque de Guizot aussi, le pourcentage des décès donnant lieu à une déclaration de succession s'élève de manière sensible. En 1984, c'était le cas de 49 % des décès, un taux inférieur à celui de 1940 (55 %). En 1994, il atteint 60 % et, en 2000, 67,3 %, le même taux ou presque que celui des années 1830-1870. Un bouleversement qui s'explique pour l'essentiel par l'accroissement des petites successions. En 2000, on en comptait presque 100 000 de plus qu'en 1985, soit une augmentation de 40 %. En 1985 toujours, l'actif net moyen transmis s'élevait à 56 000 euros ; en 2000, il atteignait un peu moins de 100 000 euros. Une hausse de 78 % en quinze ans.

La revanche du patrimoine

La hausse des prix de l'immobilier est la première explication de ce bouleversement historique. Quiconque était ou est devenu propriétaire de son logement dans les trente dernières années a pris sa revanche sur les années piteuses où le propriétaire avait dû ronger son frein. En 1978, la valeur des logements et des terrains possédés par les Français s'élevait à un peu plus de 1 930 milliards d'euros d'aujourd'hui. En 2007, elle atteignait 5 873,5 milliards[62]. Une hausse de près de 200 % en vingt-huit ans, un taux d'accroissement moyen annuel, en pouvoir d'achat, de 3,9 %. C'est dire à quel point l'accroissement moyen de la fortune tient au fait que près de 57 % des ménages sont aujourd'hui devenus propriétaires ou accédants à la propriété. Autre chiffre qui devrait nous amener à penser que la hausse récente de l'immobilier n'est en fait qu'un phénomène de « rattrapage » légitime : en 1913, la valeur des terrains et des logements bâtis représentait un peu moins de 9 400 euros par habitant. Aujourd'hui, cette valeur est estimée à 92 200 euros par habitant. En un peu moins d'un siècle, cela représente une hausse moyenne annuelle de 2,4 % exactement comparable à celle de la hausse des salaires ou du PIB. Comme s'il avait fallu que le prix des logements et des terrains s'emballe au cours des dix dernières années pour rejoindre le peloton des hausses séculaires communément acceptées.

La hausse de la Bourse, qui s'amorce en 1983 sous la présidence de François Mitterrand, est la seconde explication. En 1981, un Français qui aurait tout misé sur ce placement si vilipendé par le nouveau président aurait vu son pouvoir d'achat multiplié par 17 en 2000. Celui qui aurait tout misé sur les obligations l'aurait vu multiplié par 4,6 et celui qui aurait fait confiance à l'or aurait vu fondre son patrimoine de 54 %. C'est en 1999, sous le gouvernement de Lionel Jospin, que la performance de la Bourse, 53,6 %, égale les records historiques de 1928, 1941, 1954, 1983 et 1986. En 1994, la valeur des actions détenues par les ménages s'élevait à 527 milliards d'euros, elle atteint 1 055 milliards en 2007. A cette date, 24,2 % des ménages détiennent des actions, dont 61,2 % des cadres mais aussi 50,3 % des professions intermédiaires, 42 % des agriculteurs et 25 % des employés. Une diffusion plus large de la « fortune » financière qui renoue une nouvelle fois avec les « trente glorieuses » du XIXe siècle et qui inaugure de nouveaux comportements face à la richesse et à la pauvreté.

Le parcours de Joël et Yvette, modestes retraités de Valenciennes, en est une assez bonne illustration[63]. A 65 et 64 ans, ils jouissent d'une retraite modeste de 29 300 euros par an, 19 500 euros pour Joël et 9 800 euros pour Yvette. Mais, propriétaires de leur résidence principale, une maison en briques rouges de plain-pied estimée à 230 000 euros, ils disposent d'un actif financier d'un peu plus de 400 000 euros qui représente près de quatorze années de revenus. Deux PEA pour 34 000 euros, un compte titres de près de 12 000 euros, des placements sécurisés en assurance vie pour le reste, et voilà Joël et Yvette au seuil de l'ISF avec un patrimoine net de 622 000 euros (le double de celui des ménages français), une capacité d'épargne supplémentaire de 1 670 euros par an et une retraite qui conjugue sport, voyages, cours d'informatique et garde des petits-enfants.

En modernes « fortunés » aussi, ils ont compris que la pierre n'avait pas que des avantages, que sa rentabilité nette était souvent inférieure à 2 ou 3 %, que la gestion quotidienne en était lourde et qu'enfin, dans le cadre d'une transmission, c'était un actif très taxé et non divisible qui provoquait souvent des querelles de famille.

La Bourse ou les larmes

11 946 milliards d'euros, telle serait aujourd'hui la fortune mobilière des Français (hors logement) s'ils avaient fait confiance à la Bourse au XXe siècle. Pour les faire pleurer, il suffit de souligner qu'en 2007, le montant des valeurs mobilières détenues dans leur portefeuille s'élevait à un peu plus de 1 000 milliards d'euros. Il serait aujourd'hui treize fois plus élevé. A bouder la Bourse, ils ont boudé la fortune. En 1913, il faut le rappeler, sur 260 milliards de francs de fortune privée, 110 milliards, soit 385 milliards d'euros d'aujourd'hui, étaient investis en valeurs mobilières. Imaginons que ces 385 milliards soient restés placés en Bourse et capitalisés d'une année sur l'autre jusqu'en l'an 2000, ils représenteraient aujourd'hui 11 946 milliards d'euros, six fois la valeur du PIB. C'est que sur la durée, le seul placement permettant de maintenir et d'accroître sa fortune a bien été la Bourse. Placés en or, ces 385 milliards d'euros de 1913 vaudraient aujourd'hui 404 milliards ; en obligations, ils ne vaudraient plus que 161 milliards. Comme le montre de manière éclatante l'étude de l'INSEE sur les performances comparées des placements au XXe siècle, seul le placement en actions a été gagnant, un résultat largement dû aux performances enregistrées par la Bourse depuis le début des années 1980. Sur l'ensemble du siècle, la performance moyenne des actions aura été de 3,3 % par an en pouvoir d'achat. Un pourcentage fort raisonnable dans la mesure où, au cours de la même période, le PIB, en monnaie constante, s'est accru de 2,5 %. Une prime de moins de 1 % qui n'a rien de gargantuesque pour un placement *a priori* risqué.

Certes, les résultats dépendent fortement de l'année de base et de l'année terminale. De décembre 1913 à décembre 1950, la performance a été de – 2 % par an, mais de + 9 % par an de 1950 à 2000. Reste qu'au vu des performances constatées sur l'ensemble de la période, les actions apparaissent bien comme le placement qui offre le meilleur compromis risque /performance. Pour un investisseur qui aurait étalé ses achats d'actions tout au long d'une décennie et qui, trente ans plus tard, aurait étalé de même ses ventes d'actions, le gain aurait toujours été positif. Pour celui qui aurait eu le pressentiment que les socialistes allaient réhabiliter la « finance », ce gain aurait même été exceptionnel, 17 % par an de 1981 à 2001, vingt années sur lesquelles les socialistes ont exercé le pouvoir quatorze ans

Les socialistes au secours du capital

Car c'est bien à partir de 1981 et de l'arrivée des socialistes au gouvernement que s'amorce la révolution libérale qui va redonner au marché financier la place qu'il avait perdue depuis la Première Guerre mondiale. Une révolution d'autant plus surprenante qu'elle n'était pas inscrite dans le programme commun de la gauche que François Mitterrand s'était engagé à mettre en œuvre s'il était élu président de la République. Pour abolir le pouvoir des « maîtres de l'argent », cet « argent qui corrompt, cet argent qui achète, cet argent qui écrase, cet argent qui tue, cet argent qui ruine, cet argent qui pourrit jusqu'à la conscience des hommes » (congrès d'Epinay, juin 1971), pour relancer l'investissement et « se substituer au capitalisme privé défaillant », la quasi-totalité du secteur bancaire est alors nationalisé, l'Etat contrôlant directement l'ensemble du secteur financier. Déjà anémié pendant les Trente Glorieuses, le marché boursier est vidé de sa substance. A cette date, celui qui aurait investi en Bourse en

1962 aurait, en monnaie constante, perdu un peu plus de 30 %. A cette date toujours, le partage des richesses était devenu plus favorable aux salaires qu'à la rémunération du capital qui ne représentait plus que 28,3 % du PIB.

La suite des événements marque une des révolutions « libérales » les plus spectaculaires de notre histoire[64]. En juin 1982, Pierre Mauroy annonce à Lille, aux congressistes de la CGT médusés, le blocage des prix et des salaires. En mars 1983, c'est l'annonce du plan de rigueur après la troisième dévaluation du franc depuis mai 1981. « Il ne faut pas dépenser plus qu'on ne gagne », en vient à dire, le 28 juin 1983, François Mitterrand, qui remise au placard *L'Argent* de Zola pour brandir les leçons de morale domestique apprises sur les bancs de l'école primaire. Le 31 octobre 1983, l'éditorialiste du *Wall Street Journal* écrit : « L'idée appelée socialisme est morte. C'est un très grand événement pour la civilisation occidentale... La part de la culture française qui est inspirée par le socialisme est et restera une nullité mondiale. Mais la France a commencé à s'éloigner de ce tas d'ordures d'idéologie insipide pour prendre la place qui est la sienne, celle d'une société fière et accomplie. »

A l'automne 1984, pour redonner confiance aux investisseurs étrangers échaudés par les nationalisations de 1982 et le rétablissement du contrôle des changes, les impôts qu'ils payaient sur les intérêts perçus sont supprimés. Fermé en 1981, le marché des eurofrancs, qui permet aux entreprises d'émettre des obligations libellées en francs hors de France et de solliciter ainsi l'épargne étrangère, est rouvert en 1985. En février 1986, le MATIF (Marché à terme international de France) est ouvert, suivi de la création du MONEP (Marché des options négociables de Paris) pour introduire un marché des produits dérivés (contrats à terme, options). Pierre Bérégovoy, qui a piloté cette « révolution » sous les conseils de Jean-Charles Naouri, son chef de cabinet, un major de l'ENA qui a étudié l'économie à

Harvard, déclare pour la justifier : « La remise en cause du dirigisme administratif est une œuvre de longue haleine. Elle ne peut être que progressive, tant elle se heurte à des comportements et des habitudes anciens. Qu'il s'agisse des prix, du crédit, des changes, des marchés financiers, l'action de libéralisation et de simplification engagée sera poursuivie, et étendue à d'autres domaines. Les entreprises y trouveront plus d'initiative et plus de dynamisme dont j'attends qu'elles stimulent l'activité. » Un discours qui renoue avec le consensus libéral de la Belle Epoque tel que l'enseignait Paul Leroy-Beaulieu.

Cette politique de libéralisation engagée par la gauche produisit rapidement des résultats spectaculaires et ressuscita cette société de propriétaires massacrée par plus de soixante années d'étatisme. Selon les statistiques de la Banque de France, la valeur des actions détenues par les investisseurs étrangers passe de 14 milliards de francs en 1982 à 130 milliards en 1986. Jamais un gouvernement n'avait autant « livré » un pays à la « finance » internationale. D'après un rapport réalisé en 2001 par la SOFRES, le nombre d'actionnaires de sociétés cotées en Bourse passe de 1,7 million en 1982 à 6,2 millions en 1987. Jamais un gouvernement n'avait autant encouragé la diffusion de l'esprit « capitaliste ». Mieux encore, un Français qui aurait investi 100 francs à la Bourse en 1981, anticipant cette révolution libérale, aurait pu revendre son modeste pécule 741 francs en 1986. Une multiplication par sept en pouvoir d'achat qui restera unique dans l'histoire de la Bourse. Surtout qu'au cours de la même période, autre évolution « historique », la part du travail dans le PIB, qui était de 67,5 % au moment de l'élection de François Mitterrand, décrochait brutalement pour tomber à 58 %. Difficile de trouver dans l'histoire de la France une période aussi favorable à cet « argent » si méprisé – oralement – par le président de la République.

Un cadeau au « capital » qui a fait date et qui s'est

aimablement répété. Un Français qui aurait acheté l'indice CAC 40 au lendemain de la formation du gouvernement socialiste de Lionel Jospin, en juin 1997, et l'aurait revendu en avril 2002 aurait gagné près de 60 % alors que celui qui aurait fait le même pari sur Jacques Chirac n'aurait engrangé que 17 % de 2002 à 2007.

Plus fondamentalement, cette « révolution » tend à renouer les fils d'une histoire brisée au lendemain de la Première Guerre mondiale[65]. Comme si le développement des marchés financiers et le renouveau de la Bourse depuis l'impulsion socialiste des années 1980 s'inscrivaient dans une histoire longue qui démontre, à l'inverse de tous les clichés, que les Français ne sont pas culturellement et génétiquement hostiles à la finance et à l'actionnariat. En 1913, la valeur des actions cotées à la Bourse de Paris s'établissait à 78 % du PIB, contre 39 % aux Etats-Unis et 44 % en Allemagne. Seul le Royaume-Uni disposait d'un marché financier plus étoffé que celui de la France, avec un pourcentage de 100 %. C'est dire à quel point les réticences quasi génétiques des Français à la Bourse sont imaginaires. En 1911, près de 45 % des héritages contenaient des valeurs mobilières et ce chiffre s'élevait même à 12 % chez les employés.

Tout se passe aujourd'hui finalement comme si les Français retrouvaient les réflexes d'une époque qui les avait enrichis. Ainsi, alors qu'en 1981, la capitalisation boursière de la place de Paris ne représentait que 7,3 % du PIB, elle s'élève aujourd'hui à 75 % du PIB, exactement le même pourcentage qu'en 1913.

Selon les estimations, ils seraient aujourd'hui 6,7 millions à détenir des actions en direct alors qu'ils ne sont que 4,5 millions en Allemagne. En 1980, les actifs financiers représentaient 31,5 % du patrimoine des ménages ; ils s'élevaient à 37,4 % en 2007. La part des actions dans ce patrimoine financier s'élevait à 11 % en 1977 ; elle atteignait 30 % en 2007. La cartographie de ces porteurs d'actions est aussi fort instructive. Si l'on rapporte le nombre de ménages propriétaires d'actions à la population par département, ce sont la région parisienne, le Rhône, les Alpes-Maritimes, le Loir-et-Cher et la Côte-d'Or qui en concentrent la plus forte proportion. Sur les communes de plus de 2 000 habitants, c'est le village de Saint-Didier-au-Mont-d'Or, dans l'agglomération lyonnaise, qui triomphe, devant celui de Bondues, dans le Nord, et Ecully, toujours en région lyonnaise, qui compte entre 60 % et 70 % de foyers actionnaires. Comme en 1908, où la Seine, le Rhône, le Nord et les Alpes-Maritimes concentraient le plus fort pourcentage d'actions dans les fortunes détenues par les particuliers.

Triste épargne

Mieux encore, la France serait aujourd'hui l'un des pays les plus « riches » du monde ! Avec un patrimoine net par habitant égal à près de 144 000 euros, elle se placerait derrière le Japon (205 000 euros) et l'Irlande (148 000 euros) mais devant le Royaume-Uni (137 000 euros), les Etats-Unis (128 000 euros), l'Italie (125 000 euros) et l'Allemagne (90 000 euros) ! Un chiffre peu publié qui explique mal pourquoi les Français sont si angoissés par rapport à l'avenir.

C'est sans doute parce qu'ils ont l'épargne triste. Si leur patrimoine total est passé de 4 200 milliards d'euros en 1995 à 9 389 milliards d'euros en 2007 et qu'il a donc plus que doublé en onze ans, c'est essentiellement en raison de la hausse du prix des logements et des terrains dont la valeur, en euros constants 2007, est passée au cours de la même période de 1 960 milliards à 5 873 milliards, soit une hausse de 199 %. En revanche, leur patrimoine financier n'a progressé au cours de la même période que de 77 %, passant de 1 983 milliards d'euros à 3 515 milliards.

Or, le flux cumulé de l'épargne financière nouvelle sur cette période représente à peu près la totalité de cette progression. L'enrichissement des Français depuis les années 1990 est ainsi principalement dû à un effort d'épargne permanent et important, ce qui n'incite guère à l'optimisme.

Surtout, en 2007 encore, les dépôts non rémunérés sur les comptes à vue représentent encore 250 milliards d'euros et les dépôts sur livrets 422 milliards d'euros. Cumulés, ces deux montants permettraient presque de reprendre le contrôle de l'ensemble des sociétés françaises cotées à la Bourse de Paris et d'en encaisser les dividendes, versés, pour 47 %, à des investisseurs étrangers. Qui est le nouveau Guizot qui guérira les Français de leur peur de s'enrichir, surtout après la crise financière de 2008 ?

Troisième partie

19 à 3

Si, saisis d'une fièvre « partageuse », comme nos sans-culottes de 1793, nous décidions de confisquer les revenus des quarante patrons les plus « riches » pour les distribuer aux sept millions de ménages les plus « pauvres », chacun d'entre eux recevrait un peu plus de 150 euros ! Certes, ce surplus confiscatoire mettrait un peu de beurre dans leurs épinards. Toutefois, cela ne leur permettrait guère de sortir de leur condition. En fait, la meilleure façon d'apaiser les plus « pauvres » est sans doute de leur démontrer que les inégalités se sont considérablement réduites dans notre pays et qu'elles ne sont pas plus élevées qu'ailleurs.

En 1780, les 10 % des Français les plus riches disposaient d'un revenu 19 fois plus élevé que les 10 % des Français les plus pauvres. Aujourd'hui, *c'est seulement un peu plus de trois fois plus*. En 1970, à la veille du premier choc pétrolier, le taux de pauvreté monétaire – c'est-à-dire le nombre de ménages vivant avec moins de 60 % du niveau de vie médian – était de 18 %. *Il est aujourd'hui de 13 %.* Si l'on mesure enfin ce que les économistes appellent le coefficient de Gini – qui serait de 0 dans la situation où toute la population aurait le même revenu et de 100 dans la situation où une seule personne disposerait de tout le revenu –, la France est aujourd'hui dans une position moyenne fort honorable avec un coefficient de 27 qui la place en dessous de la moyenne des pays de l'OCDE. Un coefficient égal à celui de l'Allemagne et inférieur à celui du Canada, de l'Irlande, du Japon, de l'Italie, des Etats-Unis.

On pourrait multiplier les exemples de ce type. En 1960, les 1 % des salariés les mieux payés percevaient un peu plus de 8 % du total de la masse salariale. Aujourd'hui, c'est un peu moins de 6 %. En 1919, les deux cents familles les plus riches de France encaissaient près de 4 % du revenu total distribué en France. Aujourd'hui, c'est un peu plus de 0,5 %. Pourtant, le simple énoncé de ces faits va à l'encontre du *lamento* dominant sur l'état des inégalités en France. Un *lamento* qui n'est pas seulement scandé par les militants de la Ligue communiste révolutionnaire mais qui est aussi diffusé par nos élites. Ainsi, l'économiste Thibault Gadjos écrit : « Les inégalités n'ont pas augmenté en France, les travaux de plusieurs chercheurs montrent qu'elles ont explosé mais cela ne se reflète pas dans les indicateurs officiels[66]. »

En 1977 déjà, une enquête d'opinion de la Commission des Communautés européennes sur « La perception de la misère en Europe » montrait que ce n'était pas en Irlande, où les revenus étaient alors les plus bas, que l'on trouvait le plus fort pourcentage de personnes insatisfaites de leur sort, mais en Italie et en France[67]. Et l'on rencontrait davantage de personnes qui avaient le sentiment d'être victimes de l'injustice de la société chez les Français les plus « riches » que chez les Allemands et les Danois les plus « pauvres ». « Dans ces deux derniers pays (France et Italie), pouvait-on lire, un contingent d'"aigris" (qui compte jusqu'à un quart des citoyens) contribue fortement à la frustration et à l'expression d'un sentiment caractérisé de malaise sociopolitique. » Un contingent qui a fortement grossi ces trente dernières années alors que les inégalités de revenus entre les citoyens continuent à baisser et que la pauvreté recule.

En 2001, saisi par le Premier ministre Lionel Jospin, le Conseil d'analyse économique publiait deux rapports sur les « Inégalités économiques »[68]. Le premier donnait un tableau détaillé des inégalités économiques dans la France d'aujourd'hui, le second portait sur la distribution des revenus fiscaux dans la France du XXe siècle. Or, l'un comme l'autre dépeignait une France nettement moins inégalitaire que ne le suggéraient les discours et les perceptions. Pour faire court – nous y reviendrons –, ils ne relevaient aucun signe de décrochement ni en bas ni en haut de l'échelle des revenus disponibles. La France de 2001 était sensiblement moins inégalitaire que celle des années 1960 et beaucoup moins que celle des années 1930.

Tel est bien le mystère de l'exception française. Pourquoi perdure depuis une aussi longue période le sentiment d'un approfondissement des inégalités ? Et surtout comment réconcilier les statistiques et les perceptions ?

14.

Le piège des mots et le sens des chiffres

« Le piège des mots », tel est le titre du chapitre qui ouvre l'ouvrage de Jean Fourastié et de Béatrice Bazil sur les inégalités en France, heureusement intitulé *Le Jardin du voisin*. « Dès le départ, écrivent les auteurs, lorsqu'on se penche sur le problème des inégalités, apparaît la difficulté de donner un sens précis et non équivoque à ce mot qui est rarement défini sans référence implicite au contexte politique, affectif, voire passionnel dans lequel il s'insère. L'imprécision du vocabulaire crée des malentendus et contribue à obscurcir le débat[69]. »

Pour donner une idée du piège dans lequel se nichent les mots, il suffit de s'interroger sur la signification d'une phrase aussi apparemment simple que : « Les inégalités se sont accrues. » Pour s'en tenir aux seuls revenus, veut-on dire par là que les pauvres sont devenus plus pauvres ? Que les riches sont devenus plus riches ? Que la dispersion des revenus au sein d'une même catégorie – par exemple les détenteurs d'un même diplôme – s'est accrue ? Que les jeunes d'aujourd'hui disposent d'un revenu plus faible que ceux d'hier ? Qu'il est aujourd'hui plus difficile de s'enrichir ? « A supposer que l'on puisse comparer avec précision la situation de deux personnes exerçant le même métier, ayant le même nombre d'enfants, vivant dans la même ville et que ces deux personnes aient un revenu disponible égal, habitent des logements similaires et aient au départ strictement les mêmes besoins financiers et les mêmes occasions de dépenser, cela signifiera-t-il qu'elles réussiront à avoir des niveaux de vie égaux au bout d'un temps donné ? Certainement pas, répondait Jean Fourastié : l'une des deux aura su gérer son budget mieux que l'autre et très rapidement l'égalité monétaire effectivement réalisée au départ éclatera devant la diversité – l'"inégalité" – des évolutions humaines. »

Un des tests favoris que je propose à mes étudiants est le suivant. Imaginons deux pays, appelés A et B, à une date déterminée. La dispersion des revenus y est à l'origine parfaitement identique. Le décile le plus riche perçoit 100 et le décile le plus pauvre perçoit 10. Bien des années plus tard, dans le pays A, le premier décile perçoit 2 000 et le dernier décile 150, tandis que dans le pays B, le premier décile perçoit 150 et le dernier 30. A la question de savoir dans quel pays ils préféreraient vivre, presque tous les étudiants répondent le pays B. Pour des jeunes comme des vieux Français, mieux vaut voir se réduire les inégalités monétaires dans un pays resté pauvre que de les voir s'accroître dans un pays devenu riche. Même si, en l'occurrence, les pauvres du pays A ont en fin de période le même niveau de vie que les riches du pays B. Certes l'inégalité s'est accrue dans le pays A mais les pauvres y sont devenus beaucoup moins pauvres. Un homme de bon sens serait tenté de dire : n'est-ce pas l'essentiel ? Mieux encore, imaginons que dans le pays A, l'explosion des revenus des plus riches ait été liée à un mouvement de création d'entreprises dans des secteurs innovants qui auraient considérablement augmenté le revenu des créateurs sans que soit affecté en aucune manière le revenu des plus pauvres ? Ne devrait-on pas considérer cette inégalité accrue comme « globalement positive » ?

Deuxième cas de figure. Imaginons un pays dont tous les salariés seraient des professeurs titulaires du CAPES (Certificat d'aptitude au professorat de l'enseignement secondaire). Sans aucune inégalité, sans aucune progression sociale, avec le même diplôme tout au long de la vie, le décile le plus « riche » gagnerait 2,2 fois ce que gagne le décile le plus « pauvre », puisque le salaire du capésien débutant est de 1 310 euros nets par mois et, en fin de carrière, de 2 930 euros. Un à 2,2, soit un peu mais pas beaucoup moins que l'écart qui sépare aujourd'hui les 10 % de Français les plus « riches » et les 10 % de Français les plus « pauvres ». Autant dire qu'on souhaiterait disposer – ce qui n'est pas le cas – d'une étude démographique des déciles pour mesurer si l'inégalité des revenus en France est davantage due à l'âge qu'à la simple distribution des salaires et des autres revenus.

Troisième fait qui s'apparente à une lapalissade : on ne peut distribuer que ce qui a été produit. En 2007, si l'on additionnait l'ensemble des revenus déclarés au fisc par les ménages qui les ont perçus (781 milliards d'euros) et qu'on se proposait de les distribuer de manière totalement identique à tous les ménages percevant des revenus (35,6 millions), on distribuerait un peu moins de 22 000 euros à chacun d'entre eux. Or, en moyenne, les 10 % de ménages les plus « pauvres » ont perçu près de 12 000 euros par an (après impôts et prestations sociales) et les 10 % des ménages les plus « riches » – qui sont peut-être les plus âgés – un peu plus de 48 000 euros. Un écart qui pourrait faire écrire que la France est devenue au fil des siècles une démocratie sociale modèle dont les écarts de revenus seraient dans leur presque totalité liés à l'âge.

Inégalités et injustices

La force des mythes s'oppose bien à la pesanteur des faits. Dans le combat des inégalités qui suscite en France tant de passions, l'ennemi est bien l'« opinion » commune. Une « opinion » qu'on voudrait ici convaincre que la quête d'égalité des revenus qui a été son moteur a finalement été assez largement satisfaite.

Si, par contre, on remplace « inégalité » par « injustice », la réalité comme le questionnement peuvent être sensiblement différents. Pour s'en tenir aux seuls revenus, veut-on dire par là qu'il est injuste que les jeunes d'aujourd'hui voient s'accroître l'écart avec les plus âgés ? Veut-on dire que pour le même revenu s'accroît aujourd'hui l'incertitude professionnelle ? Veut-on dire aussi que s'accroissent les inégalités au sein d'une même catégorie de salariés ? Veut-on dire que les conditions d'accès au logement, à l'éducation, à la santé ou aux biens culturels sont devenus facteurs d'injustices sociales sans que ces injustices aient quelque rapport avec le revenu monétaire ? Autant d'« inégalités » qui doivent moins à la distribution des revenus qu'à l'inégal accès aux réseaux d'information ou de pouvoir qui structurent – aujourd'hui plus qu'hier – notre société.

Dans quel registre classer par exemple l'« inégalité » entre un fonctionnaire « moyen » percevant en milieu de carrière 1 800 euros nets par mois, assuré de son emploi jusqu'à la fin de sa carrière et percevant, à la retraite, 75 % de son dernier traitement brut et un employé du secteur marchand percevant exactement le même salaire net au même âge, vivant dans l'inquiétude permanente du licenciement et percevant à la retraite un peu plus de 50 % de son dernier traitement ? A revenu parfaitement identique, inégalité criante. Au nom de quoi ?

Pour ne s'en tenir qu'au seul critère du revenu, il serait aujourd'hui plus opportun de mesurer l'ensemble des revenus perçus *tout au long de la vie* pour mieux apprécier des inégalités nichées là où on ne suppose pas les trouver. Dans quel registre classer par exemple les « inégales » retraites liées aux régimes « spéciaux » de ceux qui les perçoivent ? Il suffit de faire un calcul complexe que personne ou presque ne fait : pour un euro de cotisation versé durant la vie active, combien d'euros seront perçus pendant la durée de la retraite ?

Il faut, pour trouver la solution, comparer la somme des cotisations versées durant la totalité de la vie active (par le salarié et l'employeur) à la somme des pensions à percevoir depuis le départ à la retraite, en prenant en compte trois variables principales, le nombre d'années travaillées et cotisées, le nombre d'années probables passées à la retraite, qui dépend de l'âge de départ à la retraite et de l'espérance de vie de la catégorie socioprofessionnelle considérée et le taux de remplacement, c'est-à-dire le rapport entre le montant de la pension et le salaire[70]. Ce calcul de bon sens révèle des inégalités si criantes qu'il inciterait à supprimer le mot « fraternité » de la devise de la République. Là où une ouvrière de 60 ans, à la carrière incomplète pour avoir élevé deux enfants, touchera un petit peu plus qu'un euro pour un euro cotisé, un employé modeste de la Banque de France touchera 2,40 euros. Là où une infirmière à la carrière incomplète percevra un peu plus de 1,80 euro, un cadre de la SNCF percevra presque 3,20 euros. Autant d'inégalités qui se traduisent par de fortes injustices et qui ne doivent rien aux turpitudes du capitalisme ou de la mondialisation. Autant d'inégalités qui étaient supportables quand l'espérance de vie après la retraite était très faible et qui sont devenues intolérables quand cette espérance dépasse pour les plus privilégiés ou les plus chanceux plus de vingt-cinq ans, dont une grande partie en bonne santé.

Une bonne santé qui n'est pas non plus équitablement assurée. Avec un cancer identique et à risque médical égal, la probabilité d'un décès d'un ouvrier est multipliée par 1,7 par rapport à celle des autres catégories socioprofessionnelles. On compte aussi dix fois plus d'obèses chez les enfants dont le père est ouvrier non qualifié (7,4 %) que chez ceux dont le père est cadre (0,7 %). Une inégalité moins liée à la différence des revenus qu'à l'écart des modes de vie, notamment la pratique d'activités sportives qui, comme le jogging, sont pourtant gratuites.

Et comment qualifier les « inégalités » qui se sont accrues au sein de l'Education nationale et qui sont, là aussi, moins dues à la différence des revenus qu'à la connaissance des réseaux ? Certes, 22,5 % des étudiants à l'université sont aujourd'hui issus des catégories populaires, ce qui pourrait apparaître comme une forme de démocratisation, mais ces mêmes universités sont aussi les plus mal traitées des pays de l'OCDE. Hors IUT, un étudiant à l'université coûte à la nation 6 700 euros par an, alors qu'un lycéen de l'enseignement général coûte 10 170 euros et qu'un élève en classe préparatoire – où se concentrent les enfants des milieux les plus favorisés – coûte 13 760 euros. L'« égalité des chances » affichée par notre « modèle républicain » aboutit en fait à recréer la société d'Ancien Régime que les Français croient avoir balayée en 1789. Notre système éducatif, écrivent Jean-Hervé Lorenzi et Jean-Jacques Payan dans *L'Université maltraitée*, « rappelle de manière caricaturale l'Ancien Régime, avec une noblesse, un clergé et un tiers état. La noblesse, ce sont les grandes écoles d'ingénieurs ou de commerce, les écoles normales supérieures et l'ENA. Le clergé regroupe les établissements à statut particulier comme Sciences-Po, quelques universités avec un statut dérogatoire comme Paris-Dauphine et l'université de technologie de Compiègne, et des écoles d'ingénieurs et de commerce moins prisées que les grandes et qui sont dites, avec une condescendance très monarchique, "de province". Enfin le tiers état rassemble plus des deux tiers des étudiants et regroupe les universités et les instituts universitaires de technologie[71] ».

Des inégalités qui font dire à Georges Charpak que tout se passe comme si la France était « un pays de 60 millions d'habitants qui ne recrutait ses ingénieurs que dans des milieux qui représentent 10 % de la population ; c'est comme si on réduisait ce peuple à 6 millions d'habitants ». Enfin, comment rendre compte de l'inégalité d'accès à la formation continue dans un pays où l'idée d'une « seconde chance » n'a pas vraiment fait son chemin ? Ainsi, en France, pour avoir le plus de chances d'être formé tout au long de la vie, mieux vaut être cadre qu'employé ou ouvrier. Le taux d'accès des premiers à la formation continue atteint presque 54 %, alors que celui des derniers dépasse à peine 20 %.

Autant d'« inégalités » profondément « injustes » qui montrent à quel point ces mots qui semblent si simples et ces chiffres qui semblent si assurés peuvent masquer des réalités plus complexes.

15.

L'inexorable réduction des inégalités

Au XVIIe siècle, le chirurgien Félix, qui dut, en 1686, opérer Louis XIV d'une fistule, le médecin Daguin et les quelques auxiliaires qui l'aidèrent dans cette tâche reçurent comme honoraires du Trésor royal l'équivalent de... 10 millions de salaires horaires d'un manœuvre moyen[72]. En 2007, le P-DG du CAC 40 le mieux payé a perçu dans l'année 1,8 million de SMIC horaires ! A sa mort, le cardinal-ministre Mazarin laissa la plus grosse fortune personnelle de l'Ancien Régime, 35 millions de livres tournois, soit l'équivalent du tiers de l'ensemble des recettes de l'Etat[73] ! Aujourd'hui, le Français le plus riche... après la crise, Gérard Mulliez, possède environ 14,6 milliards d'euros, soit l'équivalent de 1,8 % seulement des recettes de l'Etat. Vingt fois moins ! A un niveau plus modeste, le receveur municipal de Saintes, qui n'avait hérité de ses parents que de 10 000 à 15 000 livres, laissait à sa mort, en 1648, une fortune de 2 250 000 livres acquise en moins de trente-cinq ans. Quel « bourgeois de province » pourrait aujourd'hui multiplier par plus de vingt son patrimoine en un temps si court ?

Autant de chiffres caricaturaux dont la seule ambition est de démontrer qu'aux extrêmes aussi, les inégalités les plus spectaculaires se sont sensiblement réduites. En moyenne surtout le mouvement de longue durée confirme cette forte réduction. L'étude la plus complète sur la question a été réalisée par Christian Morrisson et Wayne Snyder[74]. A la veille de la Révolution française, les 2 700 000 membres de la noblesse, du clergé et de la bourgeoisie, soit un peu moins de 10 % de la population, percevaient un peu moins de deux milliards de livres, soit presque la moitié du revenu national de l'époque. Le coefficient de Gini correspondant (60 à 62) était le double de celui mesuré aujourd'hui. Aujourd'hui toujours, ces mêmes 10 % ne perçoivent plus qu'un tiers environ du revenu fiscal total, au terme d'une évolution contrastée qui pose de manière nouvelle les relations entre croissance et inégalités.

Croissance et inégalités

De la Révolution à 1820, on assiste à une baisse des inégalités dont le souvenir alimente peut-être toujours notre tempérament national « égalitariste ». La première raison en est l'abolition de la dîme, des droits féodaux et la redistribution des terres appartenant au clergé et à une partie de la noblesse. Dans le département du Nord par exemple, la part des terres appropriées par le clergé et la noblesse est tombée de 42 % en 1788 à 12 % en 1802, tandis que celle des paysans s'élevait de 30 à plus de 42 %. Même si le mouvement n'a pas été aussi fort dans les autres régions, il y a bien eu un effet redistributif des déciles les plus riches vers les déciles les plus modestes. Surtout, *l'inflation révolutionnaire a aussi pour une bonne part contribué à réduire les inégalités.* Elle a en particulier permis un mouvement très ample de remboursement des dettes qui représentaient, à la veille de la Révolution, entre le cinquième et le dixième de la valeur des propriétés. De 1793 à 1795, en Beauce, le mouvement connaît une véritable fièvre. Qu'il s'agisse du métayage ou des baux à cheptel, les exploitants ont profité de l'inflation pour acquérir, en les remboursant en monnaie dépréciée, des moyens de production qu'ils utilisaient sans être propriétaires. Des exploitants qui, pour la plupart, se classaient dans les déciles les plus modestes et qui ont ainsi relevé durablement leur niveau de vie. Selon Gilles Postel-Vinay, ce désendettement porterait sur l'équivalent de 5 à 10 % de la valeur des terres, soit une somme comparable à celle réalisée par la vente des biens nationaux[75] ! Mais alors que cette dernière n'avait profité qu'à une minorité, le transfert réalisé grâce à l'inflation a bénéficié à l'ensemble du pays. Dans les villages, entre 1793 et 1795, des dizaines de ménages se dégagent ainsi de tout ou partie de leurs dettes, qui représentaient souvent la moitié d'un salaire annuel. « Depuis la Révolution, note Portalis dans un rapport daté de 1804, la viande est devenue la nourriture ordinaire du peuple, ce qui n'était pas autrefois. Cette sorte de luxe s'est introduite dans les campagnes, à mesure que les cultivateurs ont été plus riches, et dans les villes, elle a gagné les dernières classes des citoyens[76]. »

A partir de 1820 jusqu'à la fin du second Empire, en 1870, l'inégalité des revenus part cette fois à la hausse, comme si la croissance économique qui s'accélère à cette époque accompagnait ou « nécessitait » cette montée des inégalités. Une coïncidence confirmée par le cas anglais. Alors que la distribution des revenus anglais était proche de celle de la France vers 1750, elle s'en était écartée à partir de cette date, au moment où s'amorçait avant toutes les autres nations sa grande révolution industrielle. Il faut toutefois relativiser cette montée des inégalités. La part du 10e décile le plus riche, passée d'environ 50 % du revenu total avant la Révolution à environ 45 % en 1820, serait remontée à 48-49 % à la fin des années 1860. Une hausse de trois points en pourcentage due moins à une baisse du revenu des plus pauvres qu'à une hausse sensible du revenu des valeurs mobilières.

Pour répondre aux interrogations posées en préambule, *cette période a vu s'accroître le revenu des plus riches mais aussi celui des plus pauvres*. Le revenu moyen de l'ouvrier est passé de 580 francs par an en 1831 à 800 francs en 1866 ; celui de l'agriculteur de 483 à 925 francs, celui des ouvriers agricoles et des domestiques de 252 à 372 francs et celui des patrons les plus riches de 4 960 à 9 490 francs. Certes, l'écart entre ces plus riches et les plus pauvres est passé de près de 20 à un peu plus de 25 en trente ans mais au bénéfice de tous, car le revenu moyen a quasiment doublé au cours de cette période, passant de 573 francs à 1 017 francs. Un constat qui pose une nouvelle fois la question de savoir si les inégalités de revenus ne sont pas – hypothèse basse – le produit ou – hypothèse haute – le meilleur stimulant de la croissance.

Tant il est vrai que la « grande dépression » qui suivit ces « trente glorieuses » du XIXe siècle et plomba la croissance vit à l'inverse une nouvelle baisse des inégalités. Publiées dans son *Cours d'économie politique* en 1903[77], les remarques du célèbre économiste Camille Colson sur la tendance à la « moindre inégalité des conditions » témoignent du fait que les contemporains ont bien eu le sentiment que l'inégalité diminuait à l'époque où, pourtant, Emile Zola publiait cet *Argent* (1890) qui fait toujours autant de ravages dans notre mythologie collective. Alors que le décile le plus riche percevait 48-49 % du revenu national en 1866, le pourcentage baisse à 44-45 % en 1890 et le rapport entre le revenu moyen des 10 % les plus riches et celui des 20 % les plus pauvres tombe de 12,1 à 10,8. A cette date, le coefficient de Gini était de 46, contre environ 60 au XVIIIe siècle.

Une crise agricole de grande ampleur qui a fait baisser de 20 % au moins le revenu des exploitants, une faible progression de la production industrielle qui va durablement affecter les industries exportatrices, des difficultés dans le bâtiment, un marché de l'immobilier morose, un marché financier en retrait, autant d'éléments qui ont affecté les « riches » sans améliorer la situation des « pauvres ». Certes, la forte hausse des salaires les plus bas (ouvriers agricoles et domestiques) a contribué à réduire les inégalités mais, dans le même temps, la longue stagnation de l'économie française a, comme on l'a vu, provoqué une sorte de neurasthénie collective, multiplié les faillites et accru un chômage qu'on ne savait pas encore mesurer. En 1886, 20 % des ouvriers de la métallurgie étaient au chômage et dans la construction, on pouvait en évaluer le nombre à 100 000 travailleurs sur 800 000. Faut-il se réjouir d'une baisse des inégalités accompagnée d'une aussi forte dépression ?

Pour le XXe siècle, les statistiques fiscales liées à l'instauration de l'impôt sur le revenu en 1914 permettent de mesurer le mouvement de manière plus assurée et plus fine. Thomas Piketty en a fait l'étude la plus complète. En suivant sur l'ensemble du XXe siècle les revenus des 10 % des foyers ayant les revenus les plus élevés, des 1 % des revenus les plus élevés et même des 0,01 % des revenus les plus élevés (soit 1 500 foyers au début du XXe siècle et 3 000 à la fin), il démontre sans contestation possible à quel point les inégalités se sont réduites mais aussi à quel point – c'est une immense surprise pour ceux qui ne l'auraient pas lu – les hiérarchies salariales font l'objet d'un large consensus. Tout d'abord, la part du décile supérieur dans le revenu fiscal total, qui était d'environ 45 % à la veille de la Première Guerre mondiale, chute à 42,5 % en 1938. Dans le même mouvement, la part du centile supérieur, les 1 % des ménages les plus fortunés, passe de 19 % à 14,2 % et celle du 0,01 % – les deux cents familles – de 3 à 1,7 %. Cette évolution n'a toutefois pas été linéaire. Pour s'en tenir au décile supérieur, les écarts de revenus se réduisent de six points de 1914 à 1921, s'élargissent jusqu'en 1935, date à laquelle la part du décile supérieur dans le revenu fiscal total est supérieure à celle de 1914

(46,5 %), avant de revenir à 42,5 % en 1938 et 29,7 % en 1945. « En l'absence des chocs des années 1914-1945, il est probable que la France n'aurait pas quitté de sitôt le sommet inégalitaire du début du siècle », écrit Thomas Piketty[78]. Faut-il pour autant se réjouir de constater que la réduction très forte des inégalités au cours de ces trente années s'est faite à l'occasion de deux guerres mondiales et de la crise sévère des années 1930 ? Faut-il se réjouir d'avoir vu fondre la part des 0,01 % des Français les plus riches, qui passe de 3 % en 1914 à 0,5 % en 1944, si l'on constate en même temps que le PIB par habitant, évalué par Angus Maddison à dollars constants, ne dépasse pas en 1945 (2 573 dollars) le niveau de 1894 (2 626 dollars) ? Certes, le premier XXe siècle a bien vu se réduire fortement la part des riches et les inégalités, mais ce mouvement s'est accompagné d'une paupérisation certaine de l'ensemble des Français et d'un déclassement marqué de l'économie française.

Une leçon apparemment apprise par « Maître Conjoncture » puisque les Trente Glorieuses ont été marquées par une reprise sensible des inégalités. La part du décile supérieur, tombée à 29,4 % en 1944, passe à 37,1 % en 1965 et encore 33,9 % en 1973, à la veille du premier choc pétrolier. Celle des 1 % des ménages les plus riches passe de 7,5 % en 1945 à 8,9 % en 1973, celle des 0,1 % de 1,9 % à 2,2 % et celle des 0,01 % de 0,5 % à 0,6 %. L'écart entre les foyers les mieux lotis et la moyenne des foyers ne se réduit pas au cours de ces « Trente Glorieuses », au moment – est-ce une coïncidence ou une cause ? – où le pouvoir d'achat de l'ensemble des Français connaît une progression historique. Pour reprendre le test proposé à mes étudiants, au cours de cette période exceptionnelle de croissance, l'écart se creuse légèrement au profit des plus riches mais les pauvres deviennent en même temps beaucoup moins pauvres ! A une époque aussi où, il est utile de le rappeler, l'inflation élevée a stimulé la croissance et permis à une proportion élevée de ménages modestes d'accéder à la propriété.

A partir de 1968, essentiellement à cause de la forte revalorisation du salaire minimum puis du ralentissement de la croissance à partir des années 1970, les inégalités se réduisent de nouveau. En 1981, la part du décile supérieur, qui était de 33,9 % en 1973, est tombée à 30,7 %, celle du centile supérieur a régressé de plus d'un point, de 8,9 % à 7,5 % et celle du millième le plus riche, de 0,6 à 0,5 %. Le septennat de Valéry Giscard d'Estaing, qui vit se réduire de manière spectaculaire la part du profit des entreprises dans la valeur ajoutée fut, de ce fait même, un septennat fort « socialiste ».

A partir de 1981, le mouvement de réduction des inégalités se stabilise et s'inverse même légèrement. La part du décile le plus riche remonte à 32,6 % en 1990 pour se stabiliser à ce niveau depuis. Pour les hyperriches, dont la part était tombée à 0,5 % en 1981, le pourcentage passe à 0,6 % en 1989 – essentiellement à cause de la formidable hausse de la Bourse au cours du premier septennat socialiste –, avant de retomber à 0,55 % en 1998. A cette date, le revenu annuel moyen du décile supérieur est passé en un siècle d'environ 23 000 euros à environ 64 000 euros. Dans le même temps, le revenu moyen de l'ensemble de la population est passé d'environ 3 800 euros à un peu plus de 20 000 euros. Au XXe siècle, observe Thomas Piketty, le revenu moyen des 10 % des Français les plus riches au début est quasiment identique au revenu moyen de l'ensemble de la population à la fin. De même, alors que les 0,01 % des foyers les plus aisés disposaient à la veille de la Première Guerre mondiale de revenus 300 fois plus élevés que la moyenne des revenus, à la fin du XXe siècle, ils ne sont « que » 50 à 60 fois plus élevés. Au début du siècle, le revenu moyen de ces hyperriches était de 1 320 000 euros. A la fin, il n'était plus « que » de 1 090 000 euros. En fait, s'il fallait trouver une ligne de force à l'histoire du XXe siècle, c'est bien *la paupérisation absolue des plus riches* qui en serait l'axe majeur. Ce sont eux, et eux seuls, qui, au cours de ce siècle tourmenté, ont vu leur revenu fiscal baisser en monnaie constante. En monnaie constante, le revenu moyen de la population a été multiplié par 4,5 au XXe siècle, celui des 10 % les plus riches par 3,2, celui des 5 % les plus riches par 2,7, celui des 1 % les plus riches par 1,8, celui des 0,5 % les plus riches par 1,5, celui des 0,1 % les plus riches par 1,1 et celui des 0,01 % les plus riches a baissé de 17 % ! *Tous ces chiffres et pourcentages entendus avant impôt.* Si l'on se plaçait en termes de revenu après impôt, observe toujours Thomas Piketty, l'effondrement de la part des très hauts revenus dans le revenu total serait plus considérable encore. Personne ne les plaindra mais l'historien se doit de le souligner. Gracchus Babœuf l'avait rêvé, l'économie de marché l'a réalisé.

Le portrait fiscal de la France

On illustrera cette impressionnante réduction des inégalités par les résultats d'une enquête de terrain microscopique mais hautement révélatrice. Quiconque veut faire l'expérience n'a qu'à consulter le site impots.gouv.fr qui donne les statistiques fiscales de toutes les communes françaises avec le détail minutieux du nombre des foyers imposés par tranches fiscales, la décomposition des revenus déclarés en traitements, salaires, retraites et pensions, le montant total de l'impôt perçu et sa répartition par foyer fiscal.

Originaire du département de la Somme, l'auteur de ces lignes a voulu prendre la mesure actuelle de l'inégalité dans les villes de ce département. A Abbeville, sa ville natale, les 143 foyers fiscaux les plus riches ont déclaré en 2007 un revenu total de 23 856 852 euros, soit un revenu moyen par foyer d'un peu moins de 170 000 euros. Toujours dans cette commune, les 14 448 foyers fiscaux qui composent l'ensemble de la population ont déclaré un revenu fiscal de 236 352 902 euros, soit un revenu moyen fiscal de 16 358 euros. Avant impôt, les 1 % des Abbevillois les plus riches percevaient donc 10 % du revenu total de leur ville. Après l'impôt, qui a amputé leur revenu de 4 292 265 euros, le pourcentage par rapport au revenu fiscal total disponible de la ville est tombé à 8,6 %. A Amiens, les 863 foyers les plus riches, soit 1,2 % de l'ensemble des foyers, avaient déclaré un revenu fiscal moyen de 193 000 euros. Avant impôt, ils percevaient 12,2 % du revenu total de la ville. Après impôt, 10,5 %. Dans la moyenne commune d'Albert, les 29 foyers les plus riches percevaient un revenu de plus de 220 000 euros, soit un revenu plus important qu'à Amiens, chef-lieu du département de la Somme et capitale de la région Picardie et qu'à Abbeville, la deuxième ville du département. Mais, avant impôt, ces richissimes habitants d'Albert ne percevaient que 6,3 % du revenu total de la ville. Au Crotoy, charmante bourgade de mer fort appréciée des Belges et des Hollandais, les 19 foyers les plus riches percevaient par contre 13 % du revenu total perçu par les 1 388 foyers fiscaux de la ville. Un taux d'inégalité nettement supérieur à la moyenne du département puisque dans la Somme, les 2 988 foyers fiscaux les plus aisés, soit 0,95 % des foyers fiscaux, se partagent 9,1 % de l'ensemble des revenus. D'ailleurs, à Saint-Valery-sur-Somme, qui fait face au Crotoy, au sud de la baie de Somme, les 15 foyers les plus riches ne percevaient que 8 % de l'ensemble des revenus de la ville.

Autant d'observations microscopiques qui mériteraient d'être systématiquement collectées et analysées pour élucider cette question des inégalités qui taraude tant le moral des Français. On y découvrirait ainsi que dans la Seine-Saint-Denis, les foyers les plus riches, ceux qui sont au-delà de la dernière tranche fiscale, sont 4 888, soit 0,6 % seulement des 811 644 foyers fiscaux du département, et qu'ils ne perçoivent que 5,8 % du revenu fiscal total. Alors que dans les Hauts-de-Seine, ces mêmes hyper-riches sont 39 504, soit 4,5 % des 875 923 foyers fiscaux du département, et qu'ils se partagent 28,7 % des revenus totaux du département. Dans le Limousin, les riches, qui ne sont que 3 425, soit 0,7 % seulement des foyers, ne perçoivent que 7,5 % des revenus. Dans le Nord, les 14 016 riches, soit 1 % des 1 372 000 foyers fiscaux, perçoivent en moyenne un peu plus de 185 000 euros et se partagent 9,8 % du revenu total du département. Dans le Pas-de-Calais, les Ch'tis riches ne sont par contre que 6 006, soit 0,76 % des foyers fiscaux du département mais ils se partagent 7,7 % du revenu total. A Paris, enfin, les riches sont 72 346, soit 5 % de l'ensemble des foyers fiscaux, mais ils se partagent 37,2 % du revenu total encaissé dans la ville et acquittent à eux seuls 57,4 % de l'impôt sur le revenu. A Saint-Germain/Odéon/Notre-Dame-des-Champs, dans le 6e arrondissement si prisé, les riches sont 3 680, soit 14,3 % d'une population qui compte 25 720 habitants mais ils se partagent 66 % du revenu total déclaré dans l'arrondissement ! Autant de statistiques qui dessinent un portrait inédit de la France (voir annexe 12).

Si l'on exploite par ailleurs les statistiques issues des déclarations de successions, largement tombées dans l'oubli, on observe de la même manière une forte réduction des inégalités. La succession moyenne léguée par les 0,01 % de ménages les plus fortunés, soit les cinquante plus grosses successions annuelles, qui représentait au début du XXe siècle 600 à 650 fois la succession moyenne des 5 % des ménages les plus aisés – soit les 25 000 plus grosses successions –, passe à 50-55 fois à la fin du siècle, soit une division par douze ! Le patrimoine moyen légué par ces richissimes familles est tombé d'environ 38,4 millions d'euros pour la période 1902-1913 à un peu plus de 11 millions d'euros en 1994. Le pourcentage de ces successions dans l'annuité successorale totale, qui atteignait 12,6 % à la veille de la Première Guerre mondiale, est ainsi tombé à 1,5 % en 1994, avec, encore une fois, un mouvement qui mérite d'être ausculté. De 12,6 % en 1912, le pourcentage chute à 6,2 % en 1933, remonte à 11,7 % en 1938, au lendemain du... Front populaire, s'effondre à 3,3 % en 1946, remonte à 5,2 % en 1959 avant de chuter à 1,5 % en 1994. Si l'on élargit l'analyse aux 10 % des successions les plus élevées, soit les 50 000 décès les plus « fortunés » sur les 500 000 décès annuels, leur part dans l'annuité successorale totale passe de 85,1 % à la veille de la Première Guerre mondiale à 73,7 % en 1945 et 54,8 % en 1994. La dernière estimation faite pour l'an 2000 n'inverse pas cette tendance de longue durée. Les 10 % des successions les plus élevées, soit 34 550 successions, couvraient 46,3 % du montant total, contre 54,8 % en 1994 !

Effondrement des très hauts revenus et progression forte du revenu et de l'héritage moyens, tels sont bien les éléments qui ont contribué à la formidable réduction des inégalités. Certes, on peut penser, comme Thomas Piketty, que cette compression des inégalités ne s'apparente pas à un processus économique « naturel » mais qu'elle s'explique par les chocs largement accidentels à l'œuvre au cours du premier XXe siècle, les deux guerres mondiales et la crise des années 1930. Reste qu'en l'état, quelle qu'en soit la cause, le fait le mieux établi est que la France a largement gommé, sur la durée, les inégalités les plus criantes. Pourquoi certains Français s'obstinent-ils alors à le nier tandis que, dans le même temps, semble exister un large consensus sur ces mêmes inégalités, telles qu'on pouvait les mesurer il y a dix ans ?

Une inégalité admise

C'est la découverte principale qui ressort d'une enquête réalisée en juillet 1998 par Thomas Piketty sur les attitudes individuelles à propos des inégalités en France[79]. Par exemple, tout le monde sans distinction de revenus acceptait que les cadres supérieurs d'une grande entreprise gagnent quatre à cinq fois plus qu'une caissière de supermarché. C'est que, selon Piketty, les pauvres acceptaient l'idée que l'efficacité économique et sociale exigeait que les inégalités de revenu soient ce qu'elles étaient ! Ainsi, à la question de savoir « combien gagne en moyenne, par mois, un cadre supérieur dans une grande entreprise », les Français à bas revenus répondaient en 1998 27 000 francs (un peu plus de 4 700 euros) alors que les Français à haut revenu répondaient 33 000 francs (un peu plus de 5 800 euros). Autrement dit, tous les Français ou presque s'accordaient pour estimer que les cadres supérieurs d'une grande entreprise devaient toucher à peu près 30 000 francs par mois (environ 5 300 euros). Mieux, à la question de savoir « quel devrait être, selon eux, le revenu mensuel moyen d'un cadre supérieur dans une grande entreprise », la réduction souhaitée était de 14,1 % en moyenne, 15 à 20 % pour les Français aux revenus les plus bas mais 5 à 10 % pour les Français aux revenus les plus élevés. Par exemple, les Français qui gagnaient moins de 2 000 francs par mois (un peu plus de 350 euros) pensaient que le revenu des cadres supérieurs devait être réduit seulement de 16,9 %. C'est-à-dire qu'ils estimaient que les cadres supérieurs devaient toucher un revenu mensuel plus élevé que leur propre revenu annuel ! Un taux d'inégalité bien supérieur à celui constaté dans la réalité.

Par ailleurs, tous les Français croyaient à cette date que le salaire moyen d'une caissière de supermarché était d'environ 5 600 francs (un peu plus de 980 euros) et tous souhaitaient, « riches » comme « pauvres », qu'il atteigne environ 7 500 francs (un peu plus de 1 300 euros), soit une hausse d'environ 30 %. La conclusion générale de cette enquête était que tous les Français s'accordaient sur une inégalité de revenus salariaux d'environ quatre à cinq, ce qui est à peu près celle observée au terme de l'évolution historique.

Autre découverte de l'enquête : les Français ne croient pas que « prendre l'argent des deux cents familles » suffirait à résoudre les problèmes de la société. A la question de savoir à partir de quel niveau de revenu il faudrait demander une « contribution fiscale supplémentaire », le seuil que fixaient les « pro-impôts » (qui n'étaient que 45 à 46 % de la population) se situait aux alentours de 30 000 francs par mois (environ 4 500 euros). Un seuil que ne dépassent toujours que 7 à 8 % des foyers français. Tout le monde s'accordait en même temps pour dire que cet effort devait être modéré.

La dernière révélation de cette enquête était l'absence de corrélation entre l'affiliation politique et le revenu individuel. A l'exception des électeurs d'extrême gauche et d'extrême droite, dont le revenu était significativement inférieur au revenu moyen, le revenu des électeurs de gauche et de droite était quasiment identique. Surtout, la question de l'inégalité de revenu ne semblait pas être cruciale pour ces mêmes Français. Ainsi, les Français qui choisissaient de se situer à l'extrême gauche étaient aussi favorables aux inégalités de revenu que ceux se situant à l'aile droite. La seule différence notable était que les électeurs d'extrême gauche et de gauche souhaitaient augmenter le revenu mensuel des caissières de supermarché d'environ 40 % alors que ceux de droite ne voulaient l'augmenter que de 30 %. Ces résultats révélaient l'image d'une société en accord avec elle-même et avec ce que l'histoire avait accompli au cours du temps ! Certes, au-dessus d'un certain niveau, les hauts revenus pouvaient susciter des contestations importantes mais les hiérarchies en vigueur au sein du reste de la société, soit quand même plus de 95 % de la population, n'étaient pas véritablement remises en cause. Un consensus surprenant étant donné la vigueur des discours politiques sur la justice sociale et sur les vices du marché en France. Un consensus toutefois justifié lorsqu'on observe qu'à cette date, le rapport interdécile entre les 10 % des salariés les mieux payés (salaire net) et les 10 % des salariés les moins payés n'était *que* de 3,1, contre 3,6 en 1950 (voir annexe 3).

16.

Une explosion des inégalités ?

A lire certains travaux récents, cette situation aurait changé radicalement ces dix dernières années. Analysant les hauts revenus en France de 1998 à 2006, Camille Landais conclut à une explosion des inégalités qui romprait avec vingt-cinq ans de stabilité[80]. Alors que le revenu fiscal moyen n'a augmenté, en euros constants, que de 5,9 % de 1998 à 2005, celui des 5 % des foyers les plus riches a augmenté de 11 %, celui des 1 % les plus riches de 19 %, celui des 0,1 % des plus riches de 32 % et celui des 0,01 % des foyers les plus riches de 42,6 % sur cette même période. Ainsi, en 2005, l'ensemble des revenus déclarés par le dernier dix-millième des foyers français représentait 2,2 % de l'ensemble des revenus, contre 1,7 % en 1998. 2,2 %, soit à peu près le même taux qu'au lendemain de la Seconde Guerre mondiale, encore éloigné, toutefois, des 5 % atteints à la veille de la Première.

En y regardant de plus près, on constate toutefois que l'essentiel de la hausse tient à la part importante des revenus du patrimoine. Ils représentent 23 % du revenu des 1 % des foyers les plus riches, 38 % du dernier millième et 55 % du dernier dix millième. Or, de 1998 à 2005, si les salaires ont crû en moyenne annuelle de 0,7 %, les revenus fonciers par foyer ont crû de près de 2,2 % par an et les revenus des capitaux mobiliers de 3,9 %, soit au total une croissance de 31 % en huit ans.

Cette « explosion des inégalités » ne rompt pourtant pas le mouvement historique de réduction. Elle s'explique largement par un phénomène passager qui a compensé les hauts et les (nombreux) bas de la Bourse pendant plus d'un demi-siècle. Si nous voulions mesurer de manière plus fine l'évolution récente des inégalités, il faudrait en fait répartir les foyers fiscaux en détenteurs ou non de revenus mobiliers. Si les Français avaient placé leur épargne en valeurs mobilières plus qu'en assurance vie, ils auraient, comme les plus riches, bénéficié de cette hausse récente. Reste que la baisse des prix de l'immobilier enregistrée depuis la fin de l'année 2007 et le krach boursier de 2008 vont raboter pour une bonne part le revenu à venir de ces foyers les plus riches, ramenant les inégalités au niveau où elles étaient en 1998. Il n'est pas sûr qu'on titre alors sur la « formidable réduction des inégalités ».

L'histoire nous invite donc à nous méfier de ces phases conjoncturelles qui font l'actualité. 0,5 % de hausse de la part des foyers les plus riches dans le revenu total en huit ans ? C'est peu ou prou ce qui s'est passé entre 1982 et 1989 où, grâce aux mesures libérales prises sous la présidence de François Mitterrand, la part des 0,01 % des foyers les plus riches était passée de 1,28 % à 1,57 % du revenu fiscal total. Comme quoi, les frontières entre riches et pauvres tendent à se jouer des clivages politiques traditionnels.

Le valent-ils vraiment ?

S'il y a des sujets qui fâchent, l'argent des patrons du CAC 40 est de ceux-là. Et pas seulement en France puisqu'en Allemagne, au Royaume-Uni, aux Etats-Unis et même en Chine, le pourcentage de ceux qui pensent que la différence entre les revenus des patrons et de leurs salariés est trop grande avoisine désormais 80 %. Une différence dont il faut, là encore, prendre la mesure pour mieux en comprendre les enjeux.

Le 19 septembre 1979, *Le Canard enchaîné* avait fait sensation en publiant la feuille d'impôts de Marcel Dassault pour 1978. L'industriel le mieux payé de France avait perçu 25 millions de francs, composés en grande partie de dividendes. En 2006, la rémunération totale de Lindsay Owen-Jones, alors P-DG de L'Oréal, le patron le mieux payé de France, a atteint plus de 23 millions d'euros, 2,5 millions d'euros en salaire fixe et avantages en nature, le reste en stock-options et actions gratuites. Environ six fois plus en trente ans. En réalité, seulement deux fois plus puisque 25 millions de francs 1978 sont l'équivalent, en pouvoir d'achat, de 10 millions d'euros d'aujourd'hui. Deux fois plus, mais une progression considérable car le revenu moyen des Français n'a augmenté que de 40 % entre ces deux dates. En 1978, Marcel Dassault gagnait environ 66 fois le revenu moyen. En 2006, le patron de L'Oréal a gagné, lui, un peu plus de 110 fois le revenu moyen annuel. Dans ces deux cas de figure, les arguments ne manquent pas pour légitimer cette rémunération extrême.

Né en 1892 à Paris, Marcel Bloch – qui prendra le nom de Dassault en 1949 – est l'exemple type de ces entrepreneurs schumpétériens qui ont fait le succès de l'aéronautique française. Après ses études secondaires, il entre à l'école d'électricité Breguet puis intègre l'école supérieure d'aéronautique dont il sort diplômé en 1913. Versé au laboratoire d'aéronautique de Chalais-Meudon, il crée en 1916 une hélice baptisée Eclair (1916) et, en 1918, un biplace de chasse, le SEA 4 (1918), en collaboration avec Henry Potez et Louis Coroller. Après un intermède au cours duquel il se consacre à l'immobilier et à l'automobile, il revient à l'aviation en formant une nouvelle équipe en 1930. Sa société étant nationalisée en 1936 par le gouvernement du Front populaire, il crée, le 12 décembre de la même année, la Société anonyme des avions Marcel Bloch (SAAMB) qui constitue, juridiquement, l'acte de fondation de l'actuelle Dassault Aviation. La Société nationale des constructions aéronautiques du Sud-Ouest (SNCASO), dont il est administrateur délégué, est chargée de construire ses avions en série. Après la défaite de 1940, Marcel Bloch est interné par le gouvernement de Vichy. Refusant de collaborer et, après avoir connu avec sa femme et ses enfants le fort de Montluc à Lyon puis le camp de Drancy, il est déporté à Buchenwald. A 53 ans, pourtant paralysé par une maladie postdiphtérique, il reprend ses activités aéronautiques. Le MD-450 Ouragan (1949), premier avion à réaction de l'armée de l'air française, réalise les premières percées à l'exportation de l'industrie aéronautique française d'après-guerre et le Mystère IV (1954) consacre la reconnaissance du savoir-faire de sa société lorsque les Etats-Unis commandent 225 appareils dans le cadre d'un accord de l'OTAN. En 1967, la guerre des Six-Jours entre Israël et ses voisins arabes assoit définitivement la renommée des appareils Dassault et consacre le parcours d'un entrepreneur qui devient à plus de 80 ans la première fortune de France.

Né en 1946, Lindsay Owen-Jones est un autre cas de figure exemplaire. Gallois, diplômé de littérature à Oxford, destiné à la diplomatie, le jeune homme veut perfectionner son français avant d'entrer au *Foreign Office*. Il traverse donc la Manche pour suivre les cours de l'INSEAD, l'école de gestion de Fontainebleau. C'est là que François Dalle, le patron de L'Oréal, vient le chercher en 1969 pour en faire son « fils spirituel ». Après avoir débuté comme chef de produit, il devient, en 1976, directeur marketing de la division des produits grand public. En 1978, il prend la direction générale de la filiale italienne de L'Oréal, avant de devenir, en 1981, président de Cosmair Inc., alors agent exclusif de L'Oréal aux Etats-Unis. En janvier 1984, il est appelé à Paris comme vice-président-directeur général puis est nommé en 1988 président-directeur général de L'Oréal. Le chiffre d'affaires de l'entreprise atteignait alors 15 milliards de francs, soit 3,8 milliards d'euros ; il s'élève aujourd'hui à plus de 18 milliards d'euros. En Bourse, l'action L'Oréal est celle qui a enregistré les meilleures performances depuis la création du CAC 40 en 1987 : 2 516 % de hausse en vingt ans, soit une moyenne annuelle de plus de 17 %.

En 1978, le premier revenu de France consacrait le parcours d'un créateur d'entreprise exemplaire. En 2006, il consacre la trajectoire d'un manager resté près de quarante années dans une même entreprise qu'il a menée au premier rang mondial de l'industrie des cosmétiques. Deux chefs d'entreprise au parcours exemplaire dont personne n'a jamais contesté la rémunération. En fait, ce sont quelques affaires – Bernard (Carrefour), Zacharias (Vinci), Forgeard (EADS) – qui ont fait des dégâts considérables dans l'opinion et qui ont pu faire croire, non sans raison, que certains dirigeants vivaient dans un autre monde que celui de leurs salariés et qu'ils avaient perdu tout contact avec le réel.

17.

Les chemins de la fortune

Les palmarès des grandes fortunes régulièrement publiés par la presse pourraient paradoxalement apaiser ces polémiques alors que leur intention est plutôt d'exciter la curiosité, voire l'envie. Pour les évaluer, il suffit, pour les sociétés cotées en Bourse, de multiplier le nombre d'actions détenues par les familles par le cours arrêté à une date déterminée. Pour les entreprises non cotées, l'évaluation se fait à partir de calculs prenant en compte le chiffre d'affaires, les résultats et les actifs nets de la société, éventuellement en les comparant avec des sociétés cotées semblables.

La fortune des « épiciers »

En 2007, la première fortune de France, selon le classement établi par le magazine *Challenges* du 10 juillet 2008, était celle de Gérard Mulliez et sa famille (soit 500 actionnaires familiaux), dont les avoirs – la société n'est pas cotée en Bourse – étaient estimés à 21 milliards d'euros (mais à 14,6 milliards après la crise de l'automne 2008)[81]. Une multiplication par quatre depuis 1996, où elle était évaluée à 5,5 milliards d'euros, mais seulement par trois un an plus tard ! Fortune construite en une quarantaine d'années par celui qui a fondé Auchan. Issu d'une famille nordiste d'entrepreneurs comprenant onze enfants, Gérard

Mulliez part en 1961 aux Etats-Unis pour suivre les séminaires de Bernardo Trujillo sur les nouvelles formules commerciales. A son retour, il rencontre Edouard Leclerc qui lui apprend à recopier à la main sa pile de factures pour ne pas se faire « rouler » par ses fournisseurs et ouvre en 1961 un premier magasin situé dans une usine désaffectée dans le quartier des « Hauts Champs » à Roubaix, d'où il tire l'enseigne Auchan. Les débuts sont difficiles. Gérard Mulliez décide alors de prendre conseil auprès de Marcel Fournier, le fondateur de Carrefour, et découvre, au moment où la société de consommation prend son envol en France, que vendre moins cher fait vendre davantage. Il applique notamment ce principe au whisky, dont il casse les prix pour faire un produit d'appel. Le génie commercial est ici d'imaginer que ce sont les hommes qui feront le bouche-à-oreille et entraîneront leurs femmes chez Auchan ! C'est le début d'une expansion, locale d'abord, puisqu'il faut attendre 1967 pour que s'ouvre à Roncq, au nord-est de Tourcoing, un second magasin sur une surface de 6 000 mètres carrés, 1971 pour que s'amorce la conquête du territoire national, et 1981 pour que s'ouvre la campagne internationale avec l'ouverture des premiers hypermarchés espagnols. Parallèlement, la famille prend régulièrement des participations dans différentes sociétés de distribution comme Leroy-Merlin, Boulanger, Décathlon, Kiabi, Flunch, Pizza Paï, Saint-Maclou, Norauto, Alinéa, Kiloutou, Pimkie et les 3 Suisses.

En 1977, la famille inaugure l'actionnariat salarié pour ses collaborateurs dont, aujourd'hui, 97 % sont actionnaires de l'entreprise (99 % en Chine !). Quarante-quatre milliards d'euros de chiffre d'affaires, 180 000 actionnaires salariés, tel est le bilan de cet homme de 77 ans, le plus « riche » de France, qui déclare : « L'argent, c'est fait pour développer des entreprises, pas pour consommer. L'argent doit rester au service de la communauté, de l'intérêt général, de la création d'emplois et de nouveaux produits moins chers. »

Un parcours d'« épicier » qui lui fait dire que les rémunérations des patrons du CAC 40 sont une « bêtise » – « en plus ce ne sont même pas eux qui ont monté les entreprises qu'ils dirigent » – et qui s'inscrit dans la longue tradition d'un capitalisme familial qui a été le meilleur pourvoyeur des fortunes françaises.

Provinciaux comme Gérard Mulliez, les bâtisseurs de cathédrales du commerce étaient pour la plupart issus de milieux modestes. Avant de fonder le Bon Marché, Boucicaut était employé au Petit-Saint-Thomas, un magasin de nouveautés. Ernest Cognacq avait été engagé comme commis à la Nouvelle Héloïse et y connut Louise Jay, plus tard première vendeuse au rayon de confection du Bon Marché. Xavier Ruel était vendeur ambulant. Aristide Canlorbe, le fondateur des Nouvelles Galeries, était propriétaire de bazar à Auch. Théophile Bader – l'homme des Galeries Lafayette – débuta sa carrière comme employé chez des cousins qui possédaient une entreprise de confection. « La plupart des calicots, notait un observateur de l'époque, étaient de futurs commerçants en herbe et fondaient, plus tard, des maisons de premier ordre à Paris ou en province. En un mot, le "calicotage" était une pépinière de chefs de maison destinés à être à la tête du commerce français quoique partis d'en bas[82]. »

Le cas de Félix Potin est aussi exemplaire que celui de Gérard Mulliez. Originaire d'Arpajon, où il naît en 1820, il est fils de cultivateur. Destiné au notariat par son père, une « vocation irrésistible » le pousse au commerce. A 16 ans, il monte à Paris et devient commis-épicier. Huit ans plus tard, il ouvre sa première boutique au 28, rue Neuve-Coquenard, dans le 9e arrondissement, à côté d'un boulanger, d'un boucher et d'un autre épicier. Le 15 juillet 1845, il épouse Joséphine Miannay, une couturière. Il a trouvé l'indispensable, une épouse – économe de surcroît – pour tenir la caisse d'une boutique décrite de la manière suivante : « Ce n'était qu'une boutique au sens vulgaire du terme. La façade était flanquée de larges tonneaux contenant les pruneaux et les olives. Des chapelets de harengs saurs et le pain de sucre pendaient aux poutrelles du plancher. Les objets étaient enveloppés à la hâte dans des feuilles de papier grossier et sentant la paille[83]. »

Pourtant, si Félix Potin ressemble aux autres épiciers, il s'en distingue bientôt par des conceptions et des méthodes nouvelles. Avant Gérard Mulliez et à l'aube lui aussi de la croissance des « vingt glorieuses » – celles du second Empire –, il entend faire beaucoup et gagner peu alors que la philosophie du commerce de son époque était de faire peu et gagner beaucoup. Pratiquant ce que les autres épiciers dénoncent sous le nom de « gâche », il vend à bon marché, sans majoration par rapport au prix d'achat, le sucre, l'huile et le café, persuadé que la clientèle attirée sur le moment par le bon marché restera fidèle dans l'avenir. Ensuite, pour limiter les intermédiaires, il se lance dans la fabrication, en particulier du chocolat. En 1860, il installe un nouveau magasin à l'angle du boulevard de Sébastopol et de la rue Réaumur, dans l'axe nord-sud des grands travaux d'urbanisme entrepris sous la direction du préfet Haussmann. A sa mort, le 19 juillet 1871, il était l'un des hommes les plus riches de France.

Autant de parcours qui se ressemblent et qui illustrent les vertus d'un capitalisme familial qui, encore aujourd'hui, est la meilleure promesse de longévité. Car les faits n'en finissent pas de contredire ceux pour qui la gestion patrimoniale de la richesse serait synonyme d'archaïsme, de népotisme et d'absence de panache.

La sagesse des familles

Si l'on prend comme critère la détention par les familles fondatrices de plus de 15 % des capitaux propres, *60 % des valeurs cotées à la Bourse de Paris en 1999 appartenaient à la sphère du capitalisme familial*, les plus importantes étant L'Oréal, LVMH, Carrefour, Pernod-Ricard, Pinault-Printemps-La Redoute, Bouygues, Peugeot, Hermès, Michelin, Lagardère. Cela représentait 50 % de la capitalisation boursière de Paris entre 1990 et 2000. Mieux, 75 % des entreprises de taille moyenne et 20 % des entreprises de plus de 3 000 personnes sont dirigées par un membre d'une famille possédant tout ou partie du capital. Ces entreprises familiales sont prédominantes dans les secteurs à forte valeur ajoutée et à faibles coûts fixes : la moitié des entreprises de haute technologie (les communications, la distribution) ; de services et de biens de consommation ; 39 % dans l'agroalimentaire ; 28 % dans la communication ; 41 % dans la distribution ; 40 % dans la haute technologie, etc. Le capitalisme familial domine aujourd'hui la France alors que les Français pensent que ce sont les fonds de pension du Texas ou de la Californie qui contrôlent la Bourse de Paris.

Leur rentabilité économique était supérieure de 30 % à celle des autres entreprises[84]. Pour le résultat avant impôt sur les capitaux propres, elles faisaient 2 % de taux de marge de plus que les autres. Ces entreprises familiales réalisaient aussi 17 % de taux de croissance de leur chiffre d'affaires par an, contre 9 % pour les entreprises non familiales. Le taux de croissance de leurs effectifs était de 17,8 %, contre 7 % pour les entreprises non familiales. Enfin, les héritiers de ces entreprises familiales étaient meilleurs que les managers professionnels sur tous les critères.

Autant de performances qui montrent combien la famille est un levain de culture d'entreprise et que les héritiers, ayant baigné dans cette culture, sont spontanément des entrepreneurs. Autant de résultats qui nous disent aussi que les entreprises familiales sont des planificateurs à long terme dans la mesure où elles n'ont aucune exigence de rentabilité à court terme. Les dirigeants en place ne veulent surtout pas apparaître comme le maillon faible de la dynastie. Enfin, dans un monde où l'on s'attache beaucoup à la marque, le nom de leur entreprise est une marque en soi.

Bettencourt, Dreyfus, Dassault, Peugeot, Halley, Bouygues, Rothschild, Ricard, Mérieux, Wendel, Guerlain, Roquette, autant de familles milliardaires qui doivent leur fortune à l'histoire d'une création et au maintien des principes fondateurs de la « dynastie ». Pinault, Servier, Castel, Decaux, Niel, Fabre, Bellon, Rousset, autant de fortunes qui se sont aussi constituées en une seule génération. Et même si la France voit son stock de riches se développer moins et se renouveler moins qu'ailleurs, elle ne manque pas d'accueillir chaque année dans son palmarès des grandes fortunes de jeunes entrepreneurs comme Olivier Sadran, entré à 38 ans dans le dernier classement de *Challenges*, un autodidacte qui en est à sa troisième société de restauration collective, ou comme Jacky Lorenzetti, le fondateur du réseau d'agences immobilières Foncia, qui a vendu 60 % de son groupe aux Banques populaires sur la base d'une valorisation totale de 1,3 milliard d'euros.

Des milliards qui sont bien la marque de la « richesse » mais qui ne traduisent aucune « extravagance ». Neuvième fortune de France, avec 5,85 milliards d'euros, la famille Duval, d'origine auvergnate, comme les Michelin, passe discrètement ses vacances en Normandie, du côté d'Houlgate, et malgré sa réussite à la tête de l'entreprise Eramet, elle n'a jamais cédé au tape-à-l'œil. Car il faut le rappeler, ces fortunes sont à l'image de celles des Français propriétaires de leur logement et qui sont, de ce fait, imposables à l'ISF. Ce sont des richesses virtuelles qui mesurent la valorisation d'un actif à un moment donné mais qui ne se traduisent pas en autant de revenus. Certes, il ne viendrait à l'idée de personne de plaindre ces riches qui jouissent d'un train de vie élevé. Reste qu'il faut aussi comprendre que cette « bonne fortune » s'enracine dans des trajectoires familiales ou personnelles qui la rendent le plus souvent légitime.

Le pari de l'entreprise

C'est ce qui ressort d'une étude réalisée en 2001 par Michel Pinçon et Monique Pinçon-Charlot à partir de dix-sept biographies d'entrepreneurs : volonté d'être son propre maître, blessures affectives, envie lancinante d'échapper à la médiocrité des conditions de vie de l'enfance, la production de patrons qui réussissent est le résultat d'un processus qui conjugue une histoire individuelle avec des conditions historiques qui lui permettent de se révéler et de s'épanouir[85]. Certains patrons ont eu à prouver et à se prouver qu'ils étaient capables d'autre chose que ce à quoi le destin semblait les condamner. Ainsi, la détermination avec laquelle Jean-Pierre Savare, 92e fortune de France (408 millions d'euros), se lança dans l'aventure des affaires, en reprenant l'imprimerie Oberthur, devenue depuis une entreprise leader dans l'impression de haute sécurité (carnets de chèques, billets de banques, cartes de crédit), a certainement à voir avec le fait qu'il n'avait jamais accepté que la tradition familiale ait été interrompue par son père, ingénieur à la SNCF. Celui-ci n'avait pas souhaité, préférant le statut de fonctionnaire, reprendre l'affaire familiale, fondée à Caen par son arrière-grand-père.

Pour d'autres, comme Jean-Marc Lech, coprésident de l'institut de sondage IPSOS, 243e fortune de France (147 millions d'euros), il s'est surtout agi de rompre avec une condition sociale modeste. Son grand-père paternel était un immigré polonais arrivé en France juste après la Première Guerre mondiale et dépourvu de toute qualification. Jean-Marc Lech a donc grandi dans la banlieue industrielle et sidérurgique de Valenciennes, où son grand-père puis son père ont travaillé à Usinor. En tout cas, après des études de sociologie et de philosophie, il est déjà, à 30 ans, le directeur commercial, puis, très vite, le directeur général de l'IFOP, institut de sondage où il commence à faire ses armes. Sans doute, le jeune homme, décidé à échapper aux conditions modestes de son enfance, a-t-il eu la chance de se trouver au bon moment dans un secteur promis à un rapide développement. Ce champ professionnel nouveau et en pleine expansion fut un tremplin parfait pour le jeune licencié dans des disciplines littéraires en général moins porteuses.

Réussir et s'enrichir en France est bien encore possible et ce n'est pas l'héritage qui en est le meilleur moyen. Selon une étude de Capgemini et de Merrill Lynch publiée en 2006, il ne représenterait que 19 % de chances de faire fortune. Le meilleur moyen reste bien à 50 % de créer son entreprise. Un pari et une aventure tentés en 2007 par 321 478 nouveaux entrepreneurs, un record jamais atteint en France. Une croissance de plus de 50 % par rapport aux années 1990, où le nombre de créations plafonnait à un peu plus de 200 000 par an. Alsace, Lorraine, Pays-de-Loire, Haute-Normandie, Midi-Pyrénées, Rhône-Alpes, telles sont les régions les plus riches en créateurs d'entreprises. Lesquels, au bout de cinq ans – telle a été la tendance observée de 2002 à 2007 –, auront créé 2 500 000 emplois en lieu et place des 500 000 enregistrés au moment de la création. Créateurs essentiellement motivés par la volonté de créer leur propre emploi, et de s'enrichir.

Pour les conforter dans cet espoir, les exemples ne manquent pas.

Informaticien de formation, né en 1963, Marc Simoncini crée à 22 ans sa première entreprise spécialisée dans la conception de logiciels pour le Minitel, avant de se lancer sur Internet. Coup de chance ou formidable intuition, il réussit à la revendre en 2000 au groupe Vivendi de Jean-Marie Messier pour 180 millions d'euros juste avant l'effondrement de la bulle Internet et la chute de

J2M. C'est avec ce capital qu'il fonde deux ans plus tard Meetic, un site de rencontre qui revendique aujourd'hui 14 millions d'abonnés dans treize pays d'Europe, dont près de la moitié en France. Le secret de cette réussite ? L'attention portée aux filles qui « butinent aujourd'hui comme les garçons, observe Marc Simoncini, font le premier pas et décident avec qui elles veulent ou ne veulent pas parler ». Aujourd'hui, Marc Simoncini pointe au 372e rang des fortunes françaises avec 84 millions d'euros.

En mai 1994, Thierry Lièvre et Aldo Convertino, 26 ans tous les deux, s'installent dans un ancien dépôt de légumes laissé vacant sur la commune de Saint-Jean-la-Bussière. Thierry Lièvre n'a qu'un seul bagage, une formation express aux techniques du textile dans une entreprise de Thizy. Concepteurs d'« univers de décoration », ils s'imposent rapidement sur le marché peu connu des linéaires clefs en main pour la grande distribution avec une stratégie : démontrer que la décoration peut être une valeur gagnante. De la conception du produit à la logistique, l'entreprise gère des rayons entiers de grandes surfaces. Aujourd'hui, la société emploie 400 personnes à Bourg-de-Thizy, réalise un chiffre d'affaires de plus de 200 millions d'euros en vendant plus de 20 000 produits dans trente pays, dont la Chine. La fortune de Thierry Lièvre était estimée à 121 millions d'euros en 2006 mais elle a baissé depuis de plus de 70 %, au même rythme que la valeur en Bourse des actions de sa société. La sécurité de la fortune, en effet, n'existe pas.

Fils de Bédouin né en Syrie dans les années 1950 – il ne connaît pas la date exacte –, Mohed Altrad, après un parcours scolaire « chaotique », obtient une bourse du gouvernement syrien pour partir étudier en France. Après avoir décroché un diplôme d'informatique à Montpellier, il se fait embaucher chez Alcatel, puis Alstom, avant de rejoindre les Emirats arabes unis, au sein de la compagnie pétrolière nationale. Mais l'avenir confortable de salarié aisé ne le séduit pas. En 1985, il rachète une PME du BTP en difficulté à Florensac, petite ville de l'Hérault. Vingt ans plus tard et une quarantaine d'acquisitions en plus, Altrad est devenu un groupe leader européen des échafaudages et premier fournisseur des collectivités locales pour les tribunes, panneaux d'affichage et autres structures, qui compte 2 800 salariés et réalise plus de 400 millions d'euros de chiffre d'affaires. Sa fortune, estimée à 100 millions d'euros, place cet émigré au 315e rang des fortunes françaises, à peu de distance de Sonya Rykiel, la célèbre styliste, dont la fortune est estimée à 110 millions d'euros. Une occasion de rappeler que les immigrés sont deux fois plus représentés parmi les entrepreneurs que dans la population totale et que la création d'entreprise reste, pour eux, le meilleur chemin d'une intégration réussie.

Henri Chibret pourrait être considéré comme un héritier puisque c'est son grand-père, Paul Chibret, qui, ayant contracté en 1887 une pleurésie d'étiologie l'ayant rendu un temps quasi aveugle, décide de devenir ophtalmologiste. En moins d'un demi-siècle, les Chibret font de l'entreprise de Clermont-Ferrand une référence mondiale en ophtalmologie, multipliant brevets, innovations et recherche. En 1989, Henri perd à la fois son père et son frère. Pour prouver quelque chose à ses ascendants, il crée en 1994 son propre laboratoire, Théa, qui invente, en 1996, le flacon de collyre sans conservateur. Premier groupe européen indépendant d'ophtalmologie, huitième groupe mondial, le groupe Théa réalise un chiffre d'affaires de 131 millions d'euros (51,9 millions en 2001) et emploie 412 salariés (168 en 2001). La fortune d'Henri Chibret, qui pointe au 202e rang des fortunes françaises, est estimée à 180 millions d'euros, au même niveau que celle de la famille Hamelin, une famille caennaise qui, au terme de la quatrième génération est leader européen du papier (Oxford, Canson).

En mars 2007, Roland Beaumanoir a ouvert son 37e magasin en Chine, à Pékin. Une belle réussite pour cet entrepreneur qui emploie dans l'empire du Milieu 280 personnes et vend sous la marque Cache-Cache des articles directements inspirés de la mode française et créés à Saint-Malo, là où est née l'aventure en 1991, avec l'idée d'apporter la mode dans les villes de taille moyenne négligées par les grandes enseignes. Fort d'un chiffre d'affaires de 600 millions d'euros réalisé sur un réseau de plus de 1 000 magasins, le groupe fait de son fondateur la 109e fortune française avec 360 millions d'euros.

Simoncini, Lièvre, Altrad, Chibret, Beaumanoir, autant de « nouveaux » riches qui ont bâti leur fortune en une dizaine d'années et qui ne font partie ni des goinfres du CAC 40 ni des deux cents familles historiques. Autant de fortunes qu'on ne risque guère de rencontrer à Saint-Tropez ou villa Montmorency. Mais autant de créateurs d'entreprises qui témoignent, chacun à leur manière, qu'avoir une bonne idée et travailler beaucoup est encore le meilleur chemin de l'enrichissement, quelles que soient les époques et les branches d'activité. Courtage immobilier, médias, bâtiment, énergie, téléphonie, hôtellerie, alimentation, coiffure, collecte des déchets, tourisme, cartes à jouer, aucune activité n'échappe à ces « aventuriers » schumpétériens pour lesquels la fortune est une conséquence, jamais le but premier.

18.

Les impasses de la pauvreté

Les profits des uns sont-ils la cause de la détresse des autres ? Pour en convaincre les Français, il suffit de mettre en balance les profits des entreprises françaises d'un côté et l'augmentation du nombre des bénéficiaires du RMI de l'autre. Les profits des uns expliqueraient la médiocrité des revenus des autres. La rapacité des actionnaires provoquerait la gêne des salariés. 37 % des Français pensent ainsi que la pauvreté est le produit de l'injustice sociale.

Le partage du « gâteau »

Pour mesurer la validité d'une telle hypothèse, il suffit pourtant, comme toujours, de s'en remettre à la froideur tyrannique des chiffres. Le pourcentage qui mesure en l'occurrence comment se partage la valeur ajoutée. Dans une économie de marché, en effet, la vente d'un bien ou d'un service assure le revenu de ceux qui ont servi à le réaliser. Une fois payés les achats des biens et des services transformés ou détruits au cours de la production, reste la valeur ajoutée créée par les entrepreneurs. Une fois retirés les impôts à la production, comme par exemple la taxe professionnelle, reste à se partager cette valeur ajoutée entre salaires et charges sociales, qui sont un salaire indirect, c'est-à-dire la rémunération totale du travail et la rémunération du capital, malhabilement appelée l'excédent brut d'« exploitation » !

Il n'existe pas de loi économique précisant le taux de partage idéal. Tout au plus peut-on imaginer qu'un partage du revenu trop favorable au capital risque d'entraîner la faiblesse de la consommation car les pauvres épargnent moins que les riches. A l'inverse, on peut émettre l'hypothèse qu'un partage trop favorable au travail pénalise l'investissement, donc l'avenir, car les entrepreneurs manquent alors de moyens financiers et d'incitations à investir. A la grande surprise de ceux qui ont observé l'évolution de ce partage en longue durée, la stabilité est la règle. Tout au long du XXe siècle, la part du travail a conservé une valeur moyenne de 65-70 %, alors que la part du capital s'est toujours située autour d'une valeur moyenne de l'ordre de 30-35 %. Un partage deux tiers un tiers entre capital et travail qui faisait dire à Keynes, dans l'entre-deux-guerres, que cette régularité était l'un des acquis les mieux établis de toute la « science » économique. Une régularité qu'il faudrait inscrire en lettres d'or au fronton de toutes les mairies. Que démontre-t-elle en effet ? Que ce n'est ni la hausse ni la baisse de la part des profits dans la richesse créée qui explique la hausse ou la baisse du pouvoir d'achat des salariés, tout au moins sur le long terme.

Mieux même, à moyen terme, on observe que la part du capital a généralement tendance à augmenter durant les périodes de forte croissance, celles aussi au cours desquelles le chômage baisse, le pouvoir d'achat s'accroît et l'inégalité augmente et que, à l'inverse, la part du capital chute durant les périodes de croissance faible ou de récession, quand le chômage augmente, que le pouvoir d'achat stagne et que les inégalités se réduisent. De fait, la part du capital a baissé de façon brutale durant la crise économique des années 1930 et elle a fortement augmenté pendant les premières années des Trente Glorieuses avant de se stabiliser.

Les pauvres devraient-ils alors se réjouir de voir la part du capital remonter dans les années récentes ? On serait tenté, par pure provocation ou par « leçon de l'histoire », de répondre par l'affirmative, même si l'évolution des quarante dernières années mérite d'être mieux décryptée, tant elle dissipe les illusions du politique et se joue de la lutte des classes. C'est ainsi que la rupture de croissance provoquée par le choc pétrolier et la forte montée du chômage dans les années 1970 se traduisent, comme lors de la crise des années 1930, par un pourcentage accru des salaires dans la valeur ajoutée qui passe de 68,8 % en 1973 à près de 74,2 % en 1982 : un sommet historique. Inversement, le choix fait en 1982-1983 de mettre en œuvre une politique de rigueur et de mettre fin à l'indexation des salaires sur les prix va permettre au capital de reconstituer sa part de manière spectaculaire[86].

Part des salaires dans la valeur ajoutée

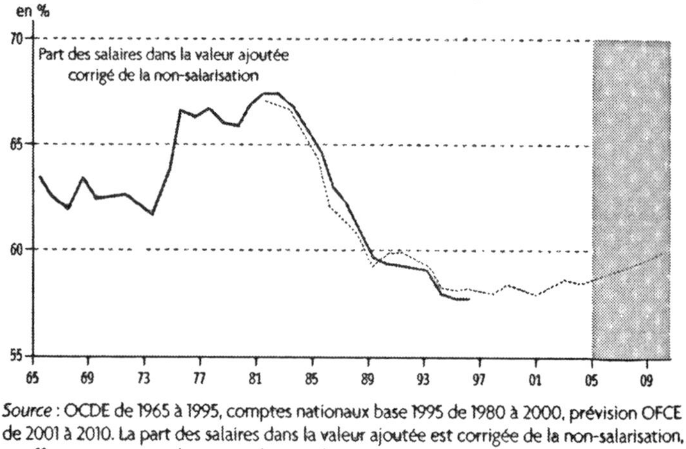

Source : OCDE de 1965 à 1995, comptes nationaux base 1995 de 1980 à 2000, prévision OFCE de 2001 à 2010. La part des salaires dans la valeur ajoutée est corrigée de la non-salarisation, en affectant aux non-salariés un salaire égal en moyenne à 120 % du salaire moyen

En effet, en 1995, au terme des deux septennats de François Mitterrand, la part des salaires dans la valeur ajoutée était retombée à 64,8 %. Une chute inégalée dans l'histoire longue. Depuis cette date, la répartition capital/travail est revenue au niveau classique. 65,4 % pour le travail en 2002 ; 65,8 % en 2007. Autant dire qu'il est singulièrement difficile de lier la question du pouvoir d'achat ou de la pauvreté aux profits des entreprises qui n'ont fait que retrouver, depuis 1983, leur pourcentage « naturel ». Tout se passe en fait comme si les salariés français, ou du moins ceux qui écrivent pour eux, faisaient de la période 1973-1982 une référence à laquelle il faudrait comparer les évolutions postérieures. Comme l'écrit Jean-Paul Fitoussi, pourtant peu suspect de sympathies à l'égard du « capital » : « A l'origine fut un fait que chacun s'accorde à reconnaître aujourd'hui : entre le milieu des années 1970 et le début des années 1980, malgré le choc pétrolier et l'inflexion du rythme de croissance de la productivité, les salaires ont continué d'augmenter à un rythme *insoutenable* (souligné par moi), déformant le partage de la valeur ajoutée au détriment des profits... Le diagnostic qui s'imposa alors fut celui d'un chômage classique, conséquence d'un niveau trop élevé des salaires qu'il fallait réduire, si l'on voulait rétablir la profitabilité des entreprises. Cela fut accompli dans les années 1980. » Et c'est en France, grâce aux socialistes, que l'effort pour le faire fut le plus intense.

Tant qu'il y aura des riches, il y aura des pauvres

Pour mieux cerner les inégalités et expliquer les impatiences sociales, mieux vaut donc déblayer les couches d'idéologies, de préjugés et de clichés qui empêchent de comprendre les évolutions en cours. « On a élaboré dans les années 1960 une sociologie des sociétés industrielles stables, observe Pierre Rosanvallon. Il nous faut inventer une sociologie et une économie des sociétés instables, des sociétés en mouvement rapide, des sociétés en différenciations rapides. A ce monde neuf doivent correspondre des sciences sociales nouvelles. Ce n'est qu'à partir de là qu'une critique de notre temps sera possible. Or la société française, faute de se connaître, vit aujourd'hui entre la nostalgie des modèles anciens et le constat désabusé de l'usure de ces modèles. La politique se contente de marteler du volontarisme. Mais cela ne marche pas. D'où le refuge dans des nostalgies républicaines ou des nostalgies radicales[87]. »

Un programme de recherche qu'il faudrait appliquer en premier lieu à la compréhension de la pauvreté, car c'est probablement le terrain où se sont accumulés préjugés et clichés. Ce que nous ont appris les sociétés dites « capitalistes », c'est que les pauvres ne sont pas pauvres parce que les riches sont riches mais que plus il y a de riches, moins aussi il y a de pauvres. Ainsi, aux Etats-Unis, souvent présentés en France comme l'archétype de la société dure envers les pauvres, un peu plus de la moitié des personnes définies comme « pauvres » sortent de la pauvreté au bout d'un an et 70 % au bout de deux ans. Seuls 17 % y figurent encore au bout de cinq ans.

Voilà qui introduit la question essentielle, la définition de la pauvreté. Pour cela, les différences d'approche entre le monde anglo-saxon et la France suffisent, d'une certaine manière, à comprendre la nature du mal-être français. La définition de la pauvreté aux Etats-Unis est dite « absolue ». Le principe général est le suivant : sont considérées comme pauvres les personnes qui ne peuvent s'assurer un niveau de consommation en biens dits « fondamentaux » aux prix les plus bas du marché, *indépendamment du niveau de vie des couches de la société les plus fortunées.* Une définition de « bon sens » proche des représentations spontanées : quand on se représente un « pauvre » en effet, on imagine une personne qui ne mange pas à sa faim, qui vit dans des conditions de logement précaires ou insalubres, qui ne peut se soigner correctement, qui s'habille avec des vêtements déchirés ou inadaptés à la saison, qui ne peut rester propre et ne dispose d'aucune épargne pour faire face aux aléas de la vie. Ainsi, aux Etats-Unis, est considéré comme pauvre celui dont le revenu est inférieur à trois fois le coût de la ration alimentaire nécessaire pour vivre. A l'aune de cette définition, selon le dernier recensement réalisé en 2005, 12,6 % des Américains pouvaient être considérés comme pauvres. Pourtant 43 % de ces foyers possédaient leur propre maison et jouissaient d'un espace vivable plus grand que le foyer européen moyen. 80 % avaient l'air climatisé. 75 % possédaient une voiture. 31 % en possédaient deux ou plus. 97 % des « pauvres » avaient une télévision couleur. Plus de la moitié en avaient deux ou plus. 78 % avaient un magnétoscope ou un lecteur de DVD. 62 % recevaient la télévision par câble ou par satellite. 89 % possédaient un micro-ondes, plus de la moitié une chaîne stéréo et plus d'un tiers un lave-vaisselle.

Les Européens, et en particulier les Français, ont préféré adopter une mesure qui leur ressemble. Ici, la pauvreté n'est pas « absolue », elle est « relative » : sont pauvres les personnes ou les familles dont le niveau de vie est inférieur à celui de la majorité de la population. En fait, ici, et c'est l'une des raisons majeures de nos frustrations sociales, *l'indicateur de pauvreté est davantage un indicateur d'inégalité.* Ainsi, en France, les pauvres sont les personnes qui vivent avec moins de 50 % du revenu médian. En Europe, ce seuil de pauvreté a été fixé à 60 %. Une définition de la pauvreté qui présente bien des paradoxes. Si, sous l'effet d'un taux de croissance exceptionnel, les revenus de tous doublaient et la misère était exorcisée, le taux de pauvreté ne changerait en rien ! On pourrait même pousser le paradoxe plus loin : avec cette définition, il est impossible d'éradiquer la pauvreté. *Tant qu'il y aura des riches, il y aura en fait des pauvres.*

Reste qu'en dépit de ces imperfections, les indicateurs sont formels : à long terme, le taux de pauvreté en France a considérablement diminué, même s'il s'est stabilisé depuis

2002. En prenant le seuil à 50 % du revenu médian (soit 758 euros en 2007 pour une personne seule), le taux de pauvreté est passé de 12 % en 1970 à 6,3 % en 2006. Avec le seuil à 60 % (soit 910 euros), il a chuté de 17,9 % à 12,1 %. La France compterait entre 3,7 et 7 millions de pauvres selon le seuil adopté. Des chiffres qui placent par ailleurs le pays en très bonne position dans une Europe où le taux de pauvreté (au seuil de 60 %) atteint 12 % en Suède et au Danemark, 13 % en Allemagne mais 19 % au Royaume-Uni, 20 % en Italie, en Grèce, en Espagne et en Irlande[88].

Mais, comme aux Etats-Unis, la pauvreté est ici « relative ». Plus que le budget moyen, ce qui importe, c'est de prendre en compte la proportion de Français qui, au travers des enquêtes d'opinion, se déclarent dans l'impossibilité de s'assurer une consommation décente en matière d'alimentation et de logement, soit dans les domaines qu'on peut qualifier de fondamentaux. 5 % des ménages français déclarent ainsi ne pas avoir ou avoir difficilement les moyens financiers pour acheter des vêtements et des chaussures, 6,8 % pour maintenir leur logement à la bonne température, 6,7 % pour manger de la viande, du poulet ou du poisson tous les deux jours, 32,3 % pour se payer une semaine de vacances une fois par an, 25 % pour remplacer les meubles hors d'usage, 10 % pour recevoir des parents ou des amis pour boire un verre ou pour un repas. Par ailleurs, 11 % des ménages ne disposent pas de cuisine séparée, 1,3 % de W.-C. intérieur, 1,2 % de baignoire ni de douche, 22 % de chauffage central. 12,9 % ont un logement trop petit, 11,6 % un logement humide, 6,4 % un chauffage inefficace. 10 % ne possèdent pas de lave-vaisselle, 17 % de voiture, 3 % de téléphone et 4 % de téléviseur couleur. Enfin, 4,4 % seulement déclarent avoir des retards de paiement pour leurs loyers[89].

Cet abaissement sensible du taux de pauvreté est principalement dû au fait que, depuis les années 1990, les revenus les plus modestes ont augmenté plus vite que les autres. Ainsi, le salaire minimum net a rattrapé en évolution le salaire moyen net depuis les années 1990. Par rapport à la base 100 en 1951, le salaire moyen était à l'indice 300 et le salaire minimum à l'indice 250 en 1983. Aujourd'hui, le salaire moyen est à l'indice 355 et le salaire minimum à l'indice 354. Entre 1999 et 2005, le SMIC horaire a progressé de 3,7 % par an en moyenne contre 2,6 % par an pour le salaire horaire moyen. Surtout, depuis 1996, le niveau de vie des personnes les plus pauvres a augmenté nettement plus vite que la moyenne des revenus. Alors que pour les catégories médianes l'augmentation du niveau de vie moyen a été de 8 %, elle a été de plus de 16 % pour les 10 % des personnes les plus modestes. Une évolution qui a certes permis d'abaisser le taux de pauvreté, mais qui a aussi contribué à smicardiser la société française et à déprimer les classes moyennes, principales victimes de l'évolution récente. En 1984, les 10 % de la population active la moins aisée gagnaient un peu plus que le SMIC. Vingt ans plus tard, ce premier décile n'atteint plus que 0,9 % du SMIC. En confondant – la définition choisie y incite – pauvreté et inégalité, l'ensemble des mesures prises au cours des quinze dernières années pour augmenter la rémunération des plus modestes n'a guère contribué à l'avènement d'une plus grande justice sociale ni, surtout, d'une plus grande incitation à s'élever dans la société. Un tiers des bénéficiaires du RMI qui reprennent un emploi disent ainsi ne rien y gagner, 12 % disent même y perdre. En créant ces « trappes à inactivité », les minima sociaux ont résolu en partie les problèmes de la pauvreté. Ils ont par contre laissé se développer, voire ont créé de nouvelles injustices qui forment aujourd'hui le terreau des doutes et des insatisfactions profondes de notre société.

Tel est bien le paradoxe français. Alors que la France fait partie des rares pays du monde où, sur les vingt dernières années, les inégalités de revenus ne se sont pas accrues, elle a laissé en déshérence près de 60 % des salariés, ceux qui perçoivent entre 1 300 et 2 500 euros nets par mois. Des salariés qui ont le sentiment de payer pour tout le monde. D'un côté, ils ne bénéficient pas des avantages réservés aux plus pauvres. De l'autre, ils ne sont pas assez aisés pour bénéficier des niches fiscales qui permettent aux plus riches de réduire leur impôt. Raréfaction des places, démonétisation des titres scolaires et universitaires, déclassement des enfants, augmentation des loyers pour ceux qui ne sont pas propriétaires ou difficultés d'accéder à la propriété, difficultés croissantes à tenir son rang, autant de plaies liées au projet implicite d'une société obsédée par le mythe de l'inégalité et terrorisée par l'idée que la perspective de l'enrichissement – fût-ce au prix d'une croissance de ces inégalités – était peut-être le meilleur levain de l'optimisme et de la croissance. « Enrichissez-vous ! » A force d'avoir été vilipendée, l'injonction de Guizot a fini par devenir pour ces classes moyennes un objectif de plus en plus inaccessible.

Carmen et Marie-Josée

Ce qui fascine l'historien, en fait, c'est que, depuis la fin du XVIIIe siècle, le chiffre de 10 % de pauvres – on est aujourd'hui entre 6 et 13 % selon le seuil choisi – a été repris de manière récurrente. Au début de la Révolution française, le Comité de mendicité avait évalué la grande pauvreté entre 10 et 20 % de la population[90]. A Mulhouse, entre 1830 et 1870, on évaluait à 10 %, des résidents permanents la misère persistante. A Nancy, au début des années 1890, on avait une moyenne d'environ 10 % assez proche de celle de Nantes ou de Toulouse. Est-ce à dire que la pauvreté serait un phénomène incompressible qui se joue des politiques visant à la réduire ? Ou plutôt une condition qui échappe à l'analyse statistique ? Comme l'écrit judicieusement Jean Labbens, le « pauvre n'est pas un riche avec de l'argent en moins, c'est un autre homme[91] ». Autant dire que combattre la pauvreté ne peut se réduire à distribuer des minima sociaux ou des aides dont on peut se demander si elles ne sont pas parfois contre-productives.

Le meilleur exemple en est aujourd'hui fourni par l'Aide personalisée au logement. Pour quelles raisons paradoxales les 10 % des ménages les plus modestes paient-ils en moyenne un loyer au mètre carré sensiblement plus élevé que celui que paient les classes moyennes et équivalent à celui que paient les 10 % des ménages les plus riches ? Tout simplement, selon une recherche récente[92], parce que les bailleurs ayant affaire à des locataires à faibles ressources répercutent l'intégralité de l'aide sur le prix du loyer. Sur 10 euros de hausse d'un loyer, seul en effet, 0,85 euro reste à la charge du locataire, le reste étant à la charge de la collectivité. Mécanisme coûteux (de l'ordre de 13 milliards d'euros) et complexe (4 000 règles de droit), l'aide au logement des personnes modestes aurait ainsi contribué à l'envolée récente des loyers sans accroître l'offre, les opérateurs privés n'ayant pas souhaité accroître le nombre de logements offerts aux pauvres, alors que la hausse des loyers – payés en grande partie par la collectivité – aurait dû les y inciter.

C'est dire à quel point la meilleure façon de combattre la pauvreté est d'en comprendre les trajectoires pour mieux en faciliter les sorties. Ainsi, parmi les facteurs essentiels qui jouent sur la probabilité d'être pauvre, la solitude et l'isolement viennent au premier rang. Dans le dixième de la population la plus défavorisée, la proportion de personnes seules est près de deux fois supérieure à celle des autres types de ménages. Surtout, le taux de pauvreté au seuil de 60 % atteint 51,2 % des mères d'une famille monoparentale inactives et 20,2 % des mères d'une famille monoparentale actives. Le taux de pauvreté atteint aussi 12,6 % des 18-29 ans, contre 6 % des 60-74 ans. 19,1 % de ceux qui n'ont aucun diplôme alors que 2,3 % de ceux qui ont bac + 2 sont pauvres. 9 % des retraités sont pauvres au seuil de 60 % du revenu médian alors que 31 % des agriculteurs exploitants le sont. On compte une proportion égale de pauvres chez les ouvriers (15 %) que chez les artisans, commerçants et chefs d'entreprise (15,5 %)[93].

Deux parcours de femmes aideront à percer ces trajectoires de pauvreté complexes. Carmen Soubran, mariée à 18 ans, quatre enfants, se consacre à la vie domestique tout en effectuant quelques heures de comptabilité pour l'entreprise de nettoyage de son mari. Un mari violent qui la frappe et la jette hors du foyer à 34 ans. Divorcée, brisée, morte de honte à l'égard de ses amis et de sa famille, elle s'inscrit à l'ANPE, touche le RMI et s'enfonce dans la solitude. Une solitude qu'elle combat en proposant aux commerçants de laver leurs vitrines et en s'inscrivant à la Chambre des métiers pour créer sa propre entreprise de nettoyage qu'elle baptise ACP pour se situer au premier rang dans les Pages jaunes. Grâce à un prêt de 3 000 euros de l'ADIE (l'Association pour le droit à l'initiative économique), la banque des exclus créée en 1988 par Marie Nowak sur un modèle conçu au Bangladesh dans les années 1980, relayé par un prêt équivalent de l'Etat et de la région, elle achète une autolaveuse, une monobrosse, un chariot et loue un petit bureau. Elle embauche un salarié deux heures par jour et écrit ses publicités à la main sur un feuillet. En 2002, cinq années après le drame qui l'a plongée dans la pauvreté, son carnet d'adresses grossit. Carmen emploie cinq salariés qu'elle recrute parmi les hommes et les femmes qui, comme elles, ont connu des accidents de parcours – divorce, perte d'emploi subite, dépression. En 2003, elle s'attaque au créneau du ménage chez les particuliers et s'adjoint une équipe de six femmes. En 2006, son entreprise comptait 40 salariés, 170 clients, dont 150 entreprises, et réalisait un chiffre d'affaires de 550 000 euros.

Marie-Josée Eliot était une acharnée du travail. Décoratrice d'intérieur, elle passait ses journées dans le feu de l'action, les mains toujours dans le plâtre, la peinture et les solvants. Un jour, elle n'a pu monter sur une échelle ni porter un seau : arthrose. Elle s'arrête trois semaines, reprend le travail, puis s'arrête à nouveau. Chômage, fin de droits, RMI. Comme elle était très soucieuse de ses mains et de ses ongles, une amie lui suggère de se lancer dans la prothésie ongulaire. Elle réfléchit, se renseigne sur les écoles, les distributeurs de produits et décroche un stage dans un centre de formation parisien haut de gamme. Même parcours que Carmen : prêt de l'ADIE, subvention de 5 000 euros, location d'une boutique à Deauville. Bientôt les clients affluent, elle reçoit le prix de la courtoisie de la ville de Deauville et, suivant sa petite flamme intérieure, se dit : « Je vaux quelque chose. Quand je dépose l'argent de la caisse à la banque ou quand je reçois le courrier et que je réalise que tout est en ordre, je suis fière de moi. C'est une grande revanche », avoue la patronne de la boutique D'un Ongle à l'Autre.

Il n'y a aucune fatalité, il est toujours possible d'évoluer vers une société plus fluide à condition de garder l'estime de soi. Plus d'un tiers des personnes pauvres ne le sont plus l'année suivante. La moitié ne le sont plus au bout de trois ans. C'est dire à quel point le débat sur les inégalités et l'enrichissement des plus riches a occulté la vraie question de la pauvreté et de l'exclusion. Une société avec moins de pauvres n'est pas nécessairement une société égalitaire. A l'inverse, une société inégalitaire peut déboucher sur une réduction massive de la pauvreté si elle met en place des dispositifs permettant un accompagnement personnalisé des pauvres. Que vaut-il mieux, en effet, une société où les plus riches gagnent 19 fois plus que ce que gagnent les plus pauvres mais dans laquelle ces derniers peuvent espérer obtenir pour eux ou pour leurs enfants une hausse sensible de leurs revenus qui les fasse monter dans la hiérarchie sociale ou une société, comme la France, où les 10 % des plus riches gagnent un peu plus de 3 fois ce que gagnent les 10 % les plus pauvres mais où l'impuissance de ces derniers à réduire les écarts attise le ressentiment social ? Pendant les Trente Glorieuses, la croissance annuelle du salaire réel assurait le doublement du pouvoir d'achat en une vingtaine d'années. Depuis cette date, au rythme d'accroissement du pouvoir d'achat, le doublement s'étalerait sur cent quarante années. Une perspective déprimante qui se conjugue pourtant avec une stabilité des inégalités. Comme si égalité, en France, rimait désormais avec *no future*.

Quatrième partie

2,8 à 3

« J'oserai donc affirmer, non seulement comme homme mais comme citoyen britannique, que je prie pour l'essor du commerce de l'Allemagne, de l'Espagne, de l'Italie et même de la France (!). Je suis convaincu que ces nations prospéreraient bien davantage si elles se montraient plus ouvertes et plus accueillantes les unes envers les autres. »

David HUME, *Of the Jalousy of Trade*, 1758.

Fort de cette même conviction, Montesquieu écrivait à peu près à la même date : « L'effet naturel du commerce est de porter à la paix. Deux nations qui négocient ensemble se rendent réciproquement dépendantes : si l'une a intérêt à acheter, l'autre a intérêt à vendre, et toutes les unions sont fondées sur des besoins mutuels[94]. »

Cette thèse du « doux commerce », confirmée par le fait qu'aucun conflit n'a eu lieu depuis la Seconde Guerre mondiale entre deux pays démocratiques à économie de marché, peut également s'appliquer à l'échelle des individus. Contrairement à l'idée dominante selon laquelle l'économie libérale est un « jeu à somme nulle » en vertu duquel tout gain de l'un équivaut à une perte de l'autre, l'observation de la richesse d'autrui devrait rendre les gens plus heureux dans la mesure où elle dessine les perspectives d'une mobilité sociale permettant à tout un chacun de nourrir des ambitions pour l'avenir.

Dans un article célèbre publié en 1973, l'économiste Alfred Hirschman avait été le premier à émettre cette hypothèse[95]. L'image qu'il avait proposée était celle d'un automobiliste pris dans un embouteillage dans un tunnel se réjouissant de voir soudain l'autre file de voitures progresser vers la sortie du tunnel. Signe annonciateur de sa propre sortie. Source de bien-être et non pas d'envie.

19.

L’argent ne fait pas le bonheur

L’argent fait-il le bonheur ? Voilà une trentaine d’années que des économistes tentent de répondre à cette question en analysant les données « subjectives » destinées à mesurer l’état de « bien-être » d’une population. Force est de constater que la réponse à la question ici posée est négative, et en France encore plus qu’ailleurs.

De manière générale, on pose aux personnes ce type de question : « En ce moment, êtes-vous très satisfait, assez satisfait ou pas du tout satisfait de la vie que vous menez ? » Ou encore : « Sur une échelle de 1 à 10, sur quel échelon vous situez-vous en matière de bonheur ? » Même si ces questions ont pu susciter un certain scepticisme, la méthode a aujourd’hui acquis ses lettres de noblesse dans la mesure où les paradoxes que les résultats de ces études soulèvent peuvent difficilement être mis en cause.

Le principal de ces résultats est que « travailler plus pour gagner plus » ne rend pas fatalement les gens plus heureux, sauf s’ils font ce choix de manière lucide. Surtout, en croisant la multitude d’études réalisées sur ce sujet auprès des populations du monde entier, on constate que le score moyen de satisfaction est resté à peu près constant malgré l’augmentation spectaculaire de la richesse des pays développés. *S’enrichir n’a pas rendu les gens plus heureux*. Pour s’en convaincre, il suffit de consulter la *World Database of Happiness* du site Internet de l’université

Erasmus de Rotterdam. Aux Etats-Unis, alors qu'entre 1945 et aujourd'hui le revenu réel par habitant a triplé, la proportion d'Américains se déclarant « heureux » n'a pas augmenté d'un pouce. Pour la France, sur une échelle de 1 à 4 mesurant la satisfaction des habitants du pays, le score est passé de 2,88 en 1973 à 3 en 2006. Seule l'Italie a un score légèrement plus faible (2,98), alors que l'Allemagne (3,03), l'Espagne (3,13), la Suède, la Suisse, l'Espagne, la Grande-Bretagne (3,3) et surtout l'Islande (3,44), où il fait nuit la moitié du temps, se classent en tête des pays les plus « heureux ». Selon l'économiste Richard Easterlin, qui a été à l'initiative de ces enquêtes, deux types de phénomènes expliqueraient cette apparente indifférence des populations à l'accroissement de leur revenu[96]. Tout d'abord, les gens s'habituent à un niveau de vie élevé, de sorte que leur niveau d'exigence s'élève avec leur niveau de vie. Ainsi, les chercheurs de l'université de Leyde ont calculé qu'un individu qui connaît une année une augmentation de revenu de 100 dollars aura au bout de deux années réévalué de 60 dollars le revenu qu'il juge nécessaire pour disposer d'un « bon niveau de vie ». Dans la plupart des cas, l'effet d'une augmentation de revenu sur le bien-être s'annule totalement au bout de trois ans.

Le prix du bonheur

Richard Layard, le fondateur du Center for Economic Performance à la London School of Economics, montre aussi qu'au-dessus de 20 000 dollars par tête – soit à peu près le revenu médian des Français –, l'augmentation du revenu ne garantit nullement la perception d'un bonheur plus grand. Voilà qui vérifie un célèbre aphorisme américain : « Un homme est riche lorsqu'il gagne cent dollars par an de plus que le mari de la sœur de sa femme[97]. » Car l'élévation du revenu ne satisfait en général les personnes que si elle est supérieure à celles des gens auxquels elles se comparent. A titre d'exemple, on a demandé à un groupe d'étudiants de Harvard de choisir entre les deux situations suivantes :

A : Votre revenu annuel est de 50 000 dollars et tous les autres gagnent, en moyenne, 25 000 dollars.

B : Votre revenu annuel est de 100 000 dollars et tous les autres gagnent, en moyenne, 250 000 dollars.

Même en insistant sur le fait que les prix des biens sont les mêmes dans les deux situations et que 100 000 dollars permettent bien de doubler le niveau de vie par rapport à 50 000 dollars, la majorité des étudiants ont choisi la situation A ! Ils étaient heureux d'être plus pauvres pourvu que leur position relative fût meilleure. Beaucoup d'autres études arrivent à la même conclusion. C'est donc le niveau relatif du revenu qui préoccupe les hommes, non le niveau absolu. Ainsi les comparaisons avec les parents, les anciens collègues ou les camarades de classe exercent un effet plus important sur les personnes interrogées que leur classement sur l'échelle sociale. Un autre exemple est celui des femmes, dont les salaires et les opportunités professionnelles se sont considérablement améliorés par rapport aux hommes, mais dont le niveau de satisfaction n'a pas suivi. Ce mécanisme permet d'expliquer en partie le paradoxe soulevé dans notre introduction : dans toute société, les riches sont plus heureux que les pauvres mais, sur la longue durée, les sociétés riches ne sont pas plus heureuses que les sociétés pauvres. Au Vietnam, aujourd'hui, l'indice de satisfaction de la population est de 3,41. Il est de 3,37 en Colombie, de 3,58 au Nigeria, de 3,24 au Costa Rica, de 3,15 en Géorgie et de 3,03 en Ouganda.

Dans son maître ouvrage, De *la démocratie en Amérique* (1835), Alexis de Tocqueville écrivait, à propos de la disparition de la société de privilèges : « Ils ont détruit les privilèges de quelques-uns... ; ils rencontrent la concurrence de tous[98]. » En ouvrant à chacun toutes les possibilités et toutes les ambitions, la société démocratique expose en effet un nombre croissant d'individus à la frustration relative.

Le capital social

Un sentiment de frustration particulièrement vif en France où la démocratisation scolaire – qui a été le grand levier d'ascension sociale dans le passé – semble avoir fait monter tout à la fois le niveau des diplômes et celui de la frustration. Comme l'écrivent François Dubet et Marie Duru-Bellat : « L'Ecole s'est longtemps appuyée sur la certitude que les études “payaient”, certitude forgée à l'âge de l'élitisme républicain quand, les diplômes scolaires étant relativement rares, les enfants du peuple qui les obtenaient étaient sûrs de monter dans l'échelle sociale. Elle s'est renforcée après les années 1950 tant que la multiplication du nombre des diplômés était parallèle à celle des emplois qualifiés. Durant près de vingt-cinq ans, l'ascenseur social a donc fonctionné sans faiblir pour ceux qui obtenaient des diplômes. Aujourd'hui encore, les jeunes diplômés s'insèrent mieux dans l'emploi que ceux qui n'ont pas de qualification scolaire. Mais cette loi générale présente de nombreuses failles : les emplois qualifiés ayant crû beaucoup moins rapidement que les diplômes, de plus en plus de jeunes scolairement qualifiés n'accèdent pas aux emplois auxquels ils pensaient pouvoir prétendre. Parmi les jeunes quittant l'école avec le baccalauréat à la fin des années 1960, soit environ 18 % d'une classe d'âge, 70 % devenaient cadres ou accédaient aux professions intermédiaires. Aujourd'hui cette probabilité est tombée à 25 % alors que près de 70 % d'une classe d'âge est titulaire de ce même diplôme... Environ 35 % des jeunes titulaires d'un baccalauréat et d'un niveau supérieur entrés sur le marché du travail en 1998 sont déclassés par rapport aux positions qu'ils auraient occupées en 1990[99]. »

C'est peu dire que le système scolaire en France ne parvient plus à corriger les inégalités sociales. Tout se passe même comme s'il les accentuait. Comme l'a relevé le CERC, la moitié des jeunes sortis de l'école à 17 ans sans diplôme – ceux qui disent avoir été « orientés » vers la voie professionnelle – vivent dans le cinquième des ménages les plus pauvres. A l'âge de 30 ans, il existe désormais un écart de 25 à 30 % pour les salaires moyens entre les personnes ayant redoublé dans le primaire et celles qui n'ont pas redoublé[100].

Un déclassement qui explique largement pourquoi la frustration peut se conjuguer avec un salaire de branche croissant. Car ce n'est pas l'argent qui explique cette inégalité de destin mais le « capital social » qui permet à ceux qui connaissent les nouvelles règles du jeu de garantir l'ascension sociale de leurs enfants. A l'entrée en sixième, 94 % des enfants de cadres sont « à l'heure » ou en avance par rapport à leur année de naissance, contre seulement 67 % pour les enfants d'ouvriers. L'admission au baccalauréat dans une série prestigieuse obéit également à une forte sélection sociale. Les enfants d'ouvriers sont presque trois fois plus nombreux que les enfants de cadres en sixième mais deux fois moins nombreux en terminale scientifique. Depuis 1976, la proportion d'enfants d'ouvriers titulaires du bac scientifique s'est réduite de 11 % à 5 %. Cette sélection est encore plus impitoyable pour les classes préparatoires aux grandes écoles et pour les grandes écoles elles-mêmes.

C'est que, de la question de l'école à celle des retraites, de la santé à la formation, chacun est aujourd'hui amené à se replier sur des stratégies personnelles, comme celles qui consistent à contourner la carte scolaire ou à scolariser ses enfants dans des établissements privés dont la demande est en explosion. D'où ce paradoxe d'une société plutôt égalitaire dont les revenus ont doublé depuis 1973 mais qui manifeste une grande frustration et une grande anxiété. En fait, la notion de « justice sociale » ne se réduit pas à l'échelle des revenus. Elle s'étiole quand se développe le sentiment qu'il n'y a plus concordance entre le mérite de chacun et la place qu'il peut occuper dans la société. Comme l'écrit Louis Chauvel dans son analyse des classes moyennes, la société française est devenue « une gigantesque usine à produire des ratés[101] ». Un non-bachelier est un élève qui n'a pas obtenu le bac. Un bachelier techno est un bachelier qui n'a pas été capable de décrocher un bac général. Un bachelier littéraire est un « raté » du bac S. Un étudiant inscrit en lettres à l'université est un étudiant qui n'a pas été capable d'entrer dans une classe préparatoire. Un capésien est un enseignant qui n'a pas réussi l'agrégation. Un diplômé d'une Sciences po de province est un diplômé qui n'a pas réussi à entrer à Sciences po Paris. Un diplômé d'une école de commerce de province est un futur cadre moyen qui n'a pas réussi à postuler à HEC ou à l'ESSEC. Et ainsi de suite. Un monde plus heureux ne serait pas un monde où se réduiraient les inégalités mais un monde où la mobilité sociale serait bien plus forte.

20.

Le bonheur est dans l'inflation

De la même manière, un monde plus heureux n'est pas fatalement un monde où les prix sont stables mais un monde où l'inflation donne le sentiment que les revenus augmentent même si les prix suivent ou précèdent la hausse. Car, encore une fois, ce n'est pas le pouvoir d'achat savamment mesuré par la relation entre salaires et prix qui stimule les individus mais l'optimisme et le désir de mieux vivre que suscitent les hausses nominales de revenus. « Une grande partie de nos activités positives dans l'ordre du bien, de l'agréable ou de l'utile, procèdent plus d'un optimisme spontané que d'une prévision mathématique », écrivait Keynes dans sa *Théorie générale*[102].

Les fantasmes de la BCE

La plupart des discours sur l'inflation ne s'inspirent pourtant pas de cette réflexion hédoniste de bon sens. En particulier celui de la BCE (Banque centrale européenne), dont la brochure destinée aux élèves et aux enseignants est un modèle de la pensée unique qui attriste désormais les habitants de la « vieille » Europe et désespère tant les Français, persuadés, plus que tous les autres Européens, que l'inflation réelle est plus rapide que celle qui est mesurée. « On dit que les prix restent stables, peut-on lire, lorsque la monnaie – votre argent – garde la même valeur dans le temps. C'est important si on met de l'argent de côté en prévision d'un achat futur. Supposons que vous ayez économisé 10 euros pour acheter 2 maxi-CD. Dans le magasin, vous vous apercevez que le prix a augmenté et que les CD valent désormais 12 euros. Quelle serait votre réaction ? Quelque temps plus tard, vous revenez avec 12 euros mais le prix est passé à 14 euros. Dans les deux cas, vos dix euros ont perdu de leur valeur. En d'autres termes, votre pouvoir d'achat a diminué[103]. »

Plus loin, dans une leçon de morale intitulée « Les aspects sociaux de la stabilité des prix », on lit encore : « En outre, la stabilité des prix est essentielle pour la stabilité sociale. En période d'inflation, les prix varient généralement de manière imprévisible, créant une situation qui peut être dramatique pour certains d'entre nous. L'inflation peut, par exemple, réduire considérablement la valeur de votre épargne. Ce sont généralement les groupes les plus vulnérables de la société qui ont le plus à souffrir de l'inflation, dans la mesure où ils peuvent difficilement s'en protéger. Par le passé, on a souvent pu constater qu'une forte hausse des prix était la source d'instabilité sociale. »

Cette morale digne d'une brève de comptoir illustre jusqu'à la caricature la façon dont la « vieille » Europe a fait de l'inflation, à l'instar des guerres ou des épidémies, l'une des malédictions de l'humanité contre lesquelles il faut bander toutes ses énergies. Que retenir en effet de cette courte leçon de choses ? Que l'inflation met surtout à mal l'*épargne dormante*, celle qu'on met de côté et qui ne rapporte aucun intérêt. « Si on met de l'argent de côté... », « Réduire la valeur de votre épargne... » : tel est le drame mis ici en exergue par les sages de Francfort pour les adolescents, comme si l'épargne était la principale valeur qu'ils devaient honorer. Mais on aurait pu raconter cette fable d'une autre manière, conforme, elle, à la vérité des chiffres : « On dit que votre *pouvoir d'achat* reste stable ou

augmente quand votre revenu ou votre épargne évolue au même rythme que les prix. Ainsi, en 1998, pour gagner votre vie pendant les vacances, vous avez travaillé dans un MacDo. On vous a payé au SMIC, soit 6,13 euros de l'heure. Pour vous payer deux maxi-CD qui valaient alors 10 euros, il vous fallait travailler 1,63 heure. En 2008, votre petit frère a décidé de suivre votre exemple et de s'embaucher, lui aussi, au SMIC, pour satisfaire ses désirs de CD. Il a gagné 8,71 euros de l'heure et les CD qui valaient 10 euros ne valent plus que 7,60 euros. Il ne doit plus travailler que 0,87 heure pour s'acheter les mêmes CD. Son pouvoir d'achat a donc été multiplié par deux. »
Rien n'est inventé. Nous nous sommes contenté de retenir l'évolution du SMIC horaire depuis 1998 et de la comparer avec l'évolution du prix des CD au cours de la même période, ce bien industriel malencontreusement choisi par la BCE pour illustrer sa leçon de morale. Malencontreusement, car les prix des produits industriels les plus prisés des adolescents – CD, DVD, téléphonie mobile, écrans plats – ont battu des records à la baisse depuis l'euro. En outre, depuis 1998, le SMIC horaire a augmenté de 42 %. Seuls cinq produits sur les centaines qui composent l'indice des prix à la consommation ont augmenté plus que le salaire minimum, les fruits frais (50 %), le tabac (90 %), les loyers des résidences de vacances (51 %), le gaz liquéfié (80 %) et l'essence (242 %). Autrement dit, *pour tous les autres objets de consommation, le pouvoir d'achat du salaire minimum a augmenté.*

Croissance et inflation

Comme nous avons pu le vérifier en effet plus haut, les hausses du pouvoir d'achat en France ont toujours été conjuguées avec des hausses de prix supérieures à la tendance moyenne. A l'inverse, toutes les périodes où le pouvoir d'achat stagna, de 1820 à 1854, de 1864 à 1896, et surtout de 1983 à nos jours, furent aussi les périodes où l'inflation annuelle fut inférieure à la tendance moyenne séculaire de la hausse des prix.

Comme si l'inflation était le prix à payer ou le lubrifiant nécessaire pour assurer une croissance forte et le moyen privilégié d'entamer le pouvoir d'achat des bas de laine ou des enveloppes jaunies au porteur, cette épargne thésaurisée que Keynes voulait précisément euthanasier. Ainsi, en 2007, les pays qui ont connu la croissance la plus forte ont été, dans le même temps, ceux qui ont connu le taux d'inflation le plus élevé. La Chine : 11,5 % de taux de croissance, 4,6 % d'inflation ; l'Asie, hors Chine et Japon : 6,5 % de taux de croissance, 3,7 % d'inflation ; la Russie : 6,4 % de taux de croissance, 7,9 % d'inflation ; l'Amérique latine : 4,8 % de taux de croissance, 5,1 % d'inflation ; les pays d'Europe centrale : 5,8 % de taux de croissance, 3,7 % d'inflation. A l'inverse, le Japon – sans inflation – et la France – avec un taux de 1,5 % historiquement bas – ont vu leur croissance atteindre seulement 1,8 %.

On pourrait avancer que la morosité des Français, qui n'a jamais été si élevée depuis qu'on la mesure (1987), est liée à cette « performance » sur le terrain des prix, tant il est vrai que l'inflation faisait partie jusqu'ici du modèle économique et social français. Dans un pays où la question de la répartition de la valeur ajoutée a toujours été conflictuelle, où l'investissement productif a davantage été porté par l'Etat que par une épargne majoritairement orientée vers les placements sans risque, où s'est maintenue plus tardivement qu'ailleurs une population paysanne insuffisamment productive, l'inflation a bien été le meilleur moyen de hisser l'appareil de production du pays au niveau de celui de ses voisins tout en favorisant la paix sociale.

Une paix sociale achetée par ce formidable impôt négatif avant la lettre que constitue l'inflation.

Pour les classes moyennes en particulier, l'inflation des

Trente Glorieuses a permis cette ascension sociale aujourd'hui bloquée. En allégeant les dettes à rembourser pour acheter les biens de consommation de longue durée – en particulier les logements –, en faisant prendre de la valeur au patrimoine, en assurant que les dépenses engagées aujourd'hui pour les études des enfants feraient de celles-ci des investissements encore plus rentables demain, elle a fait de cette classe moyenne le facteur central de l'expansion. En 1961, 39 % des Français étaient propriétaires de leur logement ; ils étaient 53,6 % en 1988, au moment où s'amorçait la politique du franc fort, déjà inspirée par Jean-Claude Trichet. Aujourd'hui, seuls 57,2 % sont propriétaires alors que plus de 80 % le souhaitent. Un rêve de propriété et un gage de stabilité sociale qu'avait permis l'inflation et que décourage la désinflation.

Une salutaire banqueroute

Contrairement à ce qu'écrit en effet la BCE, la stabilité des prix n'a jamais été une condition essentielle de la stabilité sociale. On pourrait même écrire le contraire, à mesurer les effets des « hyperinflations » dont les autorités monétaires se plaisent à agiter le spectre. L'expérience de Law, à qui on doit la circulation des premiers véritables billets de banque en France et la première flambée inflationniste, a sans doute contribué puissamment à la glorieuse croissance du XVIIIe siècle. A la mort de Louis XIV, en 1715, au terme d'une grande dépression marquée – comme à la fin du XIXe siècle – par une déflation des prix, la France était à la veille d'une véritable banqueroute. La charge annuelle de remboursement de la dette atteignait alors 165 millions de livres alors que les recettes fiscales ordinaires ne s'élevaient qu'à 69 millions de livres. Les revenus des années 1716 et 1717 étaient consommés d'avance et, dans les caisses, il ne restait plus que 800 000 livres de trésorerie. Pire encore, en pratiquant de 1713 à 1715 une politique obstinée de monnaie forte alors que la situation exigeait une politique inflationniste de relance, le contrôleur général Desmarets avait réduit les moyens de paiement en circulation, encouragé la fuite des capitaux vers Amsterdam et Londres et alangui la consommation. Président du Conseil de finance, le duc de Noailles écrivait à Mme de Maintenon : « On a trouvé les choses dans un état plus terrible qu'on ne peut le dépeindre, il n'y a guère d'exemple d'avoir vu une monarchie dans une pareille situation. » Le manque de monnaie était tel que par moments le taux de l'escompte atteignait 2,5 % par mois, soit 30 % par an, et même bien plus en termes réels puisque les prix tendaient à baisser.

C'est dans cette conjoncture maussade qu'arrive à Paris John Law, un économiste écossais né en 1671. Dans ses *Considérations sur le numéraire et le commerce* (1705), il affirme que la prospérité d'un pays dépend de l'abondance de ses liquidités et suggère l'émission d'une monnaie de papier indépendante des arrivages capricieux d'or et d'argent des Amériques. S'appuyant sur les précédents constitués par les banques d'Amsterdam, de Londres et d'Ecosse, il propose au Régent de créer une institution publique de crédit chargée de centraliser les recettes de l'Etat, d'émettre des billets pour pallier la rareté des espèces métalliques et de faire baisser les taux d'intérêt pour stimuler les affaires et soulager la misère des pauvres. En substituant à l'or une monnaie de papier dont la création serait à la disposition de l'Etat, on découragerait l'épargne stérile, on stimulerait l'investissement productif et on augmenterait des richesses qui, à terme, permettraient à l'Etat d'éteindre sa dette. Une politique d'expansion économique qui suffirait, avait promis John Law au Régent, à « augmenter le nombre des peuples à 30 millions, les revenus généraux à 3 000 millions et les revenus du roi à 300 millions ».

Le 2 mai 1716, un édit permet à Law de créer la Banque générale, une société privée qui est le premier institut d'émission à avoir fonctionné en France. « Nationalisée » en décembre 1718, elle devient alors la Banque royale, avec privilège de l'émission de papier-monnaie, dont le volume s'amplifie en même temps que se succèdent les lancements dans le public d'actions de la Compagnie du Mississipi, dont la vocation est de monopoliser tout le commerce colonial de la France et de centraliser tout le mouvement des recettes publiques. En 1720, quand Law est nommé contrôleur général des Finances, le système est à son apogée et provoque cet insupportable brassage social qu'autorise de tout temps la spéculation. Rue Quincampoix, où était établi le siège de la banque, la spéculation sur les actions du Mississipi est telle qu'il faut fermer la rue avec les grilles, une cloche annonçant l'ouverture et la fermeture de la banque. « C'est une vraie rage, écrit la princesse Palatine ; j'en suis excédée : on n'entend parler que de cela, et il ne se passe pas de jour que je ne reçoive trois ou quatre lettres de personnes qui me demandent des actions ; c'est bien ennuyeux... D'Angleterre, on envoie tous les diamants, tous les joyaux, tous les bijoux : ceux qui ont fait des gains si colossaux avec les actions achètent tout sans marchander. Il se passe d'étranges histoires. Il y a quelques jours, une dame était à l'Opéra. Elle en fit venir une autre fort laide, mais ayant les plus beaux habits du monde et couverte de diamants. La fille de Madame Bégond se met à dire à sa mère : "Ma mère, regardez bien cette dame parée : il me semble que c'est notre cuisinière Marie."... Tout le monde à l'amphithéâtre commence à murmurer : "Marie, la cuisinière !" Celle-ci se lève et dit tout haut : "Hé bien oui, je suis Marie, la cuisinière de Madame Bégond. Je suis devenue riche, je me pare de mon bien ; je n'en dois rien à personne ; j'aime me parer, je me pare : cela ne fait de tort à personne. Qu'y a-t-il donc à redire à cela ?" Vous pensez comme on a ri[104]. »

Tel est bien le « trouble social » que peut provoquer l'inflation : déstabiliser les positions acquises au profit de nouveaux entrants. « Le peuple hait naturellement les riches avares », écrira encore John Law à la veille de sa chute[105]. Une chute provoquée par une coalition de banquiers hostiles et de princes du sang venus spectaculairement se faire rembourser en or leur billets. Comme pour la crise des *subprimes*, l'explosion qui suivit cette étincelle apparaît démesurée par rapport au montant des crédits risqués. A la fin de 1719, la banque avait émis pour 620 millions de billets et les bénéfices tirés de la perception des impôts permettaient de verser aux actionnaires 2 % d'intérêt alors même que ces actions valaient vingt fois leur valeur d'émission. Toujours est-il que l'aventure se termina fort mal pour l'« apprenti sorcier » qui échappa de peu à la colère de la foule parisienne pour s'en aller mourir pauvre à Venise. Dans les années 1780, quand la France compta 28,5 millions d'habitants, que son revenu national avoisina 4 000 millions et que les recettes de l'Etat atteignirent 500 millions, tout le monde avait oublié que c'était précisément la promesse de l'Ecossais au gouvernement français.

On le sait aujourd'hui, la « folle inflation » avait libéré partiellement l'énorme dette d'un Etat qui put se lancer dans une politique de grands travaux dont les bénéfices irrigueront le siècle. Dans les campagnes, la hausse des prix de vente, combinée au désendettement et à la baisse des taux d'intérêt, soulagea bien des misères. Emmanuel Le Roy Ladurie a mesuré l'ampleur de ce phénomène dans le Languedoc et montré comment Law avait été le libérateur des endettés en provoquant simultanément l'abondance des moyens monétaires, l'effondrement des taux d'intérêt et la hausse des prix nominaux des produits : « On voit périr sans douleur les anciennes créances du temps de Colbert, écrit-il. Elles traînaient lamentablement depuis quarante ans, remboursées presque deux fois par les intérêts sans l'être jamais en capital[106]. »

Reste qu'aujourd'hui encore, cette première expérience

inflationniste reste entourée d'une légende noire. Au début du XXe siècle, dans la célèbre *Histoire de France* d'Ernest Lavisse, on pouvait lire que l'inflation des années 1716-1720 avait amené « une laide crise morale... Des valets s'enrichirent subitement ; des cochers descendirent du siège dans la voiture ; des cuisiniers devinrent maîtres de maison. Dans la foule qui s'étouffait aux guichets, n'importe qui bousculait les gentilshommes. C'était l'égalité dans la cohue[107] ». On peut être républicain et détester le désordre. On peut être républicain et préférer l'intérêt des créanciers à celui des débiteurs.

Des hyperinflations « positives »

L'expérience se répéta sous la Révolution française avec l'inflation provoquée par l'injection massive d'une nouvelle forme de papier-monnaie, les assignats. A la fin de 1789, la Constituante était en proie à la terrible crise financière provoquée par la formidable dette publique léguée par l'Ancien Régime. Pour l'éponger en partie, elle décida de mettre en vente 400 millions de biens d'Eglise confisqués par la nation : des biens payables en assignats émis pour un même montant. Très vite cependant, la nécessité de financer une guerre coûteuse contre l'Europe coalisée et la difficulté à percevoir des recettes régulières obligent à multiplier les émissions d'assignats, assimilés dès lors à une monnaie à cours forcé. En décembre 1795, quand les ouvriers qui les imprimaient brûlèrent solennellement les planches qui servaient à les imprimer – la « planche à billets » est restée un symbole funeste pour les Français –, leur circulation avoisinait 20 milliards de livres. Finalement, avec un billet de 100 livres qui devait à l'origine permettre d'acheter une terre, on n'avait plus qu'un morceau de pain. Le pouvoir d'achat des billets n'atteignait même plus le cours d'impression.

Pourtant, cette expérience ne fut pas, là non plus, totalement négative. Cette inflation, on l'a vu, avait contribué à réduire les inégalités en permettant aux paysans les plus modestes de se désendetter et d'acquérir des biens nationaux. Certes, comme toujours, l'inflation a pénalisé les revenus fixes et appauvri certaines catégories de bourgeois, mais elle a aussi été un « instrument de la Révolution ». L'économiste américain Galbraith a raison de le souligner : tout comme l'indépendance des Etats-Unis avait été portée un peu plus tôt par « une marée d'hyperinflation, de ce genre d'inflation qui ne se termine que le jour où la monnaie perd la totalité de sa valeur », la Révolution a réussi grâce aux assignats parce que « les Français mirent le papier au service de la Révolution... Sans lui, la Révolution eût échoué à coup sûr[108] ».

Même l'hyperinflation allemande de 1922-1923 dont le souvenir semait l'épouvante – la BCE lui accorde une large place dans sa brochure – est désormais analysée de manière entièrement renouvelée grâce aux travaux de l'historien allemand Carl-Ludwig Holtferich[109]. Tout d'abord, durant les trois années qui ont suivi la fin de la Première Guerre mondiale, l'inflation a eu des conséquences économiques plutôt positives en Allemagne : elle a stimulé la croissance des industries exportatrices, facilité la reconversion de l'industrie de guerre et influencé de manière positive le taux d'investissement. Seul des grands pays à ne pas avoir appliqué une politique monétaire et financière restrictive, l'Allemagne a non seulement échappé à la crise de 1920-1921, mais en doublant ses importations de produits américains, elle a stabilisé son économie et lui a permis de jouer un rôle de locomotive soutenant la reprise de l'économie mondiale. La politique inflationniste de l'Allemagne permet ainsi d'expliquer comment la crise mondiale de 1920-1921 a été surmontée dès 1922 alors que celle de 1929, marquée par les politiques de déflation, a pu provoquer tant de dégâts.

Surtout, alors qu'on prétendait jusqu'ici que les classes

moyennes et les salariés avaient été les principales victimes de l'inflation, l'analyse fine des effets de l'inflation sur la distribution des revenus pendant toute la période montre que la part des revenus salariaux dans le revenu national a plutôt augmenté par rapport à l'avant-guerre et que l'éventail des salaires s'est resserré. En définitive, ce sont essentiellement les tranches de revenus les plus élevées et les très grandes fortunes qui ont subi l'essentiel des pertes. L'hyperinflation allemande a ainsi conduit à une distribution plus égale des revenus. De fait, les personnes les plus pauvres – celles qui détenaient un patrimoine inférieur à 20 000 marks en 1913 – ont vu leur part dans le patrimoine total passer de 7,38 % avant la guerre à 14,87 % à la fin de 1923. Pour l'ensemble des patrimoines inférieurs à 100 000 marks, soit 89 % des Allemands, le pourcentage dans la fortune totale est passé de 40,6 % en 1913 à 54,7 % en 1923. A l'inverse, le patrimoine des 0,1 % des Allemands les plus riches – avec chacun plus de 3 millions de marks – est passé de 11 % du total en 1913 à 5 % en 1923.

De même, les revenus très supérieurs furent les seuls à faire les frais des années d'après-guerre. Les revenus des 47,6 % des Allemands les plus modestes, dont le poids représentait 22,5 % du revenu national en 1913, comptent pour 34,4 % en 1926 ; ceux des 0,06 % des ménages les plus riches sont passés de 6,9 % à 1,9 %. L'indice de Pareto – plus le coefficient est élevé, plus la répartition des revenus est égale – est ainsi passé de 1,44 vers 1900 et 1,35 en 1918 à 1,98 en 1926. Enfin, il faut rappeler – contrairement à ce qu'écrit une nouvelle fois de manière erronée la BCE dans sa brochure –, que Hitler n'est pas arrivé au pouvoir en profitant des troubles sociaux déclenchés par cette hyperinflation mais dix ans plus tard, après une sévère cure de déflation.

L'« œuvre du diable » ?

En brandissant de manière dogmatique la menace d'instabilité sociale que provoquerait l'inflation, la BCE se range en fait du côté de ces classes dites « supérieures » – au sein desquelles les rentiers ont toujours été fort nombreux – qui, de tout temps, ont perçu l'inflation comme une menace pour la hiérarchie établie et une atteinte à leur fortune. C'est Adolphe Thiers qui, en 1840, félicite la Banque de France de ne pas accorder plus libéralement son crédit. Si elle abaissait son prix de l'argent, écrivait-il, elle rendrait possibles des entreprises à des nouveaux venus qui pourraient ruiner finalement « des hommes établis depuis quarante ou cinquante ans ». Douze ans plus tard, un régent de la Banque de France, Narcisse Lafond, s'irrite de l'extension du crédit et de la baisse des taux d'intérêt imposées par Louis Napoléon Bonaparte car un tel laxisme « surexcite de déplorables passions et une cupidité insatiable qui n'est pas un des moindres aliments du socialisme... Personne ne veut plus rester dans sa sphère, chacun veut tenter la fortune et la faire en un jour[110] »...

En 1922, au lendemain d'une Première Guerre mondiale qui avait mis à l'ordre du jour le problème de « la vie chère » et les risques d'« une inflation démesurée », Eugène Mathon, vice-président de l'Association française des fabricants de tissus, écrivait dans une communication intitulée *L'Inflation et les Troubles sociaux* : « L'inflation, en produisant un appel subit de marchandises, a eu sur les différentes classes sociales des effets tout à fait différents. Une forte proportion d'ouvriers et de commerçants ont maintenu les mêmes conditions d'existence, les salaires et les bénéfices s'étant accrus proportionnellement à l'avilissement de la monnaie, c'est-à-dire qu'ils ont échangé leur travail et leurs produits contre un nombre double ou triple de billets de banque.

« Mais elle a ruiné le rentier trop âgé pour travailler, le

rentier prêteur de l'Etat, acheteur de valeurs de père de famille, le créancier hypothécaire, le bailleur à long terme... C'est dans ce milieu de bourgeoisie moyenne, de rentiers modestes que se recrutaient les professions libérales, avocats, médecins, notaires, professeurs universitaires. Que deviendront ces familles qui vont se trouver brutalement replongées dans le prolétariat sans avoir eu le temps de s'y préparer ? » Instabilité sociale donc, en cette époque où l'« on voyait des gens passer en quelques heures de la médiocrité à la richesse et du salariat au patronat » et où « l'ouvrier grisé à son tour par le succès facile ne voyait pas pourquoi il serait limité dans ses désirs ». « C'est l'âge d'or de la méthode syndicale révolutionnaire, poursuivait Eugène Mathon, les dirigeants présentant à l'ouvrier les majorations obtenues comme un résultat de leur influence[111]. »

En 1951, le directeur général de l'INSEE, préfaçant un numéro d'*Etudes et conjoncture* consacré à « La France et l'inflation » faisait ce triste constat : « Depuis plus de trente ans, la France vit dans l'inflation (ce qui était une erreur, dans la mesure où les prix avaient baissé pendant la crise des années 1930). Pour les Français parvenus aujourd'hui au sommet des carrières industrielles, financières, politiques, administratives, la référence normale est l'inflation. Quand la mémoire essaie de revivre son passé d'homme adulte, le souvenir qui se présente est celui de la monnaie qui fuit. Ce mal économique qui a pris pour le monde, à divers moments, la forme de crises aiguës mais limitées, ou a évolué à un rythme lent, est devenu dans notre pays un mal permanent[112]. »

Recevant Jacques Rueff à l'Académie française le 1er avril 1965, André Maurois s'exclamait :

« Je crois que vous diriez assez volontiers que la prospérité est un état transitoire qui ne présage rien de bon. Vers 1929 vous observiez avec inquiétude l'emballement des cours aux États-Unis. Vos courbes prophétiques annonçaient une catastrophe. Pourtant, en septembre 1929, les experts assuraient encore que la situation était fondamentalement saine. “Je n’aime pas les experts, avouez-vous ; on dit que j’en suis un.” Expert ? Non, Monsieur, vous seriez plutôt un devin, car, comme vous l’aviez prédit, un certain Jeudi Noir, le marché s’effondra. Pourquoi ce jour-là plutôt qu’un autre ? Parce que la limite de résistance était atteinte. Pourquoi, dans le monde entier, les édifices boursiers tombèrent-ils avec fracas “dans un tumulte au silence pareil” ? Parce que, disiez-vous, on avait, par l’inflation, créé de faux droits sans créer les biens correspondants.

« Me permettez-vous une comparaison triviale ? Si l’ouvreuse du vestiaire décidait, par inexplicable démagogie, de doubler le nombre des numéros et de les distribuer dans la salle sans doubler le nombre des pardessus, une panique au vestiaire serait inévitable. Il s’est pourtant trouvé des économistes, et non des moindres, pour louer la dame du vestiaire et les budgets en déficit. Ils avaient eu un prédécesseur en Méphistophélès qui, dans le second *Faust*, conseille à l’Empereur de convertir en richesses le papier non gagé. Le poète, dites-vous, a compris que l’inflation est l’œuvre du diable, parce qu’elle respecte les apparences et détruit les réalités[113]. »

En septembre 1976, présentant son plan à l’Assemblée nationale, Raymond Barre affirmait : « La grande affaire pour le gouvernement est de conduire la lutte contre la hausse des prix. En effet, aucun pays ne peut durablement s’accommoder de l’inflation sans risquer de succomber à de graves désordres économiques et sociaux et de perdre sa liberté d’action. Certaines périodes sombres de l’histoire mondiale passée et contemporaine rappellent, s’il en était besoin, qu’à terme, c’est la démocratie elle-même qui peut être menacée. » Diable !

Le 5 mai 1992, défendant devant cette même Assemblée le projet du traité de Maastricht, Pierre Bérégovoy ajoutait : « C’est parce que je suis socialiste que je me refuse à la facilité de l'inflation : un impôt sur les pauvres, une subvention pour les riches[114]. »

« Une fois que le virus inflationniste se répand, ajoute enfin Jean-Claude Trichet, c'est comme une drogue : il est difficile d'en sortir. »

Le syndic des gérontes

Une drogue, peut-être, mais une drogue douce qui bénéficie à ceux qui vivent de leur travail au détriment de ceux qui vivent de leur épargne, qui profite aux jeunes et aux entrepreneurs au détriment des rentiers et des bailleurs à long terme. Comme nous avons tenté de le démontrer plus haut, l'inflation a fait en effet, en longue durée, plus de tort aux riches qu'aux pauvres. Et si le combat contre l'inflation entrepris par la BCE depuis l'avènement de l'euro n'était que l'ultime combat des descendants de Thiers pour sauvegarder leurs intérêts ? On pourrait en faire l'hypothèse tant l'Europe d'aujourd'hui apparaît socialement comme un syndic de gérontes.

En 1997, pour la première fois depuis trois siècles, en temps de paix, la population de l'Europe a décru. Ce qui pose aux Européens le problème de leur avenir : un vieillissement des populations dont les conséquences ne sont pas encore toutes entrevues. Selon les projections démographiques établies par les Nations unies et Eurostat, la population de l'Europe des Quinze diminuerait de 10 millions en 2050. A cette date, la part de la population âgée de 65 ans et plus dans la population totale, qui était de 16 % en 2000, passerait à 28 %. A cette date, le ratio de dépendance économique qui mesure le nombre de personnes inactives que doivent supporter économiquement 100 personnes occupées passerait de 85 à 124. A cette date, les Européens qui vivent des revenus de l'épargne ou de la redistribution seraient plus nombreux que ceux qui vivent du travail et de l'investissement. En France déjà, les 25,6 millions de personnes qui vivent de leur travail sont moins nombreuses que celles qui vivent des revenus de la distribution : 37 millions.

Un facteur d'instabilité sociale redoutable qui explique à quel point on peut considérer le combat de la BCE contre l'inflation comme le combat de l'épargne contre le travail, de la rente contre l'investissement, de la vieillesse contre la jeunesse. Investissements massifs dans l'énergie, le logement et les transports, rattrapage en matière d'équipements téléphoniques, mise sur pied tardive d'un Etat-providence de haut niveau intervenant dans tous les aspects de l'existence, de la maternité aux soins palliatifs, de l'assistance à l'enseignement... Autant de champs d'intervention de l'action publique qui ont finalement été payés par l'inflation et qui ont bénéficié à une immense classe moyenne considérablement rajeunie. En 1973 encore, le taux de chômage dans les douze mois suivant la sortie des études était de 6 % alors que depuis cette date il oscille entre 18 % les bonnes années et 32 % les mauvaises. Telle a été la principale vertu de la « drogue » inflationniste. Elle a été le meilleur moyen de satisfaire les exigences émancipatrices de la jeunesse face à la coalition des conservatismes, le seul moyen de permettre l'acquisition patrimoniale à ceux qui n'avaient encore rien, faute d'une accumulation passée ou par manque d'héritage. Si le combat contre l'inflation est aujourd'hui devenu si populaire, c'est que les jeunes ont cessé d'être les acteurs déterminants de la société européenne. Ce n'est pas un hasard si la période où l'inflation a été la plus durable et la plus régulière en France a été en même temps celle du *baby-boom*, de la croissance des Trente Glorieuses et de celle du pouvoir d'achat. En 1968, les moins de 20 ans représentaient un peu plus de 32 % de la population française. Ils n'en représentent plus que 25 %. Moins de jeunes actifs. Plus de vieux épargnants. Les rapports entre les Français et l'argent peuvent aussi se lire dans les courbes de la démographie.

21.

Pourquoi les prix baissent

Et si l'inflation n'existait pas ? Dans l'introduction de son grand livre intitulé *Pourquoi les prix baissent*, Jean Fourastié écrivait : « A la première page de ce livre, plus d'un lecteur se demande sans doute si les auteurs, en composant le titre, n'ont pas cédé à un penchant facile pour la provocation et, en ce cas, quelle succession de paradoxes et d'artifices ils vont bien pouvoir déployer au long des pages qui suivent pour justifier leur pirouette initiale. *Pourquoi les prix baissent* n'est pourtant pas un titre pirouette. C'est au contraire le constat le plus universel, le plus rigoureux, le plus scientifique qui puisse se faire à partir de l'observation et de la description des mouvements réels de prix... En marge et au-delà de l'inflation, qui appose un voile, un masque opaque sur la réalité économique des mouvements de prix, cet ouvrage se propose justement de dévoiler la formidable baisse des prix réels sur le long terme ainsi que la hausse générale du pouvoir d'achat qui en est résultée et qui, contrairement à une opinion communément admise, continue d'en résulter[115]. »

En 1965 Fourastié écrivait déjà : « Sur la table où j'écris en ce moment, j'ai une étude récente d'une grande centrale ouvrière, qui conclut que le pouvoir d'achat des salariés est inférieur en 1962 à ce qu'il était en 1957 ; j'y ai joint une étude de 1959 “constatant” que le pouvoir d'achat des salariés est en 1957 inférieur à celui de 1954, une étude de

1954 évaluant aux alentours de 10 % la baisse de 1954 sur 1938[116]. »

Aujourd'hui, il est toujours possible de faire le même constat. En affirmant pendant la campagne présidentielle qu'il serait le « président du pouvoir d'achat », Nicolas Sarkozy, comme la centrale ouvrière évoquée par Jean Fourastié, a lui aussi contribué à faire croire que la hausse des revenus était inférieure à celle des prix. Selon un sondage TNS-SOFRES publié en octobre 2007, 65 % des personnes interrogées étaient persuadées que leur pouvoir d'achat reculait, notamment à cause du regain de l'« inflation » dans la zone euro. Une inflation que tout le monde pense pouvoir définir alors qu'elle n'est qu'une construction de l'esprit.

L'invention du « Français moyen »

Selon la définition de l'INSEE chargée d'en établir la mesure, « l'inflation est la perte du pouvoir d'achat de la monnaie qui se traduit par une augmentation générale et durable des prix. Elle doit être distinguée de l'augmentation du coût de la vie, qui affecte la répartition fonctionnelle et personnelle des revenus sans toucher à la relation entre la masse monétaire et le produit national définissant le pouvoir d'achat de la monnaie. La plupart du temps, pour évaluer le taux d'inflation on utilise l'indice des prix à la consommation. Cette mesure n'est pas toujours exacte car les variations de l'indice des prix ne sont pas toutes d'origine inflationniste[117] ». Rien de plus limpide que cette définition dont le seul effet est de faire croire aux Français qu'on leur ment tant ils sont persuadés que l'inflation, c'est la hausse des prix, et que cette hausse des prix est supérieure à celle qu'on leur annonce. Mais desquels, et comment les mesurer ? Et surtout, comment les synthétiser en un seul chiffre, ce chiffre désormais publié tous les 13 du mois ?

Telle est la redoutable question qui a abouti depuis un siècle à inventer un « Français moyen » auquel les Français ont peine à s'identifier. En 1978, les *Cahiers français* ouvraient leur numéro spécial sur l'inflation par cet aveu : « Comme il aurait été souhaitable de pouvoir expliciter, au seuil de ce cahier, ce qu'est l'inflation et de construire les développements ultérieurs en s'appuyant sur la définition retenue !... Cette faculté nous est refusée par l'inflation, ce mot étant trop imprécis... Si l'on savait exactement ce qu'est l'inflation, on en parlerait moins souvent[118] ! »

Cela fait pourtant un siècle que l'on en parle, en agitant des thermomètres de plus en plus perfectionnés. Le premier fut fabriqué en 1914 par la Statistique générale de la France, la mère de l'INSEE. Il avait pour ambition de mesurer l'évolution des prix de la consommation pour une famille ouvrière parisienne de quatre personnes et se composait de 34 articles supposés en assurer la synthèse, 29 articles alimentaires, quatre articles de chauffage et d'éclairage et un produit d'entretien, le savon de Marseille. A l'aune de cet indice, les prix furent multipliés par sept entre 1914 et 1938. Au lendemain de la Seconde Guerre mondiale, l'INSEE s'adapta à l'évolution de la consommation en publiant un nouvel indice des prix, synthétisant désormais la moyenne de 213 articles supposés représenter le budget d'une famille d'ouvriers et d'employés parisiens. Par rapport à la base 100 en 1914, l'indice s'éleva à 20 653 en 1958. Les prix avaient été multipliés par plus de 200 !

On en est aujourd'hui à la septième génération des indices de prix à la consommation des ménages. Comme il est impossible de suivre tous les prix, l'INSEE constitue un échantillon de plus de 110 000 produits représentatifs de la consommation des ménages. Les prix de ces produits sont relevés sur le terrain dans 96 agglomérations métropolitaines de plus de 2 000 habitants et dans 10 agglomérations des départements d'outre-mer. Chaque prix relevé est dépendant du type de magasin où il est effectué (hypermarché, *hard discount*, petit magasin traditionnel) pour assurer la représentativité des circuits de distribution existants et les habitudes d'achat des Français. Au total, environ 200 000 prix correspondant à 1 000 types de biens et de services sont ainsi collectés chaque mois dans 27 000 points de vente. À ces prix relevés sur le terrain s'ajoutent près de 40 000 tarifs collectés directement auprès d'organismes nationaux ou régionaux tels qu'EDF, les opérateurs de télécommunications, la SNCF, les services publics locaux, ainsi que dans les catalogues de vente par correspondance. Pour construire l'indice d'ensemble qui fait le cauchemar de Jean-Claude Trichet, l'INSEE calcule d'abord pour chaque agglomération et ensuite pour l'ensemble du territoire des indices pour chaque produit ; par exemple, on calcule un indice du prix de l'huile de tournesol à Toulouse, à Paris, etc. Et, par des agrégations successives, on obtient l'indice national pour l'huile de tournesol qui agrège l'ensemble des prix de l'huile de tournesol relevés dans toutes les agglomérations dans les différents types de points de vente. Puis d'autres rassemblements sont faits pour obtenir les différents indices selon les niveaux de la nomenclature, du plus fin jusqu'à l'indice d'ensemble qui rassemblera le prix final des huiles alimentaires. Ces agrégats sont pondérés suivant la structure de la consommation de l'ensemble des ménages, qui est mise à jour chaque année. Ainsi, pour l'indice 2007, les produits alimentaires et boissons non alcoolisées représentaient 15 % de la consommation d'un ménage de Français moyens, les boissons alcoolisées et le tabac, 3,3 %, le logement, eau, gaz, électricité et autres combustibles, 13,7 %, l'ameublement, l'équipement ménager et l'entretien courant de la maison, 6 %, la santé, 10 %, le transport, 16,5 %, les dépenses de communication, 3 %, les loisirs et la culture, 9,1 %, l'hôtellerie, cafés et restauration, 6,6 %, l'habillement et les chaussures, 5,2 %, l'éducation, 0,2 % et les autres dépenses 11,4 %. Le loyer ne représentait quant à lui que 6,2 % des dépenses des Français. Un pourcentage indécent qui scandalisera les locataires ayant subi la hausse très forte des loyers mais une moyenne fort scientifique qui agrège les locataires nouveaux, les locataires anciens qui bénéficient encore des anciens baux, les propriétaires qui ne paient pas de loyers mais remboursent un emprunt et les Français logés gratuitement pour constituer le poids pondéré du logement pour le Français moyen !

Autre problème majeur, au cours du temps, un produit peut prendre plusieurs formes : marque, couleur, matière, composants, origine. Dans l'idéal, un relevé de prix devrait porter sur le même produit, dans le même point de vente, tout au long d'une période. Or cela est rarement possible dans la réalité. « Mesurer à qualité constante, explique alors l'INSEE, c'est exclure du calcul de l'indice l'"effet qualité" », c'est-à-dire l'évolution des prix due à la variation de qualité entre un produit remplaçant et le produit remplacé. Ainsi, les téléviseurs ont pris dans les années 1960 la place des radios puis les postes couleur ont pris la place des noir et blanc avant de céder la place aux écrans plats. Mais les statisticiens ont trouvé le moyen de contourner cette difficulté : si le prix d'une voiture a augmenté mais si dans le même temps les caractéristiques du modèle nouveau font apparaître un progrès du confort, une moindre consommation d'essence ou un entretien moins dispendieux, l'INSEE corrigera le prix relevé et fera comme si ce prix était demeuré stable ou même comme s'il avait baissé, car la qualité augmentée n'est pas liée à l'inflation !

De même, et c'est bien naturel, l'indice des prix à la consommation n'inclut pas l'achat d'un bien immobilier, qui est considéré comme un investissement, et non une consommation. C'est au terme de cette alchimie complexe que l'indice des prix à la consommation des ménages s'est élevé en septembre 2008 à 119,8 par rapport à 1998, sa dernière année de base. En dix ans, la hausse des prix à la consommation des ménages n'aura été que d'un peu moins de 20 %. Depuis 1913, en raccordant les sept générations d'indices, les prix mesurés par ce thermomètre sophistiqué auront été multipliés par 2 300 ! Aujourd'hui, pourrait-on écrire, en anciens francs, les prix sont 2 300 fois plus élevés qu'à l'époque où l'inflation n'était pas encore entrée dans le vocabulaire courant. Symbole de toutes les souffrances, un kilo de pain valait 42 centimes d'anciens francs en 1913. Il coûte aujourd'hui environ 3,20 euros, soit 21 nouveaux francs, soit 2 100 anciens francs, soit 5 000 fois plus qu'en 1913 ! Sans aucune importance, on l'aura compris, sur le pouvoir d'achat et l'alimentation des Français, qui ont manifesté une belle indifférence à cette folle inflation et aux discours qui l'ont diabolisée.

Lorsqu'un indice des prix de détail réunit en effet les prix du pain et de l'électricité, du DVD et des loyers, de l'essence et du café, des produits capillaires et de la margarine, il ne décrit pas plus la réalité que ne le ferait un indice général de la circulation des véhicules en France, dans lequel on « agrégerait » la vitesse des avions, celle du TGV, celle des Vélib' et peut-être même celle des voitures d'enfants à pédales... En fait, écrit Jean Fourastié, « si l'on veut comprendre vraiment quelque chose au mécanisme des prix et aux grandes forces qui les font évoluer, on ne peut se limiter à la contemplation des indices synthétiques, même – et on serait tenté de dire surtout – lorsque ceux-ci remontent assez loin dans le temps. Il faut au contraire se défier des indices et faire l'effort de rechercher des prix individuels de biens et de services[119] ».

Prix « apparents » et prix « réels »

Certes, l'indice des prix à la consommation n'est pas totalement inutile. C'est même l'outil que nous avons utilisé pour calculer l'évolution des revenus et des patrimoines en euros dits constants (voir annexe 1). Plus concrètement, publié au *Journal officiel* chaque mois, il sert à indexer de nombreux contrats privés, les pensions alimentaires, les obligations du Trésor indexées depuis septembre 1998 sur l'inflation et surtout, c'est sa fonction essentielle, à revaloriser le SMIC.

Reste que cet indice n'a rien à voir avec l'évolution des prix courants, encore moins du pouvoir d'achat. Construction scientifique parfaitement légitime, l'indice des prix à la consommation des ménages mesure en fait le pouvoir d'achat de la... monnaie, pas celui des revenus. Pour en faire la démonstration concrète, il suffit de comparer, comme nous l'avons fait plus haut, l'évolution du salaire minimum horaire et celui des prix qui composent l'indice.

Depuis la nouvelle année de base, 1998, l'indice moyen a donc augmenté d'un peu moins de 20 %. Mais cette moyenne masque des écarts considérables. Sur les 305 types de produits et de services, beaucoup ont vu leur prix nominal baisser. Mesurés par rapport à la base 100 en 1998, le prix de l'assurance automobile est à l'indice 96,2, celui des jeux et jouets à l'indice 87,6, celui du dentiste à l'indice 99,7, celui des réfrigérateurs et congélateurs à l'indice 86,8, celui des appareils de chauffage à l'indice 69,6, celui des vêtements de sport à l'indice 89,3, celui des vêtements de dessus pour femmes à l'indice 90,9, celui de l'électricité à l'indice 98,8, celui des motos et cycles à l'indice 98,4, celui des produits pharmaceutiques à l'indice 86,3, celui des équipements audiovisuels à l'indice 36,3, celui des appareils photo à l'indice 29,6 et celui des micro-ordinateurs à l'indice 15,1.

D'autres prix sont restés stables : les produits de maroquinerie (102), les fleurs et plantes (108), les équipements de camping (100,3), les pneumatiques (108), les automobiles neuves (108), les tapis (101), les chaussures (100), les apéritifs (103) et le café (102).

Dans le même temps, on l'a vu, le SMIC horaire net a

augmenté de 42 %, soit bien plus que l'immense majorité des biens et des services qui composent l'indice. Qui peut, dans ces conditions, affirmer avec certitude que son pouvoir d'achat a baissé ou augmenté ? En décembre 2007, au moment où le pouvoir d'achat devenait la première préoccupation des Français, le journal *Le Parisien* a inauguré un chariot type de 31 produits dont il suit les prix à Paris et en province dans les rayons des grandes surfaces, toujours les mêmes, sans qu'elles soient informées de la visite des enquêteurs. A la grande surprise des lecteurs qui pensent toujours qu'on leur ment, les prix sont restés stables à Paris et ont même baissé en province. Entre décembre et juillet, le pack de six bouteilles de lait demi-écrémé a baissé de 17,8 %, celui du poulet fermier de Loué jaune de 32,5 %, celui d'un kilo de pommes de terre Belle de Fontenay de 36,6 % et celui d'une laitue de 46,5 %. A l'inverse, le faux-filet de bœuf Charal a vu son prix augmenter de 29,5 %, celui des pommes golden de 30,1 %, celui d'une bouteille d'huile d'arachide de 23,2 % et celui d'une baguette de pain de 22,9 %. Au total, les prix ont baissé de 5,1 %[120] ! Pour prendre la mesure de l'absurdité de la moyenne, il suffit de comparer deux ménages dont les structures de dépenses seraient radicalement différentes. M. et Mme Dupont boivent le matin du lait écrémé, adorent le poulet de Loué accompagné de pommes de terre Belle de Fontenay, suivi d'une laitue. Le prix de leur alimentation a baissé de 30 % depuis décembre 2007. M. et Mme Martin préfèrent le faux-filet grillé à l'huile d'arachide et accompagné de coquillettes, suivi d'une tranche de camembert accompagnée d'un morceau de baguette de pain. Le prix de leur alimentation a augmenté de 20 % depuis décembre 2007.

En longue comme en moyenne durée, s'il est vrai que les prix ont monté, il est aussi vrai que le pouvoir d'achat n'a pas baissé. Le pouvoir d'achat de la monnaie ne doit pas en effet être confondu avec le pouvoir d'achat des Français. Si l'on prend la peine de comparer l'évolution des prix à celle des revenus pour mesurer la seule chose qui importe, à savoir le pouvoir d'achat, tous les prix ont en fait baissé ! En prendre la mesure est sans doute la meilleure manière de réconcilier les Français avec l'argent. Jean Fourastié eut ainsi la géniale intuition de rassembler pendant plus de trente ans des milliers de prix et de les comparer au salaire horaire du Français le moins bien payé, de comparer donc les prix « apparents » qui augmentent et les prix « réels » qui baissent.

Prenons un exemple ancien : le prix de la 2 CV Citroën était en 1949 de 229 000 francs et, en 1983, il était de 28 280 francs. Un utilisant l'indice des prix de l'INSEE pour transformer les francs de 1949 en francs de 1983, c'est-à-dire pour convertir les francs « courants » en francs « constants », les 229 000 francs de 1949 deviennent en 1983 22 565 francs. On devrait donc en conclure que le prix de la 2 CV a augmenté de 1949 à 1983. Comment alors expliquer qu'en 1949, un Français sur 500 seulement a acheté une voiture neuve tandis qu'en 1983, un Français sur 28 en a acheté une ? Tout simplement parce qu'en 1949, une 2 CV représentait l'équivalent de 3 088 salaires horaires minimum alors qu'elle ne valait plus en 1983 que 908 fois ce même salaire ! Si le prix « apparent » de cette voiture a bien augmenté, son prix « réel » a bien été divisé par plus de trois.

Cette méthode des prix réels, la seule qui soit historiquement utile à la compréhension des évolutions, consiste donc à diviser le prix nominal ou apparent de tous les biens et services par le salaire horaire total minimum à la même période, puis d'en suivre l'évolution. On constate alors que tous les prix baissent.

L'une des évolutions sur lesquelles aimait s'attarder Jean Fourastié était celle du prix du quintal de blé, le marqueur le plus symbolique de l'alimentation et la mesure de l'angoisse des familles qui pouvaient en manquer. En 1709, lors de la dernière grande famine nationale française, le prix réel d'un quintal de blé était de 566 salaires horaires, celui du manouvrier payé à la journée et dont Vauban nous indique le tarif. Dans les années précédant la Révolution française, le prix réel était tombé à 200 salaires horaires, ce qui mesure assez le formidable progrès de l'économie française au XVIIIe siècle au cours de ce siècle que les marxistes nommaient autrefois celui de la « crise de l'Ancien Régime ». A la veille de la Première Guerre mondiale, il était tombé à 72 salaires horaires, puis à 36 à la veille de la Seconde Guerre mondiale. En 1978, il ne valait plus que six salaires horaires. En 2005, le prix du quintal de blé acheté à la ferme est tombé à 9,73 euros alors que le SMIC horaire est à 8,27 euros. Le quintal de blé, qui valait 566 salaires horaires, n'en vaut plus qu'un peu plus d'un aujourd'hui ! Le prix réel a été divisé par 500 en trois siècles.

En d'autres termes : à la veille de la Révolution française, l'alimentation représentait en moyenne 85 % du budget d'un manœuvre non qualifié et le blé y intervenait pour 67 %. Aujourd'hui, l'alimentation n'intervient plus que pour 15 % du budget et le pain ne représente plus que 0,59 % des dépenses des Français, soit à peu près autant que les petits articles pour l'entretien de la maison (0,56 %).

Ce qui est vrai pour le blé et pour la 2 CV l'est pour tous les autres articles, même pour l'essence ! En 1974, au lendemain du premier choc pétrolier, le prix d'un litre d'essence ordinaire, qui était de 1,16 franc en 1973, était passé à 1,62 franc. Le SMIC horaire brut était alors de 6,75 francs. En une heure de travail, le Français le moins bien payé pouvait donc acheter 4,17 litres d'essence. En août 2008, le prix d'un litre d'essence sans plomb ordinaire était de 1,41 euro. Le SMIC horaire brut est passé en juillet 2008 à 8,71 euros. En une heure de travail, le Français le moins bien payé peut désormais acheter 6,18 litres d'essence ordinaire, au lendemain d'une « inflation » des prix du pétrole qui a fait toutes les unes... Que dire aujourd'hui, quand le prix du litre est redescendu en-dessous de 1 euro !

Pour convaincre les Français que les prix n'avaient pas flambé depuis l'avènement de l'euro, Jacqueline Fourastié, poursuivant les travaux de son père, s'est livrée à ce calcul. En 1990, le pouvoir d'achat d'une heure de travail était de 3,56 kilos de pain, 526 grammes de bifteck, 660 grammes de cabillaud, 1,23 kilo de beurre, 8,35 litres de lait. En 2001, avant l'introduction de l'euro, il était de 4,04 kilos de pain, 697 grammes de bifteck, 752 grammes de cabillaud, 1,81 kilo de beurre, 10,77 litres de lait. En 2007, les quantités respectives étaient de 4,25 kilos de pain, 726 grammes de bifteck, 806 grammes de cabillaud, 2,16 kilos de beurre et 12,68 litres de lait.

Un pneumatique pour automobile coûtait 6,75 salaires horaires en 1999 ; il n'en coûte plus que 4,89 aujourd'hui. Le coût d'un copieur (12 copies minute) était de 166 salaires horaires en 1999 et de 30 salaires horaires en 2006. Un aspirateur passe de 8,3 salaires horaires à 6,3 heures. Il est vrai que 1 000 litres de fioul sont passés de 32,5 salaires horaires en 2000 à 49,95 à la fin de 2006 et que le prix réel de la coupe avec shampooing oscille entre 1,3 et 1,6 salaire horaire[121]. Deux arbustes qui ne peuvent masquer la forêt.

L'indice MacDo

Que l'on raisonne à l'échelle du siècle ou sur une dizaine d'années seulement, le constat qui s'impose et devrait rassurer les Français est donc que les prix réels n'augmentent pas mais qu'ils baissent dans de fortes proportions. Et que la caractéristique majeure de leur évolution est leur extraordinaire disparité. Certains stagnent, d'autres baissent régulièrement et quelques-uns même s'effondrent. L'autre avantage de cette mesure en prix réels est qu'elle permet des comparaisons internationales plus pertinentes que celles mesurées en monnaie. Comment comparer, par exemple, le pouvoir d'achat d'un salarié chinois payé 1 000 yuans par mois (soit environ 100 euros au taux de change entre le yuan et l'euro) et celui d'un smicard français payé 1 000 euros nets ? Cela voudrait-il dire que les Chinois sont dix fois moins bien payés que les Français ? Tous ceux qui ont vu les images de la Chine à l'occasion des Jeux olympiques ou qui s'y rendent ont immédiatement ressenti que cette fourchette complaisamment rappelée par tous nos altermondialistes compassionnels était absurde. Ainsi, au McDonald's de la galerie marchande du Carrefour de Shangai, le « menu poisson » au goût international coûte 23 yuans. En un mois, le salarié chinois le moins bien payé de la ville peut donc s'offrir 43,48 MacDos. En France, ce même « menu poisson » vaut un peu moins de sept euros. En un mois, le salarié français le moins bien payé peut donc s'offrir 142,8 MacDos. La différence de pouvoir d'achat entre le Français le moins bien payé et le Chinois le moins bien payé est donc de 3,2, et non de 10, comme le publient les statistiques internationales. Un écart conforme aux perceptions concrètes de niveau de vie et qui nous invite, non pas à considérer la Chine comme un pays qui concurrence la France par une main-d'œuvre scandaleusement mal payée, mais comme un marché de plus d'un milliard d'habitants dont le pouvoir d'achat est équivalent à celui des Français de 1960 !

Autre exemple présenté par Jacqueline Fourastié : en 1984, les prix réels du kilo de pain étaient de 1,41 au Cameroun, de 1,83 en Zambie, de 1,39 en Argentine, de 0,18 à New York, de 1,32 en Corée du Sud de 0,32 en Suisse et de 0,26 en France. L'écart entre le prix le plus bas et le plus élevé (entre la Zambie et les Etats-Unis) était donc de 10, alors qu'en PIB par habitant mesuré en dollars à l'échelle internationale, il était de 1 à 40 !

Autant de calculs simples qui ont amené en 1986 le très

sérieux hebdomadaire financier *The Economist* à utiliser ce fameux Big Mac, l'un des biens de consommation courante les plus répandus dans le monde, pour comparer le coût de la vie entre les 120 pays dans lesquels on le trouve et présenter un outil économique rendant la théorie économique plus accessible. Ainsi, en 2006, en divisant le prix du Big Mac par le salaire horaire net de quatorze professions, on découvre qu'il vaut 18 minutes de travail à Oslo, 16 minutes à Genève, 21 minutes à Paris, 12 minutes à Chicago, 30 minutes à Johannesburg, 97 minutes à Bogota, 25 minutes à Moscou, 55 minutes à Kiev et 44 minutes à Pékin. Tel est bien le message délivré par l'approche en termes réels : les pauvres sont moins pauvres qu'on le pense et les riches sont moins riches qu'on le dit.

Comment expliquer alors que la perception du pouvoir d'achat par les Français diffère tant de cette réalité ? Tout d'abord parce que l'ignorance des techniques statistiques et, il faut bien le dire, la paresse de très nombreux commentateurs de l'actualité économique les amènent à croire qu'un seul chiffre peut être le symbole d'une réalité aussi complexe que l'inflation. En effet, quand on écrit que depuis un an l'inflation s'est accrue de 3,6 % en France, comment imaginer que ce chiffre unique – qui inquiète tant la BCE – mesure l'ampleur de leur appauvrissement ? Sans doute parce qu'ils comparent spontanément ce chiffre avec la hausse de leurs revenus qui n'évolue pas au même rythme. Mais qui est capable aussi de croire que, depuis 2003, le pouvoir d'achat des ménages s'est accru au rythme moyen annuel de 1,9 % ? Autre moyenne, autre chiffre synthétique qui n'a en fait aucune réalité. Pour Daniel Cohen, « un premier facteur d'explication tient au divorce croissant entre les produits high-tech, les ordinateurs et les écrans plats, dont les prix baissent vite, et les produits traditionnels, les baguettes ou le fioul domestique, dont les prix montent rapidement. Comme on achète les premiers une fois de temps en temps et les seconds régulièrement, il est possible que les ménages ne retiennent que ces derniers. Une forme de myopie serait ainsi responsable du sentiment d'appauvrissement des ménages[122] ». Ainsi, on commentera les hausses du prix du pain, du bœuf, du lait, des fruits frais, des légumes frais, du gaz, de l'essence et de la consommation de cafés au comptoir, les produits qui ont flambé depuis un an mais qui au total représentent 9,38 % des dépenses d'un Français moyen. Mais on se gardera bien de se réjouir de la baisse absolue depuis dix ans des prix des produits pharmaceutiques, des automobiles neuves, des services de télécommunications, des équipements audiovisuels, des micro-ordinateurs et des jouets, qui représentent pourtant 11,49 % des dépenses d'un Français moyen. Reste qu'en termes de poids dans le budget des Français moyens, la consommation de café au comptoir, dont le prix a augmenté de 29,6 % depuis 1998, est comparable (0,71 %) à l'achat des micro-ordinateurs (0,80 % du budget), dont le prix est aujourd'hui six fois inférieur à ce qu'il était il y a dix ans (indice 15,1). On tient là une des raisons qui expliquent la vision pessimiste qu'ont les Français de leur pouvoir d'achat. Il y a toujours des prix qui augmentent plus que les autres et, comme les trains qui n'arrivent pas à l'heure, ce sont eux qui font l'actualité.

D'autre part, on l'a vu, la hausse des prix de l'immobilier, qui a tant fait parler d'elle, n'est pas prise en compte. Or le loyer et ses charges annexes (les assurances, la taxe d'enlèvement des ordures ménagères) atteignent en moyenne le quart des dépenses des Français, et même la moitié pour les ménages les plus modestes. Sensible aux critiques qui lui ont été adressées, l'INSEE a calculé un indice des prix à la consommation en différenciant les propriétaires, les accédants à la propriété et les locataires. Par rapport à la base 100 en 1996, l'indice des propriétaires atteint 117,2 en 2008, celui des accédants à la propriété, 117,8 et celui des locataires 119,1. Dans les douze dernières années, les locataires ont donc perdu un peu moins de 2 % de pouvoir d'achat par rapport aux propriétaires. Pas de quoi sombrer dans le pessimisme. En revanche, l'indice des prix à la consommation des 10 % des ménages les plus pauvres est à 119,4 alors que celui des 10 % les plus riches est à 116,6...

Le mythe de la paupérisation absolue

Le fait que la crise du pouvoir d'achat soit plus durement ressentie en France qu'ailleurs traduirait surtout la disparité des situations résultant des nouveaux modes de vie. « La difficulté de comprendre les causes de la vie chère, écrit toujours Daniel Cohen, n'est rien d'autre que le reflet des difficultés à comprendre les nouvelles inégalités de destins qui découlent parfois plus durement d'un changement de bail ou d'un divorce que d'une promotion manquée. »

Enfin, si les Français surestiment tant les méfaits de l'inflation, c'est sans doute que le pessimisme diffusé par la pensée marxiste a laissé des traces plus profondes. Dès le livre I du *Capital*, Karl Marx soutenait que les travailleurs, seuls créateurs de la richesse, étaient voués inéluctablement à une condition misérable. « Quel que soit le taux des salaires, haut ou bas, écrivait-il, la condition du travailleur (devait) empirer à mesure que le capital s'accumule[123]. » Trente années après sa mort, troublés par l'amélioration du pouvoir d'achat des classes populaires qui contredisait cette thèse, des « traîtres » – au premier rang desquels Kautsky – avaient émis l'hypothèse que le capitalisme était capable « d'élever la capacité de consommation » et qu'il pouvait se développer en consacrant une proportion plus grande de ses investissements à l'accroissement de son marché intérieur. Quand l'auteur de ces lignes, jeune communiste, voulut consulter les travaux de Kautsky en 1970, au Centre d'histoire de l'institut Maurice-Thorez, dépendant du

Parti communiste français, il découvrit que Kautsky était classé au fichier matières à l'entrée « Rénégats » !

C'est qu'à l'époque des Trente Glorieuses, le Parti communiste français dénonçait encore vigoureusement ceux qui développaient cette fable et communiait avec ferveur avec ce dogme qu'avait diffusé en ces termes Lénine dans *L'Impérialisme, stade suprême du capitalisme* : « Si le capitalisme pouvait développer l'agriculture qui, aujourd'hui retarde partout terriblement sur l'industrie, s'il pouvait élever le niveau de vie des masses populaires qui, en dépit d'un progrès technique vertigineux, demeurent partout grevées par la sous-alimentation, il ne saurait être question d'un excédent de capitaux... Mais alors, écrivait-il, le capitalisme ne serait pas le capitalisme, car l'inégalité de son développement et la sous-alimentation des masses sont les conditions et les prémisses fondamentales, inévitables de ce mode de production. Tant que le capitalisme reste le capitalisme, l'excédent de capitaux est consacré, non pas à élever le niveau de vie des masses dans un pays donné, car il en résulterait une diminution des profits pour les capitalistes, mais à augmenter ces profits pour l'exportation des capitaux à l'étranger, dans les pays sous-développés[124]. »

On ne pouvait formuler plus clairement la théorie de la paupérisation absolue. Une théorie que mit discrètement en réserve le PCF à son congrès de 1964 mais qui ressurgit aujourd'hui à l'ultragauche qui a pris la relève. Que 55 % des Français pensent que les conditions de vie de leurs enfants seront pires que les leurs, que 53 % d'entre eux pensent que la répartition des richesses s'est dégradée, chez les cadres (68 %) plus que chez les ouvriers (49 %) en dit long sur la persistance des idées reçues. Certes, on peut regretter que les Français aient toujours eu tendance à broyer du noir. Reste qu'en matière économique plus que dans n'importe quel autre domaine, « seul existe ce qui est perçu », selon la théorie fort pertinente de George Berkeley, philosophe anglo-saxon du XVIIIe siècle[125].

22.

Le prix de la vie

Et si nous assurions aux Français que leur salaire est le double de ce qu'ils perçoivent ? Ne serait-ce pas le meilleur moyen de leur peindre la vie plus en rose ?

Comparons ce qu'on appelle en comptabilité nationale la « rémunération des salariés » et la somme qui reste à ces derniers une fois les cotisations salariales et patronales versées. En 2007, la rémunération des salariés s'est élevée à 976,3 milliards d'euros et la somme qui leur a été versée à 619,3 milliards d'euros, soit 63,4 % de leur rémunération totale. La différence représente les cotisations sociales versées par les salariés, 98,3 milliards d'euros, et les charges patronales, 258,7 milliards. Habitués à raisonner en net, parfois en brut mais rarement en termes de rémunération totale, la plupart des Français ne peuvent admettre qu'ils gagnent en fait 40 % de plus que ce qui leur est versé, et même plus pour certains. Ainsi le salaire de Pierre, qui touche le SMIC, soit 1 040 euros nets par mois, est en réalité de 1 570 euros par mois. A son salaire net, il faut en effet ajouter les cotisations salariales pour la Sécurité sociale, la CSG, la CRDS et le chômage, soit environ 280 euros, plus 250 euros de charges patronales. Le salaire de Claire, qui touche 1 300 euros nets par mois, est en réalité de 2 250 euros par mois : un salaire brut de 1 650 euros plus 600 euros de charges patronales. Le salaire de Stéphane, qui touche 2 800 euros nets par mois, est en réalité de

5 000 euros par mois : un salaire brut de 3 600 euros plus 1 400 euros de charges patronales. Stéphane ne perçoit en fait que 56 % de sa rémunération. Le reste, ici 44 %, c'est le « prix de la vie », une vie qui s'est considérablement allongée depuis un siècle et qui exige de payer un temps de non-travail qui représente désormais une fraction importante de l'existence et de financer des dépenses de santé qui enflent en même temps que ce vieillissement.

En 1889, au moment où il mettait en place en Allemagne le premier système de retraites au monde, le chancelier Bismarck aurait demandé à son conseiller : « A quel âge faut-il fixer l'âge de la retraite pour qu'on n'ait jamais à la verser ? » « A 65 ans », lui aurait-il répondu, ce qui avait fort amusé celui qui, à cette date, en avait 70. Une date où l'espérance de vie à la naissance en France était de 40,8 ans pour les hommes et de 43,4 ans pour les femmes. Le 5 avril 1910, la loi sur les retraites ouvrières et paysannes se heurta d'emblée à l'opposition de la CGT qui mit en avant le fait, fort légitime, que sur les 11 millions de travailleurs que comptait alors la France, pas même 5 % atteindraient l'âge de 65 ans[126]. Au recensement de 1911, 8,4 % de la population française seulement avaient dépassé l'âge de 65 ans et l'espérance de vie à la naissance était de 49,8 ans pour les hommes et de 53,6 ans pour les femmes. En 1930, quand furent votées les premières lois sur les assurances sociales, elle était passée à 54,7 ans pour les hommes et à 59,6 ans pour les femmes. En 1946, au lendemain des ordonnances de 1945 instituant la Sécurité sociale et fixant l'âge de la retraite à 65 ans, elle était de 59,9 ans pour les hommes et de 65,2 ans pour les femmes. En 1970 encore, à la veille du premier choc pétrolier et au moment des lois Boulin généralisant la Sécurité sociale, elle était de 68,4 ans pour les hommes et de 75,9 ans pour les femmes. En 2007, l'espérance de vie à la naissance atteint 77,6 ans pour les hommes et 84,5 ans pour les femmes. En un siècle, l'espérance de vie s'est accrue de près de 30 ans ! Depuis trente ans, elle s'est accrue de presque 10 ans. Aujourd'hui, un salarié prenant sa retraite à 60 ans a une espérance de vie de 22 ans et une femme de 27 ans.

C'est dire à quel point le salaire net versé pendant les quarante années d'activité ne représente plus ce qu'il représentait à l'époque, pas si lointaine, où la mort précédait le plus souvent ou suivait de peu la retraite. Le salaire « indirect », ou mieux « différé », représenté par les cotisations salariales et les charges patronales, devrait donc être perçu comme le prix d'une vie à venir dont l'allongement est la face la plus spectaculaire du progrès.

Un progrès qui s'est aussi accompagné d'une envolée des dépenses de santé qu'il faut bien financer. En 2007, les dépenses de soins, dont 10 % seulement sont à la charge des ménages, ont représenté près de 160 milliards d'euros, soit 25 % des salaires bruts ! En 1960, quinze ans après l'avènement de la Sécurité sociale, en euros 2007, les dépenses de santé s'élevaient à 15,1 milliards, soit 11 % de la masse des salaires versés ; en 1970, à 38 milliards, soit 15 % des salaires versés ; en 1980 à 68,7 milliards, soit 17 % des salaires versés ; en 1990 à 102 milliards, soit 21 % des salaires versés, et en 2000 à 127,9 milliards, soit 22 % des salaires versés. En monnaie constante, elles se sont accrues de 128 % depuis 1980 pour représenter aujourd'hui une dépense moyenne par Français de près de 2 500 euros par an contre 1 000 en 1979. Un progrès, là encore, presque entièrement financé par le salaire indirect et qui pourrait faire croire à ceux qui n'en mesurent pas le poids que la santé est un bien gratuit financé par la multiplication des pains.

C'est dire à quel point l'expression « charges patronales » devrait être rayée de notre vocabulaire. Ces charges que l'employeur est obligé de payer aux organismes qui financeront la retraite et la santé – et aussi l'assurance chômage, la formation professionnelle, les allocations familiales... – sont bien un élément du salaire. Il serait d'ailleurs possible de décider que l'ensemble des sommes qui constituent la « rémunération » des salariés leur soit directement versées, à charge pour eux d'assurer eux-mêmes leurs dépenses de santé et leurs placements pour la retraite. En comptabilité nationale, l'opération serait nulle : la somme totale resterait la même, soit 976,3 milliards en 2007. Sur le plan de la « perception », par contre, ce serait la plus formidable des révolutions. La fiche de paie de Stéphane serait ainsi rédigée :

Rémunération totale :	**5 000 euros**
Prélèvements	
Couverture maladie	675 euros
Cotisations retraite	795 euros
Assurance chômage	330 euros
CSG /RDS	400 euros
Total :	**2 200 euros**
Net à payer :	**2 800 euros**

Pour affiner l'exercice, l'employeur pourrait même adjoindre un chèque de 2 200 euros à l'ordre des multiples organismes de prévoyance que Stéphane n'aurait plus qu'à signer et renvoyer par enveloppe TIP.

Des salaires « différés »

Les salariés se rendraient ainsi compte que si leur salaire net ne s'accroît pas au rythme qu'ils souhaiteraient, c'est essentiellement parce que les dépenses de santé et de retraite augmentent plus vite que les richesses que produit leur travail. D'où la question essentielle que pose la « perception » de ce qui est en fait un salaire « différé » qui permet de toucher une retraite et même, pour les plus privilégiés – les fonctionnaires surtout, dont le taux de retraite est le plus élevé et l'espérance de vie la plus forte –, de percevoir plus de retraites que de revenus d'activité. Par exemple, chaque enseignante prenant sa retraite à 60 ans et vivant jusqu'à 90 ans aura reçu un salaire différé plus élevé que son salaire d'activité. Un calcul simple à effectuer qui pourrait amener plus de Français à gravir quelques échelons dans l'échelle du bonheur.

En fait le chiffre de 1,6 % qui donne le taux moyen d'accroissement annuel du revenu depuis 1840 est largement inférieur à la réalité. De 1840 à 1950, les charges patronales étaient en effet dérisoires. Depuis cette date, elles se sont envolées au même rythme que les besoins de financement des dépenses de protection sociale. En 1950, elles représentaient 19 % de la rémunération salariale totale ; on atteint 26,5 % en moyenne en 2007, mais bien plus sur les salaires moyens et élevés.

En 2007, l'ensemble des cotisations salariales et patronales s'élevait à près de 360 milliards d'euros, soit bien plus que les dépenses de l'Etat qui se sont élevées à 275 milliards. Autant dire qu'il vaut mieux compter sur son travail que sur la « providence » pour prévenir les risques de l'existence. Un facteur de responsabilisation qui devrait aussi réconcilier les Français avec le « réel ».

Des Français qui pourraient d'ailleurs se demander si ces prélèvements, qui sont en fait leur propriété, ne sont pas exagérés. En effet leur salaire net, qu'ils estiment déjà faible, n'est pas encore leur salaire « disponible ». Car du salaire net, il faut encore déduire l'impôt sur le revenu, la taxe d'habitation, la redevance télévision. Pierre, par exemple, qui est payé au SMIC, ne paie pas d'impôt direct et est exonéré de la taxe d'habitation. Son salaire net est égal à son salaire disponible. Claire a payé 1 246 euros d'impôt sur le revenu et 216 euros de taxe d'habitation. Son salaire disponible n'est plus que de 1 178 euros par mois. Stéphane paie 3 821 euros d'impôt sur le revenu, 116 euros de redevance télévision et 216 euros de taxe d'habitation. Son salaire disponible n'est plus que de 2 454 euros par mois, soit à peine la moitié de sa rémunération totale.

Reste enfin aux Français à payer les impôts indirects dont la liste est longue : TVA, TIPP (taxe sur l'essence), taxe sur les alcools, taxe sur le tabac, droits de mutation (frais de notaire). Comme les taux appliqués sont différents, on peut approximativement les évaluer à 15 % des dépenses des ménages. Ainsi Stéphane, qui dépense tout ce qu'il gagne, soit 1 000 euros par mois, paie environ 150 euros d'impôts indirects, Claire, environ 180 euros et Stéphane environ 350 euros

Au total, Pierre aura versé en salaires différés et en impôts directs et indirects 680 euros, soit 43 % de sa rémunération, Claire, 1 250 euros, soit 55 % de sa rémunération et Stéphane environ 2 880 euros, soit 58 % de sa rémunération. La valeur du travail des Français atteint bien, en moyenne, le double de ce qu'ils perçoivent directement. Certes, il n'est pas question de nier l'importance des dépenses « socialisées » comme l'éducation, la police, la justice, la défense ou la solidarité. Reste que leur importance ne peut qu'affecter la perception qu'ont les Français de leur pouvoir d'achat. Comme l'observe le dernier rapport du Conseil de l'emploi, des revenus et de la cohésion sociale, dit rapport Delors, du nom de son président, la part du salaire net dans la masse salariale des sociétés non financières est passée de 70 % en 1975 à un peu moins de 60 % aujourd'hui. En 1975, l'ensemble des cotisations sociales (salariales et employeurs) représentait moins de 30 % de la rémunération des salariés. A partir de 1994, le chiffre de 40 % est dépassé. Surtout, la France est le pays européen où le taux de prélèvement sur le salaire *moyen* est le plus élevé. En pourcentage de la rémunération du salaire moyen, le prélèvement total (impôt sur le revenu, cotisations salariales, cotisations patronales) représente le pourcentage hallucinant de 71,3 % ! Il est de 62,7 % en

Allemagne, de 63,4 % en Suède, de 60,5 % en Italie, de 51 % en Espagne, de 42,6 % aux Pays-Bas, de 37 % au Royaume-Uni. A elles seules, les charges patronales représentent 42,3 % du salaire moyen. Le pays classé derrière la France est l'Italie, avec 33,2 %. L'Allemagne est à 21 % les Pays-Bas à 10,4 %, le Royaume-Uni à 10,5 %[127] !

Protection collective ou protection individuelle

Ces chiffres réels posent la question cruciale d'un choix entre protection individuelle et protection collective, ou socialisée. La question du pouvoir d'achat ne peut se limiter au montant de la paie virée sur un compte bancaire ou postal. Certes, la perception de ce qui reste pour vivre est la seule sans doute qui apparaît comme concrète. Elle ne prend cependant pas en compte la formidable dépense différée que représentent les dépenses de santé à venir et le paiement des retraites. D'ici 2050, les dépenses de santé, qui ont augmenté de 50 % depuis 1990, devraient encore doubler. Dans le même laps de temps, le taux de dépendance des personnes âgées, qui est aujourd'hui de 25 %, devrait dépasser 46 % et le poids des retraites dans le PIB, qui est de 12,8 % passer, selon les différentes projections, de 15 à 17 %. Tel est le joyeux prix d'une vie qui s'est considérablement allongée.

Pour doubler leur salaire et l'aligner sur leur rémunération réelle, les Français seraient-ils prêts à s'en remettre à une logique assurantielle et à une épargne de prévoyance pour financer leur retraite et leurs futures dépenses de santé à partir du moment où s'achève leur « espérance de vie en bonne santé », qui est de 62 ans pour les hommes et de 64,2 ans pour les femmes ?

Une telle interrogation exige de sérieuses remises en cause. Ainsi, une étude du Deutsche Bank Research montre que le taux de rentabilité des plans de retraite américains par capitalisation sur une période de dix ans s'achevant en 2002 a été de 6,4 % par an alors que, sur la même période, le taux de rentabilité des cotisations versées au système collectif de la Social Security a oscillé entre 1,5 à 2 % par an[128]. Ainsi, et en France tout particulièrement, le jeune qui est obligé de cotiser pendant plus de quarante années au système de retraite par répartition bénéficiera pour ses vieux jours d'un revenu nettement inférieur à celui qu'il aurait perçu s'il avait placé le même pourcentage de son revenu dans un fonds de pension et acheté rapidement son logement. L'économiste américain H.W. Sinn a par ailleurs calculé que la pension de retraite que perçoivent les travailleurs allemands est actuellement égale à 50 % de ce qu'elle aurait été si leurs cotisations avaient été investies en obligations d'Etat, désormais protégées des aléas de l'inflation par la gérontocratie mise en place à la BCE[129].

En fait, tout se passe comme si les seuls gagnants du système de retraite par répartition étaient les générations nées dans les années 1920, ce qui peut se justifier par les souffrances qu'elles ont subies à la suite de la Grande Dépression et de la Seconde Guerre mondiale. Mais pour celles qui sont nées dans les années 1960, le système en place deviendra rapidement insoutenable tant il suppose un transfert intergénérationnel inacceptable. La lenteur de notre pays comme des autres pays industrialisés à réformer leurs systèmes de retraite et de santé montre à quel point la question du prix de la vie est devenu l'élément essentiel de notre mal-être collectif. Ce n'est pas la hausse de l'essence, des loyers ou des produits frais qui menace le pouvoir d'achat des Français, mais la sensation que le système qui consistait à faire « payer la vie » par un salaire différé est à bout de souffle et qu'il ne suffit pas de faire payer les riches ou de taxer les « profits » des entreprises pour le réformer.

23.

Le poids de la contrainte

Cette sensation de l'amenuisement de ce qui reste pour vivre est encore renforcée par les dépenses « contraintes ». Une contrainte qui, une nouvelle fois, ne mesure que l'ampleur des progrès, la tyrannie des désirs et la force de l'ostentation. Services de téléphonie : contrainte. Remplacement des écrans cathodiques par des écrans plats : contrainte. Internet illimité : contrainte. Abonnements à des chaînes de télévision privées : contrainte. Logements plus grands et plus confortables : contrainte. Ascenseurs dans les logements collectifs : contrainte. Frais d'utilisation d'une carte bleue : contrainte. Transports publics et pourquoi pas privés : contrainte. Autant de contraintes dont le poids a considérablement augmenté depuis l'avènement de la société de consommation et qui pèsent sur la perception de ce qui reste pour vivre, désormais appelé « revenu libre ». Elles représentaient 13,4 % du revenu disponible en 1959 ; elles en prélèvent 28,4 % en 2007. Principal responsable de l'envolée de ces dépenses contraintes : le logement et les charges, dont le poids est passé de 9 % en 1959 à 14 % au début des années 1980 et à 21,3 % en 2007. Un pourcentage qui ravive les vieux mythes et renvoie à la littérature du XIXe siècle et au personnage honni du propriétaire, ce « rapace qui bondit sur la moindre occasion d'augmenter les loyers » (*Mort aux locataires assez canailles pour ne pas payer leurs loyers*, 1854), ce « vautour » oisif qui « pour satisfaire ses appétits de tyrannie » étudie patiemment les lois pour percevoir « un revenu à l'abri des orages et des mauvaises années[130] ».

Rêve de propriété

Mais comment comparer les pourcentages de ce qui n'est pas comparable ? En 1955, 35,5 % seulement des Français étaient propriétaires. Plus de quatre logements sur dix n'avaient pas l'eau courante, un quart à peine un W.-C. intérieur. 10 % seulement disposaient d'une douche ou d'une baignoire. 13 % des Français vivaient dans un état de surpeuplement critique et 12 % de plus dans un état de surpeuplement admissible dans les conditions de l'époque. En 1968, 8,9 % des Français vivaient encore dans un état de surpeuplement critique et 22,7 % dans un état de surpeuplement modéré. 45,2 % des logements ne disposaient toujours pas de W.-C. intérieur et 52,5 % étaient encore privés d'installations sanitaires. Et si l'indice des prix à la consommation devait passer de 100 en 1953 à 200 en 1970, celui des loyers s'était envolé de 100 en 1953 à 526 en 1970. Une hausse bien plus considérable à cette période bénie des Trente Glorieuses qu'aux années « piteuses » d'aujourd'hui. De 1990 à 2008 en effet, dans le même espace-temps, l'indice des loyers est passé de 100 à 163, alors que l'indice général des prix s'est élevé de 100 à 138. Finalement, en dépit des perceptions qui incitent à l'effroi, la statistique devrait nous inviter à penser que se loger demande moins d'efforts aujourd'hui qu'autrefois !

En 1973, au terme de ces Trente Glorieuses dont nous cultivons la nostalgie, 36,6 % seulement des ouvriers étaient propriétaires de leur logement et 31 % d'entre eux vivaient dans un logement surpeuplé. 34,1 % des employés étaient propriétaires et 26,5 % vivaient dans un logement surpeuplé. Aujourd'hui, en appliquant les critères de peuplement de 1954, seuls 1,8 % des ménages sont en situation de surpeuplement temporairement admissible et 0,6 % en situation de surpeuplement critique. Avec des normes devenues plus exigeantes – on considère que chaque ménage d'au moins deux personnes a besoin de deux pièces pour le ou les deux adultes, plus une pièce pour deux enfants s'ils sont du même sexe ou ont moins de sept ans, et une pièce par enfant dans le cas contraire –, 7 % des ménages de deux personnes et plus vivent aujourd'hui dans des logements exigus, dont 1 % seulement dans des conditions critiques. Encore que, dans la région parisienne, plus de la moitié des ménages vivant dans une situation de surpeuplement critique aient en fait arbitré en faveur d'un logement petit mais bien situé plutôt que d'un logement plus spacieux mais excentré. Aujourd'hui encore, la quasi-totalité des logements (98,4 %) disposent des trois éléments traditionnels du confort sanitaire que sont l'eau courante, le W.-C. intérieur et la baignoire ou la douche. Parmi les rares logements qui ne disposent pas du confort, 37 % sont situés en zone rurale, 91 % occupés par des ménages sans enfant ou âgés de plus de 55 ans. Et plus de la moitié de ces ménages sont propriétaires ou logés gratuitement. La taille moyenne des logements est de 91 mètres carrés contre 82 mètres carrés en 1984. La taille moyenne des maisons individuelles s'accroît également : une maison achevée après 2002 possède en moyenne 10 mètres carrés de plus qu'une maison achevée en 1975.

Ces chiffres tendent à démontrer que l'accroissement du poste logement dans le budget des ménages résulte moins de l'augmentation des prix que de l'amélioration de la qualité des logements. Autrement dit, la contrainte a une contrepartie. Ajoutons qu'elle concerne les locataires qui ne représentent plus *que* 37,9 % des ménages, mais non les propriétaires, pour qui l'acquisition d'un logement a permis d'accumuler un actif considérable qui est venu augmenter leur patrimoine. Comme on l'a vu, ce patrimoine est évalué aujourd'hui à 5 873 milliards d'euros nets de dettes, soit environ 350 000 euros en moyenne pour chacun des ménages propriétaires, dont plus d'un tiers le sont maintenant sans charges de remboursement. Trois cent cinquante mille euros, soit près de vingt années de revenu médian. De quoi envisager une retraite plus sereine.

Mieux encore, alors que le prix des logements a considérablement augmenté depuis le début des années 1990, la baisse du coût de l'argent a largement compensé cette hausse, permettant à de nombreux Français de satisfaire leur rêve de propriété. Prenons l'exemple de l'acquisition d'un logement de 30 mètres carrés, à Paris. Pour acquérir ce bien situé dans une fourchette moyenne, il fallait débourser 120 000 euros en 1991, seulement 100 000 euros en 2001, après la crise immobilière, de nouveau 120 000 euros en 2003 et 175 000 euros en 2006. Cela représente une hausse de 50 % en quinze ans (2,5 % par an depuis le début de l'observation), de 75 % en cinq ans (12 % par an) ou de 50 % au cours des trois dernières années (13 % par an).

Pendant la même période, les taux d'intérêt sont passés de 10 % en 1991 à 6 % en 2001 et 4 % en 2003 et 2006. Ainsi, pour un prêt à quinze ans du montant nécessaire à l'acquisition, le remboursement mensuel d'un emprunt contracté en 2001 a baissé de 35 % par rapport au même emprunt contracté en 1991 (844 euros au lieu de 1 290 euros) et de 31 % pour ce même emprunt contracté en 2003 (888 euros au lieu de 1 290 euros). Les mensualités sont égales (1 294 euros contre 1 290 euros) pour un prêt contracté en 2006, en dépit de l'accroissement pourtant spectaculaire des prix ! Et la baisse des prix et des taux d'intérêt en cours devrait encore faire augmenter le nombre de propriétaires, même au sein des ménages les plus modestes. Certes, la proportion de propriétaires est aujourd'hui beaucoup plus forte chez les 20 % de ménages les plus riches (70 %) que chez les 20 % de ménages les plus pauvres (40 %). *Reste que la part des accédants à la propriété au sein des ménages les plus modestes a connu de 1973 à 2002 la même évolution que celle de l'ensemble des ménages.* En 1973, parmi les ménages accédant à la propriété dans les quatre années précédant l'enquête Logement réalisée tous les cinq ans par l'INSEE, 6 % faisaient partie des 20 % de Français les plus modestes. Ce pourcentage était le même en 2002. En 1973, 35 % de ces ménages accédant à la propriété faisaient partie des 20 % de Français les plus aisés. En 2002, ils n'étaient plus que 30 %. De la même manière, la proportion d'accédants parmi les jeunes de 25 à 34 ans reste relativement stable, passant d'un peu moins de 20 % en 1975 à 25 % depuis 1992.

L'accession à la propriété ne semble donc pas être devenue significativement plus difficile pour les jeunes ménages. Mieux encore, cet accroissement du nombre de propriétaires est remarquablement réparti sur l'ensemble du territoire. En 1973, 65 % des habitants des communes rurales étaient propriétaires de leur logement. Ils sont 77 % en 2002. En 1973, 44 % des habitants des villes de moins de 100 000 habitants étaient propriétaires de leur logement. Ils sont 57 % en 2002. Dans l'agglomération parisienne, le pourcentage est passé de 38 à 48 % et, à Paris même, de 24 à 32 % ! Seule différence notable entre les riches et les pauvres : entre 1978 et 2002, le taux d'effort net des accédants à la propriété est passé de 16 % à 27 % pour les 20 % de Français les plus modestes et de 12 à 15 % pour les 20 % de Français les plus aisés.

Enfin, si le loyer moyen déflaté des locataires les plus modestes a augmenté de 154 % entre 1973 et 2002 – mais de 49 % seulement une fois les aides déduites –, la proportion de ces mêmes ménages ayant des logements tout confort est passée dans le même temps de 12 % à 85 %. Là encore, la hausse des prix mesure plus l'effet « qualité » que le poids accru de la « contrainte »

Le gazole à la sueur de son front

Parmi ces dépenses contraintes, les frais de transport ont contribué à aiguiser ce sentiment de mal-vivre qui saisit aujourd'hui les Français. En 2006, pour la première fois, les transports se sont hissés au deuxième rang des dépenses des ménages (15,3 %), devant les produits alimentaires et les boissons non alcoolisées (15 %). En 1954, ils n'en représentaient que 9,7 %. Un événement qui devrait inciter à réviser les vieilles leçons de morale et à remplacer la vieille malédiction « tu gagneras ton pain à la sueur de ton front » par « tu gagneras ton gazole à la sueur de ton front ». En euros constants, les dépenses de transport (assurances automobiles comprises) sont passées de 1 755 euros par ménage et par an en 1960 à plus de 5 500 euros aujourd'hui !

Incarnation d'une liberté nouvelle à l'égard du temps et de l'espace, « mobilité sans effort (constituant) une espèce de bonheur irréel, de suspens de l'existence et d'irresponsabilité[131] », l'automobile, qui absorbe l'essentiel des dépenses de transport des ménages (83 %), peine désormais à maintenir son statut d'instrument de plaisir et devient, pour la plupart des Français qui l'utilisent, un moyen de locomotion particulièrement contraignant. Rien n'aura été plus rapide que ce passage de la liberté à la contrainte. En 1953, le taux d'équipement des ménages en automobiles s'élevait à 21 %. Vingt ans plus tard, à la veille du premier choc pétrolier, il atteignait 61,6 %, avant de se hisser à 79,4 % en 2005. Signe d'égalité particulièrement symbolique, le taux d'équipement des ouvriers était passé de 8 % à 68,8 %, celui des salariés agricoles de 3 à 52,8 % et celui des employés de 18 à 68,2 %. En 1957, Roland Barthes écrivait que l'automobile était « l'équivalent assez exact des grandes cathédrales gothiques », « une création d'époque, conçue passionnément par des artistes inconnus, consommée dans son image, sinon dans son usage, par un peuple entier qui s'approprie en elle un objet magique » (*Mythologies*). En 1975 encore, le sociologue Albert Meister écrivait, dans un parallèle saisissant : « Le "fléau-automobile" présente plus d'un point commun avec le "fléau-inflation" : les deux semblent ne pas pouvoir être maîtrisés, les deux ont leurs gagnants (les spéculateurs, l'industrie automobile) et leurs perdants ; les mesures prises pour les endiguer ressortissent bien souvent du palliatif (plus d'autoroutes, de parkings, hausse des salaires, etc.) et vont même à contresens (plus d'autoroutes, donc plus de circulation, hausse des revenus, donc plus forte pression de la demande, etc.). Cependant, si dans leurs racines et leurs motivations profondes les deux phénomènes demeurent opaques, il semble dès à présent que nous puissions les envisager comme des régulations visant à rétablir des équilibres à certains niveaux de l'ordre social... Ainsi, de la même façon que l'auto constitue un régulateur de l'agressivité, l'inflation serait un régulateur de l'équilibre du système social, c'est-à-dire d'un équilibre institutionnalisé de forces antagonistes (classes, organisations, mouvements)[132]. »

Texte étonnant qui marque le point d'orgue d'une société libérée et apaisée par l'inflation et l'équipement automobile et qui, depuis, vit particulièrement mal les contraintes imposées par la désinflation et le bridage des rêves automobiles. La prétendue liberté offerte par l'acquisition d'une voiture n'a plus grand-chose à voir avec la réalité. Ainsi, alors que les déplacements effectués par les Français, mesurés par le nombre de voyageurs multiplié par les distances effectuées, ont considérablement progressé, le temps de transport quotidien est resté stable, proche d'une heure en moyenne. Aujourd'hui, un salarié sur quatre passe même plus d'une heure entre son domicile et son lieu de travail. En Ile-de-France, le coût des déplacements habituels hors vacances d'une famille absorbe en moyenne 25 % du budget des ménages et annule les économies de logement permises par un prix au mètre carré moins élevé que dans les zones proches des centres-villes. Sans compter que l'éloignement du lieu de travail et des lieux de sociabilité que sont redevenus ces centres-villes est source de fragilité et d'isolement culturel. Ce n'est pas un hasard si l'immobilier s'est aussi invité dans la problématique de l'automobile. Dans la relation aux dépenses contraintes, la facture de la mobilité en fonction de la résidence, même si elle est rarement calculée, est aujourd'hui essentielle, à une époque où l'automobile s'est progressivement transformée en « auto-immobile ».

Dans ce contexte, la contrainte – embouteillages, couloirs de bus, limitations de vitesse, difficultés de stationnement, bruit, pollution – devient plus importante que cette « sphère close d'intimité » que décrivait Jean Baudrillard à la fin des années 1960. Même si peu de Français acceptent aujourd'hui l'idée de se déplacer autrement. « La voiture, écrit le sociologue Bruno Marzloff, est aujourd'hui une routine avec laquelle les individus se sont construit leurs déplacements. D'ailleurs, les sondages sont éloquents : deux tiers des individus imaginent aisément des alternatives à l'automobile mais seuls quelques-uns sont prêts à s'en passer. Nous sommes prisonniers de notre management de la mobilité. Or, compte tenu des difficultés de stationnement et des embouteillages, la voiture n'a de sens que si elle est accessible, peut circuler et se poser là où on le souhaite. Son immobilisme forcé renvoie à une incohérence de l'offre urbaine et conduit évidemment à une incohérence des pratiques des automobilistes, voire à une délinquance[133]. »

Vélo-Liberté

L'automobile ne fait plus rêver. Elle n'est plus ce marqueur social auquel on rêvait des années durant avant de l'acquérir. Elle est simplement devenue un objet utile dont on étudie désormais le coffre comme on jauge la contenance d'un réfrigérateur. Que 14 % des Français disent se servir aujourd'hui d'un vélo pour se déplacer, au moins occasionnellement, en dit long sur les transformations en cours de la vie quotidienne qui devraient, à terme, alléger le prix de la contrainte. En 2006, plus de 3,5 millions de bicyclettes ont été vendues en France, une hausse de la consommation de 60 % en cinq ans qui en fait désormais le septième usager mondial derrière la Chine, les Etats-Unis, le Japon, l'Inde, le Brésil et l'Allemagne. Lorsqu'on sait qu'une demi-heure de vélo diviserait par deux le risque de maladie cardiovasculaire et que la bicyclette offre à la collectivité zéro pollution, zéro bruit, zéro énergie consommée et zéro agressivité, nul doute que cet antique moyen de transport pourrait contribuer à ralentir la marche du tapis roulant hédoniste qui a tant contribué à fausser la perception du pouvoir d'achat.

A cet égard, la percée des « valeurs féminines » rappelle étrangement les peurs de la Belle Epoque, quand les « femmes nouvelles » s'emparèrent du vélo, ce « partenaire technologique » de leur émancipation. Lorsqu'en 1896 on demanda à Sarah Bernhardt, qui n'incarnait pourtant pas la femme au foyer traditionnelle, d'évaluer l'impact des femmes cyclistes sur la société, elle exprima son inquiétude en ces termes : « Je crois que la bicyclette est en train de transformer nos mœurs plus profondément qu'on ne semble en général s'en douter. Toutes ces jeunes femmes, tous ces jeunes filles qui s'en vont dévorant l'espace renoncent pour une part notable à la vie intérieure, à la vie de famille... La considération morale doit l'emporter et j'estime que cette vie au-dehors, dont la bicyclette multiplie les occasions, peut avoir des conséquences dangereuses et très graves[134]. »

Et si le retour en vogue du Vélo-Liberté marquait la fin des contraintes et l'avènement d'un type de société plus soucieuse d'harmonie que de bien-être matériel ? En 1905, dans *L'Echo sportif de Nancy*, le docteur Martin écrivait : « La bicyclette est un instrument précieux d'instruction, et l'on ne saurait trop conseiller aux familles de suivre, autant que faire se peut, l'exemple de certains pères, et même de certaines mères, qui, profitant des congés de leurs enfants, partent à bicyclette avec eux et visitent les localités et les campagnes qui offrent quelque intérêt historique ou artistique. Si l'on désire étudier une région, y a-t-il un moyen de locomotion moins dispendieux et plus pratique que la bicyclette[135] ? » Une interrogation qui reprend de la vigueur au moment où l'exigence de développement durable bouleverse les valeurs héritées de la société industrielle.

Pour s'en convaincre en s'en amusant, voici le courrier adressé par un lecteur nantais âgé de 26 ans paru dans *Ouest-France* le samedi 9 avril 2005 : « Je me suis interrogé sur la vitesse moyenne réelle d'un automobiliste qui met 500 euros par mois dans sa voiture. Même si, sur autoroute, la vitesse maximum autorisée est de 130 km/h, on n'arrive généralement pas à dépasser les 100 km/h de vitesse moyenne sur ces longues étapes d'asphalte. Il faut compter les arrêts pour se reposer et souvent on ne s'en prive pas lors de ces longues étapes. Pour s'assurer que la vitesse moyenne sur autoroute ne dépasse pas les 100 km/h, il suffit d'observer les camions que l'on double deux fois sur les longs périples et qui ont profité de notre arrêt pour reprendre de l'avance. Sur les longs trajets sur routes nationales et départementales, la moyenne tombe à 60 km/h en respectant les limitations de vitesse. Avec les trajets quotidiens, davantage de trajets en milieu urbain, on s'aperçoit que la moyenne globale de l'automobiliste est de seulement 40 km/h. Soit la vitesse respectable d'une voiture sans permis ou soit encore deux fois la vitesse d'un vélo droit : 20 km/h ! Mais il faut ajouter à cela le "temps perdu à gagner de l'argent" pour se payer le droit de rouler en voiture. En me basant sur les 500 euros par mois qui représentent le coût total d'une voiture, j'ai compté qu'en moyenne les Français travaillent 650 heures par an pour se payer l'achat du véhicule, l'entretien, l'assurance et aussi les impôts pour entretenir la voirie. Avec mes 40 km/h de vitesse moyenne et sachant que les Français parcourent en moyenne 14 000 km par an (moins pour les essence et davantage pour les diesels), j'en déduis que les français roulent 350 heures par an (soit *grosso modo* une heure par jour, ce qui donne un bon ordre de grandeur).

« En cumulant le temps passé à travailler pour se payer ce droit au déplacement automobile et le temps réellement passé dans sa voiture pour se déplacer, on s'aperçoit que la vitesse moyenne tombe à 14 km/h (14 000 km / 350 h + 650 h).

« Ajoutons à cela les coûts sociaux et économiques engendrés par la pollution et la vitesse moyenne réelle tombe à 8 voire 6 km/h.

« Et j'en viens à la conclusion toute simple : à ce rythme-là, ne serait-il pas préférable que nous utilisions ce que la nature nous a donné, à savoir nos jambes ! Et j'ouvre cette réflexion sur l'intérêt que peuvent présenter les vélos couchés. Ces vélos sont jusqu'à 30 % plus efficaces que les vélos droits et on peut atteindre presque facilement des vitesses moyennes de l'ordre de 25 à 30 km/h. Quand on connaît la vitesse réelle d'une voiture, cela vaut le coup de se pencher sur la possibilité de remplacer sa voiture par un vélo efficace. »

24.

La vie fabuleuse d'Olivier B, facteur à Neuilly-sur-Seine

Réapprendre la frugalité pour acquérir la sagesse, consommer moins pour préserver la planète, gaspiller moins pour faire pièce aux dépenses ostentatoires de ceux qui tirent fierté de leurs yachts et de leurs montres de luxe, tel a été le pari d'Olivier B, dont la vie sert à mieux comprendre comment il est facile de se dégager du « prix de la contrainte » pour ceux qui aspirent au bien-être.

Même si l'écologie n'est pas son principal combat, Olivier B démontre aussi qu'il est tout à fait possible dans notre économie de marché de vivre plutôt bien avec moins de contraintes, et donc moins d'argent. Né il y a trente-quatre ans dans le département des Hauts-de-Seine, il travaille comme facteur, après avoir obtenu une licence d'histoire. Un métier qu'il a choisi par goût du service public et, surtout, pour les plages de liberté que lui offrent les 35 heures. Des plages de liberté qu'il utilise pour militer activement contre le système capitaliste et les entreprises du CAC 40. Son slogan qu'il décline pour les autres : « Notre vie vaut mieux que leurs profits. » Il avoue un salaire de 1 200 euros nets par mois. Véronique, sa compagne pacsée, qui est institutrice – un métier qu'elle a choisi par amour des enfants mais aussi pour avoir plus de temps libre à passer avec Olivier –, gagne après dix ans d'ancienneté 1 400 euros nets par mois. A eux deux – ils n'ont toujours pas d'enfants –, ils gagnent donc 2 600 euros nets par mois, desquels ils déduisent 120 euros d'impôt sur le revenu, soit à peu près le revenu médian disponible des ménages français.

Finalement plus porté sur la finance que la moyenne de leurs compatriotes – Olivier a lu *Le Capital* –, ce couple de militants du Nouveau Parti anticapitaliste a acheté avec beaucoup de flair un appartement de 55 mètres carrés dans le 18e arrondissement de Paris en 1999, à l'époque où l'immobilier était au plus bas, après le reflux amorcé en 1993. Payé à l'époque 148 000 euros, il en vaut aujourd'hui 250 000. Avec le petit apport fourni par les parents et un prêt à taux fixe sur quinze ans, ils remboursent 890 euros par mois, soit plus d'un tiers de leurs revenus. Ce qui leur permet de dénoncer, en connaissance de cause, le poids des dépenses contraintes. Une dépense contrainte qui leur permettra toutefois en 2014 – Olivier B aura alors 40 ans – de disposer d'un patrimoine équivalent à celui des Français moyens propriétaires de leur logement et d'être millionnaires en francs.

Parisiens, ils n'ont évidemment pas de voiture et se déplacent en vélo – l'outil de travail d'Olivier – ou à pied. Les vacances, étendues pour Véronique, ne sont pas fort coûteuses. Ils en passent une partie chez les parents d'Olivier, un couple francilien de professeur de physique et d'une psychologue scolaire, qui ont, comme 20 % des Franciliens et 10 % des Français, une résidence secondaire, située en Vendée. Pour le reste, ils se rendent régulièrement sur le site lastminute.com où, pour moins de 300 euros par tête, ils dénichent une semaine tout compris au Maroc ou en Tunisie. En décembre 2007, ils se sont même offert une croisière de sept jours sur le Nil pour le prix dérisoire de 500 euros par tête. Autant dire que leur budget vacances peine à atteindre 2 000 euros par an en moyenne, soit 6,5 % seulement de leurs dépenses annuelles.

Ils ne dépensent guère plus de 1 200 euros par an pour l'habillement, soit 3,8 % de leurs dépenses, exactement comme la moyenne des Français qui consacrent au poste habillement 3,7 % de leurs dépenses, contre 10 % en 1960 ! Quant au poste alimentation – ils ne boivent guère et ne fument pas –, il ne dépasse guère 400 euros par mois – soit un peu moins de 13 % de leurs dépenses annuelles, comme aussi la moyenne des Français. En fait, quand ils ne sont pas en campagne, l'occupation qui les stimule et leur procure l'essentiel de leur bien-être, Olivier et Véronique multiplient les séances au cinéma – avec une carte UGC illimitée à 18 euros par mois – et les soirées télé, surtout depuis qu'ils ont acheté sur le site RueduCommerce pour 740 euros un Samsung écran plat LCD de 82 cm, un vrai luxe permis par la mondialisation. Téléphone illimité, Internet et TV pour 29,90 euros par mois, cette dépense contrainte ne grève pas vraiment leur budget.

Au total, les dépenses d'Olivier B et de Véronique ne dépassent guère 2 000 euros par mois, ce qui leur laisse une marge confortable pour les menus loisirs culturels qu'ils affectionnent et pour placer quelques économies en assurance vie. Comme les Français, ils épargnent en effet près de 12 % de leur revenu, soit 300 euros par mois. D'où leur indignation quand le gouvernement a proposé de financer le RSA par une taxe supplémentaire de 1,1 % sur les produits de cette épargne fétiche. Quand on sait par ailleurs qu'ils n'ont aucun risque de perdre leur emploi et que leur régime de retraite est un des plus favorables qui soient (75 % de leurs six derniers mois de traitement brut), Olivier B et Véronique peuvent se dire que l'économie de marché administrée par l'Etat-providence a décidément bien fait les choses. Une raison de plus d'en faire des « révolutionnaires » paisibles et sympathiques, parfaitement adaptés à une société fortement déprimée, tant il est vrai que quand le bien-être est garanti, il n'est pas facile d'augmenter le niveau du bonheur.

C'était déjà la réflexion désabusée de Jean Fourastié qui écrivait, au terme de la plus formidable croissance du niveau de vie que la France eût connue : « Au cours de ces trente années, la France a brillamment et rapidement terminé la réalisation de son espoir d'affranchir son peuple des grands ravages physiques de l'humanité traditionnelle (famines, épidémies, disettes, misère, précarité de la masse des pauvres...) : c'est un succès. Mais elle a tenté en outre – elle a cru le pouvoir – réaliser, par ce progrès physique même, l'harmonie sociale et le bonheur personnel : c'est un échec... On commence à se rendre compte aujourd'hui que le bonheur, sentiment très lié à l'ardeur de vivre, est un sentiment global qui ne se constitue pas par apport d'éléments distincts, mais, à l'inverse, est donné sans calcul *à ceux qui ne le recherchent pas...* le bonheur n'est donné qu'à ceux qui acceptent les privations, les contraintes, la souffrance, le sacrifice ; à ceux qui possèdent l'abnégation, l'aménité, la courtoisie ; à ceux qui cultivent la charité ; à ceux qui se gênent et se dévouent, à ceux qui respectent et admirent, à ceux qui croient toujours recevoir plus qu'ils ne donnent ; à ceux qui ont du courage et de la *vertu*[136]. »

Jean Fourastié avait le sentiment que ce discours était démodé mais il était en même temps persuadé qu'il reviendrait non seulement à la mode mais s'imposerait aux sciences humaines. Comment une société peut-elle aujourd'hui exercer une influence sur le bonheur des individus qui la composent ? Cette question, formulée au siècle des Lumières par l'Anglais Jeremy Bentham, domine aujourd'hui la pensée de ceux qui ont compris que la prospérité ne suffit pas au bonheur, même si elle en est une condition nécessaire.

Cinquième partie

43,3 à 38,6

Evoquer les relations des Français avec l'argent revient le plus souvent à enfiler une série de lieux communs qui constitueraient le socle de l'identité française. De notre culture paysanne, on garderait le souvenir de l'argent caché sous les matelas, l'obsession de prévoir un pécule en cas de mauvaise récolte et la hantise d'en parler de peur de se faire voler. Au XVe siècle, Jacques Cœur, ancêtre prestigieux du capitalisme commercial, s'était déjà donné cette devise : « En bouche close, n'entre mouche. » Du catholicisme, on aurait retenu cette phrase prêtée à Jésus par ses apôtres : « Il est plus facile à un chameau de passer par le chas d'une aiguille qu'à un riche d'entrer au paradis. » Du marxisme, on resterait persuadé que l'argent est synonyme d'aliénation de l'homme et, comme le proclamait François Mitterrand, qu'il « ruine et pourrit jusqu'à la conscience de l'homme ». Du gaullisme, on se rappellerait que le Général avait affirmé en 1979 : « Mon seul adversaire, celui de la France, n'a aucunement cessé d'être l'argent. » De l'aristocratie, on aurait entretenu le modèle d'une élite qui oppose la morale de l'honneur à l'indignité de l'argent. De la bourgeoisie, on souhaiterait conserver le respect des règles de savoir-vivre, l'éducation artistique et culturelle et le goût pour les professions « honorables ». Autant de tabous qui amenaient Georges Bernanos à écrire en 1937 dans *Les Grands Cimetières sous la lune* : « Ce qui devrait nous remplir d'étonnement, c'est que même en ce monde qui lui appartient, l'argent semble toujours avoir honte de lui-même. » Autant de pudeurs que synthétisait avec humour le commissaire-priseur Pierre Cornette de Saint-Cyr dans ce propos : « J'ai récemment entendu un conservateur de musée prétendre que César ne pouvait pas être un bon artiste parce qu'il dînait au Fouquet's[137]. » Comme quoi ceux qui ont reproché à notre président de la République la nuit du 6 mai 2007 au même Fouquet's jusqu'à en faire une sorte de péché originel n'ont rien inventé.

A les en croire, ces masses de granite qui seraient le fondement de notre psychosociologie nationale et que consolideraient à intervalles réguliers les crises financières seraient insensibles à l'érosion et feraient de notre relation à l'argent et aux riches un tabou national qu'aucune thérapie ne pourrait exorciser. Rien n'est en fait moins sûr. Selon TNT Sofres en 2007, pour 58 % des Français, avoir de l'argent serait avant tout synonyme de sécurité et pour 44 % d'entre eux d'indépendance. Et plus de deux salariés sur trois auraient déjà « révélé » leur salaire à leurs collègues de travail. Paradoxalement, l'ISF n'a peut-être pas été étranger à cette évolution. En « frappant » désormais plus de 500 000 foyers, il a contribué à banaliser la richesse et à créer, pour la première fois de notre histoire, un parti de « masse », le parti des « riches » qui n'ont plus honte de l'être et que soude l'hostilité à un impôt que l'ensemble des autres pays européens ont pourtant renoncé à percevoir (voir annexe 11). Mieux, si l'administration fiscale juge « riche » un ménage disposant de 770 000 euros (seuil de déclenchement de l'ISF), les Français, plus au fait, placent la barrière à 1,5 million d'euros (les anciens milliardaires en centimes de francs) et même, pour les plus de 50 ans, à 2 millions d'euros. Surtout, le ratio nombre de décès sur nombre de successions déclarées atteint aujourd'hui 67,3 %, un ratio d'une ampleur inégalée qui s'explique par l'accroissement des petites successions : on se situe désormais à presque 100 000 successions de plus qu'il y a quinze ans, soit une augmentation de près de 40 %, sans compter les 500 000 donations enregistrées par an. Autant de chiffres qui montrent qu'il ne faudrait peut-être pas grand-chose pour que les Français souscrivent à l'affirmation de Guy de Rothschild dans ses Mémoires : « Gagner de l'argent n'oblige personne à salir son honneur ou sa conscience. »

En fait, il suffirait sans doute d'alléger ce qui pèse, d'éliminer ce qui excite et d'apaiser ce qui angoisse pour que Français et argent fassent enfin bon ménage. Réduire de 43,3 % à 38,6 % le poids de ce qu'on leur prélève, c'est-à-dire leur restituer en totale responsabilité près de 100 milliards d'euros, soit près deux fois le montant de l'impôt sur le revenu, suffirait peut-être à l'affaire.

25.

9 juin

Sur la base des chiffres de 2006, les habitants de l'Union européenne à quinze commencent à travailler pour eux le 19 mai. Pour les Français, il faut attendre le 9 juin !... Ce ne sont pas les contribuables associés en colère qui ont établi ce calendrier qu'on pourrait juger un tantinet poujadiste mais de respectables hauts fonctionnaires, auteurs du rapport établi sous la responsabilité de Christine Lagarde pour redéfinir la logique de notre système de prélèvements obligatoires. « La France se singularise par le niveau de son taux de prélèvements obligatoires qui s'élève à 43,9 % en 2006 (43,3 % en 2007), contre 38,6 % en moyenne dans l'Union européenne à quinze, précisent-ils. Les taux de prélèvements obligatoires du Royaume-Uni et de l'Allemagne s'établissaient au même niveau que les taux de prélèvements obligatoires de la France il y a quarante ans. Ils lui sont aujourd'hui inférieurs de 5 à 10 points[138]. » En 1965, ils s'élevaient en France à 34,5 % du PIB ; en 1975 à 36,9 %, en 1985 à 43,8 %, pourcentage qui est resté stable depuis. C'est donc bien entre 1975 et 1985, lors des présidences de Valéry Giscard d'Estaing et de François Mitterrand, que s'est creusé l'écart de cinq à dix points avec les autres pays de l'Union européenne : cinq points, précision utile, font 95 milliards d'euros ; dix points, 190 milliards !

La seule question qui mérite alors d'être posée est la suivante : les Français en ont-ils plus que les autres pour leur argent ? Sont-ils mieux formés, mieux éduqués, mieux défendus, mieux administrés, mieux soignés, mieux jugés, mieux employés que les autres ? Prélèvements obligatoires élevés et justice sociale ont-ils été indissociables ? Prélèvements obligatoires et performance économique ont-ils fait bon ménage ?

En faisant court, on pourrait dire qu'au fil du temps, la France a « bricolé » un système fiscal qui exaspère les riches, pénalise les entreprises et ne soulage pas les pauvres. Jamais autant qu'en 2008, au moment où se prépare le budget de la France pour 2009, une année qui promet d'être difficile, on n'aura autant cité l'article 13 de la Déclaration de 1789 des droits de l'homme et du citoyen aux termes duquel « pour l'entretien de la force publique, et pour les dépenses d'administration, une contribution commune est indispensable » et « doit être également répartie entre tous les citoyens, en raison de leurs facultés ». Une déclaration de principe, rappelée aujourd'hui avec force par Didier Migaud, le président socialiste de la Commission des finances de l'Assemblée nationale[139], mais qui pourrait inciter, en fait, à diminuer fortement ou même à supprimer totalement de notre paysage fiscal cet élément si familier, sinon plaisant, qu'est l'impôt sur le revenu. Proposition qui rallierait aujourd'hui, selon les sondages, 84 % des personnes interrogées et les réconcilierait peut-être avec l'argent.

En effet, contrairement à ce qu'on affirme souvent, la *progressivité* de cet impôt qui consiste à faire payer davantage les riches avait été rejetée par les révolutionnaires de 1789 en vertu de l'idée selon laquelle il fallait protéger le profit en tant que résultat et récompense du travail et du meilleur rendement. Pour les mutins de la Bastille, l'impôt devait se passer de l'« odieuse » déclaration des revenus et se contenter des signes extérieurs de richesse sans chercher à connaître la situation personnelle du contribuable. Un trait de mentalité collective hérité de l'Ancien Régime qui fait de toute enquête de l'administration fiscale une forme d'inquisition, en particulier dans les campagnes, et pour laquelle la défense de la liberté individuelle implique que les contacts entre le fisc et les contribuables soient le plus légers possible.

Des « vieilles » pas si « archaïques »

La seule « révolution » introduite par les députés de l'Assemblée constituante – et elle était de taille – était l'introduction de l'universalité de l'impôt dans une société désormais constituée d'individus égaux. Tout le monde devait payer. Un objectif d'universalité poursuivi depuis longtemps par la monarchie mais qui avait échoué du fait de l'opposition des privilégiés, dont le privilège consistait précisément à ne pas payer l'impôt. Ainsi furent établies quatre « contributions directes » qui devaient finir par être appelées les « quatre vieilles », du fait de leur extraordinaire longévité.

La contribution foncière, levée à partir du 1er janvier 1791, était « répartie par égalité proportionnelle sur toutes les propriétés foncières à raison de leur revenu net, sans autres exceptions que celles déterminées pour les intérêts de l'agriculture ». Seul le propriétaire était imposé sur la valeur locative de ses biens mais là encore, le montant de l'impôt n'était pas calculé directement en fonction des loyers effectivement perçus mais d'estimations d'une moyenne des valeurs locatives révisées tous les dix à quinze ans à l'occasion des grandes enquêtes organisées par l'administration fiscale pour recenser l'ensemble des propriétés bâties et non bâties du territoire national. A la veille de la Première Guerre mondiale, son produit s'élevait à 523 millions de francs, soit 43 % du total des « quatre vieilles ».

La contribution mobilière était due par tous les contribuables, locataires ou propriétaires, en fonction de la valeur locative de leur habitation principale. Certes, reconnaissaient les Constituants, le prix du loyer « n'est pas d'une sûreté parfaite, mais c'est à tout prendre le moins mauvais qu'on puisse choisir, étant incontestable qu'en général chacun est logé suivant ses facultés ». Un principe qui n'était pas si aléatoire. Ainsi, les loyers de 100 à 500 francs payés par les plus pauvres étaient présumés représenter le tiers de leur revenu et les loyers de plus de 20 000 francs payés par les plus riches, 8 % seulement de leur revenu. Or, que constate-t-on encore aujourd'hui selon la dernière enquête de l'INSEE sur les dépenses de logement ? Les Français les plus pauvres – ceux qui gagnent moins de 10 600 euros par an – consacrent 25 % de leurs revenus au logement et les plus riches – ceux qui gagnent plus de 25 000 euros par an –, seulement 11,6 %. Des pourcentages pas si éloignés de ceux enregistrés il y a deux siècles ! A la veille de la Première Guerre mondiale toujours, son produit s'élevait à un peu plus de 239 millions de francs, soit près de 20 % du total des contributions directes.

La contribution des patentes, elle, était due par les commerçants, les artisans et les industriels en fonction de la taille de leur entreprise et de barèmes fixés pour chaque profession, sans liaison encore avec les bénéfices effectivement réalisés qui n'avaient pas à être déclarés, toujours en partant du principe qu'il ne fallait pas frapper les activités industrielles et commerciales, source de la « richesse des nations ». A noter que le droit était réduit de moitié pour les indispensables boulangers et doublé pour les marchands de vin, les aubergistes, les restaurateurs, les fabricants de tabac et de cartes à jouer, toutes activités suspectées de porter atteinte à la morale publique. De 40 millions de francs à l'époque de Guizot, le produit des patentes s'éleva à 302 millions en 1914, une multiplication par plus de sept qui mesure, à sa manière, le formidable enrichissement de la France au XIXe siècle.

Enfin, la contribution sur les portes et fenêtres venait compléter le dispositif en essayant, comme aujourd'hui l'ISF, de taxer la fortune sur les signes extérieurs de richesse de l'habitation. Acquittée par l'occupant et non par le propriétaire, cette taxe était la même quel que soit le type de maison. Elle était fondée uniquement sur le nombre d'ouvertures, qui devait suffire dans l'esprit du législateur à en indiquer l'importance et, surtout, permettre au fisc de déterminer l'impôt sans avoir à pénétrer dans la maison du contribuable. De Guizot à 1914, le produit passa de 30 millions de francs à 131 millions, autre signe d'une aisance qu'on ne cherchait pas tant à dissimuler.

Au total toutefois, ces impôts directs pesaient peu. Au moment où s'ouvrit, en 1907, le débat sur la création d'un impôt sur le revenu, une enquête réalisée par les services du ministère des Finances estimait que le taux effectif d'imposition sur les revenus annuels inférieurs à 1 250 francs s'élevait à 1,38 % et pour les revenus annuels supérieurs à 20 000 francs à 1,62 %. L'essentiel des ressources de l'Etat provenait donc moins de l'impôt prélevé sur les revenus que des multiples taxes, plus ou moins indolores, qu'étaient les droits d'enregistrement et de timbre, les taxes douanières, les droits sur le sucre ou les produits des diverses exploitations dont l'Etat avait le monopole comme les allumettes, le tabac, les poudres à feu, les postes, les télégraphes et téléphones. A eux seuls, les droits de douane sur les produits importés (777 millions de francs) représentaient plus de 15 % du total des recettes de l'Etat. Les impôts sur les boissons (438 millions de francs) équivalaient presque au produit des contributions foncières. Quant aux recettes liées au monopole des tabacs (541 millions de francs), elles couvraient, en année pleine, le tiers de la dette publique

(1,29 milliard de francs). Des droits indirects qui faisaient dire à Bismarck en 1881 : « Quand je songe que l'impôt des boissons en France rapporte 450 millions de francs, que le tabac rapporte presque autant, le timbre et l'enregistrement davantage, j'en éprouve une certaine humiliation, et je me dis : Est-ce que nous serions moins intelligents que les Français[140] ? » Ainsi, en 1913, les impôts directs ne représentaient que 17,7 % du total des prélèvements fiscaux, contre 32,4 % en Allemagne, 46 % au Royaume-Uni, 52 % aux Pays-Bas et 57,6 au Danemark. Au total, le poids de tous les impôts prélevés en 1913 s'élevait à un peu plus de 5 milliards de francs, soit 12 à 13 % du PIB. A cette date toujours, le montant total des impôts par habitant s'élevait à 128 francs, contre 34 francs à l'époque de Guizot. Au Royaume-Uni, pour la même période, la charge était passée de 48 à 110 francs. Toujours à la veille de la Première Guerre mondiale, les Allemands payaient un peu moins de 100 francs par habitant, les Italiens 110 francs.

Certes, dans la mesure où l'impôt progressif sur le revenu apparaît comme l'instrument d'une plus grande justice sociale, on peut penser que la France prenait du retard sur la modernité et appliquait un système d'imposition injuste. Reste qu'en la matière, les disparités entre les systèmes fiscaux – l'impôt sur le revenu a été institué en 1842 au Royaume-Uni, en 1849 en Autriche, en 1861 en Suède, en 1864 en Italie, en 1892 en Norvège et aux Pays-Bas – reflètent avant tout les pesanteurs de l'histoire politique, sociale et culturelle des nations et constituent un élément de l'identité de chacune d'entre elles. A la veille de la Grande Guerre, une majorité de Français, même de gauche ou d'extrême gauche, étaient hostiles à toute véritable réforme en ce domaine, persuadés que la fiscalité mise en œuvre par la Révolution de 1789 était la meilleure garante des libertés individuelles. Pour eux, et la leçon mérite toujours d'être méditée, une « bonne » fiscalité était une fiscalité qui était facile à percevoir sans qu'il y ait trop de fraude et d'injustice, dont le coût de perception était le plus faible et qui possédait enfin de l'« élasticité », c'est-à-dire une capacité à s'adapter aux fluctuations des revenus et des prix. Ainsi, même s'il est de tradition de s'en moquer, les impôts sur les signes extérieurs de richesse qu'étaient au début du XXe siècle les voitures, les chevaux, les billards, les chiens et les vélocipèdes avaient l'avantage d'être faciles à déterminer, et donc d'un coût de perception limité. En fait, comme l'écrit Patrick Verley en opposition à Thomas Piketty, cette fiscalité française « n'était pas si inégalitaire et si désuète qu'on l'a prétendu... Elle se combinait avec les activités financières de l'Etat pour déterminer les fluctuations des capacités d'épargne des classes moyennes et supérieures, et donc leur propension à exporter des capitaux. L'ampleur du mouvement d'exportation de capitaux n'a sans aucun doute pas été sans rapport avec la légèreté relative de la fiscalité directe qui touchait les classes moyennes et supérieures[141] ».

N'est-ce pas Brissot qui, le 28 décembre 1792, dans un article intitulé « Egalité de fait », posait un problème qui reste d'actualité : « Dans toute démocratie, les lois doivent détruire et prévenir la trop grande inégalité *de fait* entre les citoyens, sans cela l'égalité de *leurs droits* serait une chimère : l'indigent se vendrait au riche, et celui-ci dominerait. Mais ces institutions favorables à l'égalité doivent être introduites sans commotion, sans violence, sans manquer au premier des droits sociaux, la *propriété*... Le partage des terres serait la plus funeste des mesures : elle serait injuste et meurtrière ; injuste en ce qu'elle dépouillerait de légitimes propriétaires ; inutile, parce que le lendemain du partage, la mollesse, le luxe de la plupart ramèneraient, par des ventes, l'inégalité des possessions ; meurtrière, en ce que les citoyens s'entr'égorgeraient avant la fin de ce partage, en ce que toute industrie (on dirait aujourd'hui activité) serait éteinte, et que, dans peu, des milliers de citoyens périraient de faim et de misère[142]. » Même son plus féroce ennemi, Hébert, le guillotineur enragé, écrivait en 1793 dans le 192e numéro du *Père Duchêne* : « Je ne prêche pas ce que les beaux esprits appellent la loi agraire. Car, suivant le calcul d'un fameux arithméticien, si les terres étaient partagées, nous n'aurions tous chacun que quarante écus de rente, ce n'est pas le Pérou. Il n'est pas possible d'établir l'égalité parfaite de fortune : car, en supposant que chaque citoyen eût un champ, un pré, un jardin, une petite métairie, celui qui saurait le mieux cultiver sa terre, qui aurait plus de force ou d'industrie, serait bientôt plus riche que son voisin[143]. »

Le mythe de la progressivité

Il ne faudrait donc pas exagérer l'ampleur de la « rupture » introduite par la loi du 15 juillet 1914 instituant l'impôt sur le revenu. Considérés par la gauche de l'époque comme un indispensable instrument de redistribution et de justice sociale, les taux du premier barème progressif de l'impôt sur le revenu s'échelonnaient entre 0,4 % et 2 % et le taux marginal d'imposition applicable aux revenus les plus élevés était de 2 % ! Des taux qui permettaient aux riches de se rallier sans grands états d'âme à Jaurès qui déclarait : « Dans une société où celui qui ne possède pas a tant de peine pour se défendre, tandis au contraire que celui qui possède de grands capitaux voit sa puissance se multiplier non pas en proportion de ces grands capitaux mais en progression de ces capitaux, l'impôt progressif vient corriger une sorte de progression automatique et terrible de la puissance croissante des grands capitaux[144]. »

Sauf que la guerre, ses énormes besoins financiers, puis ses ruines à relever emballèrent la progressivité du nouvel impôt. Dès 1916, le taux marginal appliqué à la fraction des revenus les plus élevés fut porté à 10 %, puis à 20 % en 1918, à 50 % en 1920 puis – record absolu – à 90 % en

1925 sur les contribuables célibataires les plus riches ! Un taux qui fut ramené à 70 % sous le régime de Vichy, puis à 60 % en 1945 et à 40 % en 2007 – après un rebond à 65 % entre 1982 et 1986 – mais en intégrant l'ancien abattement de 20 %.

Lors de l'imposition des revenus de 1915, moins de 2 % des foyers eurent à déclarer leurs revenus et à acquitter le nouvel impôt ; aujourd'hui, sur les 35,6 millions de foyers fiscaux enregistrés en 2007, 19 acquittent l'impôt sur le revenu – soit 53,3 % de l'ensemble, un bond spectaculaire en un siècle, mais un groupe limité.

Et alors que le taux moyen d'imposition pouvait dépasser 30 % pour les plus riches dans l'entre-deux-guerres, il dépasse à peine 20 % aujourd'hui. Ainsi, en 2007, les 493 000 foyers fiscaux les plus riches, qui ont déclaré 100,4 milliards d'euros de revenu, ont acquitté 18,9 milliards d'euros d'impôt sur le revenu, soit 18,9 % de leurs revenus déclarés. Les deux millions de foyers suivants qui ont déclaré 133,2 milliards d'euros de revenu ont acquitté 12,7 milliards d'euros, soit 9,5 % de leurs revenus. Au total toutefois, ces 2,5 millions de ménages français, qui représentent 7 % de l'ensemble des ménages et encaissent 29,8 % de la totalité des revenus, auront assuré près de 70 % du montant total de la recette fiscale (voir annexe 4).

Une recette fiscale d'un peu moins de 46 milliards d'euros qui continue à alimenter les débats, à monopoliser l'attention, à exciter les passions mais qui, en fait, pèse moins aujourd'hui qu'hier dans l'ensemble des prélèvements obligatoires. En 2007, cet impôt progressif sur le revenu tellement chargé d'histoire ne représentait plus que 5,6 % de l'ensemble des prélèvements obligatoires (818,9 milliards), soit bien moins qu'avant l'instauration de l'impôt sur le revenu ! En pourcentage des seules recettes fiscales de l'Etat central, il en représente 15,8 %, soit moins qu'en 1913 ! Aux Etats-Unis, ce pourcentage est de 34,7 %, au Royaume-Uni, de 28,7 %, en Suisse, de 34,8 %, en Suède, de 31,4 %, en Belgique, de 30,8 % et en Allemagne de 22,8 %.

Mieux encore, aujourd'hui, le montant de cet impôt, dont la perception coûte par ailleurs trois fois plus cher qu'aux Etats-Unis et en Suède et moitié plus qu'au Royaume-Uni, atteint deux autres montants encore plus symboliques. En 2009, la recette prévue sera sans doute inférieure au montant du déficit envisagé, de l'ordre de 52 milliards d'euros, et à coup sûr inférieure de moitié à la charge totale annuelle de la dette (intérêts et capital), qui s'élève à 165 milliards d'euros ! D'où l'exaspération de ceux qui acquittent 70 % de l'impôt sur le revenu et qui ont le sentiment de payer pour éponger les gaspillages d'un Etat qui, depuis trente ans, a laissé s'empiler les déficits et la dette sans améliorer la compétitivité de l'entreprise France.

26.

L'incitation à sortir de France (ISF)

Cet agacement n'est rien comparé à celui qui saisit, chaque mois de juin, les contribuables assujettis à l'ISF. Instauré en 1982 par le gouvernement de Pierre Mauroy (sous l'appellation d'« Impôt sur les grandes fortunes », IGF), l'ISF (depuis 1988) est en effet devenu moins un impôt qu'un élément d'une bataille idéologique révélatrice des relations historiques qu'entretiennent les Français avec l'argent. Expression caricaturale de l'absurdité de la pression fiscale pour les riches, restant pour les pauvres le signe indispensable d'une redistribution juste, cet impôt a rapporté à l'Etat 4,4 milliards d'euros en 2007, soit 1,5 % des recettes fiscales nettes et moins de 0,5 % des prélèvements obligatoires. Cet impôt qui, pour François Mitterrand, devait frapper les milliardaires ne concerne en fait que les millionnaires car il exonère les biens qui représentent en fait la part la plus importante des grandes fortunes : non seulement les biens professionnels mais aussi les actifs « somptuaires » comme les œuvres d'art ! En somme, échappe à cet impôt l'essentiel de la richesse, qui consiste aujourd'hui d'abord à être propriétaire de son entreprise et à y travailler, une réalité fort éloignée de l'image éculée du rentier oisif qui s'enrichit en dormant.

Fort mal pensé – dans la mesure où cet impôt relevait surtout de la mythologie héritée du XIXe siècle – et fort mal construit – dans la mesure où il n'est même pas, comme à l'époque de l'empereur Auguste, une taxe « somptuaire » –, l'ISF est une passoire. Pour le sénateur socialiste Michel Charasse, il était « naïf de le créer en 1981, et bête de le rétablir en 1988 ».

Comme toujours en France, il existe très peu d'études sérieuses sur son efficacité. Du coup, chacun se croit autorisé à avancer des chiffres plus ou moins fantaisistes, ce qui a pour résultat de réduire les débats à un jeu de postures. Président de la Commission des finances du Sénat, Philippe Marini estime que « les fuites de bases imposables vers l'étranger » atteignent environ deux milliards d'euros par an, soit un peu moins que la moitié du montant de l'impôt collecté. De leur côté, certains cabinets d'avocats fiscalistes qui conseillent les contribuables aisés, et sont donc à ce titre en principe informés de leurs décisions, estiment que les sorties de capitaux imputables à l'existence de l'ISF seraient comprises entre 75 et 150 milliards d'euros.

Pour tenter d'y voir clair, l'institut Montaigne a d'abord évalué l'évolution du nombre de Français immatriculés à l'étranger[145]. De 1995 à 2006, le nombre de Français inscrits résidant hors de France a augmenté de 52 % et le phénomène s'accélère. De 2005 à 2006, le stock d'expatriés inscrits a encore augmenté de 8,4 %. Autre indice concordant : si on compare l'évolution du nombre de Français immatriculés en Suisse, au Luxembourg ou en Grande-Bretagne à celle du nombre de Français vivant à l'étranger, on observe que ces pays peu « exotiques » ont connu une croissance bien plus forte, qu'il ne faut donc pas attribuer à la durée de l'ensoleillement.

L'institut Montaigne a également tenté d'estimer ce qu'aurait dû être le produit de l'ISF en 2006 si les patrimoines qui étaient présents sur le territoire national en 1997 l'étaient encore à cette date. Résultat : le patrimoine moyen d'un redevable de l'ISF en 1997 aurait crû de 114 % entre 1997 et 2006. En appliquant les barèmes de 2006, on peut ainsi évaluer un ISF théorique pour 2006 à

5,6 milliards d'euros, soit environ deux milliards de plus que ce qui a été effectivement perçu en 2006. Si l'on intègre en plus dans le périmètre de l'ISF les nouveaux foyers (270 000) assujettis en raison de la hausse des prix de l'immobilier, au premier chef, le décalage est encore plus significatif. Sur la base des données publiées par le ministère de l'Economie et des Finances, 130 milliards d'euros de capital sont bien sortis du pays entre 1997 et 2006 et sans doute 200 milliards depuis la création de cet impôt. En leur appliquant l'impôt sur le revenu et la TVA sur la consommation, l'ISF a donc coûté plus aux finances de l'Etat qu'il ne leur a rapporté. Un exemple unique dans l'histoire de la fiscalité qui explique sans doute que la France est aujourd'hui dans l'Union européenne le seul pays à avoir maintenu cet impôt sur le patrimoine.

Pour prendre la mesure de cette absurdité, on peut aussi se livrer à une étude simple de rendement. Aujourd'hui, un placement prudent permet de dégager 4 % de rentabilité annuelle, avant inflation, soit un peu moins de 2 % après inflation. Comme le taux marginal appliqué aux fortunes de plus de 16 millions d'euros est de 1,8 %, le patrimoine des plus riches ne procure donc aucun revenu ! Mieux encore, l'ISF pénalise aussi ceux qui seraient tentés de revenir en France. En effet, les Français expatriés qui travaillent sont généralement bénéficiaires d'un système de retraite par capitalisation. Ils sont alors mécaniquement plus riches que les Français qui cotisent à un système de retraite par répartition. S'ils revenaient en France pour leur retraite en jouissant des revenus de leur capital, ils subiraient une double peine : non seulement ils seraient taxés sur les revenus de ce capital, au titre de l'impôt sur les revenus, mais encore à l'ISF sur la valeur de leur patrimoine !

Plus cocasse encore, les 493 000 foyers fiscaux qui perçoivent plus de 97 000 euros de revenus par an, soit 1,3 % des foyers français, payent plus de 40 % de l'impôt sur le revenu collecté, soit 18,9 milliards d'euros. Dans cette catégorie de la population, les traitements et salaires s'élèvent à 41 % des revenus, générant environ 25 milliards d'euros en cotisations sociales, salariales et patronales. En supposant qu'ils consomment seulement 70 % de leur revenu net, ils acquittent en outre plus de 5 milliards d'euros de TVA sur leur consommation. L'ensemble de ces foyers rapportent ainsi, par leur activité et leur consommation, 48,5 milliards d'euros (un peu plus que l'impôt sur le revenu), soit environ, pour chacun d'entre eux, 100 000 euros aux finances publiques et aux caisses de sécurité sociale. Même si l'on ignore les effets d'entraînement que cette population de riches a sur l'économie française, une simple règle de trois démontre qu'il suffit que seuls 8 % d'entre eux s'expatrient pour que l'ISF ait un rendement fiscal négatif, soit 3 600 foyers par an sur les 150 000 Français qui s'expatrient maintenant chaque année.

Enfin, parmi les partants, beaucoup sont des entrepreneurs dynamiques, l'âge moyen des « délocalisés » étant désormais de 53 ans alors que l'âge moyen des redevables à l'ISF est de 66 ans. En 2001, selon Florence Parly, alors secrétaire d'Etat au budget, les contribuables expatriés (en 1998 et 1999) avaient en moyenne un revenu de 46 % supérieur à celui du contribuable moyen. Enfin, nombreux sont aujourd'hui les Français à fort potentiel qui s'expatrient avant de céder leur entreprise, donc avant d'être riches, c'est-à-dire avant d'avoir transformé leurs actions non imposables en patrimoine imposable. Un magnifique cadeau fait aux étrangers qui n'en demandaient pas tant. Yves de Jonghe, député bruxellois, déclare à ce sujet : « Chez nous, les restaurateurs, magasins de luxe, agents immobiliers, banquiers et autres commerçants ne craignent qu'une chose : que la France supprime l'ISF et que ces exilés dorés ne quittent le pays pour retrouver leur mère patrie[146]. » Car les riches, il faut le rappeler, le sont devenus le plus souvent moins par héritage qu'en créant ou reprenant une ou plusieurs entreprises. Leur expertise en ce domaine, leur richesse accumulée et leur réseau de relations en font souvent les sources de financement privilégiées des entreprises, et notamment des PME. Au total, ces sorties de capitaux correspondraient à plus de 200 000 emplois perdus. Si l'on suppose que ces travailleurs auraient gagné le salaire moyen, la perte pour l'Etat en cotisations sociales, en impôt sur le revenu et en TVA s'élèverait par an à 6,5 milliards d'euros. Au total, selon Patrick Artus, l'ISF « coûterait en TVA non perçue ce qu'il rapporte[147] ».

Qu'importe, répondent ceux qui plaident pour un impôt sur le patrimoine qui serait la clé de voûte de l'équité de notre système fiscal ! Suivons-les... En allouant le produit de l'ISF aux 16,6 millions de foyers exonérés de l'impôt sur le revenu, on obtiendrait un revenu complémentaire de 22 euros par foyer et par mois. Certes, une somme non négligeable pour les bénéficiaires mais qui changerait difficilement la nature des inégalités en France. Les riches, il faut le rappeler, sont en effet la principale source des recettes fiscales et des cotisations sociales. Donc moins il y aura de riches, plus la contribution des pauvres aux charges communes sera élevée ! En fait, l'ISF, qui se veut un instrument de solidarité sociale et de réduction des inégalités, en est le principal obstacle par l'évasion qu'il provoque.

Pour être rude, le constat de l'économiste Christian Saint-Etienne est précis : « La France a fait une expérience de laboratoire inédite dont l'objet était le suivant : peut-on démontrer qu'en portant simultanément un coup terrible aux deux moteurs de la croissance que sont l'accumulation de capital et l'effort au travail, on peut casser la dynamique industrielle[148] ? » Résultat de cette expérience tentée en 1996-1998 : le capital productif est massivement parti à cause d'un ISF plus lourd, la croissance a chuté, le pouvoir d'achat stagne et les parts de marché à l'international de la France se dégradent à cause des 35 heures.

Là où l'économiste s'indigne à juste raison, l'historien

s'attriste seulement de constater que cet impôt unique en son genre est chargé d'une telle force idéologique qu'aucun gouvernement, de droite comme de gauche, n'a osé le remettre en cause. Pour la gauche, il a tellement nourri les succès de tribune et les stratégies de congrès qu'il s'inscrit dans un héritage de lutte contre le capital à laquelle elle ne peut renoncer. Pour la droite, qui l'a aboli en 1986 et qui, dans la foulée, a perdu les élections présidentielles de 1988, il reste un impôt tabou qu'il serait suicidaire de supprimer.

27.

Au royaume d'Ubu fisc

Restent alors les « niches » pour apaiser les riches et complexifier si besoin était une fiscalité qu'Ubu même n'aurait jamais pu imaginer. On en compte aujourd'hui 486 selon certains – dont 189 applicables à l'impôt sur le revenu, 507 selon d'autres. Depuis 2003, leur rythme de création est de 14 par an alors que, du début des années 1980 à 2003, on n'en a recensé « qu' » une centaine supplémentaire ! Depuis 2003 toujours, leur coût est passé de 50 milliards d'euros (soit 3 % du PIB et 20 % des recettes fiscales nettes) à 73 milliards d'euros en 2008 (soit près de 27 % des recettes fiscales nettes et 3,8 % du PIB). Ces « dépenses fiscales » en termes techniques – c'est-à-dire des manques à gagner pour les recettes de l'Etat – sont devenues un élément essentiel des politiques publiques. Elles représentent en moyenne un quart des ressources des missions du budget de l'Etat. Parmi elles, dix missions sont constituées à plus d'un tiers par ces niches. Et pour huit de ces dix missions, les niches sont supérieures aux crédits de paiement prévus par la loi de finances. Ubu toujours, dans la mesure où ces moyens de financement des politiques publiques ne sont pas nécessairement soumis à l'examen régulier du Parlement.

Un moyen privilégié pour l'Etat de financer ce qu'il ne peut plus faire, de s'appuyer sur les riches pour se substituer à lui, d'alimenter la haine des pauvres qui peuvent s'indigner de voir les riches échapper « au glaive de la justice fiscale » – l'expression est de Didier Migaud, le président de la Commission des finances de l'Assemblée nationale – et se soustraire au seul impôt qui compte à leurs yeux – puisqu'ils ne le paient pas –, ce symbolique impôt sur le revenu. Ainsi, 10 % des contribuables dont les revenus imposables sont les plus élevés ont pu réduire leur impôt de plus de 25 %, et 116 des 1 000 contribuables ayant déclaré les revenus imposables les plus élevés au titre de 2006 ont pu réduire leur impôt effectivement dû de 93 %. Chacun de ces contribuables a ainsi réduit son impôt de plus d'un million d'euros. Enfin, parmi les 10 000 contribuables les plus riches, 150 n'ont pas payé d'impôt, ou ont même obtenu une restitution du Trésor public, alors que leur revenu fiscal de référence était en moyenne de l'ordre d'un million d'euros.

Des niches pour tous

Au total, ces niches pour les 100 000 Français les plus riches ont représenté un manque à gagner pour les finances publiques de 1,5 milliard d'euros en 2006, soit *3 % seulement du montant total de l'impôt sur le revenu !* Beaucoup de bruit et de fureur une nouvelle fois pour rien, ou presque. A elle seule, la réduction d'impôt pour l'investissement outre-mer représente la moitié de cette somme. Héritage historique d'une colonisation aveugle largement financée par le contribuable métropolitain, cet investissement porte aujourd'hui à bout de bras des territoires sous perfusion. Faut-il le regretter ? Comme le souligne le rapport d'information déposé le 5 juin 2008 à la présidence de l'Assemblée nationale, « si la situation économique et sociale de l'outre-mer demeure globalement moins favorable que celle de la métropole, les collectivités ultramarines sont entrées dans une dynamique de développement assez soutenue depuis une quinzaine d'années. Depuis le début des années 1990, la croissance du PIB y a été en moyenne nettement supérieure à celle de l'Hexagone, de un à deux points selon les territoires... Globalement plus dynamique qu'en métropole, la croissance ultramarine est tirée, notamment, par un niveau d'investissement supérieur. Entre 1993 et 2002, le taux d'investissement national a été stable, autour de 19 % ; sur la même période, le taux d'investissement des DOM, plus fluctuant, a été en moyenne supérieur de six points[149]. » Dans un rapport de juillet 2006, l'Inspection générale des finances et l'Inspection générale de l'administration notent bien que, « dans la mesure où elle constitue une aide à l'investissement », la défiscalisation offerte aux foyers fiscaux les plus riches « contribue directement au développement de l'appareil productif, ainsi qu'à sa modernisation ». Selon le secrétariat d'Etat à l'Outre-Mer, les dispositifs de défiscalisation expliqueraient environ 20 % des investissements enregistrés sur ces territoires en 2006.

Faut-il s'indigner de voir ainsi les riches contribuables métropolitains assurer outre-mer les missions que l'Etat n'a plus les moyens de financer, en raison d'un déficit et d'un endettement croissants et économiser sur leurs impôts environ 800 millions d'euros, soit le millième des prélèvements obligatoires ? Faut-il s'indigner aussi de les voir réduire une nouvelle fois leurs impôts de 150 millions d'euros pour investir dans la réhabilitation des 97 secteurs sauvegardés ou dans la préservation de monuments historiques et immeubles assimilés ? Ce patrimoine d'une valeur inestimable qui assure l'emploi de 500 000 personnes dans les domaines de l'architecture, des métiers d'art, du tourisme et de la culture nécessiterait un plan d'urgence d'au moins 400 millions d'euros par an que l'Etat n'a plus les moyens de dégager. A elle seule, la loi Malraux de 1962, dont la vocation est la réhabilitation des centres-villes dégradés et qui permet à 3 500 riches de soustraire

100 millions d'euros de leur impôt génère un chiffre d'affaires de 400 à 600 millions d'euros, essentiellement pour des artisans et des PME spécialisées. Le maire de Carcassonne, le 2 septembre 2008, écrit au président de la Fédération des maires de villes moyennes : « La ville de Carcassonne bénéficie depuis 1997 d'un périmètre de restauration immobilière sur le secteur sauvegardé de la bastide Saint-Louis. En dix ans, ce sont plus de 58 millions d'euros qui ont été investis en bastide Saint-Louis par le biais de ce dispositif et injectés dans l'économie locale. Quatre cent trente logements vacants ont ainsi été remis sur le marché, soit 14 % des logements du centre-ville de Carcassonne. Ce même dispositif a par ailleurs permis la réhabilitation de 55 friches commerciales... Si le dispositif Malraux venait à être mis en cause, c'est la pérennité même de nos investissements et l'ambition politique pour notre centre-ville qui se verraient remises en cause. » Est-on sûr, en effet, qu'en interdisant aux riches de bénéficier de cette niche, l'Etat assurera une meilleure équité fiscale et remplira mieux ses missions d'intérêt général ? On peut raisonnablement en douter.

En outre, contrairement à la pensée commune, les pauvres aussi bénéficient de ces niches à l'architecture baroque. Alors que les 100 000 Français les plus riches peuvent réduire leurs impôts de *1,5 milliard d'euros*, les 9 millions de Français les plus pauvres se voient verser une mal nommée « prime pour l'emploi » à l'efficacité incertaine de *4,2 milliards d'euros*. Dans un de ses rapports publiés en février 2006, la Cour des comptes constate que « l'efficacité du dispositif apparaît limitée au regard de chacun de ses deux objectifs : la prime semble n'avoir qu'un faible impact sur l'offre de travail et l'emploi et n'améliore que marginalement le revenu disponible des bénéficiaires[150] ». Un esprit mal tourné en déduirait qu'il vaut mieux permettre aux riches de payer moins d'impôts que de distribuer de l'argent aux pauvres. Deux défauts majeurs pénalisent en effet cette niche de 4,2 milliards d'euros. Le premier est que le dispositif est peu ciblé, ce qui entraîne des versements faibles : en moyenne 280 euros. La Cour des comptes cite ainsi l'exemple d'un célibataire sans enfant : en passant du RMI à un emploi à mi-temps rémunéré au SMIC horaire, son gain financier progresse de 47 euros à 79 euros par mois. Une « prime » en fait à ne pas chercher d'emploi. Deuxième défaut, le « manque de visibilité » de la prime, que ce soit pour ses bénéficiaires effectifs et potentiels. Comme elle est rattachée à l'impôt sur le revenu, elle n'est perçue qu'avec un décalage de neuf à dix-huit mois. Ensuite, son mode de calcul complexe et ses conditions d'attribution ont pour conséquence qu'un bénéficiaire sur quatre ne peut déterminer s'il la recevra l'année suivante. Troisième défaut : l'effet sur l'emploi – contrairement aux niches des riches – « est encore plus incertain ». Surtout qu'elle a tendance à « décourager l'activité du second travailleur dans les couples actifs, en raison de la contrainte du plafond de revenu » ! Quatre milliards deux cent mille euros, faut-il le rappeler, en manque à gagner pour l'impôt sur le revenu, soit trois fois le montant des « cadeaux » accordés aux riches, moins nombreux, certes, mais aux niches plus utiles à la collectivité.

Autre niche accordée aux pauvres : la demi-part supplémentaire pour les personnes seules ayant eu un ou plusieurs enfants à charge, 1,6 milliard d'euros, soit à l'euro près le montant des niches qui ont permis de sortir l'outremer du marasme et les centres historiques du délabrement. Faut-il encore citer, dans cette forme d'inventaire à la Prévert, l'abattement de 10 % sur le montant des pensions et retraites – 2,55 milliards d'euros –, l'exonération d'impôt des prestations familiales et assimilées et de l'allocation pour adultes handicapés – 1,7 milliard d'euros –, l'exonération des indemnités et prestations servies aux victimes d'accidents du travail ou de maladies professionnelles – 850 millions d'euros... ?

En fait, et c'est bien là l'originalité de notre fiscalité d'« Ancien Régime », tous les Français sont titulaires d'une niche : 24 millions bénéficient de l'exonération des intérêts des livrets A. Neuf millions de la prime pour l'emploi. 2,6 millions voient réduire leur impôt sur le revenu au titre de l'emploi d'un salarié à domicile. 1,7 million déduisent de leur impôt leurs cotisations versées aux organisations syndicales représentatives de salariés. 4,6 millions sont exonérés de l'impôt sur l'allocation logement et l'aide personnalisée au logement. 1,2 million d'élèves et étudiants sont exonérés de l'impôt pour les indemnités de stage en entreprise. 200 000 sapeurs-pompiers volontaires bénéficient de l'exonération des vacations horaires et des avantages retraite. 12,3 millions bénéficient de l'abattement de 10 % sur le montant des pensions et des retraites. 436 000 bénéficient d'une demi-part supplémentaire parce qu'ils ont plus de 75 ans et qu'ils sont titulaires de la carte du combattant (leurs veuves en bénéficient aussi). 950 000 voient réduire leur impôt pour frais de scolarité de leurs enfants dans l'enseignement supérieur et 2, 7 millions pour frais de scolarité dans l'enseignement secondaire. 1,3 million bénéficient d'un crédit d'impôt pour frais de garde d'enfants âgés de moins de trois ans. 6,1 millions bénéficient de l'abattement en faveur des personnes âgées ou invalides de condition modeste. 6,7 millions réduisent leurs impôts en ayant accordé des dons...

Le bonheur est dans le bouclier

C'est même le bouclier fiscal tant fustigé par la gauche qui bénéficie aussi aux pauvres ! Ainsi, selon les statistiques fiscales, dont la lecture est toujours à recommander à ceux qui veulent dépasser les mythes, 234 397 ménages pourraient bénéficier en 2008 du nouveau bouclier fiscal fixant l'imposition maximale possible (y compris la CSG, la CRDS et les taxes foncières et d'habitation) à 50 % des revenus. Sur ces 234 397 ménages, les « super-riches », ceux dont le patrimoine est supérieur à 15,3 millions d'euros et les revenus supérieurs à la dernière tranche de l'impôt sur le revenu – 41 297 euros par part –, sont exactement 1 001, et le manque à gagner de ce nouveau bouclier pour le Trésor serait – si tous réclamaient la restitution de l'impôt trop versé – de 263 millions d'euros. A l'opposé de l'éventail de la richesse, les ménages pauvres qui pourraient, eux aussi, bénéficier du bouclier sont 194 136. Ce sont les ménages qui ne sont pas assujettis à l'ISF et dont les revenus, inférieurs à la dernière tranche – 3 191 euros par part –, ne sont pas imposables ! De vrais pauvres, dont le cas – présenté par Bercy – de cette mère célibataire élevant seule son enfant est exemplaire. Disposant d'un revenu annuel de 10 500 euros, dont 8 700 non imposables au titre de l'Allocation de parent isolé, elle paie 100 euros de taxe d'habitation et 1 400 euros de taxes foncières. Ses revenus imposables sont donc de 1 800 euros (10 500 – 8 700). Comme elle paie 1 500 euros d'impôts locaux et fonciers, le bouclier fiscal s'applique. Le fisc lui restituera donc 600 euros (1 500 – 1 800/2). Au total, le manque à gagner pour le Trésor sera de 108 millions d'euros. Certes, chacun de ces ménages pauvres ne se verra restituer en moyenne qu'un peu plus de 500 euros, alors que la somme restituée aux 1 000 plus riches sera de 260 000 euros. Reste qu'en l'occurrence, le bouclier fiscal qui a tant alimenté les chroniques devrait faire plus d'heureux chez les pauvres que chez les riches. Comme le souligne en effet Richard Layard, le bonheur de chacun ayant la même valeur, la meilleure des politiques est celle qui favorise le bonheur du plus grand nombre[151]. Or, sans aucune contestation possible, 194 136 font bien plus que 1 001. Dix mille sept cents Réunionnais titulaires du RMI ont d'ailleurs demandé en 2008 à bénéficier du bouclier fiscal ! A la Réunion, décidément, le fisc est populaire...

Dernier impôt progressif auquel on pense moins mais dont le produit représente deux fois celui de l'ISF : l'impôt progressif sur les successions, institué en 1901, avant donc l'impôt sur le revenu, une date qui marquerait, selon Thomas Piketty, « l'entrée de la France dans l'ère de la redistribution fiscale moderne[152] ». En 2006, il a rapporté un peu plus de 7 milliards d'euros mais devrait rapporter 1,6 milliard de moins en 2008, avec la réforme de 2007 qui exonère environ 95 % des héritiers des droits de succession. Jusque-là, comme l'écrivait en 1998 le socialiste Didier Migaud, alors rapporteur général du Budget à l'Assemblée nationale, « les droits de succession et de donation » constituaient « un impôt frappant essentiellement les contribuables détenant des patrimoines de moyenne importance et n'ayant pas su ou pas pu organiser sa transmission ». Fortement augmentés sous la présidence de François Mitterrand et le gouvernement de Pierre Mauroy, qui avait doublé le taux marginal applicable en ligne directe, passé de 20 à 40 % – un choix qui devait répondre à une exigence de « justice sociale » –, ces droits avaient été abandonnés dans la plus grande partie des pays européens, les derniers en date étant la Suède, et le Canada, en 2007.

Là encore, c'est son génie, la France faisait exception, soumettant d'une certaine manière le patrimoine à une double peine, l'ISF pendant la durée de vie des fortunés et les droits de succession après leur mort. Voire à une triple peine si l'on prend aussi en compte les taxes pesant sur le foncier. Alors que le conjoint survivant était complètement exonéré en Italie et au Royaume-Uni et bénéficiait d'une exonération à la base de 563 000 euros en Allemagne, en France, cette exonération était seulement de 76 000 euros et le seuil marginal à partir duquel les droits se montaient à 40 % était de 1,7 million d'euros, contre 25,5 millions en Allemagne. Ainsi, les droits de mutation avaient progressé de un à plus de sept milliards d'euros en monnaie courante de 1980 à 2002 et de 1 à 3 % du total des recettes fiscales du budget de l'Etat, en grande partie grâce à l'absence d'indexation des seuils d'imposition sur l'évolution des prix, comme c'est le cas pour l'impôt sur le revenu ! Une forme de vol légal des contribuables auquel il était urgent de mettre fin. Une manière de taxer trois fois le même euro sur un cycle de vie : lorsqu'il est gagné, lorsqu'il est épargné et lorsqu'il est transmis.

Au total, les impôts « progressifs » (impôt sur le revenu, ISF, droits de mutation), supposés être pour certains le moyen privilégié de réduire les inégalités et d'assurer la justice sociale, se sont élevés en 2006 à 63,7 milliards d'euros, soit moins que l'impôt proportionnel qu'est la seule CSG (76,3 milliards d'euros), soit exactement... 8 % du montant total des prélèvements obligatoires. *Un pourcentage qui à lui seul illustre l'incroyable gouffre entre la force des mythes et le poids des réalités.* Alors que la primauté de l'impôt progressif sur le revenu était considérée naguère, et reste brandie, aujourd'hui, comme le seul horizon possible de l'histoire fiscale des sociétés avancées, la réalité a été inverse, aboutissant même à en faire une recette « idéologique », mais dérisoire en volume.

28.

CSG et gabelle

En fait, la réalité de la France d'aujourd'hui est qu'elle a préféré – sans l'avouer vraiment aux Français – l'efficacité aux principes. L'essentiel des prélèvements obligatoires est en effet constitué, comme à l'époque prémoderne de l'odieuse gabelle, des impôts indirects sur la consommation et des impôts *proportionnels* sur les revenus. A elle seule, la TVA – à laquelle on peut rattacher la Taxe intérieure sur les produits pétroliers (TIPP) – prélève plus de 180 milliards d'euros sur les revenus des Français, plus de trois fois le montant de l'impôt sur le revenu, soit encore 21,9 % du total des prélèvements obligatoires.

A cet égard, la Taxe sur la valeur ajoutée (TVA), instituée en 1954 et devenue dès la première décennie du Marché commun l'un des piliers de la construction européenne avant d'être adoptée par quelque quatre-vingt-dix pays – à l'exception notable des Etats-Unis et du Canada –, est sans doute l'impôt le plus inéquitable qui soit. Mais c'est aussi, selon l'expression de Dominique de la Martinière, « le premier impôt intelligent », du moins selon les critères de la rationalité économique. « L'impôt de l'avenir », écrivait déjà en 1894 Vignes dans son *Dictionnaire des finances*[153]. Inventé par un Français, Maurice Lauré, un jeune inspecteur des finances polytechnicien en poste à la Direction générale des impôts, il cumule l'avantage d'être facile à collecter – ce sont les entreprises qui, en la déclarant et en la payant elles-mêmes, sont transformées en agents involontaires du fisc –, d'être relativement indolore, moins exposé que d'autres à la fraude et à l'évasion et de voir son rendement s'accroître automatiquement avec la hausse des prix comme avec la croissance du volume de la production, sans avoir besoin de réviser son barème. De 1994 à 2007, les recettes fiscales de la TVA auront ainsi crû trois fois plus vite que l'économie sans provoquer d'émeutes ni même de ces grands débats idéologiques qui font les délices des joutes oratoires à la française.

Quelle belle commodité que cet impôt injuste qui, depuis les années 1965, est passé de 12 à 18 % du total des prélèvements obligatoires pour la moyenne des pays de l'OCDE et dont la tendance générale est à s'aligner par le haut en direction des taux français, eux-mêmes relevés en diverses occasions de 1968 à aujourd'hui ! Faut-il en conclure que la TVA est un trop bon impôt ? La réponse ne fait guère de doute quand on observe la multiplication des taxes indirectes ou des recettes non fiscales qui pèsent sur la consommation, donc – on aurait tendance à l'oublier – sur le revenu : Taxe intérieure sur les produits pétroliers, instituée en 2005, et qui est devenue la quatrième recette fiscale de l'Etat avec 25 milliards d'euros en 2007, taxe spéciale sur les conventions d'assurance (4,3 milliards), taxe sur les véhicules de sociétés (1,1 milliard), droits d'importation (1,4 milliard), taxe générale sur les activités polluantes (381 millions), droit de licence sur la rémunération des débitants de tabac (310 millions), taxe et droits de consommation sur les tabacs (10 milliards !), taxe spéciale sur certains véhicules routiers (215 millions), produit des jeux exploités par la Française des jeux (1,9 milliard), prélèvements sur le produit des jeux dans les casinos (987 millions), prélèvements sur le pari mutuel (369 millions), taxe sur les mutuelles au profit du fonds CMU (551 millions), taxe d'aménagement du territoire due par les concessionnaires d'autoroutes au profit de l'Etat

(512 millions), taxe sur les remontées mécaniques (43 millions), taxe sur les certificats d'immatriculation (ex-cartes grises) (1,7 milliard)... On n'en finirait pas d'allonger cette liste (voir annexe 7), qui fait que, hors TVA et TIPP, ces taxes multiples d'enregistrement, de timbre et autres contributions et taxes indirectes représentent près de six fois le montant de l'impôt progressif sur le revenu !

Faut-il alors replacer cette évolution dans le cadre plus large d'une remise en cause de l'impôt progressif en faveur d'un retour à des prélèvements de type proportionnel ? C'est une hypothèse probable. Créée en 1991 à l'initiative du socialiste Michel Rocard pour diversifier le fonctionnement de la protection sociale, la Contribution sociale généralisée (CSG), assise *proportionnellement* sur l'ensemble des revenus, ainsi que sur les revenus tirés de jeux et prélevés à la source, a rapporté en 2006 76,3 milliards d'euros, ce qui en fait le premier impôt direct en France, largement devant l'impôt progressif sur le revenu. Créée en 1996 par le gouvernement d'Alain Juppé sur le modèle de la CSG – la droite et la gauche s'inspirent mutuellement en la matière –, la Contribution pour le remboursement de la dette sociale (CRDS), conçue bien évidemment comme *transitoire*, rapporte aujourd'hui 5,7 milliards d'euros, soit plus du dixième de l'impôt sur le revenu, soit quatre fois le montant des niches fiscales offertes aux riches, sans que personne ne s'en émeuve non plus. A cet égard, la quasi-absence d'opposition à ces deux impôts est révélatrice de la fin des illusions quant aux vertus redistributives de la fiscalité progressive et témoigne du retour à une fiscalité qui ressemble à s'y méprendre à celle du XIXe siècle.

C'est dire à quel point notre fiscalité repose sur une hypocrisie à l'ampleur sans pareille. Considérée par les riches comme un « enfer fiscal », la France est en fait le pays où le poids de l'impôt progressif sur le revenu est le plus faible, alors qu'il demeure aux yeux des Français l'incarnation de l'ensemble de la fiscalité. Pour s'en convaincre, il suffit de savoir que le Conseil des impôts, créé en 1971, lui consacre environ la moitié des rapports qu'il publie. Beaucoup pour un impôt qui ne représente que 6,5 % des prélèvements obligatoires ! Comme l'écrit Jean-Charles Asselain, « cette "polarisation" sur l'impôt sur le revenu, plus marquée en France que dans d'autres pays où il pèse objectivement plus lourd, tient en partie au mode de recouvrement : le système fiscal français se singularise en effet par le rejet du prélèvement à la source, pourtant plus indolore, et s'en tient au recouvrement par rôle, mieux adapté à un régime d'impôt personnalisé (avec application du quotient familial) mais toujours perçu comme "traumatisant" par une majorité de contribuables[154] ».

Ainsi, Marcel Lauré, qui, en 1956, s'exprimait en termes réservés à l'égard de l'impôt progressif – « Le principe de la progressivité, écrivait-il, est dans l'état actuel des philosophies dominantes la seule hypothèse de travail qui mérite d'être retenue » –, n'hésitait plus à écrire en 1983 : « Lorsqu'une majorité d'électeurs à faibles et moyens revenus imposent *volens nolens* des taux spoliateurs aux porteurs de gros revenus [...], c'est la nation tout entière qui finit par être victime d'une progressivité exagérée » et il ajoutait que, « parmi les plus favorisés se [trouvaient] précisément tous ceux qui dynamisaient et qui entreprenaient, distribuaient et encadraient le travail[155] ». Michel Albert, pour sa part, dénonçait en 2001 l'incohérence d'un système, produit de rafistolages successifs, « assemblage labyrinthique », « machinerie monumentale », « système tout rapiécé d'exceptions » qui amène les Français à minorer systématiquement, lors des enquêtes sur les recensements démographiques, leur déclaration d'équipements ménagers par crainte d'une pénalisation fiscale[156] ! Vestige de la gabelle qui reste un des lieux de mémoire essentiels de la fiscalité française.

Ubu en régions

Avant de quitter ce royaume labyrinthique, encore faut-il s'attarder sur une fiscalité locale ubuesque dont le poids est désormais plus important que celui de l'impôt sur le revenu, avec 63 milliards d'euros de prélèvements, au lieu de 4,9 milliards en 1975 : taxe professionnelle pour 26,7 milliards, taxe sur le foncier bâti pour 18,7 milliards, taxe d'habitation pour 14 milliards et taxe sur le foncier non bâti pour 800 millions d'euros.

Valeurs locatives archaïques du fait de l'absence de révision générale, empilement de mesures et d'exonérations, jamais impôt n'aura été aussi illisible que la taxe d'habitation, dont le produit représente quand même le quart de l'impôt sur le revenu. Si le contribuable a la curiosité malsaine de vouloir comprendre les bases de son imposition et vérifier l'estimation que l'administration a faite de la « valeur locative brute » de son logement, il peut lire, au verso de son avis d'imposition : « La valeur locative brute est la base brute, telle qu'elle résulte de l'évaluation faite par les services fiscaux... Cette valeur locative est actualisée et, depuis 1981, revalorisée par un coefficient voté annuellement par le Parlement. » Il suffit de comparer la valeur locative brute portée sur cet imprimé à la valeur estimée des loyers dans sa ville pour mesurer à quel point Ubu trône aussi dans les régions. En fait, si l'Etat et les collectivités territoriales ont renoncé à pénétrer dans cette jungle kafkaïenne pour tenter de la débroussailler, c'est que, contrairement à ce que pensent toujours une majorité de Français, la taxe d'habitation n'est plus un véritable impôt local. Depuis 2000, en effet, le gouvernement a décidé de dégrever les contribuables locaux en fonction de leurs revenus, de leur âge ou de leur situation familiale. Ainsi, pour les données 2005, la moitié des contribuables sont imposés au taux plein sur la valeur locative, un peu moins de 30 % bénéficient d'abattements en fonction de leur revenu fiscal de référence et un peu plus de 20 % ne la paient pas.

Avec des disparités géographiques qui mettent à mal le principe de l'équité territoriale. Ainsi, à Béziers, seuls 19,7 % des habitants de la ville paient la taxe d'habitation à taux plein, tandis qu'ils sont 52 % à Aix-en-Provence, 46 % à Poitiers, 44,5 % à Saint-Denis, 39,5 % à Orléans et 35,8 % à Villeurbanne. Alors qu'à Béziers, le revenu fiscal moyen est de 16 651 euros par habitant et qu'il est de 14 788 euros à Saint-Denis. Comprenne qui peut ! Mieux encore, l'Etat compensant aux collectivités locales le manque à gagner résultant de ces dégrèvements, une double anesthésie des élus et des contribuables locaux a ainsi été pratiquée. Les « subventions » accordées par l'Etat n'apparaissant pas dans les budgets locaux, leur montant exact étant rarement connu des élus – j'ai même rencontré un sénateur-maire d'une grande ville francilienne ignorant que les habitants de sa ville pouvaient être dégrevés ! –, elles constituent un mécanisme pervers qui incite au gaspillage. Pourquoi, par exemple, le Languedoc-Roussillon a-t-il voté en 2005 une augmentation de ses taux de fiscalité de 79,4 % ? Sans doute parce que, dans les départements de cette région, les habitants paient moins de 40 % de l'impôt local, l'Etat mettant la différence. Une situation de déresponsabilisation généralisée particulièrement marquée dans les départements du pourtour méditerranéen (avec un maximum de 68,3 % de dégrèvements dans les Pyrénées-Orientales), du grand Nord (dégrèvements supérieurs à 60 % dans le Nord, le Pas-de-Calais et l'Aisne), d'une partie du Massif central (Loire, Allier, Haute-Vienne et Creuse), de la Bretagne (Finistère et Côtes-d'Armor) et de la Seine-Saint-Denis.

On comprend mieux pourquoi l'intérêt politique conduit à ignorer ou à repousser sans relâche toute réforme pour éviter des réactions hostiles. C'est dire à quel point la « vertu » proclamée – alléger les impôts locaux pour les plus modestes – a pu encourager le vice qui consiste, pour les élus les plus opportunistes, à augmenter le taux d'imposition local, en sachant que le coût de cette augmentation sera indolore pour ceux qui les ont élus.

Peut-on prétendre, aussi, que la taxe foncière, dont le produit est de près de 19 milliards d'euros, est un impôt « juste » frappant à peu près proportionnellement les propriétaires ? Il est là encore permis d'en douter vu l'opacité des calculs et la cacophonie des politiques régionales. Pour s'en convaincre, il faut une nouvelle fois tenter de comprendre comment est calculée cette taxe dont le produit équivaut au tiers de l'impôt sur le revenu. La base d'imposition est constituée par la valeur locative cadastrale des propriétés. Une occasion pour les propriétaires de réviser leurs leçons d'histoire. Comme au XIXe siècle, en effet, cette valeur est estimée par l'administration avec des révisions fort espacées dans le temps. Ainsi, la base actuelle n'a été actualisée qu'une fois, en... 1980 ! Autant dire qu'elle est loin de correspondre à la réalité du marché immobilier. Pour l'auteur de ces lignes, propriétaire d'un appartement à Paris, la base sur laquelle repose sa taxe foncière est environ le tiers de la valeur minimale locative du marché. Pour faire cette comparaison, chaque lecteur peut relever sur son avis d'imposition la base qui sert à établir sa cotisation et la comparer aux loyers moyens de la commune dans laquelle il réside. Même si cette base est majorée chaque année par application de coefficients forfaitaires fixés au niveau national par la loi de finances, le contraste est édifiant et fait perdre à cet impôt toute rationalité.

Consultons ensuite l'Observatoire sur l'évolution des taxes foncières mis en place par l'Union nationale des professionnels de l'immobilier : au classement des plus forts taux « régionaux », la Basse-Normandie caracole en tête des régions les plus taxées, avec 5,16 %, devant le Languedoc-

Roussillon (4,7 %), l'Auvergne (4,54 %) et la Haute-Normandie (4,42 %). Par contre, le propriétaire corse n'acquitte que 1,02 % de taxe sur sa valeur locative estimée, celui d'Ile-de-France, où le marché s'est pourtant emballé, 1,27 % et l'Alsacien, 1,68 % (voir annexes 8 et 9).

Au niveau du département, le contraste est violent entre le Gers, qui applique un taux de 21,89 %, l'Aude (21,17 %), l'Orne (19,53 %) et Paris (0 % jusqu'en 2008), les Yvelines (4,6 %) ou les Hauts-de-Seine (4,74 %). Pour quelle raison, aussi, un propriétaire résidant en Haute-Corse se voit-il imposer un taux de 11,10 % alors qu'un propriétaire résidant en Corse-du-Sud, lui, se voit imposer un taux de 6,79 % ?

En outre, lorsqu'on observe l'évolution des taux départementaux entre 2002 et 2007, comment expliquer le fait que les départements des Alpes-Maritimes, de l'Orne, de Paris, de la Seine-Maritime, du Val-d'Oise, de la Guadeloupe et de la Guyane aient maintenu leur taux au même niveau alors que les Bouches-du-Rhône l'ont augmenté de 79,64 %, la Haute-Corse de 47,21 %, la Creuse de 42,24 %, l'Ille-et-Vilaine de 38,36 %, la Vienne de 37,93 % et le Pas-de-Calais de 33,67 % ?

Au niveau des cinquante premières villes françaises, enfin, comment expliquer que Saint-Etienne ait pu baisser son taux de 3,98 %, que Le Havre, Paris, Nice, Toulon, Grenoble, Angers et Nîmes aient pu maintenir le leur alors que Lyon a augmenté son taux communal de 77,62 % entre 2002 et 2007, Brest de 55,98 %, Villeurbanne de 81,67 % et Reims de 55,98 % ?

A l'échelle d'un département, enfin, comme celui du Calvados, pourquoi la commune de Balleroy a-t-elle augmenté son taux de 11,17 % et celle de Plumetot de 11,5 % entre 2002 et 2007 tandis que celle d'Arganchy l'a augmenté de 54,81 %, celle de Branville de 60,32 %, celle de Cricqueville-en-Auge de 66,92 %, celle de Tracy-sur-Mer de 73,52 % alors que celle de Tracy-Bocage ne l'a augmenté que de 17,36 % ?

On l'aura compris au simple énoncé de ces pourcentages, cet impôt antisocial laissé à la discrétion d'élus plus ou moins responsables n'est certainement pas de nature à réconcilier les Français avec les principes de la Déclaration de 1789 qui établit que chaque citoyen doit contribuer au bien public en raison de ses facultés.

Taxer le dynamisme

La « taxe professionnelle », enfin, qui a remplacé la contribution des patentes, présente un caractère tellement archaïque qu'elle lui vaut d'être rejetée de manière quasiment consensuelle sans pour autant que la réforme, promise depuis 1998, ait été engagée. Une spécificité française qui explique sans doute mieux que les racines rurales ou les tréfonds marxistes les rapports complexes entre les Français (ici entrepreneurs) et l'argent. Si l'on veut faire court, les principales conclusions des études portant sur cette taxe, dont le produit est passé de 2,5 milliards d'euros en 1975 à plus de 27 milliards d'euros aujourd'hui, sont les suivantes :

— son poids est important et concentré sur un faible nombre d'entreprises ;

— elle pénalise l'investissement et en particulier les secteurs à forte intensité capitalistique ;

— sans équivalent à l'étranger, elle constitue un élément défavorable à l'attractivité du territoire, qui handicape la France dans la compétition internationale ;

— le dynamisme de cette ressource des collectivités territoriales n'a pu être préservé qu'au prix d'une prise en charge croissante de son coût par l'Etat et d'une augmentation rapide des taux d'imposition ;

— enfin, la taxe professionnelle constitue un impôt

d'une complexité sans équivalent, dont la gestion occasionne des coûts importants, tant pour les entreprises que pour l'administration.

On peut difficilement faire pire.

Tout d'abord, cet impôt présente l'originalité de faire coexister plusieurs bases d'imposition : la valeur locative des biens passibles d'une taxe foncière, la valeur locative des équipements et biens mobiliers et une fraction des recettes qui peuvent se cumuler dans une combinatoire complexe. La combinaison de ces assiettes et la multiplication des règles particulières d'exonération, d'abattement des bases d'imposition et de réduction de cotisations la rendent peu lisibles pour le redevable. Un redevable qui doit déposer une déclaration dans chaque commune où il dispose d'un ou de plusieurs établissements et qui est dans l'impossibilité de connaître le montant de son imposition au moment du dépôt de la déclaration annuelle (les taux votés par les collectivités bénéficiaires n'étant pas connus à cette date).

Comme toujours en France, les principes sont ici aussi allégrement violés. Théoriquement très large (3,6 millions de redevables), l'assiette se trouve amputée d'environ 1 million de redevables, dont 622 000 exploitations ou organismes agricoles, 195 000 artisans, 190 000 loueurs en meublé, 46 000 artistes et sportifs et 7 400 pêcheurs. Soit 6,7 milliards d'euros exonérés, dont 5,3 milliards pour le seul secteur agricole.

Comme pour l'impôt sur le revenu, la concentration est extrême, 0,3 % des entreprises (environ 1 700) payant 50 % du montant total, 1 % en payant 70 % et 10 % en payant 90 %. Comme pour la fiscalité locale, les disparités sont énormes. Alors que le taux d'imposition moyen sur l'ensemble du territoire était de 24,06 % en 2003, il pouvait ici dépasser 45 % et ailleurs approcher seulement 10 % ! Par exemple, dans le cas d'une entreprise bénéficiaire qui réalise un investissement dont la durée de vie est de dix ans, le surcoût occasionné par la taxe est de 16 % du prix de revient de l'investissement au taux moyen national mais se limite à 12,6 % en Basse-Normandie alors qu'il atteint 21,6 % en Languedoc-Roussillon.

Principal facteur d'inégalité entre les collectivités territoriales, la taxe professionnelle bénéficie surtout à 1 650 communes qui abritent 38,5 % de la population française mais perçoivent, à elles seules, 80 % de la recette. Rappelons que 1 % des communes – les plus riches – disposent de ressources potentielles, corrigées des charges, 44 fois plus élevées que la fraction de 1 % des communes les plus pauvres. Une rente de situation liée à la présence sur leur territoire d'établissements dotés d'immobilisations importantes peu délocalisables, ce qui les amène à pratiquer un taux de taxation élevé alors qu'à l'inverse les collectivités peu attractives pour les entreprises sont soumises à un phénomène de trappe à pauvreté. Au total, observe le rapport Fouquet remis au Premier ministre en décembre 2004, « le système actuel de taxe professionnelle accentue les écarts de richesse entre collectivités et les incite à pratiquer des taux d'imposition supérieurs à l'optimum[157] ».

Mieux encore, en renchérissant le coût des facteurs de production, la taxe professionnelle pénalise l'investissement mais aussi l'emploi et la croissance. Selon une estimation réalisée par la Direction de la prévision et de l'analyse économique, l'existence de la taxe professionnelle diminuerait, à long terme, le potentiel de croissance de 9 %, abaisserait le stock de capital de 2,6 % et les heures travaillées de 0,5 %. On comprend mieux pourquoi, comme pour l'ISF, cette taxe qui handicape la France dans la concurrence internationale est sans équivalent à l'étranger ! Les autres pays se contentent d'une taxe foncière mais aucun ne taxe les investissements. Ainsi, dans les secteurs à forte intensité capitalistique, comme les composants électroniques ou la métallurgie, la charge fiscale moyenne sur la valeur ajoutée varie de 4 à 5 %, alors qu'elle est de 2,4 % en Allemagne, de 0,5 % au Royaume-Uni et de 1,4 % aux Etats-Unis. Une autre incitation à sortir de France pour ces secteurs qui sont les plus exposés à la concurrence internationale. De même, selon l'Agence française des investissements internationaux, la taxe professionnelle serait la principale imposition à faire l'objet, à l'occasion des négociations préludant aux choix de localisation des investissements internationaux, de demandes de subventions compensatrices de la part des investisseurs. C'est ainsi que certains investissements majeurs, comme l'implantation du centre de R & D (semi-conducteurs) de l'Alliance à Crolles en 2002, n'ont pu se faire qu'avec des aides publiques de 363 millions d'euros pour un projet de 1,35 milliard d'investissement créant 1 200 emplois directs. A l'inverse, le projet de la société Regis Paper en Seine-Maritime, pour lequel l'entreprise envisageait un investissement de 230 millions, qui aurait occasionné un prélèvement de taxe professionnelle de 31,2 millions d'euros sur une période de huit ans, a échoué pour cette seule raison. Autre exemple, dans le cas d'un produit de consommation produit par Unilever, la taxe professionnelle a eu pour effet de grever la marge brute dégagée par le site français de cette entreprise d'un point par rapport au site implanté en Allemagne. S'il peut sembler faible, cet écart est en réalité suffisant pour motiver une décision de délocalisation, un point de marge brute équivalant à environ 5 à 6 % du résultat net avant impôt.

Si l'on y ajoute le fait que la France se singularise par un taux d'impôt sur les sociétés de 33,3 %, contre 23,6 % en moyenne dans l'Union européenne à 27 (29,8 % en Allemagne, 30 % en Espagne, 27,5 % en Italie, 28 % au Royaume-Uni) et que les cotisations sociales employeurs au niveau du salaire moyen sont également les plus élevées avec un taux de 42,3 % en France contre 33,2 % en Italie, 32,4 % en Suède, 30,7 % en Espagne, 30,3 % en Belgique, 21 % en Allemagne, 10,5 % au Royaume-Uni et 10,4 %

aux Pays-Bas, on aura facilement compris pourquoi la France, sur les trente dernières années, a un taux de croissance plus faible, un taux de chômage plus élevé et un pouvoir d'achat en berne.

Réconcilier les Français avec l'argent, c'est remettre totalement à plat un système de prélèvements obligatoires illisible, inefficace et finalement peu équitable. Ainsi le nombre d'amendements votés en lois de finances et ayant un caractère fiscal a augmenté de 67 % entre 2002 et 2006. Une inflation qui a donné au Conseil constitutionnel l'occasion d'une première jurisprudence sur l'intelligibilité de la norme. Dans sa décision 2005-530 du 29 décembre 2005, il a en effet considéré que « la complexité de l'article 78 de la loi de finances pour 2006 », se traduisant « notamment par la longueur de l'article 78, par le caractère imbriqué, incompréhensible pour le contribuable, et parfois ambigu pour le professionnel, de ses dispositions, ainsi que par les très nombreux renvois qu'il comporte à d'autres dispositions elles-mêmes imbriquées », était « à la fois excessive et non justifiée par un motif d'intérêt général suffisant ». C'est dire. En fin de compte, vouloir faire payer plus que proportionnellement les riches a surtout contribué en France à pénaliser les pauvres. Comme l'écrivent les auteurs du document d'orientation sur les évolutions de la politique fiscale, dont le rapport a été remis au printemps 2008, « le système de prélèvements est aujourd'hui à "réinventer" pour le rendre plus rationnel et plus cohérent[158] ».

29.

20 %

Le 20 septembre 2008, devant trois cents personnes rassemblées à Mulhouse à l'appel de la Gauche moderne, le maire de Mulhouse et secrétaire d'Etat à la Défense Jean-Marie Bockel a proposé un « gagnant-gagnant général » à tous les acteurs de la société française. Déclarant que « le progrès social était d'abord assis sur les succès économiques, et donc sur la réforme des structures de notre société », il a suggéré l'introduction en France d'un impôt uniforme, la *flat tax*, qui serait une imposition à taux unique, et non à partir de tranches progressives comme l'actuel impôt sur le revenu. « Les premières études portant sur l'application de la *flat tax* en France, a-t-il ajouté, montrent que sa mise en place correspondrait à augmenter jusqu'à vingt points (20 %) la CSG, et à supprimer l'impôt sur le revenu, comme les niches fiscales qui lui sont liées[159]. »

Qu'une telle proposition n'ait pas été relayée par la presse s'explique sans doute par le fait qu'elle a malencontreusement pour son auteur coïncidé avec le surgissement de la crise financière. Reste qu'elle marque un tournant considérable dans l'évolution des esprits qui vaut bien au parti de Jean-Marie Bockel de se réclamer de la « modernité », sinon de la « gauche ».

En effet, parmi les réformes fiscales menées dans les économies industrialisées depuis une quinzaine d'années, la tendance est bien de mettre en place des impôts simplifiés à taux réduits mais à assiette plus large, c'est-à-dire de sacrifier en partie les grands « principes » pour plus d'efficacité. Au grand dam du Syndicat national unifié des impôts qui écrit : « Là s'ouvre un débat porté par les néolibéraux : alors que les situations ne sont pas comparables, la peur de la concurrence "de l'Est" est instrumentalisée pour porter un coup fatal à ce qui demeure de justice fiscale et de progressivité. Car la très grande majorité des contribuables y perdraient tandis que la redistribution et la justice fiscale seraient foulées aux pieds[160]. »

Toujours ce « glaive fiscal » manié par les héritiers de 1793 pour justifier l'idée que seule une forte progressivité de l'impôt sur le revenu correspondrait aux principes de la Déclaration de 1789 sur les droits de l'homme et du citoyen. Des principes dont nous avons pris plus haut la mesure dérisoire : 8 % du total des prélèvements obligatoires. Un 8 % qui permet toutefois de maintenir dans leur emploi les milliers de fonctionnaires chargés de manier le glaive et d'éviter qu'il ne s'émousse.

La seule question qui mérite en fait d'être posée est de savoir pourquoi tous les autres pays optent chacun à leur tour pour une fiscalité « moderne », c'est-à-dire pour une fiscalité qui s'assigne trois objectifs : équité, efficacité et simplicité.

Equité de plus en plus horizontale qui veut que *deux individus ayant les mêmes revenus, quelle que soit la source de ces revenus, paient une charge équivalente*. Efficacité qui implique que le coût de la collecte soit faible et que les impôts soient clairement définis, non arbitraires, et suffisamment bien acceptés par les contribuables pour que ces derniers déclarent le plus « spontanément » possible leurs revenus. Simplicité pour éliminer toutes les mesures spécifiques qui compliquent la déclaration et le calcul de l'impôt, notamment les niches fiscales, certes légales, mais dont l'infinie diversité, on l'a vu, permet aux personnes les plus riches de s'entourer de conseillers fiscaux et de profiter des failles du système. C'est bien là la faiblesse de la progressivité : au lieu de tirer le maximum raisonnable d'argent des contribuables les plus riches, elle concentre le « glaive » sur les classes moyennes qui ne disposent pas de telles opportunités.

Equité, efficacité, simplicité

Equité, efficacité, simplicité : trois vertus qui seraient sans doute de nature à réconcilier les Français avec le fisc, ce qui ne serait pas la moindre des révolutions. Une révolution qui, pour certains pays, a pris le nom de *flat tax*, soit « taux fixe ». L'idée a été lancée par deux économistes de la Hoover Institution à Stanford, Alvin Rabushka et Robert Hall. Leur analyse théorique partait d'un constat : la fiscalité est à la fois trop compliquée et trop progressive. Steve Forbes, le P-DG du magazine américain *Forbes*, s'amusait même de la comparaison du Code des impôts avec la Bible : la parole de Dieu compte 773 000 mots alors que le Code des impôts américain atteint une taille dix fois supérieure. Leur proposition consistait à supprimer les tranches de revenus et à mettre tout le monde au même taux d'imposition. Par ailleurs, toute la déclaration de revenus devrait tenir sur une carte postale, dans la mesure où il n'y aurait alors nul besoin d'énumérer les différents types de revenus perçus comme aujourd'hui, en France, les revenus salariés, les revenus fonciers, les revenus de l'entreprise, les rentes, les pensions, les revenus de l'épargne, etc. L'avantage serait immense : pas d'abattements, de frais défalqués, de déductions, de tranches modifiées par le régime matrimonial, un seul texte de loi pour modifier le taux, moins de services comptables et de temps gaspillé pour les entreprises, infiniment moins de fonctionnaires pour enregistrer et contrôler le tout...

Enfin, dernier argument des partisans de la *flat tax* : la progressivité de l'impôt décourage aujourd'hui les efforts. Si chaque euro brut supplémentaire gagné se traduit par de moins en moins de centimes d'euros nets disponibles après impôt, travailler au-delà de certaines limites devient contre-productif. Certes, comme on vient de l'écrire, les personnes les plus riches parviennent à échapper en grande partie à l'impôt, mais entre la famille de la classe moyenne et le 1 % de contribuables les plus riches, il reste tout un territoire où chacun a peur de s'aventurer : on n'y est pas assez riche pour avoir les moyens d'éviter les impôts et trop taxé pour que l'aventure en vaille la peine. Pour tout homme rationnel, se contenter d'une existence paisible qui amenuise tout esprit d'entreprise et toute volonté de se dépasser devient alors l'idéal qu'impose une fiscalité dissuasive. Une existence qui peut toutefois se transformer en cauchemar à un horizon assez rapproché dans la mesure où la fuite à l'étranger des capitaux et des acteurs les plus dynamiques, et donc les plus mobiles, conduit à transférer à terme la charge de la protection sociale sur les personnes les moins mobiles, c'est-à-dire sur celles qui ont applaudi au fait qu'il fallait faire payer les riches !

Autant de contre-effets pervers en grande partie levés par la *flat tax*. En 1982, Robert Hall et Alvin Rabushka avaient proposé un taux unique de 19 %. Arrondissons à 20 % et voyons ce qui en résulterait. Comme il n'est ni utile ni même rentable de faire payer 20 % d'impôts aux personnes les plus pauvres – le prix de la collecte équivalant à la récolte –, on peut suggérer l'existence d'un palier unique en deçà duquel aucun impôt ne serait payé, et qu'on peut estimer à 9 000 euros par an ; ceux qui gagneraient 17 000 euros paieraient 20 % des 8 000 euros supérieurs au palier, soit 1 600 euros. Quant au millionnaire, il paierait 20 % de 991 000 euros, soit 198 200 euros. Soit finalement un peu plus qu'il ne paie aujourd'hui si l'on prend en compte la multiplicité des niches fiscales qu'il utilise pour baisser son impôt progressif. On tient là une des clés d'une fiscalité efficace : une simplicité qui crée l'adhésion et rend la dérobade inutile.

Plusieurs Etats membres de l'Union européenne ont déjà fait ce choix, au grand dam des pays qui, comme la France, s'enlisent dans la défense des grands principes. L'Estonie, par exemple, qui, en 1994, introduisit pour la première fois un impôt unique au taux de 26 %, dans le but d'établir l'équilibre budgétaire. Il fut si bien atteint que le taux put être baissé à 20 %. Les deux autres Pays baltes, la Lituanie et l'Estonie, firent de même avant que la Russie ne l'applique à son tour en 2001 avec une *flat tax* à 13 %. En 2003, ces « pionniers » ont été rejoints par la Slovaquie, la Serbie et l'Ukraine puis, en 2005, par la Géorgie, la Roumanie et la Pologne. Dans ce dernier pays, comme en Slovaquie, il n'y a plus qu'un seul taux d'imposition sur le revenu, les bénéfices des sociétés et la TVA, 18 %. Une initiative qui vient de la gauche polonaise, persuadée qu'il vaut mieux taxer peu un pays pour qu'il devienne riche plutôt que d'écraser par les impôts un pays riche et le condamner ainsi à la stagnation.

38,6 %

Imaginons – le lecteur pardonnera cette témérité – une « révolution » fiscale du même type en France. Le premier acte de cette révolution serait, en limitant les multiples gaspillages, de ramener le montant des prélèvements obligatoires au même niveau que celui des quinze membres de l'Union européenne, soit à 38,6 % du PIB, contre 43,3 % aujourd'hui. Au lieu de 818,9 milliards en 2007, ce ne serait plus... que 730 milliards (un peu moins que les prélèvements obligatoires de 2005) qui seraient ainsi collectés pour assurer les dépenses de l'Etat, des collectivités territoriales et des administrations de sécurité sociale. Le deuxième acte de cette révolution improbable consisterait à laisser un seul impôt au taux unique de 20 % prélevé à la source, comme l'est actuellement la CSG, en en exonérant les revenus nets inférieurs à 9 000 euros par an. Le produit de cette *flat tax* aurait été en 2008 de 156 milliards d'euros, soit plus que les impôts de même nature collectés en 2007 (137,3 milliards d'euros). Le taux unique de 20 % concernerait aussi l'ensemble des revenus de l'épargne, de la fortune et les revenus fonciers qui se sont élevés en 2007 à 72 milliards d'euros, soit une recette de plus de 14 milliards d'euros.

Le troisième acte serait d'aligner les impôts pesant sur les bénéfices des entreprises sur ce même taux fixe de 20 %, de supprimer la taxe professionnelle, la taxe sur le foncier bâti et non bâti payée par les entreprises et la taxe sur les salaires, mais de supprimer, en contrepartie, toutes les aides publiques aux entreprises (65 milliards d'euros). L'impôt prélevé sur l'excédent brut d'exploitation de l'ensemble des entreprises (661 milliards d'euros en 2007) serait alors de 132 milliards d'euros, au lieu de 115 milliards aujourd'hui. Certains pourraient s'étonner qu'une imposition des bénéfices des entreprises au taux de 20 % produise plus de recettes qu'avec le taux actuel à 33,3 %. L'explication est simple. Vu la complexité des calculs et la multiplication des exonérations, si le taux affiché est bien de 33,3 %, le taux dit implicite, qui rapporte tous les impôts payés par les sociétés à l'excédent net d'exploitation, est en moyenne de 20 % en France, contre 29,4 % en Espagne, 21,9 % aux Pays-Bas, 19,7 % au Royaume-Uni et 26,3 % en Suède (en 2002-2001). « Au total, écrivent Christian Saint-Etienne et Jacques Le Cacheux dans leur rapport au Conseil d'analyse économique, la position de la France n'est pas absolument hors de l'épure en termes d'imposition implicite, ce qui rend d'autant plus dommageable sa mauvaise réputation en termes de taux nominaux, surtout par rapport aux nouveaux pays membres de l'Union européenne[161] ». On saisit là la dimension psychologique de la « révolution » introduite par la *flat tax*. Globalement, elle ne diminue pas si fortement les recettes mais l'impact psychologique d'un taux affiché en forte baisse peut être décisif pour réconcilier les Français et les entreprises avec l'argent. « Répéter indéfiniment qu'un pays a une fiscalité lourde, car il a des taux marginaux très élevés, poursuivent les auteurs, a un coût négatif considérable en termes d'image et d'attractivité, même si toutes les études disponibles montrent qu'en réalité, toutes considérations prises en compte, la fiscalité réelle n'est pas si lourde. Si le poids réel des impôts est raisonnable, alors c'est une incitation supplémentaire pour, à recettes constantes, faire apparaître cette réalité en élargissant les bases et en baissant fortement les taux affichés ! » La même analyse « psychologique » peut être menée pour les riches particuliers. On peut très bien afficher un taux marginal d'impôt sur le revenu de 60 % et avoir beaucoup de riches qui paient peu ou pas d'impôts grâce à des niches fiscales appropriées. A l'inverse, on peut abaisser considérablement les taux d'imposition tout en augmentant l'imposition moyenne des riches, afin qu'ils ne soient pas incités à se délocaliser, de la même manière qu'un taux faible affiché et parfaitement lisible (ici 20 %) peut inciter les entreprises à localiser leur base d'imposition en France.

La TVA sociale

C'est exactement le sens de notre simulation, élaborée, il est nécessaire de le souligner, à grands coups de serpe. En première approximation, selon nos estimations, l'ensemble des impôts pesant sur les revenus des ménages et des entreprises représenteraient donc un peu plus de 283 milliards d'euros, soit à peu de chose près la somme prélevée par les administrations publiques centrales en 2007 (290 milliards). Mais avec un effet psychologique qu'on peut espérer considérable, tant le sentiment d'être écrasé par l'impôt s'estompe lorsque le taux nominal maximum est faible.

Resterait alors à financer les dépenses des administrations locales, à réviser à la baisse, tant les gaspillages et les doublons y sont patents (100 milliards d'euros) et, surtout, les dépenses des administrations de sécurité sociale qui s'élèvent à près de 460 milliards d'euros. Aujourd'hui, ces dernières sont financées par des impôts (taxes et CSG), essentiellement des cotisations sociales, pour un montant de 360 milliards d'euros. Une somme considérable uniquement prélevée sur les salaires et qui explique, pour l'essentiel, l'écart de prélèvements obligatoires entre la France et les autres pays de la zone euro. On tient là une, sinon *la* racine du malaise français : notre protection sociale pèse trop lourdement sur les salaires, plus que chez la plupart de nos partenaires. Pour avoir les mêmes prix de vente que les autres pays membres de la zone euro alors que les prélèvements obligatoires pesant sur les salaires sont nettement plus élevés, les entreprises françaises sont contraintes d'accroître au maximum la productivité des salariés, donc d'éliminer du marché du travail les moins qualifiés, les plus « chers » (les seniors) ou les moins expérimentés (les plus jeunes). De la fiscalité comme incitation au stress et au chômage : tel est bien le paradoxe de ce que d'aucuns appellent le « modèle social français ».

D'où le cafouillage autour de la TVA « sociale ».

Comme souvent, l'arithmétique la plus élémentaire permet pourtant de mieux comprendre la nature des enjeux. Premièrement, certains s'en félicitent, la France est le troisième pays où la productivité par heure travaillée est la plus élevée. Par heure travaillée, les salariés français créent, selon le BIT, 35,08 dollars de valeur ajoutée, contre

35,63 dollars pour les Américains et 37,99 dollars pour les Norvégiens. Deuxièmement, la France est le pays où les cotisations employeurs sont aussi, de très loin, les plus élevées. Selon *Taxing Wages*, le dernier rapport de l'OCDE pour 2006, en proportion du salaire moyen, elles se montent à 42,3 %, devant l'Italie (33,2 %) et la Suède (32,4 %). En Allemagne, elles s'élèvent à 21 %, au Royaume-Uni à 7,8 % et au Danemark à 0,7 %. Troisièmement, la France est l'un des pays où le taux d'emploi, c'est-à-dire le nombre de personnes de 15 à 64 ans qui travaillent par rapport au nombre total de personnes de 15 à 64 ans, est le plus faible. Selon l'enquête Eurostat pour 2005, il s'élevait à 63,1 %, loin derrière le Danemark (75,9 %), les Pays-Bas (73,2 %), la Suède (72,5 %) et le Royaume-Uni (71,7 %). La solution à ce problème à trois équations est simple. Comme en France le coût du travail pour les entrepreneurs est plus élevé que partout ailleurs, ils embauchent peu (d'où un taux de chômage plus élevé), délocalisent leurs entreprises là où le travail est moins cher et tentent d'accroître la productivité de ceux qui travaillent en France, au prix d'un stress dont toutes les enquêtes soulignent l'intensité !

La faute à un système de protection sociale élaboré en 1945 pour garantir à l'époque aux seuls salariés un revenu de remplacement en cas de maladie, d'accident du travail ou au moment de la retraite et qui reposait sur le choix de créer un lien entre la cotisation sociale payée par le salarié et l'employeur – associés dans la gestion – et la prestation versée. Or, avec l'évolution de notre société depuis cette date lointaine où l'espérance de vie des hommes à la naissance était de 60 ans, un certain nombre de prestations sociales créées pour garantir un revenu ou couvrir un risque ne supposent plus un versement préalable de cotisations. C'est le cas du RMI et de la CMU (Couverture maladie universelle), qui sont accordés sans condition à toute personne résidant sur le territoire national de façon régulière et dont les revenus n'excèdent pas un plafond déterminé. C'est aussi le cas des allocations familiales, qui sont versées à tous les foyers de résidents, même inactifs. Comment justifier que ces prestations sociales – légitimes – soient uniquement financées par le biais de cotisations pesant sur le travail ? Même si la CSG a soulagé en partie le poids de cette charge en faisant basculer sur l'impôt une partie du financement de la protection sociale, il reste beaucoup à faire pour s'aligner sur les pays où les cotisations employeurs sont nettement plus faibles et où, comme par hasard, le taux de chômage est moins élevé.

D'où l'idée de baisser les cotisations – ce qui accroîtrait en même temps le salaire net – et de faire porter sur la consommation une partie du financement de la protection sociale, par le biais de la TVA. Alors que la Sécurité sociale instituée en 1945 relevait d'une logique d'assurance (chômage et retraite) et devait être pour ses pères fondateurs financée par des cotisations liées au travail, les prestations sociales universelles non plus liées à une contrepartie en travail des bénéficiaires mais à leur simple résidence sur le territoire (santé et famille) relèvent d'une logique de solidarité nationale et doivent, de ce fait, être financées par un impôt reposant sur l'assiette la plus étendue, c'est-à-dire sur la consommation. En transférant une partie des cotisations sociales vers la TVA, on irait ainsi dans le sens d'une clarification et d'une meilleure efficacité économique et sociale[162].

C'est le Danemark qui, de 1987 à 1989, dans un contexte de grave crise économique, a tenté le premier cette expérience. La mesure a consisté à abaisser les cotisations sociales versées par les employeurs en finançant la mesure par une hausse de trois points du taux de TVA, qui a été porté à 25 %. Le résultat a été spectaculaire : le taux de chômage a chuté à moins de 5 % de la population active, l'excédent budgétaire a atteint 2 % du PIB, la part des exportations dans le PIB dépasse les 35 % et l'excédent de la balance des paiements courants est monté à 2,7 % du PIB. Surtout, une enquête internationale réalisée à l'occasion du quarantième anniversaire de 1968 et menée sur les jeunes de 16 à 29 ans révèle en 2008 que ce sont les jeunes Danois qui sont le plus confiants dans l'avenir. 60 % d'entre eux pensent avoir un avenir personnel prometteur, alors que seuls 26 % des jeunes Français sont optimistes sur leur avenir. 27 % des Français se disent persuadés d'avoir « un bon travail dans l'avenir », contre encore 60 % des Danois. 32 % des Français se disent satisfaits de leur vie, contre 51 % des Danois. 22 % des Français affirment avoir une liberté et un contrôle total sur leur propre avenir, contre 45 % des Danois. Enfin, interrogés sur les qualités à développer chez l'enfant, les Français choisissent l'obéissance, tandis que les Danois plébiscitent l'indépendance. Auteur d'une thèse, *Devenir adulte, sociologie comparée de la jeunesse en Europe*, Cécile Van de Velde écrit : « Français et Danois se situent aux deux extrêmes d'un panel européen. Aux Français anxieux, pressés par le temps, cernés par le chômage, convaincus que leur destin se joue avant 25 ans et qu'un échec ou une erreur d'orientation se paient durant toute la vie, s'opposent les Danois confiants, financièrement autonomes grâce à des bourses, prêts et petits boulots, encouragés à l'exploration et à la mobilité, avec un horizon ascendant et un marché de l'emploi avide de leur apport[163]. »

Certes, il serait caricatural d'imaginer qu'une hausse de la TVA couplée avec une baisse des cotisations salariales transformerait les jeunes Français en jeunes Danois ; reste qu'il est tentant, une nouvelle fois, d'oser cette « révolution » fiscale. Portée à 25 % au lieu de 19,6 % actuellement mais allégée à 2,5 % sur la consommation des produits de première nécessité dont la part est importante dans le budget des Français les plus modestes (l'alimentation en particulier), la TVA rapporterait plus de 240 milliards d'euros au lieu des 180 milliards prévus au budget de 2009. Certes, on peut toujours estimer que la TVA est un impôt injuste, dans la mesure où elle est proportionnelle, et non progressive, et que le pauvre paie le même impôt sur son litre de gazole que le riche. Reste que le recours à un taux quasiment nul pour les produits de première nécessité permet de corriger cette injustice. Reste surtout le fait que le coût d'une pathologie médicale lourde – qui serait en grande partie financée par cette TVA – est le même pour un riche que pour un pauvre. A dépense égale pour sa santé, le pauvre contribuerait moins que le riche, ce qui rend en partie la TVA plus progressive qu'on ne le dit. Surtout, dans un monde où la concurrence fiscale fait rage, la TVA est bien le seul rempart efficace permettant de protéger le travail résident, en taxant les importations et en ne pénalisant pas les exportations, qui en sont exemptes.

Une **fat tax**

Cette TVA serait complétée par une fiscalité environnementale et comportementale visant à prévenir des pratiques à risque ou à réparer des dommages environnementaux qui sont désormais au cœur des préoccupations et dont la non prise en compte est un fardeau insupportable laissé aux générations futures. Pour prévenir les pratiques à risque dans le domaine de la santé publique, on pourrait par exemple, comme au Canada et dans dix-huit Etats américains, taxer davantage le tabac, les alcools, les boissons sucrées gazéifiées, les snacks salés et sucrés et la gamme des aliments riches en acides gras saturés ou à forte densité énergétique et faible densité nutritionnelle (*fat tax*). A titre d'exemple, les fortes hausses de fiscalité sur le tabac menées en 2002 et 2003 ont eu un impact immédiat et significatif sur la consommation. Ces taxes sur le tabac et les alcools s'élèvent aujourd'hui à 13,6 milliards d'euros. Les augmenter de 50 % pour les passer à près de 20 milliards d'euros n'aurait rien de scandaleux dans la mesure où il serait clairement spécifié que cette somme serait affectée aux dépenses de santé publique.

Une logique de même nature devrait inciter à introduire des taxes environnementales pour inciter les entreprises et les ménages à mieux prendre en compte les coûts collectifs provoqués par la dégradation du climat et les atteintes à l'environnement. La Finlande a été le premier pays à introduire une taxe sur le CO_2 en 1990, couplée à des taxes environnementales liées à l'énergie qui représentent aujourd'hui près de 10 % des recettes budgétaires de l'Etat, soit 4,5 milliards d'euros (à l'échelle de la France, ce montant s'élèverait à 27 milliards d'euros, soit 60 % des recettes de l'impôt sur le revenu). Sans elles, on estime que les émissions de CO_2 seraient supérieures de 7 % à celles enregistrées aujourd'hui. La Suède, le Danemark, les Pays-Bas, le Royaume-Uni ont également augmenté la fiscalité indirecte environnementale. Des taxes qui seraient d'autant mieux supportées par les Français que les prélèvements obligatoires seraient réduits et totalement lisibles et que les multiples niches et abattements seraient supprimés.

Au total, impôts sur les revenus et les bénéfices, TVA, taxes comportementales et environnementales rapporteraient environ 570 milliards d'euros, dont une partie serait versée aux collectivités territoriales en fonction du nombre d'habitants, toujours pour plus de lisibilité et d'équité. Resterait à prélever en cotisations salariales et patronales pour financer essentiellement les prestations de chômage et les pensions de retraite un peu moins de 180 milliards d'euros, soit la moitié seulement des cotisations salariales et patronales, qui se sont élevées à 360 milliards d'euros en 2007.

Au terme de cette « révolution », quels seraient les nouveaux rapports à l'argent de Pierre, de Claire et de Stéphane ? Pierre, dont le coût salarial était de 1 570 euros par mois mais dont le revenu net était de 1 040 euros par mois, verrait son revenu disponible, après impôt et cotisations sociales, passer à 1 190 euros par mois. Une augmentation de près de 15 % par rapport à son revenu disponible d'aujourd'hui.

Claire, dont le coût salarial était de 2 250 euros par mois et le salaire disponible après impôt de 1 178 euros, verrait ce dernier passer à 1 430 euros par mois, soit une augmentation d'un peu plus de 21 %. Stéphane, dont le coût salarial était de 5 000 euros par mois et dont le revenu disponible après impôt était de 2 454 euros, verrait ce dernier passer à 2 870 euros, soit une augmentation de près de 17 %.

Certes, on peut s'indigner du fait qu'à la suite de cette « révolution » fiscale, l'écart entre le revenu disponible de Pierre et de Stéphane, qui était de 2,3 (2 454 : 1 040), passe à 2,4 (2 870 : 1 190) ! Ecart que réduiraient d'ailleurs en grande partie la TVA payée par Pierre et celle payée par Stéphane. Reste que tous les Français, surtout les membres des classes moyennes, verraient leur pouvoir d'achat augmenter. Or, que vaut-il mieux : plus d'égalité dans une société morose ou un peu plus d'inégalité dans une société où chacun aurait moins le sentiment d'être écrasé par l'impôt ? Surtout, dans la mesure où la TVA à taux faible se concentre sur la population des ménages à revenu modeste comme celui de Pierre, cette légère croissance des inégalités serait en partie effacée par l'effet redistributif que constituerait la TVA à 25 % sur la consommation des ménages aisés.

Des ménages aisés qui seraient enfin moins tentés de s'expatrier. Pour mesurer le risque de délocalisation des activités à forte valeur ajoutée, on peut consulter l'étude réalisée par le bureau Francis Lefebvre en 2004 : la dépense employeur pour un couple marié ayant deux enfants percevant un revenu disponible de 68 000 euros par an était de 174 000 euros en France, 140 000 euros aux Pays-Bas, 112 000 en Allemagne, 108 000 au Royaume-

Uni et 100 000 euros en Suisse[164]. Comment peut-on développer une économie de la connaissance et attirer les talents en taxant beaucoup plus que les autres pays les acteurs de cette économie ? Telle est la question à laquelle n'a toujours pas répondu la France et qui explique le paradoxe de sa fiscalité : elle taxe lourdement les facteurs les plus dynamiques de la société, et donc les plus mobiles au niveau international, mais comme la base d'imposition est très étroite – il y a finalement peu de riches –, les recettes sont faibles ! C'est dire à quel point la « révolution » fiscale ici osée aurait des effets spectaculaires. Comme l'écrit Christian Saint-Etienne, « une grande réforme est paradoxalement plus facile à réaliser qu'une série d'ajustements partiels[165] ».

30.

Le collier de la reine

En 1720, alors qu'à la suite de l'éclatement d'une bulle boursière il venait de perdre les 20 000 livres sterling qu'il avait investis dans la South Sea Company, Isaac Newton, en savant désabusé, écrivit : « Je sais calculer le mouvement des corps pesants, mais pas la folie des hommes. » En 1862, au lendemain de la crise de 1857 qui, en France, avait réduit l'encaisse or de la Banque de France de 626 millions de francs à 72 millions (!) et dégonflé les crédits commerciaux de 2,85 milliards de francs à 1,4 milliard, Clément Juglar, qui avait remporté le concours de l'Académie des sciences morales et politiques avec un essai intitulé *Des crises commerciales et de leur retour périodique en France, en Angleterre et aux Etats-Unis*, écrivait : « Les symptômes qui précèdent les crises sont les signes d'une grande prospérité ; nous signalerons les entreprises et les spéculations de tous genres ; la hausse des prix de tous les produits, des terres, des maisons ; la demande des ouvriers, la hausse des salaires, la baisse de l'intérêt, la crédulité du public, qui, à la vue d'un premier succès, ne met plus rien en doute ; le goût du jeu en présence d'une hausse continue s'empare des imaginations avec le désir de devenir riche en peu de temps, comme dans une loterie. Un luxe croissant entraîne des dépenses excessives, basées non sur les revenus mais sur l'estimation nominale du capital d'après les cours cotés. » Et d'ajouter cette morale, ou plutôt ce constat, qui reste d'actualité : « Les crises, comme les maladies, paraissent une des conditions de l'existence des sociétés où le commerce et l'industrie dominent. On peut les prévoir, les adoucir, s'en préserver jusqu'à un certain point, faciliter la reprise des affaires ; mais les supprimer, c'est ce que jusqu'ici, malgré les combinaisons les plus diverses, il n'a été donné à personne[166]. »

La crise qui vient de faire fondre en 2008 près de 25 000 milliards de dollars de capitalisation boursière, soit l'équivalent de 50 % du PIB mondial, ne fait pas exception à la règle. En mettant à nu la « folie des hommes » cupides, voire l'imbécillité pour certains d'entre eux, elle peut et doit provoquer, comme pour la fiscalité, une grande réforme à peu de frais.

Une occasion d'examiner avec plus d'attention la rémunération de certains patrons qui aiment la comparer à celle de certaines vedettes du sport ou du show-business. En moyenne, en 2007, selon une étude réalisée par HayGroup, un patron du CAC 40 a reçu une rémunération annuelle de 5,87 millions d'euros (stock-options comprises), ce qui est conforme aux normes internationales. En comparaison, la moyenne pour les sociétés britanniques est de 5,85 millions d'euros et, pour les sociétés allemandes, de 3,94 millions d'euros. Quant à celle d'un patron présidant aux destinées d'une des 500 premières entreprises américaines, elle est environ de 12,9 millions d'euros. Autre comparaison : les dix plus hautes rémunérations de l'ex-groupe Vivendi s'élèvent en moyenne à 6,5 millions d'euros aux Etats-Unis alors que les dix plus hautes rémunérations des dirigeants sociaux basés en France s'élèvent en moyenne à 1,3 million d'euros. Pour justifier de telles rémunérations, les patrons des entreprises françaises peuvent faire valoir un bilan flatteur. En 1996, on ne comptait que 18 entreprises françaises dans les 500 premières mondiales ; elles sont aujourd'hui 31. Seule la Chine a fait mieux, avec 36 contre 11, alors que le

Royaume-Uni est passé de 46 à 35, les Etats-Unis de 203 à 169 et le Japon de 110 à 39.

En réalité, les rémunérations qui choquent ne sont pas tellement celles des « périodes de croisière » mais celles des ruptures, quand sont révélés, à la fois, le montant des stocks-options accumulées, des indemnités de départ versées – les « parachutes dorés » – et, surtout, des retraites supplémentaires, dites « chapeaux », accordées par l'entreprise. Quand Patricia Russo, directrice générale du groupe Alcatel-Lucent, se voit attribuer un parachute de 6 millions d'euros alors que le groupe a perdu 3,5 milliards d'euros en 2007 et annonce 16 500 suppressions d'emplois, on peut comprendre la violence des polémiques. Surtout, l'explication souvent avancée de la « concurrence internationale » qui pourrait conduire au départ de nos meilleurs patrons ne tient pas. Si celle-ci est réelle pour les « professionnels » très recherchés, elle ne concerne absolument pas les patrons du CAC 40.

Enfin, le lien entre performance et rémunération est pour le moins insuffisamment visible. Ce que gagnent les grands patrons par le mécanisme des stocks-options est en fait moins lié au talent qu'ils déploient qu'aux performances du marché des actions qui, ces vingt dernières années, sont surtout liées aux effets de la mondialisation, à la baisse des taux d'intérêt et à l'émergence de nouvelles technologies. Exemple : pourquoi Xavier Fontanet, qui a hissé Essilor à la première place de l'optique ophtalmique mondiale, gagne-t-il quatre fois moins que Daniel Bouton, le P-DG de la sulfureuse Société générale ? Et pourquoi la paie des patrons du CAC 40 a-t-elle grimpé de plus de 10 % par an entre 2000 et 2002 alors que les actions de l'indice-vedette chutaient de 65 % ?

Mieux, dans une étude qui a fait grand bruit, Xavier Gabaix et Augustin Landier ont mesuré par des méthodes statistiques ingénieuses la part qui revient au talent propre des P-DG des grandes entreprises américaines dans la valeur des firmes qu'ils dirigent. Ils montrent que celle-ci est réelle, mais très faible. Selon ces deux auteurs, si le P-DG de la 250e entreprise (par sa capitalisation) devait remplacer celui de la première, il en résulterait pour celle-ci une perte de valeur de 0,014 %[167] !

Mieux encore, selon une autre étude menée par le cabinet de conseil américain Booz & Company sur les 2 500 plus grandes entreprises mondiales (par leur capitalisation boursière), « les dirigeants les moins performants (pour l'actionnaire) – ceux dont le cours de Bourse a chuté de 25 % en deux ans en valeur absolue et dont la performance a été de 45 % inférieure à celle des firmes du même secteur et de la même région – n'ont que 5,7 % de risque de quitter leur poste[168] ».

« A son époque, rappelle Daniel Cohen, Rockefeller estimait qu'un P-DG ne devait pas percevoir plus de quarante fois le salaire de l'ouvrier de base. Aujourd'hui, ce ratio a été multiplié par dix[169]. » Il ne faut donc pas s'étonner que les Français, épris d'égalitarisme, soient choqués par ce qui est largement injustifié. La plupart de ces grands patrons, en effet, ont été appelés, souvent par leurs homologues, pour diriger des entreprises qu'ils n'ont pas fondées. Ils s'attendent tout naturellement à être payés comme les autres. Certes, leur contribution aux performances de l'entreprise est importante mais pas au point qu'ils soient payés comme des sportifs de haut niveau – qui, eux, sont rares et paient lourdement leurs échecs. D'ailleurs, les patrons qui se paient le moins sont ceux qui ont fondé leur entreprise et qui ne doivent leur réussite qu'à eux-mêmes. Et c'est bien la seule interrogation qui mérite d'être posée, à l'aune des évolutions enregistrées depuis une dizaine d'années : en dehors de ces parcours extravagants mais anecdotiques au regard des évolutions longues, quel est le « juste prix » d'un patron ?

Jean-Marie Messier, Vivendi, 20,5 millions d'euros (2002), Igor Landau, Aventis, de 9,3 à 10,6 millions d'euros plus stock-options (2004), Daniel Bernard, Carrefour, 9,5 millions d'euros plus une rente de 29,5 millions d'euros (2005), Antoine Zacharias, Vinci, indemnité de 12,9 millions d'euros plus attribution de stock-options d'une valeur de plus de 250 millions d'euros (2006), Noël Forgeard, EADS, vente de stock-options dégageant un plus-value de 2,5 millions d'euros trois mois avant la chute des cours de son entreprise provoquée par l'annonce des retards de livraisons de l'A 380 (2007), Patrice Kron, Alstom, vendant entre fin septembre et début octobre 2008, toutes les stock-options qu'il détenait pour 16,5 millions d'euros avant que le cours s'effondre, Daniel Bouton, Société générale, vendant début octobre 2,3 millions ses stock-options au cours de 66 euros et en rachetant le même jour pour 1,7 million d'euros au cours plus intéressant de 57 euros : autant de millions d'euros qui discréditent l'élite de nos affaires et évoquent immanquablement l'affaire du collier de la reine Marie-Antoinette qui, quatre ans avant la prise de la Bastille, avait retourné une opinion indignée par les folies et les gaspillages des « grands ».

Pour l'apaiser, on pourrait certes proposer de confisquer l'ensemble des salaires, bonus, stock-options et dividendes perçus en 2007 par les patrons du CAC 40 (161 millions) pour redistribuer ce pactole aux 3,7 millions des Français les plus pauvres. Chacun toucherait un peu plus de 40 euros, ce qui ne résoudrait en rien les problèmes que connaît la société française. Reste qu'il faudra bien soigner cette folie et corriger ces excès de cupidité pour espérer convaincre les Français que les fortunes constituées par certains peuvent être justes. A la limite, et c'est une bonne nouvelle, les goinfres sont aujourd'hui moins nombreux que les fermiers généraux autrefois guillotinés.

En mai 2003, le comité d'éthique du Medef avait fait cette proposition : « La rémunération accordée doit toujours être justifiée et justifiable au regard de critères pertinents :

pratique de la concurrence dans le secteur concerné, comparaisons internationales pour les entreprises multinationales, taille et complexité de l'entreprise, etc., et doit prendre en compte le risque encouru, tout en sachant que le risque existe pour tous les salariés. La politique des rémunérations doit donc être mesurée, équilibrée, équitable et renforcer la solidarité à l'intérieur de l'entreprise. Le souci de justification et d'équité doit aussi prévaloir à l'égard des actionnaires. Par ailleurs, ouvrir la possibilité de gains démesurés amène à perdre le contrôle de la réalité. Quand il y a absence de limite, on échappe à la matérialité. Les scandales récents [on était en... 2003 !] l'ont encore démontré. L'éthique exige mesure et maîtrise. »

Une « mesure » et une « maîtrise » chères à l'éthique protestante du capitalisme mais que semblent avoir oublié certains grands patrons. En 2007, par exemple, les émoluments des patrons des quarante plus grandes entreprises françaises ont augmenté de 58 % pour atteindre 161 millions d'euros, contre 102 millions en 2006. Alors que le revenu disponible des Français n'a augmenté pour la même période que de 3,3 %, que le CAC 40 n'a progressé que de 1,3 % et que les bénéfices de ces entreprises sont restés au même niveau (100 milliards d'euros) qu'en 2006. Une insulte au bon sens qui est, écrit le journal *L'Expansion*, pourtant éloigné des positions du Nouveau Parti anticapitaliste, « susceptible de heurter la sensibilité d'un public non averti[170] ». La comparaison des 10 premières rémunérations de 2007 aux performances boursières des entreprises en 2007 est significative :

Nom	Société	Rémunération	Performance boursière
1. Pierre Verlucca	Vallourec	18,12 millions (+ 2 312 %)	– 19 %
2. Gérard Mestrallet	Suez	15,54 millions (+ 364 %)	+ 16 %
3. Xavier Huillard	Vinci	13,10 millions (+ 552 %)	+ 4,6 %
4. Henri Proglio	Veolia Environnement	7,33 millions (+ 207 %)	+ 6,9 %
5. Henri de Castries	Axa	5,53 millions (+ 22 %)	– 10 %
6. Jean-Bernard Lévy	Vivendi	5,42 millions (+ 129 %)	+ 6 %
7. Daniel Bouton	Société générale	5,24 millions (– 52 %)	– 30 %
8. Jean-Paul Agon	L'Oréal	5,03 millions (+ 27 %)	+ 29 %
9. Martin Bouygues	Bouygues	4,99 millions (+ 69 %)	+ 17 %
10. Benoît Potier	Air liquide	4,37 millions (+ 52 %)	+ 13 %

Comment comprendre le fait que le P-DG le plus augmenté ait vu, en même temps, le cours de l'action de son entreprise baisser de 19 % en 2007 ? Un rapport juste à l'argent ne peut s'établir si l'homme perd le sens de la mesure et des valeurs morales. Une rémunération élevée ne peut se justifier que si les risques encourus sont à la hauteur de son montant.

Les économistes sont aujourd'hui perplexes sur les liens entre les performances d'entreprises employant des milliers de salariés agissant sur les marchés mondiaux et les seules décisions de son dirigeant. Ainsi, Elie Matta démontre, à partir de ses travaux sur les entreprises américaines, que plus la rémunération d'un P-DG est exposée – en raison de l'importance de la part variable – aux risques qui pèsent sur la performance de l'entreprise, plus sa gestion est atteinte de myopie[171]. Alors que ce sont les projets les plus « risqués » qui, s'ils réussissent, créent à long terme le plus de valeur pour les actionnaires, il s'abstient de passer à l'acte. Cette réalité a eu des effets particulièrement négatifs dans les secteurs pétrolier et pharmaceutique, où les dirigeants ont renoncé, au cours des dernières années, à lancer des projets d'investissement dans l'exploration ou la recherche, car ils étaient trop risqués pour leur... rémunération ! Au total, les études américaines, comme celles d'Henry Tosi, ont montré que la variation du résultat net d'une entreprise n'est liée qu'à hauteur de 5 % à la rémunération du dirigeant[172].

En outre, loin d'être liée à des lois du « marché » qui détermineraient le « juste prix » de la rémunération, cette dernière est largement déterminée par des comités de rémunération dont la plupart des membres sont d'autres P-DG, souvent désignés par l'intéressé lui-même. Ce qui est alors en jeu n'est pas la performance de l'entreprise comparée à celle des autres de la même branche, mais l'ego de ces patrons qui s'attendent à être payés « comme les autres ». Des autres qui sont issus du même milieu social, d'une même trajectoire professionnelle, de la même université, aux Etats-Unis, des mêmes grandes écoles en France. Des études américaines ont ainsi montré que le montant de la rémunération d'un P-DG est fonction de la proportion de P-DG siégeant au sein de son comité de rémunération ! Autant de dérives qui expliquent qu'en 2007, les dirigeants des quinze plus grandes entreprises américaines gagnaient en moyenne 520 fois le salaire moyen d'un employé, contre 360 fois en 2003 et 100 fois en 1990. En France, en 2007 aussi, les 10 plus fortes rémunérations, 8,4 millions d'euros pour la plupart, ont représenté à peu près 400 fois le salaire moyen, soit dix fois plus que le souhaitait Rockefeller. En un siècle, le PIB de la plupart des pays industrialisés s'est accru peu ou prou de 2,5 % par an. En France, le pouvoir d'achat moyen a augmenté pour cette même période de 2 %, c'est-à-dire qu'il a été multiplié par six. Toujours en France, la Bourse, on l'a vu plus haut, a augmenté en moyenne de 3,3 %. Rien n'autorise donc les grands patrons à gagner dix fois plus que ce que proposait Rockefeller, sauf à penser, ce qui est peu vraisemblable, qu'ils seraient les seuls acteurs de cette croissance. Surtout, et c'est le pire, comment justifier les sommes versées à des dirigeants qui ont échoué, ces parachutes dorés qui, selon le cabinet Hay Group, ont été mis en place dans 64 % des principales entreprises cotées en Bourse ? Dans le cas de Daniel Bernard, qui a dirigé Carrefour pendant treize ans, comment justifier une retraite chapeau de 100 000 euros par mois dans un pays où, pour toucher une retraite à taux plein, il va falloir travailler quarante-deux ans ?

Le beurre et l'argent du beurre

Autant de pratiques déconnectées des réalités qui non seulement violent la morale la plus élémentaire mais, paradoxe dans une économie de marché, nuisent à la performance des entreprises elles-mêmes. Autant de raisons de « guillotiner » ces « goinfres » qui contribuent par leurs excès à donner une image négative de l'entreprise et à mettre sous les projecteurs des comportements irrationnels qui expliquent que 59 % des Français ont une mauvaise image des grandes entreprises et 67 % une mauvaise image des patrons des multinationales. Autant de raisons aussi – nouveau paradoxe – de bénir la crise financière de 2008 qui sera l'occasion d'y mettre fin.

Pour ce faire – paradoxe encore –, il suffit de reprendre les propositions émises par les libéraux qui, en la matière, sont certainement ceux que cette immoralité indispose le plus. La première est de faire tout ce qu'il est possible pour que les rémunérations des grands patrons soient expertisées par des comités de rémunération obligatoires et totalement indépendants. La seconde est peut-être, comme pour le salaire minimum, de fixer un seuil maximum. Par exemple, on pourrait envisager que le salaire des dirigeants ne puisse dépasser plus de 100 fois le salaire le plus faible de l'entreprise. En Allemagne, le ministre des Finances a lancé un pavé dans la mare en évoquant l'idée que les banquiers qui implorent l'Etat de les secourir pour sortir de la crise financière ne puissent pas voir leur salaire dépasser 500 000 euros par an et soient contraints de renoncer à tout bonus. Un chiffre accepté par l'opinion publique. Selon un sondage Forsa pour le magazine *Stern*, 43 % des Allemands approuvent ce plafond de 500 000 euros pour tous les patrons, 29 % sont prêts à leur accorder un million, 13 % trois millions et seulement 8 % acceptent plus. Rappelons ici que le revenu déclaré en 2007 par les 493 000 ménages français les plus riches était en moyenne de 200 000 euros par foyer, et non par personne ! Autant dire qu'un seuil maximum n'affecterait qu'une poignée de contribuables dont le sacrifice vaudrait la reconnaissance de la nation !

Surtout, et c'est la proposition phare avancée par l'institut Montaigne et reprise par le Medef, il faudrait désormais interdire aux mandataires sociaux que sont les patrons d'être salariés des sociétés qu'ils dirigent[173]. En janvier 2008, quand Daniel Bouton, le P-DG de la Société générale, a annoncé qu'il renonçait à son salaire jusque fin 2008 pour « participer au redressement » de sa banque mise à mal par les engagements sans contrôle de 50 milliards d'euros sur les marchés dérivés par un jeune trader, il pensait sans doute s'attirer la sympathie des salariés français. Des salariés qui ignoraient sans doute que la rémunération principale de Daniel Bouton, par ailleurs membre du comité d'éthique du Medef, n'était pas constituée par son salaire mais par ses stock-options, dont les plus-values potentielles étaient à cette date estimées à plus de 50 millions d'euros ! Obliger les dirigeants d'entreprise à opter pour un autre statut que le salariat serait en phase avec le fait qu'officiellement il est révocable *ad nutum*, c'est-à-dire qu'il peut être congédié par son conseil d'administration sans justification, sans motif et sans aucune indemnité. Un risque élevé qui mérite une rémunération élevée... sauf si – et c'est la pratique – les dirigeants évincés se voient dotés d'un contrat de travail salarié et gratifiés d'indemnités de départ substantielles et de retraites particulièrement dorées. Le beurre et l'argent du beurre pour des patrons qui, révoqués pour mauvais résultats, invoquent sans vergogne leurs « acquis » et se portent aux prud'hommes comme de simples salariés de base.

Au terme de cette proposition, la loi – puisqu'il en faut une – pourrait simplement disposer que « toute personne exerçant un mandat social (et donc révocable *ad nutum*) ne saurait être liée par un contrat de travail à la société dont elle est mandataire ». Une disposition qui réhabiliterait l'ampleur du risque, distinguerait les patrons des salariés et renouerait avec les usages qui prédominaient jusqu'au milieu des années 1970. Comment en effet le patron peut-il être salarié alors que ce qui caractérise le salariat en droit est le lien de subordination avec l'entreprise qui l'emploie ? Comment celui qui a la charge d'une entreprise peut-il être en même temps dans un lien de subordination avec l'entreprise qu'il dirige ? Cette anomalie juridique explique dans une très large mesure l'hostilité justifiée des Français aux salaires des patrons. Au terme de cette « révolution juridique » tellement facile à réaliser et tellement porteuse d'effets positifs, les patrons ne seraient donc plus des salariés mais des prestataires de service indépendants dont les revenus seraient des bénéfices non commerciaux, à l'exemple des consultants indépendants. Leur rémunération élevée serait alors parfaitement justifiée dans la mesure où ils devraient prévoir eux-mêmes leur retraite.

Quant aux stock-options, qui devraient être étendues à l'ensemble des salariés, leur attribution devrait être justifiée par une comparaison avec d'autres sociétés et il faudrait les traiter comme les autres revenus, les soumettre à l'impôt et aux prélèvements sociaux. Mieux, plutôt que des stock-options liées à des cours de Bourse dont l'actualité récente a démontré le caractère volatile, quelle que soit la performance de la société, mieux vaudrait revenir au bon vieux temps et donner à tous à des rémunérations variables liées aux résultats des entreprises. Une banalité qui se nomme intéressement. Banalité de nature à faire mieux accepter les règles et les contraintes d'une économie de marché et à transformer tous les salariés en voltigeurs de la croissance. En 1789, il a fallu attendre la prise de la Bastille, la Grande Peur et la nuit du 4 août pour que les privilégiés se rendent à la raison. Faudra-t-il contraindre les privilégiés d'aujourd'hui, si peu nombreux, à être moins fous pour prévenir les risques d'une nouvelle explosion sociale dont le moins qu'on puisse dire est qu'elle pourrait être justifiée ? Ou sont-ils, pour paraphraser Lénine, assez bêtes pour vendre la corde qui servira à les pendre ?

Sixième partie

9 000

Neuf mille euros par an, 750 euros par mois par tête durant toute la vie sans aucune condition de revenus et sans aucune exigence de travail en contrepartie, ne serait-ce pas le moyen suprême d'apaiser les Français et de faire de l'argent le moyen de satisfaire leur premier besoin, celui de sécurité ? Ne serait-ce pas aussi épouser au mieux les spécificités de notre « modèle » identitaire : une aspiration forte au communisme égalitaire sans le système et un mariage avec l'économie de marché sans ses travers ?

Les destructions d'emplois ne sont pourtant pas en France plus nombreuses qu'ailleurs ; il n'empêche que le sentiment d'insécurité et de précarité y est plus élevé qu'ailleurs, à l'exception de la Grèce et du Portugal.

Un exemple hélas édifiant est fourni par le taux de contrats précaires signés par les jeunes générations. Alors que 90 % du stock total d'emplois est constitué de contrats à durée indéterminée, il faut atteindre l'âge de 33 ans pour que le taux par âge soit égal à cette moyenne. Comment s'étonner alors du fait que seuls 26 % des jeunes Français pensent que leur avenir est « prometteur » alors que 60 % des Danois, 54 % des Américains, 49 % des Suédois et 43 % des Chinois dessinent leur « avenir en rose » ? Surtout, et cela touche de manière particulièrement sensible l'avenir des relations entre les Français et l'argent, 11 % seulement des jeunes Français se disent « prêts à payer les impôts nécessaires pour verser les retraites des générations âgées », alors que 63 % des jeunes Chinois et 35 % des jeunes Danois souhaitent y contribuer. Est-ce une manière pour eux de prendre leur revanche sur les générations qui les ont précédés ?

On peut en effet se demander, écrit le sociologue François de Singly, si la situation contemporaine des jeunes Français ne ressemble pas à celle de certains paysans au milieu du XIXe siècle. Dans *La Vie d'un simple* (1904), Emile Guillaumin donne l'exemple d'un fils furieux d'avoir été trop longtemps considéré comme mineur par ses parents et qui n'a pas pu s'installer à la place de son père. Une fois qu'il a hérité, il se venge en mettant ses parents à l'étable. Aujourd'hui, en repoussant l'installation des jeunes sur le marché du travail et en laissant filer une dette dont les intérêts et le remboursement pèseront lourdement sur la génération future, les baby-boomers prennent le risque de faire perdre le goût de l'avenir à une jeunesse dont seule une infime minorité obtiendra le diplôme dont l'acquisition est devenue une névrose obsessionnelle.

Comme le montre encore cette enquête réalisée par la Fondation nationale pour l'innovation politique à l'occasion du quarantième anniversaire de Mai 1968, seuls 26 % des jeunes Français pensent avoir la possibilité de choisir leur vie, contre 61 % des jeunes Américains, et 44 % des jeunes Suédois. Pire encore, seuls 21 % d'entre eux pensent que l'« esprit d'entreprise » est une valeur à développer chez l'enfant pour 81 % des Chinois et 57 % des Espagnols[174].

31.

Utopie

Autant de pourcentages qui renvoient à la description que faisait Thomas More des maux de la société que voulaient exorciser les habitants d'Utopie. Etrange lecture aux accents fort contemporains que celle de *L'Utopie*, écrite en 1516 au moment des ravages sociaux que provoquaient l'irruption de la propriété privée dans l'Angleterre du XVIe siècle et la brutalité avec laquelle des familles paysannes, privées de tout moyen d'existence, étaient jetées sur le chemin. En Utopie, cette île qui servait de contrepoint au monde brutal de l'époque, « personne ne peut manquer de rien, une fois que les greniers publics sont remplis, écrivait-il. Car la fortune de l'Etat n'est jamais injustement distribuée en ce pays ; l'on n'y voit ni pauvre ni mendiant, et quoique personne n'ait rien à soi, cependant tout le monde est riche. Est-il, en effet, de plus belle richesse que de vivre joyeux et tranquille, sans inquiétude ni souci ? Est-il un sort plus heureux que celui de ne pas trembler pour son existence, de ne pas être fatigué des demandes et des plaintes continuelles d'une épouse, de ne pas craindre la pauvreté pour son fils, de ne pas s'inquiéter de la dot de sa fille ; mais d'être sûr et certain de l'existence et du bien-être pour soi et pour tous les siens, femme, enfants, petits-enfants, arrière-petits-enfants, jusqu'à la plus longue postérité dont un noble puisse s'enorgueillir ?

« La république utopienne garantit ces avantages à ceux

qui, invalides aujourd'hui, ont travaillé autrefois, aussi bien qu'aux citoyens actifs capables de travailler encore...

« N'est-elle pas inique et ingrate la société qui prodigue tant de biens à ceux qu'on appelle nobles, à des joailliers, à des oisifs, ou à ces artisans de luxe qui ne savent que flatter et servir des voluptés frivoles ? Quand, d'autre part, elle n'a ni cœur ni souci pour le laboureur, le charbonnier, le manœuvre, le charretier, l'ouvrier sans lesquels il n'existerait pas de société. Dans son cruel égoïsme, elle abuse de la vigueur de leur jeunesse pour tirer d'eux le plus de travail et de profit ; et dès qu'ils faiblissent sous le poids de l'âge et de la maladie, alors qu'ils manquent de tout, elle oublie leurs nombreuses veilles, leurs nombreux et importants services, elle les récompense en les laissant mourir de faim[175] ».

Dans cette *Utopie* qui décrit une société aussi bouleversée que la nôtre, se trouve en toutes lettres la proposition que nous avons formulée en ouverture de cette conclusion. En réponse à l'archevêque de Canterbury qui défendait la potence pour les voleurs sous le prétexte qu'il « y a des êtres qui préfèrent le crime au travail », Raphaël, le découvreur, répliquait : « Vous faites souffrir aux voleurs des tourments affreux ; ne vaudrait-il pas mieux assurer l'existence à tous les membres de la société, afin que personne ne se trouvât dans la nécessité de voler d'abord et de périr après ? »

L'idée fut plus tard développée par Thomas Paine dans son opuscule *La Justice agraire*, publié en 1796. Reprenant le constat formulé par les humanistes selon lequel la Terre était à l'origine la propriété commune de l'espèce humaine, il proposait d'octroyer inconditionnellement une dotation forfaitaire à chaque homme et à chaque femme atteignant l'âge adulte. Pas de charité, ni même de solidarité dans cette proposition mais seulement de la justice. Son plan consistait à « créer un fonds national pour payer à tous les individus qui auront atteint l'âge de vingt et un ans la somme de quinze livres sterling, à titre d'indemnité du droit naturel, dont le système des propriétés territoriales les a dépouillés. Et à payer annuellement la somme de dix livres sterling, durant leur vie, à tous les individus qui ont atteint l'âge de cinquante ans, pauvres ou riches, car tous les individus y ont un droit égal, indépendamment des propriétés qu'ils peuvent avoir créées ou acquises par hérédité ou de toute autre manière[176] ». Dix livres sterling par an, soit 250 francs de l'époque, c'était, il est nécessaire de le rappeler, environ 60 % du salaire annuel moyen d'un ouvrier de l'époque, *soit à peu près la somme que nous proposons aujourd'hui de verser sans aucune condition à tous les Français.* Une somme qui correspond aussi à un peu plus du seuil de pauvreté, fixé à 50 % du revenu médian, soit 733 euros pour une personne en 2006.

Utopie sans doute de distribuer un revenu qui pourrait contribuer à supprimer la pauvreté, ou plutôt cette insécurité de l'existence qui taraude notre société et surtout sa jeunesse. Née à la Renaissance, développée par tous ceux qui ont estimé un jour que la société a le devoir d'assurer au peuple un minimum d'entretien dans la mesure où la « civilisation » l'a dépouillé des premiers droits « naturels » que sont les droits de chasse, de pêche, de cueillette et de pâture », cette utopie a pris le nom d'« allocation universelle » pour désigner un revenu versé par une communauté politique à tous ses membres, sur une base individuelle, sans contrôle des ressources, sans exigence de contrepartie et cumulable avec tout autre revenu.

Au moment où disparaît la figure canonique du travailleur ouvrier et que les mesures politiques traditionnelles ne parviennent pas à réduire l'exclusion, il n'est pas « utopique » d'imaginer d'accorder aux gens un revenu qui ne dépende pas de leur travail. Par opposition à toutes les formes d'aides qui sont aujourd'hui versées aux personnes dans le besoin, celui-ci ne serait subordonné à aucune des conditions qui leur sont habituellement associées, soit la prise en compte de la situation familiale, le contrôle des ressources ou la disposition à travailler, comme dans le cas du RMI, où le *i* d'insertion manifeste la réticence des partis politiques à envisager un revenu sans contrepartie. Comme le résumait Michel Rocard dans *Le Cœur à l'ouvrage* (1987), « le minimum social n'irait pas sans condition. Une contrepartie doit être exigée sous forme de participation à une formation ou à la réalisation de tâches d'utilité[177] ». C'était affubler d'un péché originel ce revenu minimum d'insertion voté à l'unanimité le 1er décembre 1988 en rendant possible sa suspension si les bénéficiaires ne s'engageaient pas dans une démarche d'insertion et, surtout, en jetant une probable suspicion sur ceux qui allaient bénéficier de ce nouveau droit. Il est vrai qu'il n'est pas facile de se dégager de l'idée que la socialisation de l'individu ne peut se faire que par le travail. En 1791, un catéchisme laïc prescrivait déjà cette religion : « Tout homme est-il obligé de travailler ? – Oui ; puisque tout homme jouit des avantages de la société, il est obligé d'y concourir en travaillant selon son état et ses forces ; sans cela il fait un vol manifeste à la société en jouissant de tous ses avantages sans mettre du sien. Le devoir du travail est donc prescrit par la justice. »

Pour les partisans de l'« allocation universelle », cette idée de « devoir », dans nos sociétés contemporaines où il n'est pas si évident de trouver sa place, est finalement plus perverse que morale. Toute aide accordée aux individus qui souffrent du chômage et de la pauvreté renvoie subrepticement aux formes de charité traditionnelle qui impliquent la supériorité morale de celui qui donne, et donc la relative indignité de celui qui reçoit, ou, pire encore, qui demande. C'est la raison principale pour laquelle l'allocation doit être universelle et attribuée automatiquement, sans que personne ne puisse se sentir « supérieur » parce qu'il donne et ne la reçoit pas. Certes, admettre le paradoxe que peut représenter l'égalité de traitement entre riches et pauvres ne va pas de soi. Reste que c'est le seul moyen d'éviter l'humiliation relative de celui qui reçoit l'allocation parce qu'il est plus pauvre que les autres. Dès lors que tout le monde la reçoit, il n'y a plus rien d'humiliant à percevoir ce revenu de base qu'on peut assimiler à un droit de tirage sur un héritage collectif commun. Comme l'écrivait encore Thomas Paine, « il est indéniable que la Terre dans son état originel, c'est-à-dire non cultivée, était et aurait dû rester la propriété commune de la race humaine. Chaque être humain en serait le propriétaire. Un vrai copropriétaire avec tous les autres du sol et de tous les produits naturels, plantes et animaux ».

Au milieu du XIXe siècle, Thorstein Veblen évoquait un « savoir commun », en y ajoutant une satire de la « classe oisive » qui n'a pas pris une seule ride. A l'heure où naissaient la publicité, le marketing et la soif de consommation ostentatoire, il écrivait dans sa *Théorie de la classe de loisir*, une œuvre aussi essentielle que méconnue publiée en 1899 : « Le besoin d'étaler des dépenses se trouvera toujours là à point nommé pour répondre aux accroissements de la production et du rendement, et absorber le surplus des marchandises, une fois satisfaits les besoins les plus élémentaires... Le rendement va augmentant dans l'industrie, les moyens d'existence coûtent moins de travail, et pourtant les membres actifs de la société, loin de ralentir leur allure et de se laisser respirer, donnent plus d'effort que jamais afin de parvenir à une plus haute dépense visible. La tension ne se relâche en rien, alors qu'un rendement supérieur n'aurait guère eu de peine à procurer le soulagement, si c'était là tout ce qu'on cherchait ; l'accroissement de la production et le besoin de consommer plus s'entrechoquent... Remarquant la place tenue par cet élément dans le niveau de vie, John Stuart Mill en tirait une raison toute particulière de dire "qu'on peut douter, jusqu'à présent, si aucune des nombreuses inventions mécaniques connues a jamais soulagé la peine journalière d'un seul être humain[178]". »

Autrement dit, pour ces économistes libéraux, l'amélioration du sort de tous que permettait le progrès du machinisme, aujourd'hui l'automation, fruit d'un « héritage commun », était freinée par les consommations ostentatoires dont le seul but était d'accumuler les richesses et d'en jouir en les étalant aux yeux de tous pour manifester sa supériorité. Aujourd'hui, on peut considérer que l'héritage commun de la France justifie de financer un « revenu citoyen universel » dont la vocation serait d'être garant du respect effectif du « droit à la vie », qui est bien le moindre des droits.

Et à ceux qui, encore majoritaires dans notre pays, pensent que ce revenu garanti serait une formidable prime d'encouragement à la paresse, Joseph Charlier, un juriste belge, répondait déjà en 1894 : « Tans pis pour les paresseux : ceux-là resteront réduits à la portion congrue. Le devoir de société ne va pas au-delà : assurer à chacun sa juste participation à la jouissance des éléments que la nature a mis à son service, sans usurpation des uns au préjudice des autres. »

32.

750

« Tant pis pour les paresseux » est bien, en effet, la seule réponse des partisans de l'« allocation universelle » à ceux qui pensent que tout homme est obligé de travailler pour avoir le « droit de vivre ». Car s'il faut « contraindre » les salariés français à travailler pour qu'aujourd'hui 15 % d'entre eux gagnent le SMIC, soit 1 000 euros nets par mois, comment construire sur cette « contrainte » une société moins aliénante et moins soumise à la précarité que celle dans laquelle sont aujourd'hui plongés trop d'entre eux ? En fait, le pari de l'allocation universelle est que l'insertion sociale ne peut se construire sur la contrainte mais sur la confiance placée dans les bénéficiaires de ce nouveau droit.

Une utopie, sans doute, pour tous ceux qui n'accordent aucune confiance aux individus et pensent que seule la contrainte de « gagner son pain à la sueur de son front » est le meilleur garde-fou contre la paresse. Un pari sur l'intérêt et la nature humaine pour tous ceux qui pensent au contraire qu'un individu préférera toujours cumuler ce revenu à un autre salaire, surtout quand ce salaire correspondra à un travail qu'il aura plus librement choisi. Dans notre hypothèse, en effet, un couple de smicards toucherait désormais 3 500 euros par mois (deux SMIC à 1 000 euros nets plus deux allocations universelles à 750 euros), au lieu de 2 000 euros aujourd'hui.

Utopie sans doute aussi pour ceux qui pensent qu'une telle somme est incompatible avec l'état des finances de la France. Pari fondé pourtant sur les comptes, pour ceux qui connaissent le bilan de la protection sociale en France. En 2007, l'ensemble des prestations de protection sociale versées par l'Etat aux Français a représenté 578 milliards d'euros, soit 29 % du PIB, soit près de 60 % du total des dépenses publiques, soit *un peu plus de 9 000 euros par Français.* 44,9 % de cette somme sont constitués par les prestations vieillesse, 35,5 % par les remboursements des dépenses de santé, 9,2 % par les aides à la maternité et à la famille, 6,2 % par les aides à l'emploi, 2,6 % par les aides au logement et 1,5 % par les aides destinées à combattre l'exclusion sociale. Neuf mille euros donc par Français – le même montant que celui ici envisagé – pour des résultats qui ne sont toutefois pas à la hauteur des sommes engagées.

Si l'on versait une allocation universelle de 750 euros par mois à tous les Français âgés de plus de 18 ans et 375 euros à chaque Français de la naissance à l'âge de 18 ans, cette prestation sociale « révolutionnaire » représenterait 510 milliards d'euros. En échange toutefois, l'instauration de ce revenu garanti *de la naissance à la mort* serait accompagnée de la suppression de nombreuses prestations aujourd'hui versées, un dispositif unique, simple à verser et totalement compréhensible, remplaçant le maquis des innombrables dispositifs de protection sociale existants. Seraient ainsi supprimé l'ensemble des sommes versées pour ne pas résoudre vraiment la question du chômage. Soit ce qu'on appelle les « dépenses passives », qui comprennent les prestations accordées aux chômeurs et les incitations au retrait d'activité, auxquelles il faut ajouter les « dépenses actives », qui sont l'ensemble des sommes consacrées à améliorer l'employabilité des salariés et à leur proposer un emploi : 76,5 milliards d'euros en 2006, soit 38 000 euros par chômeur recensé !

Seraient aussi supprimés les allocations familiales et l'ensemble des aides à la famille, qui représentent 58 milliards d'euros. Chaque ménage percevrait, en effet, la moitié de l'allocation universelle par enfant jusqu'à l'âge adulte, soit 375 euros par mois. C'est-à-dire bien plus que le montant des allocations familiales aujourd'hui versées (120 euros par mois au-delà de deux enfants). De la même manière seraient évidemment supprimées l'ensemble des bourses accordées aux lycéens et aux étudiants qui, à partir de l'âge de 18 ans, percevraient 750 euros par mois, soit bien plus que les bourses étudiantes les plus élevées, qui atteignent aujourd'hui 400 euros par mois. Seraient encore supprimées l'ensemble des aides au logement, dont le montant atteint aujourd'hui près de 15 milliards d'euros.

Seraient supprimés enfin les droits à la retraite, qui représentent à ce jour près de 180 milliards d'euros. Une véritable révolution dont il faut ici mesurer l'enjeu. Comme on l'a vu plus haut, notre système de retraite par répartition est condamné à la faillite dans la mesure où le ratio de dépendance démographique – qui désigne le nombre de personnes à l'âge de la retraite par rapport au nombre de personnes en âge de travailler – va quasiment atteindre 100 cotisants pour 80 retraités en 2050, alors qu'il était de 400 cotisants pour 100 retraités dans les années 1980 et de 1 500 cotisants pour 100 retraités au moment où il est entré dans la loi en 1945. En 2050, l'espérance de vie des hommes à 60 ans serait de 27,2 ans, contre 20,4 ans en 2000, et celle des femmes de 32,1 ans, contre 25,6 ans en 2000. A législation inchangée, chaque Français ayant travaillé toucherait quasiment autant en pension de retraite qu'en revenu d'activité. Un moindre mal s'il avait financé lui-même sa retraite. Un scandale s'il fallait faire peser cette charge sur les générations nées après 1970, qui seraient amenées à supporter la charge des retraites d'une génération qui a bénéficié de carrières longues et a laissé filer une dette dont les intérêts et le capital devront être remboursés par ceux qui « bénéficient » de contrats précaires et d'un avenir moins assuré.

En attribuant à chacun 750 euros par mois jusqu'à la mort, l'allocation universelle distribuée de la même manière à l'ouvrière qu'au cadre de la SNCF rétablirait totalement l'équité. Surtout lorsqu'on sait que cette ouvrière se voit aujourd'hui prélever près de 250 euros par mois sur sa rémunération totale pour payer la retraite de ceux qui vivront plus longtemps qu'elle et qui bénéficient de régimes spéciaux. Imaginons qu'elle place la même somme prélevée de son allocation universelle (250 euros) en placement sécurisé (à 4 %) pendant quarante ans. Au terme de ces quarante années, elle disposerait d'un capital d'un peu moins de 300 000 euros, dont le rendement à 4 % (soit 1 000 euros par mois) s'ajouterait à son allocation universelle de 750 euros. Un doublement de sa retraite actuelle ! Une arithmétique simple qui tend à démontrer – c'était le but de l'utopie ici proposée – que l'allocation universelle permet d'améliorer surtout le sort des pauvres tout en les incitant à travailler pour épargner une partie du « revenu garanti » qui leur serait distribué. Une arithmétique qui cherche surtout à prouver qu'un système de capitalisation couplé avec un revenu garanti est bien plus équitable que le régime actuel de répartition qui permet avant tout aux Français les plus protégés de faire financer leur retraite et leur santé par les plus défavorisés.

Dans ce nouveau système serait maintenu le remboursement des dépenses de santé, qui ont atteint 160 milliards d'euros en 2007, et qui resteraient à la charge de la solidarité nationale. Au total, à périmètre inchangé, les dépenses de protection sociale se monteraient ainsi à 670 milliards d'euros, 16 % de plus qu'aujourd'hui, sans même prendre en compte l'économie que représenteraient la suppression des bureaucraties tatillonnes fort budgétivores et les gaspillages des sommes qui sont distribuées à tous alors que certains n'en ont nul besoin. Sans même prendre en compte le surcroît de recettes que représenterait la TVA sur la consommation supplémentaire des ménages bénéficiaires, qu'on peut grossièrement chiffrer à un peu moins de 100 milliards d'euros.

En somme, distribuer à chaque Français un revenu garanti pendant toute la vie ne coûterait pas beaucoup plus au budget de l'Etat-providence que le système actuel qui a réussi l'exploit de dépenser autant pour faire de la France le pays où le sentiment d'insécurité est le plus élevé. Bien loin d'être une méthode grossière et utopique de lutte contre la pauvreté, l'allocation universelle, dont le coût de distribution est négligeable au regard des dispositifs actuels, apparaît donc comme un moyen d'atteindre toutes les personnes pauvres à moindre coût.

Aurait-on pour autant résolu le problème des relations troubles entre les Français et l'argent ? Rien n'est moins sûr, sauf qu'à dépense égale, le pari en vaut certainement la peine. En garantissant tout d'abord qu'un emploi, même faiblement rémunéré, ne supprimerait pas l'allocation de base, elle conforterait, bien mieux qu'aujourd'hui, l'idée que le travail « paie ». Versée automatiquement à chacun, sans égard pour sa situation familiale et ses ressources, l'allocation universelle revaloriserait en effet paradoxalement le travail. Certes, pour ses adversaires, elle pourrait encourager la multiplication d'emplois peu rémunérés. Reste que ces derniers ne trouveraient preneurs que s'ils sont suffisamment enrichissants, formateurs ou susceptibles d'ouvrir des perspectives de carrière. A l'inverse, il est vrai, les emplois repoussants et sans perspectives ne seraient pas favorisés. Faut-il s'en désoler ?

En offrant par ailleurs un revenu garanti sur lequel s'appuyer, l'allocation universelle faciliterait les va-et-vient, tout au long de l'existence, entre les plages de travail, les activités familiales et les moments de formation. En offrant une véritable bourse à tous les étudiants, en sécurisant un budget de consommation minimale, elle rendrait en effet plus facile pour tous le fait de ralentir ou d'interrompre des activités professionnelles afin de faire face à des obligations familiales, d'acquérir une formation complémentaire ou de se réorienter. Avec bien plus d'efficacité que la formation professionnelle qui engloutit aujourd'hui 24 milliards d'euros pour satisfaire la demande de ceux qui n'en ont pas réellement besoin. Loin de décourager l'envie de travailler qui est surtout liée, aujourd'hui, aux faibles perspectives d'ascension sociale qu'offre une société fort peu solidaire, l'allocation universelle serait au contraire susceptible de marier ce qui paraît pour l'instant incompatible : une sécurité indispensable et une flexibilité accrue du travail. Un bénéfice dont les femmes, qui subissent aujourd'hui plus que les autres salariés le temps partiel et les interruptions de carrière, sortiraient massivement gagnantes.

Enfin, en nourrissant une forme de patriotisme renouvelé autour d'un tel projet national de solidarité, cette allocation faciliterait l'intégration plus efficace de populations immigrées qui ne pourraient en jouir qu'en devenant citoyens français et qu'en adhérant aux valeurs d'une nation aussi exemplaire. Une véritable rupture par rapport aux allocations et subventions multiples distribuées sans conditionnalité et qui ne font qu'entretenir de vastes poches de personnes difficilement intégrables dans le système productif et souvent radicalement hostiles aux valeurs de la patrie qui les héberge et les nourrit.

A tous ceux qui pensent que cette allocation universelle est un fantasme d'excentrique, rappelons que peu de monde, à l'époque de Guizot, acceptait l'utopie du suffrage universel, les uns parce qu'ils le croyaient révolutionnaire, les autres parce qu'ils considéraient, comme les Constituants de 1789, que seul un homme riche pouvait avoir une opinion indépendante et que seule la richesse assurait un vote sincère et libre. N'oublions pas toutefois que la Déclaration d'indépendance américaine s'ouvrait en 1776 par ces mots : « Nous tenons pour évidentes les vérités suivantes : tous les hommes sont créés égaux, ils sont dotés par leur créateur de certains droits inaliénables au nombre desquels figurent la liberté, la vie et la poursuite du bonheur ; les gouvernements sont institués parmi les hommes pour garantir ces droits et ils tirent leurs justes pouvoirs du consentement des gouvernés. »

Mettre en place demain ce droit inaliénable à la vie pour tous les jeunes Français qui naissent et pour tous les jeunes Français qui atteignent l'âge de 18 ans coûterait aux finances publiques 11 milliards d'euros la première année, desquels il faudrait défalquer les allocations familiales et les bourses étudiantes. Une telle somme, qui représente moins de 1 % des dépenses publiques, n'est-elle pas un pari sur l'avenir moins risqué que le financement d'un Revenu de solidarité active qui peine à répondre aux situations de pauvreté ?

C'est bien le paradoxe de cette allocation qui renvoie à la question d'un droit au revenu, c'est-à-dire d'un droit à la vie. Prestation destinée à libérer l'individu de la pression marchande, elle se présente aussi comme l'incontournable auxiliaire du marché en permettant aux plus pauvres d'accéder aux « choses » livrées sur le marché. Prestation accordée sans condition, elle implique le démantèlement de tous les secours et contrôles étatiques. Prestation accordée à tous, elle satisfait en partie l'idéal communiste qui est de permettre à chacun de vivre en partie « selon ses besoins ». A condition toutefois que chacun reconnaisse en même temps que c'est le progrès historiquement réalisé par les logiques du marché qui permettrait son instauration. Une voie libérale vers le communisme, en somme !

Notes

1. Chambre des députés, séance du 1er mars 1843, réponse à Jules Dufaure. Dans Laurent Theis, *François Guizot*, Fayard, 2008.

2. François Guizot, *Essais sur l'histoire de France*, Paris, Didier et Cie, 1823.

3. Pierre Rosanvallon, *Le Moment Guizot*, Gallimard, 1985.

4. J.M. Keynes, *Collected Works*, X, 97-98, cité par David Landes, *Richesse et pauvreté des nations*, Albin Michel, 2000.

5. Emile Zola, *Carnets d'enquêtes*, textes établis et présentés par Henri Mitterand, Plon, coll. « Terre humaine », 1986.

6. Dans Olivier Marchand, Claude Thélot, *Le Travail en France. 1800-2000*, Nathan, 1997, Annexe A 12.

7. Maurice Thorez, *Œuvres choisies*, t. 3, 1953-1964, Editions sociales, 1965.

8. « La situation économique en France », *Economie et politique*, n° 28, novembre 1956.

9. « Le prix d'un Français », *Le Nouvel Observateur*, lundi 22 septembre 1975.

10. « La sécurité de l'emploi face aux défis des transformations économiques », CERC, Rapport n° 5, La Documentation française, 2005.

11. Frédéric Le Play, *Ouvriers européens : étude sur les travaux, la vie domestique et la condition morale des populations ouvrières de l'Europe*, Imprimerie nationale, 1855.

12. Frédéric Le Play, *Les Ouvriers européens*, t. 5, monographie 40, « L'ouvrier éventailliste de Sainte-Geneviève (Oise) » et monographie 42, « Serrurier forgeron de Paris » Tours, Mame, 1877-1879.

13. Dominique Méda, article « Richesse » dans *Dictionnaire de l'autre économie*, sous la direction de J.-L. Laville et A.-D. Cattoni, Gallimard, coll. « Folio Actuel », 2006.

14. Jean Gadrey et Florence Jany-Catrice, *Les Nouveaux Indicateurs de richesse*, La Découverte, coll. « Repères », 2005.

15. Angus Maddison, *L'Economie mondiale : statistiques historiques*, OCDE, 2003.

16. Frédéric Bastiat, *Harmonies économiques*, 10e édition, Guillaumin, 1893.

17. Napoléon III, *Œuvres*, 4 volumes, Paris, Henri Plon et Amyot, 1856.

18. Louis-Napoléon Bonaparte, *L'Extinction du paupérisme*, Paris, Pagnerre, 1844.

19. Frédéric Le Play, *op. cit.*, t. 1, monographie n° 2, « Manœuvre agriculteur de la Champagne pouilleuse ».

20. *Ibid.*, t. 2, monographie n° 17, « Porteur d'eau de Paris ».

21. *Ibid.*, t. 2, monographie n° 16, « Monteur d'outils en acier de la fabrique d'Hérimoncourt ».

22. Emile Guillaumin, *La Vie d'un simple*, Stock, 1904 ; Livre de Poche, 1973.

23. Maurice Lévy-Leboyer, François Bourguignon, *L'Economie française au XIXe siècle. Analyse macro-économique*, Economica, 1985, Tableau A-III.

24. Paul Leroy-Beaulieu, *Essai sur la répartition des richesses*, 3e éd., Paris, 1888.

25. Hector Denis, *La Dépression économique et sociale*, 1895.

26. Auguste Chirac, « L'agiotage de 1870-1886 », *Revue socialiste*, 1887. Cité par Suzanne Berger, *Notre première mondialisation*, Seuil, 2003.

27. Paul Leroy-Beaulieu, *op. cit.*

28. Cité dans Yves Breton, Albert Broder, Michel Lutfalla, *La Longue Stagnation en France. L'autre grande dépression. 1873-1897*, Economica, 1997.

29. Maurice Lévy-Leboyer, *La Position internationale de la France : aspects économiques et financiers, XIXe-XXe siècle*, EHESS, 1977.

30. *Journal officiel*, séance du 8 février 1907.

31. Jules Renard, *Ragotte*, in *Œuvres* (1956), II. Cité par Eugen Weber, *Fin de siècle. La France à la fin du XIXe siècle*, Fayard, 1986.

32. Frédéric Le Play, *op. cit.*, t. 6, monographie n° 99, « Cantonnier-poseur de voies du Chemin de Fer du Nord ».

33. « La politique financière et monétaire de la France », *La Semaine de la Monnaie*, 6-11 juin 1922, Félix Alcan, 1922.

34. Eugène Mathon, « L'inflation et les troubles sociaux », *La Semaine de la Monnaie*, *op. cit.*

35. Frédéric Le Play, *op. cit.*, t. 6, « Ajusteur au chemin de fer de l'usine de Wendel à Moyeuvre ».

36. Thomas Piketty, *Les Hauts Revenus en France au XXe siècle. Inégalités et redistributions. 1901-1998*, Grasset, 2001, Tableau A 1.

37. Alfred Sauvy, *Histoire économique de la France entre les deux guerres*, t. 1, Fayard, 1965.

38. Joseph Soavi, *De la crise de stabilisation à la crise des années 1930. La conjoncture économique en France de 1926 à 1931*, thèse, université de Paris-I Panthéon-Sorbonne, 1997.

39. Paul Reynaud, *Mémoires. Venu de ma montagne*, Flammarion, 1960.

40. Dans *L'Expansion*, « L'an 200 de la Révolution industrielle », octobre 1982, n° 1629.

41. Dans François Fourquet, *Les Comptes de la puissance*, Recherches, 1980.

42. Joseph Schumpeter, *Capitalisme, socialisme et démocratie*, George Allen and Unwin Ltd, 1942, rééd., Paris, Payot, 1951.

43. Michael A. Sherraden, *Assets and the Poor : A New American Welfare Policy*, Armonk, NY and London, M.E. Sharpe, Inc., 1991. Voir aussi « La constitution d'un patrimoine et la sortie de la pauvreté : introduction à un nouveau débat sur la politique du bien-être », OCDE, 2004.

44. Estelle Cercle, « Monographie d'une famille génovéfaine en l'an 2000 », maîtrise d'histoire contemporaine réalisée sous la direction de Jacques Marseille, Paris-I Panthéon-Sorbonne, 2000-2001.

45. « Chômeur, 54 ans, sauvé par son épargne », *Mieux vivre votre argent*, n° 281 *bis*, juillet-août 2004.

46. Frédéric Le Play, *op. cit.*

47. Hernando de Soto, *Le Mystère du capital*, Flammarion, 2005.

48. « Le patrimoine national », *Economie et statistique*, n° 114, septembre 1979.

49. Maurice Lévy-Leboyer, « L'étude du capital français au XIXe siècle : données et lacunes », *Pour une histoire de la statistique*, t. 1, INSEE, 1976.

50. *Annuaire statistique de la France*, résumé rétrospectif, 1966.

51. Luc Arrondel, Cyril Grange, « Transmission et inégalité des fortunes : une étude empirique de la mobilité des patrimoines entre 1800 et 1938 », *Sociétés contemporaines*, n° 56, 2004.

52. *Les Fortunes françaises au* XIX*e siècle*, enquête dirigée par Adeline Daumard, Paris, Mouton, La Haye, EHESS, 1973.

53. Frédéric Le Play, *op. cit.*, t. 2, monographie n° 10, « Ferblantier, couvreur et vitrier d'Aix-les-Bains ».

54. *Ibid.*, t. 3, monographie n° 23, « manœuvre-vigneron de l'Aunis ».

55. Paul Leroy-Beaulieu, *L'Art de placer et gérer sa fortune*, Delagrave, 1906.

56. Paul Cornut, *Répartition de la fortune privée en France par département et nature de biens au cours de la première moitié du* XX*e siècle*, Armand Colin, 1963.

57. « Les performances des placements en or, en actions et en obligations de 1913 à 2000 », *Synthèses*, n° 65, Insee, 2002.

58. « The French Franc : a Reply to Comments on "An Open Letter" », *Nation and Athenaeum*, vol. 38, 16 janvier, pp. 544-545, dans Gilles Dostaler, *Keynes et ses combats*, Albin Michel, 2005.

59. Marc Bloch, *L'Etrange Défaite. Témoignage écrit en 1940*, Gallimard, 1990.

60. Anita Hirsch, « Le logement », dans Alfred Sauvy, *Histoire économique de la France entre les deux guerres*, t. 3, Fayard, 1972.

61. Louis-Ferdinand Céline, *Mort à crédit*, 1936. Cité par Sabine Effosse, *L'Invention du logement aidé en France. L'immobilier au temps des Trente Glorieuses*, C.H.E.F., 2003.

62. *L'Economie française. Comptes et dossiers*, INSEE, édition 2008.

63. *Le Revenu français*, septembre 2007.

64. Sur l'ensemble de cette question, voir Olivier Fiertag, « "Finances publiques", "mur d'argent" et genèse de la libéralisation financière en France de 1981 à 1984 », dans *François Mitterrand. Les années du changement. 1981-1984*, sous la direction de Serge Berstein, Pierre Milza, Jean-Louis Bianco, Perrin, 2001.

65. Augustin Landier, David Thesmar, *Le Grand Méchant Marché. Décryptage d'un fantasme français*, Flammarion, 2007.

66. *Le Monde*, 20 mai 2008.

67. H. Riffault et J.-J. Rabier, « La perception de la pauvreté en Europe », European Commission, Bruxelles, 1977.

68. *Inégalités économiques*, CAE, La Documentation française, 2001.

69. Jean Fourastié, Béatrice Bazil, *Le Jardin du voisin. Les inégalités en France*, Livre de poche, coll. « Pluriel », Libraire générale française, 1980.

70. Jacques Marseille, « Retraites, la grande inégalité », *Le Point*, n° 1771, 24 août 2006.

71. Jean-Hervé Lorenzi, Jean-Jacques Payan, *L'Université maltraitée*, Plon, 2003.

72. Vicomte G. d'Avenel, *Les Revenus d'un intellectuel de 1200 à 1913*, Paris, Flammarion, 1922.

73. D. Dessert, « Mazarin : comment le pouvoir amène la fortune », *L'Histoire*, n° 81, septembre 1985.

74. Christian Morrisson, Wayne Snyder, « Les inégalités de revenus en France du début du XVIIIe à 1985 », *Revue économique*, vol. 51, n° 1, janvier 2000.

75. Gilles Postel-Vinay, « A la recherche de la révolution économique dans les campagnes (1789-1815) », *Revue économique*, vol. 40, n° 6, novembre 1989.

76. Cité dans Jean Tulard, *Napoléon*, Fayard, 1987.

77. Camille Colson, *Cours d'Economie politique*, Gauthier Villars Alcan, 1917.

78. Thomas Piketty, *Les Hauts Revenus en France au XXe siècle. Inégalités et redistributions. 1901-1998*, Paris, Grasset, 2001.

79. Thomas Piketty, « Attitudes vis-à-vis des inégalités de revenus en France : existerait-il un consensus ? » in *Comprendre*, PUF, 2003.

80. Camille Landais, « Les hauts revenus en France (1998-2006) : une explosion des inégalités ? », Paris School of Economics, juin 2007.

81. *Challenges*, n° 132, juillet 2008.

82. Véronique Bourrienne, « Boucicaut, Chauchard et les autres, La Révolution commerciale en France », *Du Bon Marché à l'hypermarché*, sous la direction de Jacques Marseille, Le Monde Editions, 1997.

83. Philippe Camborde, « L'installation de Félix Potin à Paris, le choix d'un métier », *ibid.*

84. David Sraez et David Thesmar, « Les entreprises familiales sont-elles inefficaces ? », DEA, notes préliminaires, 2003, dans Jacques Marseille, « Les secrets de la longévité économique », *Mécénat des dynasties industrielles et commerciales*, sous la direction de Jean-Pierre Babelon, Jean-Pierre Chaline, Jacques Marseille, Perrin, 2008.

85. Michel Pinçon, Monique Pinçon-Charlot, « Nouveaux patrons, nouvelles dynasties », *Sociologie du travail*, n° 43, 2001.

86. Xavier Timbeau, « Le partage de la valeur ajoutée en France », *Revue de l'OFCE*, n° 80, janvier 2002.

87. Pierre Rosanvallon, *Le Monde*, 22 novembre 2005.

88. *Eurostat*, « Pauvreté monétaire et exclusion sociale dans l'UE 25 », Statistiques en bref, 13/2005.

89. *Rapport de l'Observatoire national de la pauvreté et de l'exclusion sociale*, 2006-2007, La Documentation française, 2008.

90. Voir Jean Gueslin, *Les Gens de rien. Une histoire de la grande pauvreté dans la France du XX*e *siècle*, Fayard, 2004.

91. Cité par Philippe Sassier, *Du bon usage des pauvres*, Fayard, 1990.

92. *Cour des comptes*, « Les aides personnelles au logement », février 2007.

93. Observatoire national de la pauvreté, *op. cit.*

94. Montesquieu, *De l'esprit des lois*, 1758.

95. A. Hirschman et M. Rothschild, « The changing tolerance for income inequality in the course of economic development », *Quaterly Journal of Economics*, n° 87, 1973.

96. R. Easterlin, « Does economic growth improve the human lot ? Some empirical evidence », in P.A. David et W. Refer (ed.), *Nations and Households in Economic Growth*, New York, Academic Press, 1974.

97. Richard Layard, *Le Prix du bonheur*, Armand Colin, 2007.

98. Alexis de Tocqueville, *De la démocratie en Amérique*, 1835, GF, Flammarion, 1981.

99. Marie Dubu-Bellat, « Déclassement : quand l'ascenseur social descend », *Le Monde*, 23 janvier 2008.

100. Conseil de l'emploi, des revenus et de la cohésion sociale, *La France en transition, 1993-2005*, rapport n° 7, La Documentation française, 2006.

101. Louis Chauvel, *Les Classes moyennes à la dérive*, « La République des idées », Editions du Seuil, octobre 2006.

102. John Maynard Keynes, *Théorie générale de l'emploi, de l'intérêt et de la monnaie*, 1936, Petite bibliothèque Payot, 1982.

103. « La stabilité des prix : pourquoi est-elle importante pour vous ? » Site Internet de la BCE.

104. Edgar Faure, *La Banqueroute de Law*, Paris, Gallimard, 1977.

105. Antoin Murphy, *John Law : économiste et homme d'Etat*, Bruxelles, Berlin, Berne, Lang, 2007.

106. Emmanuel Le Roy Ladurie, *L'Ancien Régime, Tome 2, 1715-1770*, Hachette, coll. « Pluriel », 1991.

107. Ernest Lavisse, *Histoire de France depuis les origines jusqu'à la Révolution*, Hachette, 1906.

108. J.K. Galbraith, *L'Inflation*, Grammont, 1976.

109. Carl Ludwig Holtferich, *L'Inflation en Allemagne. 1914-1923*, Comité pour l'histoire économique et financière de la France, 2008.

110. Cité par Jacques Marseille et Alain Plessis, *Vive la crise et l'inflation*, Hachette, 1983.

111. Eugène Mathon, « L'inflation et les troubles sociaux », *Semaine de la Monnaie*, *op. cit.*

112. *Etudes et conjoncture*, n° 1, janvier, février 1951, PUF.

113. *Discours de réception de Jacques Rueff à l'Académie française*, Jacques Rueff et André Maurois, Gallimard, 1965.

114. Discours de Pierre Bérégovoy à l'Assemblée nationale, le 5 mai 1992, site Internet de l'Assemblée nationale.

115. Jean Fourastié, Béatrice Bazil, *Pourquoi les prix baissent*, Hachette, coll. « Pluriel », 1984.

116. Jean Fourastié, *Les Quarante Mille Heures*, Robert Laffont, 1965.

117. INSEE, *Indice des prix à la consommation, notice méthodologique*, site Internet INSEE.

118. L'inflation, *Les Cahiers français*, n° 185, mars-avril 1978.

119. Jean Fourastié, *Pourquoi les prix baissent*, *op. cit.*

120. *Le Parisien*, 5 décembre 2008.

121. Jacqueline Fourastié, « Non, le pouvoir d'achat ne baisse pas ! », *Sociétal*, n° 56, 2e trimestre 2007.

122. *Le Monde*, 8 novembre 2007.

123. Karl Marx, *Le Capital*, Editions sociales, 1948.

124. Lénine (V.I.), *L'Impérialisme, stade suprême du capitalisme*, 1917, Editions sociales, 1971.

125. George Berkeley, *Les Principes de la connaissance humaine*, 1710, GF, Flammarion, 1991.

126. Henri Hatzfeld, *Du paupérisme à la Sécurité sociale*, Armand Colin, 1971.

127. CERC, *La France en transition*, *op. cit.*

128. Cité dans Jean-Pierre Laffargue, « La réforme des systèmes de retraite : qui paiera ? » dans *27 questions d'économie contemporaine*, sous la direction de Philippe Askenazy et Daniel Cohen, Albin Michel, 2008.

129. H.W. Sinn, « Why a funded pension system is useful and why it is not useful », *International Tax and Public Finance*, 7, 2000.

130. T. Delord, E. Texier, A. Fremy, *Mort aux locataires assez canailles pour ne pas payer leurs loyers*, 1854, SEESAM, 1988.

131. Jean Baudrillart, *Le Système des objets*, Gallimard, 1968.

132. Albert Meister, *L'Inflation créatrice*, PUF, 1975.

133. Dans *Automobile et écologie*, MACIF, 24 septembre 2007.

134. C. de Loris, *La Femme à bicyclette, ce qu'elles en pensent*, Paris, Librairies-imprimeries réunies, 1896.

135. Dans Christopher Thomson, « Un troisième sexe ? Les bourgeoises et la bicyclette dans la France fin de siècle », *Le Mouvement social*, n° 192, juillet-septembre 2000.

136. Jean Fourastié, *Les Trente Glorieuses*, Fayard, 1979.

137. Forum Libération, 16 juin 2008.

138. *Rapport sur les prélèvements obligatoires et leur évolution*, projet de loi de finances pour 2008, ministère de l'Economie, des Finances et de l'Emploi.

139. *Maîtriser la dépense fiscale pour un impôt plus juste et plus efficace*, Assemblée nationale, Commission des finances, de l'économie générale et du plan, 5 juin 2008.

140. Cité par Alain Plessis, « L'impôt des Français au XIXe siècle, replacé dans une perspective européenne », *L'Impôt en France aux XIXe et XIe siècles*, Comité pour l'histoire économique et financière de la France, 2006.

141. Patrick Verley, « Equité, efficacité, incidence économique de la fiscalité au XIXe siècle », *ibid.*

142. Cité par Gabriel Ardant, *Théorie sociologique de l'impôt*, S.E.V.P.E.N, 1965.

143. *Ibid.*

144. *Ibid.*

145. *Supprimer l'ISF... pour faire payer les riches (en France !)*, Amicus Curiae, Institut Montaigne, novembre 2007.

146. Citation extraite du dossier réalisé par *Le Point* du 1er septembre 2005, « Ces riches qui quittent le France ».

147. *Le Monde*, 14 février 2007.

148. Christian Saint-Etienne, *La France est-elle en faillite ?*, Bourin éditeur, 2008.

149. *Maîtriser la dépense fiscale…*, *op. cit.*

150. *Rapport d'information fait au nom de la Commission des finances, du contrôle budgétaire et des comptes économiques de la nation sur l'enquête de la Cour des comptes portant sur les contrats aidés*, Sénat, annexe au procès-verbal de la séance du 21 février 2007.

151. Richard Layard, *Le Prix du bonheur*, *op. cit.*

152. Thomas Piketty, *Les Hauts Revenus, op. cit.*

153. Frédéric Tristram, « Un impôt au service de l'économie. La création de la taxe sur la valeur ajoutée. 1952-1955 », *L'Impôt en France, op. cit.*

154. Jean-Charles Asselain, « Un siècle d'histoire fiscale de la France. Le mirage de l'impôt progressif sur le revenu », *L'impôt en France, op. cit.*

155. Cité par Frédéric Tristram, *op. cit.*

156. Michel Albert, « Le système fiscal français », *Travaux de l'Académie des sciences morales et politiques*, 7 avril 2005.

157. Commission de réforme de la taxe professionnelle, rapport définitif, juillet 2004.

158. Rapport sur les prélèvements obligatoires, *op. cit.*

159. *L'Alsace*, 20 septembre 2008.

160. Syndicat national unifié des impôts, *Quels impôts demain. Etat de l'impôt et des réformes fiscales*, Editions Syllepse, 2007.

161. Christian Saint-Etienne et Jacques Le Cacheux, *Croissance équitable et concurrence fiscale*, CAE, La Documentation française, 2005.

162. Eric Besson, *TVA sociale*, septembre 2007.

163. Paris, PUF, février 2008.

164. Bureau Francis Lefebvre, *in* Paris Europlace, 2004.

165. *Croissance équitable..., op.cit.*

166. Clément Juglar, *Des crises commerciales et de leur retour périodique en France, en Angleterre et aux Etats-Unis*, Paris, Guillaumin, 1862.

167. Xavier Gabaix et Augustin Landier, « Why has CEO pay increased so much ? », *Quarterly Journal of Economics*, avril 2007.

168. « CEO Succession », *Booz & Company*, 2007.

169. Daniel Cohen, *Trois leçons sur la société post-industrielle*, « La République des idées », Seuil, 2006.

170. *L'Expansion*, 27 mai 2008.

171. *Le Monde*, 22 mars 2005.

172. Henry Tosi, "How much does performance matter ? A meta-analysis of CEO pay studies", *Journal of Management*, 2000.

173. *Comment « bien » payer les dirigeants d'entreprise ?* Amicus Curiae, Institut Montaigne, juillet 2007.

174. *Les Jeunesses face à l'avenir*, sous la direction d'Anna Stellinger, Fondation pour l'innovation politique, 2008.

175. Thomas More, *L'Utopie*, 1516 ; Editions sociales-Mesidor, 1966.

176. Thomas Paine, *Agrarian Justice*, 1796, cité par Yannick Vanderborght et Philippe Van Parijs, *L'Allocation universelle*, La Découverte, coll. « Repères », 2005.

177. Michel Rocard, *Le Cœur à l'ouvrage*, Odile Jacob, 1987.

178. Thorstein Veblen, *Théorie de la classe de loisir*, 1899 ; Gallimard, 1970.

Annexes

Annexe 1

Ce tableau du revenu national par habitant en euros constants de 2007 est sans doute celui qui mesure le mieux l'évolution du pouvoir d'achat en longue durée. Mais, en même temps, il est aussi celui qui nécessite une construction statistique élaborée qui peut largement expliquer le contraste entre les chiffres « réels » et la perception qu'en ont les Français.

Il exige, dans un premier temps, de construire une série du revenu national qui agrège l'ensemble des revenus perçus par les Français sous forme de salaires, de revenus de la propriété, de dividendes ou de transferts sociaux comme les pensions et les prestations de la Sécurité sociale à partir du moment où elle a existé. En 1840, ce revenu national s'élevait à 11 milliards de francs de l'époque pour 34,7 millions de Français. En 2007, il s'est élevé à 1 399,6 milliards d'euros (dont 984,5 milliards de salaires et 124,3 milliards de revenus de la propriété) pour 63,7 millions de Français (fin 2007).

Comment comparer ces chiffres sur une période aussi longue ? Telle est la question posée aux historiens économistes. Il faut tout d'abord éliminer l'effet de l'inflation et calculer le revenu national en monnaie constante. Ainsi, en 1840, le coût de la vie était à l'indice 81,3 par rapport aux années 1908-1912 (indice 100). 11 milliards de francs de 1840 sont donc l'équivalent de 13,5 milliards de francs de 1908-1912, soit 398 francs par Français, en équivalent pouvoir d'achat de 1908-1912.

Il faut ensuite convertir ces francs en euros d'aujourd'hui grâce à l'indicateur construit par l'INSEE qui calcule à partir de 1907 l'effet de l'inflation sur le pouvoir d'achat des ménages. Selon cet indicateur, il faut multiplier par 3,5 un franc de 1907 pour obtenir un euro d'aujourd'hui. C'est à la suite de ces calculs que le revenu national par habitant en 1840 peut être évalué à 1 393 euros d'aujourd'hui.

L'intérêt de cette opération qu'on peut comparer à une « alchimie » n'est pas de décrire le concret de la vie quotidienne des Français, période par période, mais de saisir l'évolution de longue durée et d'en caractériser les principales phrases. Pour les séquences plus courtes, nous avons toujours comparé les revenus, en monnaie de l'époque, au prix de l'époque pour mieux appréhender le pouvoir d'achat tel que peuvent le percevoir les Français.

Sources :

Maurice Lévy-Leboyer, François Bourguignon, *L'Economie française au XIXe siècle*, Economica, 1985. Pour la série du revenu national de 1840 à 1913.

Pierre Villa, *Monographies d'économétrie. Une analyse macroéconomique de la France au XXe siècle*, CNRS Editions, 1993. Pour la série du revenu national de 1920 à 1938.

INSEE, pour la série du revenu national de 1949 à 2007.

Revenu par habitant en France de 1840 à 2007

ANNEES	EN EUROS (2007)	ANNEES	EN EUROS (2007)	ANNEES	EN EUROS (2007)	ANNEES	EN EUROS (2007)
1840	1 393 €	*1883*	1 812 €	*1926*	3 791 €	*1969*	10 489 €
1841	1 407 €	*1884*	1 718 €	*1927*	3 671 €	*1970*	11 115 €
1842	1 337 €	*1885*	1 756 €	*1928*	4 006 €	*1971*	11 699 €
1843	1 439 €	*1886*	1 735 €	*1929*	4 090 €	*1972*	12 230 €
1844	1 428 €	*1887*	1 777 €	*1930*	3 971 €	*1973*	12 624 €
1845	1 495 €	*1888*	1 896 €	*1931*	3 635 €	*1974*	12 856 €
1846	1 488 €	*1889*	1 872 €	*1932*	3 326 €	*1975*	13 278 €
1847	1 529 €	*1890*	1 903 €	*1933*	3 345 €	*1976*	13 845 €
1848	1 355 €	*1891*	1 914 €	*1934*	3 158 €	*1977*	14 235 €
1849	1 393 €	*1892*	2 022 €	*1935*	3 405 €	*1978*	14 683 €
1850	1 481 €	*1893*	2 022 €	*1936*	3 626 €	*1979*	14 964 €
1851	1 452 €	*1894*	1 949 €	*1937*	3 503 €	*1980*	14 961 €
1852	1 585 €	*1895*	1 921 €	*1938*	3 530 €	*1981*	15 018 €
1853	1 582 €	*1896*	1 938 €	*1939*		*1982*	15 392 €
1854	1 596 €	*1897*	2 075 €	*1940*		*1983*	15 395 €
1855	1 579 €	*1898*	2 204 €	*1941*		*1984*	15 280 €
1856	1 607 €	*1899*	2 239 €	*1942*		*1985*	15 355 €
1857	1 652 €	*1900*	2 320 €	*1943*		*1986*	15 650 €
1858	1 691 €	*1901*	2 362 €	*1944*		*1987*	15 796 €
1859	1 785 €	*1902*	2 274 €	*1945*		*1988*	16 268 €
1860	1 711 €	*1903*	2 313 €	*1946*		*1989*	16 721 €
1861	1 669 €	*1904*	2 365 €	*1947*		*1990*	17 392 €
1862	1 774 €	*1905*	2 537 €	*1948*		*1991*	18 406 €
1863	1 847 €	*1906*	2 659 €	*1949*	4 442 €	*1992*	18 161 €
1864	1 942 €	*1907*	2 736 €	*1950*	4 651 €	*1993*	18 074 €
1865	1 924 €	*1908*	2 709 €	*1951*	4 954 €	*1994*	17 778 €
1866	1 907 €	*1909*	2 712 €	*1952*	5 143 €	*1995*	18 114 €
1867	1 767 €	*1910*	2 684 €	*1953*	5 345 €	*1996*	18 174 €
1868	1 858 €	*1911*	2 715 €	*1954*	5 623 €	*1997*	18 360 €
1869	1 858 €	*1912*	2 939 €	*1955*	5 957 €	*1998*	18 886 €
1870	1 756 €	*1913*	3 006 €	*1956*	6 242 €	*1999*	19 430 €
1871	1 581 €	*1914*		*1957*	6 705 €	*2000*	19 956 €
1872	1 798 €	*1915*		*1958*	6 606 €	*2001*	20 456 €
1873	1 718 €	*1916*		*1959*	6 579 €	*2002*	20 644 €
1874	1 756 €	*1917*		*1960*	6 969 €	*2003*	20 714 €
1875	1 935 €	*1918*		*1961*	7 279 €	*2004*	20 645 €
1876	1 837 €	*1919*		*1962*	7 710 €	*2005*	20 851 €
1877	1 791 €	*1920*	2 978 €	*1963*	8 091 €	*2006*	21 438 €
1878	1 669 €	*1921*	3 550 €	*1964*	8 465 €	*2007*	21 971 €
1879	1 672 €	*1922*	3 803 €	*1965*	8 811 €		
1880	1 704 €	*1923*	4 019 €	*1966*	9 154 €		
1881	1 875 €	*1924*	3 997 €	*1967*	9 604 €		
1882	1 921 €	*1925*	4 153 €	*1968*	10 023 €		

Annexe 2

L'intérêt de cette courbe est de visualiser les périodisations de la croissance du revenu national. On voit ici très clairement que la tendance amorcée en 1897, avec l'éclosion de la Deuxième Révolution industrielle, a été brisée par les deux guerres mondiales et la crise des années 1930. A cet égard, la croissance des « trente glorieuses » peut être interprétée comme un rattrapage de la pente à 2,3 % de croissance annuelle, interrompue pendant près d'un demi-siècle. Pour que cette pente à 2,3 % se prolonge en longue durée, il faudrait qu'à partir de demain et jusqu'en 2030, le revenu national s'accroisse en moyenne de 3,18 % par an. Ce qui veut dire que, depuis 1984, la croissance du revenu est en-dessous de la pente historique amorcée à la fin du XIXe siècle.

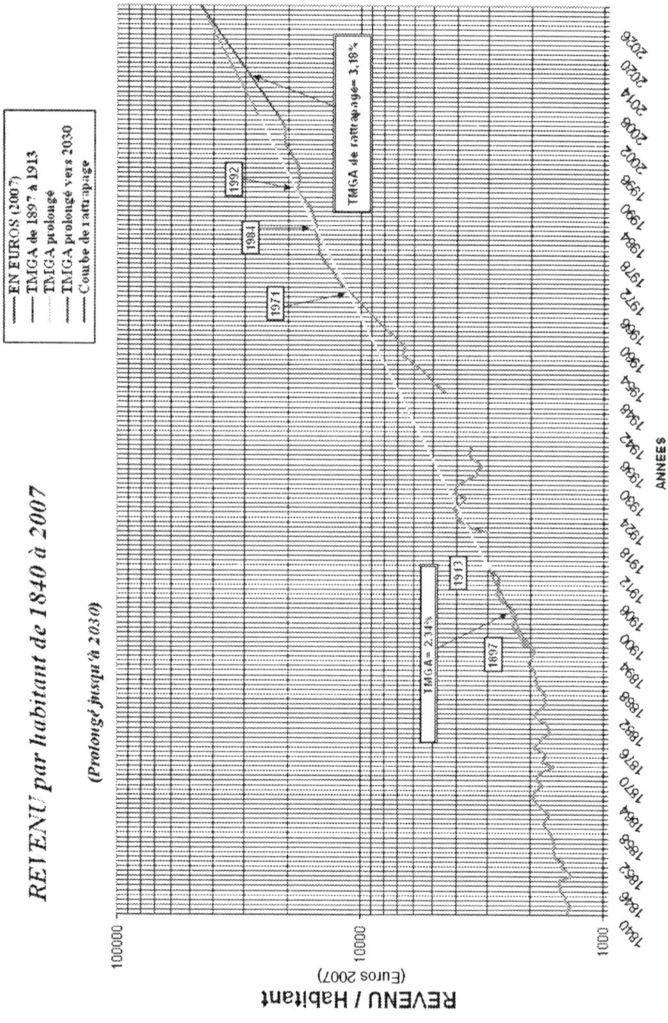

Annexe 3

Si on ordonne une distribution de salaires ou de revenus, la médiane est la valeur qui partage cette distribution en deux parties égales.

Ainsi, pour cette distribution de salaires, la médiane est le salaire au-dessous duquel se situent 50 % des salaires. C'est de manière équivalente le salaire au-dessus duquel se situent 50 % des salariés.

Salaire mensuel médian par profession

en 2006-2007 en euros courants

Profession	Salaire net mensuel	Profession	Salaire net mensuel
V20 Médecins salariés et assimilés	3 270	B50 Conducteurs d'engins du BTP	1 490
R40 Cadres commerciaux et technico-commerciaux	2 940	B10 Ouvriers qualifiés (OQ) travaux publics béton extraction	1 490
N00 Personnels d'études et de recherche	2 900	F40 Ouvriers des industries graphiques	1 490
J60 Cadres des transports, logistique et navigants de l'aviation	2 890	D40 OQ mécanique	1 470
H00 Ingénieurs et cadres techniques de l'industrie	2 800	E10 OQ Industries de process	1 460
Q20 Cadres de la banque et des assurances	2 800	D20 OQ Travaillant par formage de métal	1 450
M09 Ingénieurs de l'informatique	2 710	V00 Aides-soignants	1 410
L50 Cadres administratifs, comptables et financiers	2 660	B20 OQ Gros œuvre	1 410
P20 Cadres de la fonction publique	2 640	C10 OQ Electricité électronique	1 410
B70 Cadres du BTP	2 460	B40 OQ Bâtiment, second œuvre	1 400
U00 Professionnels de la communication et de l'information	2 200	L10 Employés de la comptabilité	1 400
W00 Enseignants	2 000	P00 Employés administratifs de la Fonction publique (catégorie C)	1 400
D60 Techniciens et AM industries mécaniques	1 900	J10 OQ manutention	1 390
E20 Techniciens et AM industries de process	1 880	G01 Ouvriers de la réparation automobile	1 380
V10 Infirmiers, Sages-femmes	1 870	L20 Employés administratifs d'entreprise	1 360
B60 Techniciens et AM du BTP	1 840	S00 Bouchers, charcutiers, boulangers	1 320
P10 Techniciens administratifs de la fonction publique (catégorie B)	1 810	L00 Secrétaires	1 300
P40 Armée, police, pompiers	1 800	K00 Ouvriers artisanaux	1 270
R20 Attachés commerciaux et représentants	1 800	D00, D30 ONQ mécanique, enlèvement ou formage de métal	1 270

J40 Agents d'exploitation des transports	1 780	B00 ONQ gros œuvre, travaux publics et extraction	1 250
Q00 Employés et techniciens de la banque	1 770	S10 Cuisiniers	1 250
F50 Techniciens et AM matériaux souples bois industries graphiques	1 760	T30 Agents de gardiennage et de sécurité	1 250
G10 Techniciens et AM maintenance et organisation	1 730	E00 ONQ industries de process	1 220
L40 Techniciens des services administratifs, comptables et financiers	1 730	F10, F30 OQ textile et cuir, bois ameublement	1 220
U10 Professionnels des arts et des spectacles	1 700	T40 Agents d'entretien	1 210
M07 Techniciens de l'informatique	1 700	A00 Ouvriers de l'agriculture élevage et sylviculture	1 200
C20 Techniciens et AM électricité électronique	1 680	B30 ONQ bâtiment, second œuvre	1 200
Q10 Employés et techniciens des assurances	1 650	C00 Ouvriers non qualifiés(ONQ) électricité électronique	1 200
A20 Techniciens et cadres de l'agriculture	1 650	R10 Vendeurs	1 200
R30 Maîtrise des magasins et intermédiaires du commerce	1 650	S20 Employés et AM de l'hôtellerie et de la restauration	1 200
J50 Agents administratifs et commerciaux transport et tourisme	1 630	A10 Jardiniers, ouvriers du maraîchinage et de la viticulture	1 200
V30 Professions para-médicales	1 600	F00, F20 ONQ textile et cuir, bois ameublement	1 190
L30 Secrétaires de direction	1 590	J00 ONQ manutention	1 170
W10 Formateurs	1 570	T10 Employés de maison	1 150
D10 OQ travaillant par enlèvement de métal	1 530	R00 Caissiers, employés de libre service	1 140
G00 OQ maintenance	1 500	T00 Coiffeurs, esthéticiens	1 120
J30 Conducteurs de véhicules	1 500	T21 Aides à domicile et aides ménagères	1 100
V40 Professionnels de l'action sociale, culturelle et sportive	1 500	T22 Assistantes maternelles	970

Champ : salariés actifs au sens du BIT, hors stagiaires et apprentis.
Lecture : les familles professionnelles sont triées par salaire médian décroissant.
OQ = ouvrier qualifié, ONQ = ouvrier non qualifié, AM = Agent de Maîtrise.
Source : Insee, enquêtes Emploi 2006 et 2007.

Annexe 4

Les données ici présentées, disponibles sur le site impots.gouv.fr, fournissent l'image la plus complète des revenus déclarés par l'ensemble des foyers fiscaux français en 2007 pour l'année 2006. Ces revenus comprennent les salaires, les retraites et les pensions (hors rentes viagères à titre onéreux et hors pensions alimentaires) avant application de la déduction forfaitaire de 10 %. L'impôt net est l'impôt payé ou restitué par tranche d'imposition pour l'ensemble des foyers fiscaux imposables ou non.

Ainsi, sur 35 633 851 foyers fiscaux, seuls 19 094 327 sont imposabies, soit 53,5 % des foyers. A eux seuls, les 486 087 foyers les plus riches, soit 1,3 % de l'ensemble des foyers fiscaux, qui ont déclaré plus de 97 500 euros de revenus, acquittent 18,9 milliards d'euros d'impôt, soit 41,1 % du montant total de l'impôt. Pour ces foyers fiscaux, les salaires ne représentent que 41,2 milliards d'euros, soit 41 % de la totalité des revenus (100,4 milliards d'euros). A l'autre extrémité de l'échelle des revenus fiscaux, 9,5 millions de foyers ne déclarent que 42,7 milliards d'euros de revenus, soit 4 468 euros par an. Dans cette tranche, les retraites et pensions (25,5 milliards) représentent 59,7 % de la totalité des revenus.

Les revenus fiscaux en France en 2006 (déclaration de revenus de 2007)

Revenu fiscal de référence par tranche (en euros)	Nombre de foyers fiscaux	Revenu fiscal de référence des foyers fiscaux	Impôt net (total)	Nombre de foyers fiscaux imposables
0 à 9 400	9 576 833	42 788 853 184	- 1 107 615 944	173 951
9 401 à 11 250	2 392 121	24 751 590 663	- 699 329 638	281 965
11 521 à 13 150	2 543 364	31 206 544 304	- 551 237 104	1 319 386
13 151 à 15 000	2 693 578	37 863 149 160	171 028 667	1 489 652
15 001 à 16 900	2 337 336	37 223 221 346	661 382 514	1 447 004
16 901 à 18 750	1 920 632	34 180 761 353	763 673 688	1 417 569
18 751 à 23 750	3 576 320	75 528 414 688	2 084 250 862	2 936 623
23 751 à 28 750	2 776 438	72 547 037 751	2 395 555 860	2 491 038
28 751 à 38 750	3 458 939	114 819 782 315	5 512 547 242	3 288 812
38 751 à 48 750	1 778 550	76 836 621 599	4 912 566 020	1 727 302
48 751 à 97 500	2 086 577	133 240 253 524	12 729 943 874	2 034 638
+ de 97 500	493 163	100 478 584 827	18 997 337 315	486 087
Total	**35 633 851**	**781 464 814 714**	**45 870 103 356**	**19 094 327**

Revenu fiscal de référence des foyers fiscaux imposables	Traitements des salaires		Retraites et pensions	
	Nombre de foyers concernés	Montant	Nombre de foyers concernés	Montant
834 371 338	4 531 288	29 020 675 025	3 173 845	25 564 276 003
3 066 259 017	1 600 716	18 886 860 576	835 460	10 228 887 977
16 145 864 915	1 935 038	26 745 283 984	660 206	8 882 212 621
21 009 839 197	1 895 506	29 490 974 078	876 433	13 325 201 218
23 061 265 685	1 659 433	28 768 062 881	769 545	12 815 277 701
25 246 432 336	1 352 050	25 768 029 516	663 798	12 052 411 937
62 194 610 663	2 688 763	59 609 717 283	1 128 200	21 836 020 510
65 144 449 170	1 982 800	53 285 422 986	1 028 572	23 658 055 047
109 294 190 329	2 621 563	88 324 436 072	1 161 020	31 098 106 625
74 643 708 026	1 376 161	58 738 276 598	569 540	18 286 023 796
129 959 077 078	1 636 405	95 879 064 874	596 403	23 363 456 438
99 174 006 582	380 696	41 201 729 719	106 753	4 856 428 133
629 774 074 336	**23 660 419**	**555 718 533 592**	**11 569 775**	**205 966 357 706**

Annexe 5

Ce document, produit par l'administration fiscale, est le meilleur portrait fiscal de la France aujourd'hui. Sur l'ensemble des foyers fiscaux, 12 628 125 sont mariés, 14 028 444 sont célibataires, 4 775 544 sont divorcés ou séparés, 4 002 638 sont veufs et 199 100 pacsés.

La lecture des tableaux est par ailleurs fort instructive. En 2007, 601 926 Français (ligne AI) ont déclaré être demandeurs d'emploi depuis plus d'un an. 14 698 672 Français (ligne AS) perçoivent une retraite ou une pension. 5 012 021 (ligne DC) perçoivent des revenus d'actions et 3 639 065 (lignes BE et BA) perçoivent des revenus fonciers. 2 946 513 (ligne DF) emploient un salarié à domicile. 1 225 963 (ligne AC) ont déclaré avoir versé des cotisations syndicales et 5 529 628 (lignes UD et UF) ont déclaré avoir fait des dons à des organismes d'aide aux personnes en difficulté ou d'autres dons.

Déclaration des revenus 2006
de la France entière :

Liberté • Égalité • Fraternité
RÉPUBLIQUE FRANÇAISE

DÉCLARATION DES REVENUS 2006

N° 2042
cerfa
DGI

FRANCE ENTIERE
"EFFECTIFS"
Nombre de déclarants ayant servi les différentes cases

Facilitez-vous l'impôt,
www.impots.gouv.fr

ADRESSE AU 1er JANVIER 2007 (Pour le calcul correct de votre taxe d'habitation)

Appt. Étage Esc. Bâtiment Nbre de pièces N° et Rue

Résidence Code postal Commune

À ce domicile, vous êtes propriétaire locataire occupant à titre gratuit Nom du propriétaire

ÉTAT CIVIL DU OU DES DÉCLARANTS (Écrivez en lettres majuscules)

Vous: Monsieur Madame Mademoiselle

Conjoint *: Monsieur Madame Mademoiselle

Les informations figurant dans la déclaration sont conformes aux règles du secret statistique. Lorsqu'une donnée concerne moins de 11 contribuables ou lorsque pour celle-ci un élément dominant représente plus de 85% du montant agrégé, l'information n'est communiquée ni en nombre, ni en montant.

Nom
Nom de naissance
Prénoms
Date de naissance
Lieu de naissance

• Si vous déposez une déclaration pour la première fois, cochez la case :

Sinon, indiquez votre n° FIP : et votre n° fiscal
le n° fiscal de votre conjoint :

Vous trouverez ces numéros sur votre déclaration de revenus ou votre avis d'imposition de l'année dernière. Leur indication facilitera le rapprochement des acomptes ou mensualités que vous avez déjà payés et de l'impôt dû

• Pour les couples mariés : Madame, si vous souhaitez voir figurer votre nom de naissance sur nos courriers, veuillez cocher la case :

* ou partenaire du Pacs

REDEVANCE AUDIOVISUELLE

Cochez la case, **si aucune de vos résidences** (principale ou secondaire) **n'est équipée d'un téléviseur** (voir notice) 3 069 137 ØRA

CHANGEMENTS D'ADRESSE

En cas de changement d'adresse en 2006 ou en 2007, merci de compléter les informations ci-dessous :

Si vous avez déménagé en 2006, indiquez votre adresse au 1er janvier 2006

N° et Rue Bâtiment Appt.

Code postal Commune

Si vous avez déménagé après le 1er janvier 2007, indiquez votre adresse actuelle (pour recevoir sans difficulté votre courrier)

N° et Rue Bâtiment Appt.

Code postal Commune

SIGNATURE DU OU DES DÉCLARANTS

À .... le 2007

Votre n° de téléphone
Votre adresse internet

Si vous déposez également une déclaration n° 2042 complémentaire, cochez la case

Pour payer vos impôts en toute tranquillité, choisissez le prélèvement automatique.
Connectez-vous sur www.impots.gouv.fr ou contactez votre trésorerie.

Services gestionnaires | Situation et charges du foyer fiscal | Éléments pour la taxe d'habitation

N'oubliez pas de remplir le cadre A.
- Si vous élevez seul(e) votre ou vos enfants : complétez le cadre B ;
- Si vous avez des personnes à charge (autres que les enfants rattachés) : complétez le cadre C ;
- Si un ou plusieurs de vos enfants majeurs ou mariés demandent leur rattachement : complétez le cadre D.

A | Situation du foyer fiscal en 2006

12 628 125 Mariés — 14 028 444 Célibataire — 4 775 544 Divorce/séparation
4 002 638 Veuvage — 189 100 Pacs

En cas de changement en 2006 :
- Date du mariage ou du PACS X / / 2006
- Date du divorce/séparation/rupture du PACS Y / / 2006
- Date du décès Z / / 2006

Vous devez souscrire une déclaration pour chacune des périodes avant et après votre changement de situation de famille (*voir notice*).

Situations particulières

Situation des enfants en cas de célibat, divorce, séparation ou veuvage

57 270 **Vous vivez seul(e) et** vous avez eu un enfant décédé après l'âge de 16 ans ou par suite de faits de guerre (Complétez aussi la ligne H)

4 295 800 **Vous vivez seul(e) et** vos enfants (majeurs ou mariés : mineurs imposés en leur nom propre) ne sont pas comptés à votre charge ou n'ont pas demandé leur rattachement à votre foyer (Complétez aussi la ligne H).

Année de naissance de votre enfant dernier-né, ouvrant droit à l'attribution d'une demi-part supplémentaire.

396 271 **Vous ne vivez pas seul(e).**

127 369 Un au moins de vos enfants à charge ou rattaché est issu du mariage avec votre conjoint* décédé.

Situations donnant droit à une demi-part supplémentaire

Titulaire d'une pension (militaire, accident du travail) pour une invalidité d'au moins 40 % ou d'une carte d'invalidité d'au moins 80 % (joignez une copie de la carte) :

1 172 657 Vous remplissez ces conditions.

253 197 Votre conjoint* remplit ces conditions, ou votre conjoint*, décédé en 2006, remplissait ces conditions.

Titulaire de la carte du combattant ou d'une pension militaire d'invalidité ou de victime de guerre :

220 049 Vous êtes célibataire, divorcé, séparé, veuf** et :
- vous avez plus de 75 ans et remplissez ces conditions ;
- vous avez plus de 75 ans et votre conjoint*, décédé, remplissait ces conditions ;
- votre conjoint*, âgé de plus de 75 ans, décédé en 2006, remplissait ces conditions.

156 207 Vous êtes mariés ou liés par un PACS et l'un des deux déclarants, âgé de plus de 75 ans, remplit ces conditions.

23 228 Vous avez une pension de veuve de guerre.

B | Parent isolé

Vous êtes célibataire, divorcé(e), séparé(e), veuf(ve)** **et vous vivez seul(e)** avec votre (ou vos) enfant(s) ou des personnes invalides recueillies sous votre toit : pour bénéficier de la majoration du nombre de parts et éventuellement de la majoration de la prime pour l'emploi, cochez la case :

T 1 412 148

C | Personnes à charge en 2006 (*voir notice*)

Précisez ci-dessous TOUTES LES PERSONNES À VOTRE CHARGE autres que les enfants qui demandent leur rattachement, en indiquant pour chacune son année de naissance. (Ne comptez pas les enfants qui souscrivent une déclaration séparée ou qui sont déclarés à charge par une autre personne). Indiquez leurs nom et prénom ci-dessous. Si vous n'avez plus de personne à charge, portez « 0 » dans la ou les cases F à R.

Indiquez les enfants en résidence alternée sur la déclaration n° 2042 C.

Enfant(s) non marié(s) de moins de 18 ans au 01-01-2006 ou né(s) en 2006 ou handicapé(s) quel que soit l'âge : Nombre : **F** 9 244 507

Année de naissance :

Dont enfant(s) titulaire(s) de la carte d'invalidité : Nombre : **G** 222 818

Année de naissance :

Personne(s) vivant sous votre toit et titulaire(s) de la carte d'invalidité d'au moins 80 % : Nombre : **R** 32 034

Année de naissance :

Précisez ci-dessous les noms et prénoms de vos enfants ou autres personnes à charge :

D | Rattachement d'enfants majeurs ou mariés en 2006

Nombre d'enfant(s) célibataire(s) (ou veufs ou divorcés) majeurs sans enfant : **J** 1 618 468

Nombre d'enfants mariés, ou non mariés chargés de famille : **N** 4 416
(y compris le conjoint et les enfants)

M/Mme/Mlle — Nom/Nom de naissance si différent — Prénom
Date de naissance — Dépt — Commune/Pays

M/Mme/Mlle — Nom/Nom de naissance si différent — Prénom
Date de naissance — Dépt — Commune/Pays

M/Mme/Mlle — Nom/Nom de naissance si différent — Prénom
Date de naissance — Dépt — Commune/Pays

ET LA TÉLÉDÉCLARATION ?

Désormais, vous pouvez télédéclarer en cas de changement de situation de famille sur **www.impots.gouv.fr**

- si vous vous êtes marié, « pacsé » ou si vous avez divorcé en 2006 ;
- si vous êtes âgé de plus de 22 ans et si vous étiez rattaché l'année dernière à la déclaration de revenus de vos parents.

En application de la loi n° 78-17 du 6 janvier 1978 dite « informatique et libertés », vous pouvez accéder aux données vous concernant, sous réserve que cela ne porte pas atteinte à la recherche des infractions fiscales, et les faire rectifier, sous réserve des procédures du code général des impôts et du livre des procédures fiscales. Les demandes sont à adresser au centre des impôts dont vous relevez. Les données portées sur les déclarations de revenus sont utilisées pour la gestion de l'impôt sur le revenu, de la taxe d'habitation et de la redevance de l'audiovisuel. Elles sont rapprochées des déclarations relatives à l'impôt de solidarité sur la fortune. Les organismes chargés de la gestion d'assurance vieillesse, d'allocations familiales, de régime complémentaire et du contrôle des cotisations des professions indépendantes sont, sur leur demande, destinataires d'informations issues du traitement de la déclaration de revenus de leurs seuls allocataires, pensionnés ou assurés.

* *Ou partenaire du PACS.*
** *Ou votre partenaire lié par un PACS est décédé.*

2

1 | Traitements, salaires

		Vous		Conjoint*		Personne 1		Personne 2		Personne 3
Total de vos revenus d'activité	AJ	21 478 356	BJ	5 388 090	CJ	515 250	DJ	66 570	EJ	5 883
Total de vos autres revenus imposables	AP	3 833 026	BP	1 042 432	CP	25 790	DP	2 532	EP	256
Frais réels (liste détaillée sur papier libre)	AK	3 703 557	BK	1 195 860	CK	21 241	DK	1 962	EK	126
Demandeur d'emploi de plus d'un an	AI	453 135	BI	143 091	CI	5 700	DI	667	EI	52
Déménagement de plus de 200 km pour trouver un emploi exercé pendant au moins 6 mois (*voir notice*)	AR	49 380	BR	3 865	CR	577	DR	113	ER	

Prime pour l'emploi *(pour obtenir votre prime par virement, joignez un RIB, un RIP ou un RICE)*

		Vous		Conjoint*		Personne 1		Personne 2		Personne 3
Travail à temps plein en 2006 : cochez la case	AX	9 010 617	BX	2 058 886	CX	33 968	DX	4 178	QX	471
Sinon indiquez le nombre d'heures (H) payées dans l'année	AV	4 046 037	BV	1 762 748	CV	229 083	DV	28 458	QV	2 385

Pensions, retraites, rentes y compris pensions alimentaires perçues

		Vous		Conjoint*		Personne 1		Personne 2		Personne 3
Total de vos pensions, retraites, rentes	AS	11 166 257	BS	3 450 567	CS	44 382	DS	11 461	ES	1 995
Pensions alimentaires perçues	AO	1 241 296	BO	109 005	CO	166 988	DO	66 536	EO	6 408

Rentes viagères à titre onéreux

Âge d'entrée en jouissance		Moins de 50 ans		De 50 ans à 59 ans		De 60 ans à 69 ans		À partir de 70 ans
Total des rentes perçues par le foyer pour chaque âge d'entrée en jouissance	AW	11 756	BW	94 517	CW	266 080	DW	140 633

2 | Revenus des valeurs et capitaux mobiliers

Produits de placement soumis aux prélèvements libératoires autres que ceux indiqués ligne DH	EE	4 383 380
• Revenus ouvrant droit à abattement (ne les déduisez pas)		
Revenus des actions et parts (crédit d'impôt inclus)	DC	5 012 021
Revenus imposables des actions et parts non cotées détenues dans un PEA	FU	28 506
Revenus distribués dans le PEA pour le calcul du crédit d'impôt de 50 %	GR	2 668 836
Produits des contrats d'assurance-vie et de capitalisation d'une durée au moins égale à 6 ou 8 ans	CH	294 408
• Revenus n'ouvrant pas droit à abattement		
Revenus de valeurs mobilières et distributions (crédit d'impôt inclus)	TS	1 302 195
Revenus des structures soumises hors de France à un régime fiscal privilégié et autres revenus distribués	GO	9 372
Autres revenus (crédit d'impôt inclus)	TR	3 841 109
• Autres		
Revenus des lignes DC, CH, TS, TR pour lesquels les prélèvements sociaux ont déjà été appliqués	CG	390 349
Montant des frais venant en déduction	CA	2 398 318
Montant total des crédits d'impôt	AB	846 839
Total des crédits d'impôt directive « épargne » (report de la déclaration n° 2047)	BG	4 898
Produits d'assurance-vie et de capitalisation soumis au prélèvement libératoire de 7,5 %	DH	219 966

3 | Plus values et gains taxables à 16 %

Gains sur cessions de valeurs mobilières, de droits sociaux et assimilés taxables à 16 %	VG	417 363
Pertes de l'année 2006 sur cessions de valeurs mobilières, de droits sociaux et assimilés	VH	129 848

En cas de pertes antérieures à 2006 non encore imputées, indiquez le détail sur papier libre ou joignez le tableau de suivi n° 2041 SP.

4 | Revenus fonciers

Micro foncier : recettes brutes sans abattement	BE	1 528 034	Déficit imputable sur les revenus fonciers	BB	232 233
Revenus fonciers	BA	2 111 031	Déficit imputable sur le revenu global	BC	526 972
Prime d'assurances des loyers impayés (voir notice)	BF	40 106	Déficits antérieurs non encore imputés	BD	349 511
Cochez si vous avez souscrit une déclaration 2044-spéciale	BZ	421 152	(lignes BA, BB, BC, BD : report du résultat déterminé sur la déclaration n° 2044)		
Montant des loyers courus du 1/1/98 au 30/9/98 provenant des immeubles pour lesquels la cessation ou l'interruption de la location est intervenue en 2006 et qui ont été soumis à la taxe additionnelle au droit de bail				TQ	15 810

Revenus exceptionnels ou différés à imposer suivant le système du quotient

Montant total des revenus à imposer	0XX	40 941	(n'incluez pas ces revenus dans les autres rubriques de la déclaration)
Nature, détail et année d'échéance normale de ces revenus ou année de début d'exploitation. Pour les bénéfices agricoles exceptionnels indiquez également le nom du titulaire et, le cas échéant, son adhésion à un C.G.A.			

* *Ou partenaire du PACS.*

6 | Charges et imputations diverses

Montant de la CSG déductible calculée sur les revenus du patrimoine			DE	4 231 643		
Pensions alimentaires versées à des enfants majeurs en vertu d'une décision de justice devenue définitive avant 2006			GI	231 909	GJ	54 258
Autres pensions alimentaires versées à des enfants majeurs			EL	533 008	EM	72 511
Autres pensions alimentaires versées en vertu d'une décision de justice devenue définitive avant 2006			GP	715 412		
Autres pensions alimentaires			GU	628 290		
Indiquez les noms et adresses des bénéficiaires de vos versements au bas de cette page						
Déductions diverses			DD	390 706		
Sommes à ajouter au revenu imposable (ex : CSG déductible accordée à tort)			GH	1 323		

Épargne retraite : PERP et produits assimilés (PREFON, COREM et C.G.O.S.)

		Vous		Conjoint*		Personne à charge
• Épargne versée en 2006						
Cotisations versées en 2006 au titre d'un PERP, PREFON, COREM et C.G.O.S.	RS	956 952	RT	425 449	RU	1 810
Rachats de cotisations en 2006 (PREFON, COREM et C.G.O.S.)	SS	26 881	ST	13 506	SU	18
Plafond de déduction	PS		PT		PU	
• Si vous êtes nouvellement domicilié en France en 2006 après avoir résidé à l'étranger au cours des trois années précédentes, cochez la case					QW	3 807
• **Détermination du plafond de déduction pour les revenus 2007**						
Cotisations aux régimes obligatoires d'entreprise de retraite supplémentaire ou aux contrats « Madelin » et abondement de l'entreprise à un PERCO en 2006	QS	489 245	QT	127 994	QU	1 814

7 | Charges ouvrant droit à réduction ou à crédit d'impôt (Attention 🗎 = joignez les reçus ou les justificatifs)

Dons à des organismes d'aide aux personnes en difficulté (maximum 479 €) 🗎			UD	1 895 593	UE	
Autres dons que ceux de la ligne UD 🗎			UF	3 634 035	UG	
Report des versements des années antérieures	XS	13 754	XT	16 462	XU	31 328
Cotisations syndicales des salariés et pensionnés 🗎	AC	1 225 993	AE	369 904	AG	1 493
	AD		AF		AH	
Nombre d'enfants à charge poursuivant leurs études	EA	Collège 1 412 469	EC	Lycée 1 441 253	EF	Ens. Supérieur 1 039 525
Frais de garde des enfants de moins de 7 ans au 31-12-2006 🗎	GA	1 344 366	GB	326 938	GC	36 779
Indiquez les noms et adresses des bénéficiaires de vos versements au bas de cette page						
Sommes versées pour l'emploi d'un salarié à domicile 🗎			DF	2 946 513		
Si vous-même, votre conjoint ou une des personnes à votre charge est titulaire de la carte d'invalidité d'au moins 80 %, cochez la case					DG	134 693
Nombre d'ascendants bénéficiaires de l'APA âgés de plus de 65 ans					DL	19 222
Indiquez les noms et adresses des bénéficiaires de vos versements au bas de cette page						
Dépenses d'accueil dans un établissement pour personnes âgées dépendantes			CD	256 017	CE	9 135
Primes de rente survie, contrats d'épargne handicap 🗎			GZ	53 546		
Prestations compensatoires : sommes versées en 2006			WN	13 907		
sommes totales décidées par jugement en 2006 ou capital reconstitué			WO	13 906		
capital fixe en substitution de rente			WM	296		
report des sommes décidées en 2005			WP	1 456		
Intérêts des prêts étudiants (contrats conclus à compter du 01-09-2005)			UK	15 725		
Vous souscrivez une déclaration de revenus 2006 à votre nom, vous étiez rattaché à un foyer fiscal en 2005 et vous avez déjà versé des intérêts en 2005, cochez la case					VO	1 680
Dépenses en faveur des économies d'énergie et du développement durable 🗎						
Équipements utilisant une source d'énergie renouvelable					WF	379 421
Acquisition de chaudière à condensation, matériaux d'isolation thermique et appareils de régulation de chauffage installés au plus tard le 31-12 de la 2e année suivant la date d'aquisition d'un logement achevé avant le 1-01-1977					WG	292 067
Autre acquisition de chaudière à condensation, matériaux d'isolation thermique, appareils de régulation de chauffage et coût des équipements de raccordement à un réseau de chaleur					WH	551 525
Acquisition de chaudière à basse température					WQ	110 168
Dépenses en faveur de l'aide aux personnes 🗎						
Équipements pour les personnes âgées ou handicapées					WJ	30 352
Travaux de prévention des risques technologiques ou acquisition d'ascenseurs électriques à traction					WI	10 154

8 | Autres imputations, reprises de réductions d'impôt, conventions internationales, divers

Personnes domiciliées en France percevant des revenus à l'étranger (cf. Déclaration n° 2047)				
Revenus exonérés (y compris salaires et primes des détachés à l'étranger) autres que ceux déclarés page 3, retenus pour le calcul du taux effectif d'imposition			TI	114 245
Revenus étrangers soumis en France à l'impôt sur le revenu et imposables à la CRDS			TL	15 555
Revenus étrangers imposables en France et ouvrant droit à un crédit d'impôt égal au montant de l'impôt français correspondant à ces revenus			TK	95 456
Personnes non domiciliées en Fance : revenus de sources française et étrangère retenus pour le calcul du taux moyen d'imposition			TM	3 358
Élus locaux ; indemnités de fonction soumises à la retenue à la source	BY	42 053	CY	8 060
Total des plus-values en report d'imposition non expiré			UT	106 529
Reprises de réductions ou de crédits d'impôt			TF	2 300
Revenus exonérés non retenus pour l'application du taux effectif (revenus provenant d'organismes internationaux, de représentations étrangères...)			FV	10 920
Contrat d'assurance-vie conclu auprès d'un établissement établi hors de France			TT	3 209
Comptes bancaires à l'étranger			UU	24 874

Autres renseignements, souscription de la déclaration pour une autre personne, nom et adresse des bénéficiaires de vos versements

9 YF YG YH YK YT YU YV YW YZ

4 * Ou partenaire du PACS

Annexe 6

Ce document détaille les sommes versées par l'ensemble des foyers fiscaux. Il rassemble la totalité des déclarations de revenus déposées par les ménages en 2007.

Ainsi les traitements et salaires déclarés par les Français (lignes AJ, BJ, CJ, DJ, EJ) s'élèvent à 703,6 milliards. L'ensemble des retraites et pensions (lignes AS, BS, CS, DS, ES) s'élève à 205,8 milliards. Le revenu encaissé par les détenteurs d'actions atteint 15,2 milliards (ligne DC) et les revenus fonciers s'élèvent à 30,6 milliards (lignes BE et BA). Les cotisations syndicales déclarées s'élèvent à 157 millions (AC), soit 128 euros par cotisant en 2006. L'ensemble des dons s'élève à 1,5 milliard euros.

Déclaration des revenus 2006 de la France entière : les montants

Liberté • Égalité • Fraternité
République Française

DÉCLARATION DES REVENUS 2006

N° 2042
cerfa
DGI

FRANCE ENTIERE
"MONTANTS"
Somme des éléments déclarés par l'ensemble des déclarants
(en euros sauf mention contraire)

Facilitez-vous l'impôt,
www.impots.gouv.fr

Adresse au 1er janvier 2007 (Pour le calcul correct de votre taxe d'habitation)

Appt. Étage Esc. Bâtiment Nbre de pièces N° et Rue

Résidence Code postal Commune

À ce domicile, vous êtes propriétaire locataire occupant à titre gratuit Nom du propriétaire

État civil du ou des déclarants (Écrivez en lettres majuscules)

Vous: Monsieur Madame Mademoiselle

Conjoint *: Monsieur Madame Mademoiselle

Les informations figurant dans la déclaration sont conformes aux règles du secret statistique. Lorsqu'une donnée concerne moins de 11 contribuables ou lorsque pour celle-ci un élément dominant représente plus de 85% du montant agrégé, l'information n'est communiquée ni en nombre, ni en montant.

◄ Nom ►
◄ Nom de naissance ►
◄ Prénoms ►
◄ Date de naissance ►
◄ Lieu de naissance ►

• **Si vous déposez une déclaration pour la première fois**, cochez la case :

Sinon, indiquez votre n° FIP : et votre n° fiscal :
le n° fiscal de votre conjoint :

Vous trouverez ces numéros sur votre déclaration de revenus ou votre avis d'imposition de l'année dernière. Leur indication facilitera le rapprochement des acomptes ou mensualités que vous avez déjà payés et de l'impôt dû.

• Pour les couples mariés : Madame, si vous souhaitez voir figurer votre nom de naissance sur nos courriers, veuillez cocher la case :

* ou partenaire du Pacs

Redevance audiovisuelle

Cochez la case, **si aucune de vos résidences** (principale ou secondaire) **n'est équipée d'un téléviseur** (voir notice) ØRA

Changements d'adresse

En cas de changement d'adresse en 2006 ou en 2007, merci de compléter les informations ci-dessous :

Si vous avez déménagé en 2006, indiquez votre adresse au 1er janvier 2006

N° et Rue Bâtiment Appt.

Code postal Commune

Si vous avez déménagé après le 1er janvier 2007, indiquez votre adresse actuelle (*pour recevoir sans difficulté votre courrier*)

N° et Rue Bâtiment Appt.

Code postal Commune

Signature du ou des déclarants

A .... le 2007

Votre n° de téléphone
Votre adresse internet

Si vous déposez également une déclaration n° 2042 complémentaire, cochez la case

Pour payer vos impôts en toute tranquillité, choisissez le prélèvement automatique.
Connectez-vous sur www.impots.gouv.fr ou contactez votre trésorerie.

Services gestionnaires Situation et charges du foyer fiscal Éléments pour la taxe d'habitation

N'oubliez pas de remplir le cadre A.
- Si vous élevez seul(e) votre ou vos enfants : complétez le cadre B ;
- Si vous avez des personnes à charge (autres que les enfants rattachés) : complétez le cadre C ;
- Si un ou plusieurs de vos enfants majeurs ou mariés demandent leur rattachement : complétez le cadre D.

A I SITUATION DU FOYER FISCAL EN 2006

Mariés — Célibataire — Divorcé/séparation
Veuvage — Pacs

En cas de changement en 2006
- Date du mariage ou du PACS **X** / / 2006
- Date du divorce/séparation/rupture du PACS **Y** / / 2006
- Date du décès **Z** / / 2006

Vous devez souscrire une déclaration pour chacune des périodes avant et après votre changement de situation de famille (*voir notice*).

SITUATIONS PARTICULIÈRES

Situation des enfants en cas de célibat, divorce, séparation ou veuvage

Vous vivez seul(e) et vous avez eu un enfant décédé après l'âge de 16 ans ou par suite de faits de guerre (Complétez aussi la ligne H).

Vous vivez seul(e) et vos enfants (majeurs ou mariés ; mineurs imposés en leur nom propre) ne sont pas comptés à votre charge ou n'ont pas demandé leur rattachement à votre foyer (Complétez aussi la ligne H).

Année de naissance de votre enfant dernier-né, ouvrant droit à l'attribution d'une demi-part supplémentaire.

Vous ne vivez pas seul(e).

Un au moins de vos enfants à charge ou rattaché est issu du mariage avec votre conjoint* décédé.

Situations donnant droit à une demi-part supplémentaire

Titulaire d'une pension (militaire, accident du travail) pour une invalidité d'au moins 40 % ou d'une carte d'invalidité d'au moins 80 % (joignez une copie de la carte) :

Vous remplissez ces conditions.

Votre conjoint* remplit ces conditions, ou votre conjoint*, décédé en 2006, remplissait ces conditions.

Titulaire de la carte du combattant ou d'une pension militaire d'invalidité ou de victime de guerre :

Vous êtes célibataire, divorcé, séparé, veuf** et :
- vous avez plus de 75 ans et remplissez ces conditions ;
- vous avez plus de 75 ans et votre conjoint*, décédé, remplissait ces conditions ;
- votre conjoint*, âgé de plus de 75 ans, décédé en 2006, remplissait ces conditions.

Vous êtes mariés ou liés par un PACS et l'un des deux déclarants, âgé de plus de 75 ans, remplit ces conditions.

Vous avez une pension de veuve de guerre.

B I PARENT ISOLÉ

Vous êtes célibataire, divorcé(e), séparé(e), veuf(ve)** **et vous vivez seul(e)** avec votre (ou vos) enfant(s) ou des personnes invalides recueillies sous votre toit ; pour bénéficier de la majoration du nombre de parts et éventuellement de la majoration de la prime pour l'emploi, cochez la case :

T

C I PERSONNES À CHARGE EN 2006 (*voir notice*)

Précisez ci-dessous TOUTES LES PERSONNES À VOTRE CHARGE autres que les enfants qui demandent leur rattachement, en indiquant pour chacune son année de naissance. (Ne comptez pas les enfants qui souscrivent une déclaration séparée ou qui sont déclarés à charge par une autre personne). Indiquez leurs nom et prénom ci-dessous. Si vous n'avez plus de personne à charge, portez « 0 » dans la ou les cases F à R.

Indiquez les enfants en résidence alternée sur la déclaration n° 2042 C.

Enfant(s) non marié(s) de moins de 18 ans au 01-01-2006 ou né(s) en 2006 ou handicapé(s) quel que soit l'âge : Nombre : **F** 15 990 579

Année de naissance :

Dont enfant(s) titulaire(s) de la carte d'invalidité : Nombre : **G** 230 721

Année de naissance :

Personne(s) vivant sous votre toit et titulaire(s) de la carte d'invalidité d'au moins 80 % :

Nombre : **R** 32 877

Année de naissance :

Précisez ci-dessous les noms et prénoms de vos enfants ou autres personnes à charge :

D I RATTACHEMENT D'ENFANTS MAJEURS OU MARIÉS EN 2006

Nombre d'enfant(s) célibataire(s) (ou veufs ou divorcés) majeurs sans enfant : **J** 1 891 215
Nombre d'enfants mariés ou non mariés chargés de famille : **N** 9 532
(y compris le conjoint et les enfants)

Nom	Nom de naissance si différent	Prénoms

Date de naissance	Dépt.	Commune/Pays

Nom	Nom de naissance si différent	Prénoms

Date de naissance	Dépt.	Commune/Pays

Nom	Nom de naissance si différent	Prénoms

Date de naissance	Dépt.	Commune/Pays

ET LA TÉLÉDÉCLARATION ?

Désormais, vous pouvez télédéclarer en cas de changement de situation de famille sur **www.impots.gouv.fr**

- si vous vous êtes marié, « pacsé » ou si vous avez divorcé en 2006 ;
- si vous êtes âgé de plus de 22 ans et si vous étiez rattaché l'année dernière à la déclaration de revenus de vos parents.

En application de la loi n° 78-17 du 6 janvier 1978 dite « Informatique et libertés », vous pouvez accéder aux données vous concernant, sous réserve que cela ne porte pas atteinte à la recherche des infractions fiscales, et les faire rectifier, sous réserve des procédures du code général des impôts et du livre des procédures fiscales. Les demandes sont à adresser au centre des impôts dont vous relevez. Les données portées sur les déclarations de revenus sont utilisées pour la gestion de l'impôt sur le revenu, de la taxe d'habitation et de la redevance de l'audiovisuel. Elles sont rapprochées des déclarations relatives à l'impôt de solidarité sur la fortune. Les organismes chargés de la gestion d'assurance vieillesse, d'allocations familiales, de régime complémentaire et du contrôle des cotisations des professions indépendantes sont, sur leur demande, destinataires d'informations issues du traitement de la déclaration de revenus de leurs seuls allocataires, pensionnés ou assurés.

* *Ou partenaire du PACS.*
** *Ou votre partenaire lié par un PACS est décédé.*

2

1 | Traitements, salaires

		Vous		Conjoint*		Personne 1		Personne 2		Personne 3
Total de vos revenus d'activité	AJ	423 870 470 569	BJ	102 274 769 850	CJ	1 561 956 237	DJ	179 331 833	EJ	15 891 963
Total de vos autres revenus imposables	AP	21 887 430 516	BP	5 324 807 698	CP	50 002 465	DP	5 700 276	EP	595 347
Frais réels (liste détaillée sur papier libre)	AK	18 656 790 376	BK	4 836 391 589	CK	46 159 036	DK	3 953 212	EK	276 537
Demandeur d'emploi de plus d'un an	AI		BI		CI		DI		EI	
Déménagement de plus de 200 km pour trouver un emploi exercé pendant au moins 6 mois (*voir notice*)	AR		BR		CR		DR		ER	

Prime pour l'emploi *(pour obtenir votre prime par virement, joignez un RIB, un RIP ou un RICE)*

		Vous		Conjoint*		Personne 1		Personne 2		Personne 3
Travail à temps plein en 2006 : cochez la case	AX		BX		CX		DX		QX	
Sinon indiquez le nombre d'heures (H) payées dans l'année	AV	3 879 247 240	BV	1 737 534 265	CV	110 262 424	DV	12 515 896	QV	1 009 397

Pensions, retraites, rentes y compris pensions alimentaires perçues

		Vous		Conjoint*		Personne 1		Personne 2		Personne 3
Total de vos pensions, retraites, rentes	AS	174 352 290 434	BS	31 265 013 896	CS	164 192 281	DS	35 426 338	ES	7 409 257
Pensions alimentaires perçues	AO	4 541 532 363	BO	285 889 418	CO	399 518 783	DO	147 409 088	EO	18 407 074

Rentes viagères à titre onéreux

Âge d'entrée en jouissance		Moins de 50 ans		De 50 ans à 59 ans		De 60 ans à 69 ans		À partir de 70 ans
Total des rentes perçues par le foyer pour chaque âge d'entrée en jouissance	AW	32 374 814	BW	128 618 533	CW	546 972 872	DW	436 733 567

2 | Revenus des valeurs et capitaux mobiliers

Produits de placement soumis aux prélèvements libératoires autres que ceux indiqués ligne DH	EE	4 578 797 215
• Revenus ouvrant droit à abattement (ne les déduisez pas)		
Revenus des actions et parts (crédit d'impôt inclus)	DC	15 218 817 821
Revenus imposables des actions et parts non cotées détenues dans un PEA	FU	44 407 161
Revenus distribués dans le PEA pour le calcul du crédit d'impôt de 50 %	GR	1 492 973 322
Produits des contrats d'assurance-vie et de capitalisation d'une durée au moins égale à 6 ou 8 ans	CH	338 763 065
• Revenus n'ouvrant pas droit à abattement		
Revenus de valeurs mobilières et distributions (crédit d'impôt inclus)	TS	1 251 489 423
Revenus des structures soumises hors de France à un régime fiscal privilégié et autres revenus distribués	GO	11 478 098
Autres revenus (crédit d'impôt inclus)	TR	2 090 958 463
• Autres		
Revenus des lignes DC, CH, TS, TR pour lesquels les prélèvements sociaux ont déjà été appliqués	CG	417 815 424
Montant des frais venant en déduction	CA	223 203 183
Montant total des crédits d'impôt	AB	65 160 170
Total des crédits d'impôt directive « épargne » (report de la déclaration n° 2047)	BG	1 757 541
Produits d'assurance-vie et de capitalisation soumis au prélèvement libératoire de 7,5 %	DH	310 568 996

3 | Plus values et gains taxables à 16 %

Gains sur cessions de valeurs mobilières, de droits sociaux et assimilés taxables à 16 %	VG	14 305 036 550
Pertes de l'année 2006 sur cessions de valeurs mobilières, de droits sociaux et assimilés	VH	913 999 088

En cas de pertes antérieures à 2006 non encore imputées, indiquez le détail sur papier libre ou joignez le tableau de suivi n° 2041 SP.

4 | Revenus fonciers

Micro foncier : recettes brutes sans abattement	BE	7 306 035 815	Déficit imputable sur les revenus fonciers	BB	1 707 491 262
Revenus fonciers	BA	23 287 738 080	Déficit imputable sur le revenu global	BC	3 015 299 984
Prime d'assurances des loyers impayés (voir notice)	BF	9 209 051	Déficits antérieurs non encore imputés	BD	5 946 217 108
Cocher si vous avez souscrit une déclaration 2044-spéciale	BZ		(lignes BA, BB, BC, BD : report du résultat déterminé sur la déclaration n° 2044)		

Montant des loyers courus du 1/1/98 au 30/9/98 provenant des immeubles pour lesquels la cessation ou l'interruption de la location est intervenue en 2006 et qui ont été soumis à la taxe additionnelle au droit de bail	TQ	85 718 837

Revenus exceptionnels ou différés à imposer suivant le système du quotient

Montant total des revenus à imposer	0XX	849 721 976	(n'incluez pas ces revenus dans les autres rubriques de la déclaration)

Nature, détail et année d'échéance normale de ces revenus ou année de début d'exploitation. Pour les bénéfices agricoles exceptionnels indiquez également le nom du titulaire et, le cas échéant, son adhésion à un C.G.A.

* *Ou partenaire du PACS*

3

6 | Charges et imputations diverses

Montant de la CSG déductible calculée sur les revenus du patrimoine	DE	2 195 625 724		
Pensions alimentaires versées à des enfants majeurs en vertu d'une décision de justice devenue définitive avant 2006	GI	835 825 751	GJ	146 469 138
Autres pensions alimentaires versées à des enfants majeurs	EL	1 829 043 252	EM	233 590 468
Autres pensions alimentaires versées en vertu d'une décision de justice devenue définitive avant 2006	GP	2 691 201 447		
Autres pensions alimentaires	GU	1 875 313 898		
Indiquez les noms et adresses des bénéficiaires de vos versements au bas de cette page				
Déductions diverses	DD	790 369 481		
Sommes à ajouter au revenu imposable (ex : CSG déductible accordée à tort)	GH	1 906 957		

Épargne retraite : PERP et produits assimilés (PREFON, COREM et C.G.O.S.)

		Vous		Conjoint*		Personne à charge
• **Épargne versée en 2006**						
Cotisations versées en 2006 au titre d'un PERP, PREFON, COREM et C.G.O.S.	RS	1 142 958 916	RT	462 353 540	RU	1 737 793
Rachats de cotisations en 2006 (PREFON, COREM et C.G.O.S.)	SS	139 872 904	ST	68 981 350	SU	66 024
Plafond de déduction	PS		PT		PU	
• Si vous êtes nouvellement domicilié en France en 2006 après avoir résidé à l'étranger au cours des trois années précédentes, cochez la case					QW	
• **Détermination du plafond de déduction pour les revenus 2007**						
Cotisations aux régimes obligatoires d'entreprise de retraite supplémentaire ou aux contrats « Madelin » et abondement de l'entreprise à un PERCO en 2006	QS	746 593 882	QT	142 763 541	QU	1 224 165

7 | Charges ouvrant droit à réduction ou à crédit d'impôt (Attention ▤ = joignez les reçus ou les justificatifs)

Dons à des organismes d'aide aux personnes en difficulté (maximum 470 €) ▤			UD	365 386 661	UE	
Autres dons que ceux de la ligne UD ▤			UF	1 169 787 516	UG	
Report des versements des années antérieures	XS	17 676 160	XT	73 654 519	XU	82 276 505
Cotisations syndicales des salariés et pensionnés ▤	AC	157 097 020	AE	44 625 478	AG	194 284
	AD		AF		AH	
Nombre d'enfants à charge poursuivant leurs études	EA	Collège 1 524 970	EC	Lycée 1 610 879	EF	Ens. Supérieur 1 235 327
Frais de garde des enfants de moins de 7 ans au 31-12-2006 ▤	GA	1 437 911 975	GB	337 006 513	GC	29 859 841
Indiquez les noms et adresses des bénéficiaires de vos versements au bas de cette page						
Sommes versées pour l'emploi d'un salarié à domicile ▤			DF	7 202 751 528		
Si vous-même, votre conjoint ou une des personnes à votre charge est titulaire de la carte d'invalidité d'au moins 80 %, cochez la case					DG	
Nombre d'ascendants bénéficiaires de l'APA âgés de plus de 65 ans					DI	21 729
Indiquez les noms et adresses des bénéficiaires de vos versements au bas de cette page						
Dépenses d'accueil dans un établissement pour personnes âgées dépendantes			CD	3 303 673 141	CE	103 935 033
Primes de rente survie, contrats d'épargne handicap ▤			GZ	205 900 107		
Prestations compensatoires : sommes versées en 2006			WN	404 236 854		
sommes totales décidées par jugement en 2006 ou capital reconstitué			WO	494 422 422		
capital fixé en substitution de rente			WM	17 747 299		
report des sommes décidées en 2005			WP	18 102 918		
Intérêts des prêts étudiants (contrats conclus à compter du 01-09-2005)			UK	4 112 931		
Vous souscrivez une déclaration de revenus 2006 à votre nom, vous étiez rattaché à un foyer fiscal en 2005 et vous avez déjà versé des intérêts en 2005, cochez la case			VO			
Dépenses en faveur des économies d'énergie et du développement durable ▤						
Équipements utilisant une source d'énergie renouvelable					WF	2 022 306 016
Acquisition de chaudière à condensation, matériaux d'isolation thermique et appareils de régulation de chauffage installés au plus tard le 31-12 de la 2e année suivant la date d'aquisition d'un logement achevé avant le 1-01-1977					WG	1 184 041 382
Autre acquisition de chaudière à condensation, matériaux d'isolation thermique, appareils de régulation de chauffage et coût des équipements de raccordement à un réseau de chaleur					WH	2 085 236 968
Acquisition de chaudière à basse température					WQ	292 410 534
Dépenses en faveur de l'aide aux personnes ▤						
Équipements pour les personnes âgées ou handicapées					WJ	108 240 421
Travaux de prévention des risques technologiques ou acquisition d'ascenseurs électriques à traction					WI	27 853 001

8 | Autres imputations, reprises de réductions d'impôt, conventions internationales, divers

Personnes domiciliées en France percevant des revenus à l'étranger (et déclaration n° 2047)				
Revenus exonérés (y compris salaires et primes des détachés à l'étranger) autres que ceux déclarés page 3, retenus pour le calcul du taux effectif d'imposition			TI	2 613 450 861
Revenus étrangers soumis en France à l'impôt sur le revenu et imposables à la CRDS			TL	306 275 785
Revenus étrangers imposables en France et ouvrant droit à un crédit d'impôt égal au montant de l'impôt français correspondant à ces revenus			TK	3 710 696 169
Personnes non domiciliées en Fance : revenus de sources française et étrangère retenus pour le calcul du taux moyen d'imposition			TM	135 582 766
Élus locaux : indemnités de fonction soumises à la retenue à la source	BY	377 016 330	CY	55 679 847
Total des plus-values en report d'imposition non expiré			UT	13 095 338 968
Reprises de réductions ou de crédits d'impôt			TF	5 654 622
Revenus exonérés non retenus pour l'application du taux effectif (revenus provenant d'organismes internationaux, de représentations étrangères...)			FV	
Contrat d'assurance-vie conclu auprès d'un établissement établi hors de France			TT	
Comptes bancaires à l'étranger			UU	

Autres renseignements, souscription de la déclaration pour une autre personne, nom et adresse des bénéficiaires de vos versements

9	YF	YG	YH	YK	YT	YU	YV	YW	YZ

4

* Ou partenaire du PACS.

Annexe 7

Ce document, annexé à la loi de Finances, détaille l'ensemble des prélèvements qui pèsent sur le revenu des Français, soit 792,5 milliards d'euros en 2006. Sur cette somme, l'impôt sur le revenu ne représente que 52,3 milliards, soit 6,6 %.

Liste des impôts et taxes constitutifs des prélèvements obligatoires en 2006

BUDGET GÉNÉRAL ÉTAT	EN M€
RECETTES FISCALES	
PRODUITS DES IMPÔTS DIRECTS ET ASSIMILÉS	
1. Impôt sur le revenu	
Impôt sur le revenu	52 381,3
Contribution sur les revenus locatifs (CRL ex-CRDB)	501,5
2. Autres impôts directs perçus par voie d'émission de rôles	
Impôts sur les sociétés – Contrôle fiscal	1 332,6
TF et TP La Poste et France Télécom	19,0
Pénalités et amendes	1,3
Droits divers	254,4
Majoration 10 % et frais de poursuite	778,3
Frais de dégrèvement sur impôts locaux et frais de dégrèvement divers (Base 2000 àc 2005)	2 375,0
3. Impôt sur les sociétés et contribution sociale sur les bénéfices des sociétés	
Impôt sur les sociétés (recouvrement DGI)	47 656,1
CRL perçue avec l'impôt sur les sociétés	183,0
Imposition forfaitaire annuelle (IFA)	0,0
Contribution sociale sur les bénéfices des sociétés (CSB)	964,5
4. Autres impôts directs et taxes assimilées	
Retenues à la source sur certains BNC et de l'impôt sur le revenu	509,6
Retenues à la source et prélèvements sur les RCM et BA	3 178,0
Prélevements sur les bénéfices tirés de la construction immobilière	0,4
Précompte dû par les sociétés au titre de certains bénéfices distribués	3,7
Prélèvements exceptionnels de 25 % sur les distributions de bénéfices	156,6
Impôt de solidarité sur la fortune	3 659,2
Taxe sur les locaux à usage de bureaux, les locaux commerciaux et de stockage	32,9
Prélèvements sur les entreprises d'assurance	57,2
Taxe sur les salaires (LF 2006 : affectation 95 % Asso)	430,3
Cotisation minimale de taxe professionnelle	2 148,9
Taxe d'apprentissage (transférée au FNDMA dans les Apul, infra)	0,0
Taxe de participation des employeurs au financement de la formation professionnelle continue	18,2

Taxe forfaitaire sur les métaux précieux, les bijoux, les objets d'art, de collection et d'antiquité	42,1
Contribution sur logements sociaux	0,1
Contribution des institutions financières	13,4
Prélèvement sur les entreprises de production pétrolière	0,0
Recettes diverses	6,5

PRODUIT DES IMPÔTS INDIRECTS

5. Taxe intérieure sur les produits pétroliers

Taxe intérieure sur les produits pétroliers (Tipp)	18 403,5

6. Taxe sur la valeur ajoutée

Taxe sur la valeur ajoutée (TVA)	126 298,9

7. Enregistrement, timbre, autres contributions et taxes indirectes

Mutations à titre onéreux de créances, rentes, prix d'offices	363,2
Mutations à titre onéreux de fonds de commerce	246,2
Mutations à titre onéreux de meubles corporels	0,6
Mutations à titre onéreux d'immeubles et droits immobiliers	2,2
Mutations à titre gratuit entre vifs (donations)	1 108,1
Mutations à titre gratuit par décès (successions)	7 169,2
Mutations de jouissance (baux)	1,0
Conventions actes civils	5,0
Partages	118,0
Droits fixes	188,9
Pénalités	4,0
Taxe de publicité foncière	113,1
Taxe spéciale sur les conventions d'assurance (TSCA)	4 339,0
Taxe additionnelle au droit de bail	0,2
Recettes diverses et pénalités	107,1
Taxe sur les véhicules de société (TVS)	1 126,4
Contrats de transport	0,2
Impôt sur les opérations traitées dans les bourses de valeurs	243,8
Recettes diverses et pénalités	461,4
Taxe sur les primes d'assurance automobile (LF 2006 : affectation Asso)	0,0
Taxe sur les contributions patronales au financement de la prévoyance complémentaire (LF 2006 : affectation Asso)	48,4
Droits d'importation	1 404,0
Prélèvements et taxes compensatoires institués sur divers produits	0,5
Autres taxes intérieures (TICGN, LF 2006, art 58 transfert à l'Ademe)	0,2
Autres droits et recettes accessoires (Droit de navigation)	4,3
Amendes et confiscations	42,3
Taxe générale sur les activités polluantes (TGAP)	381,5
Cotisation à la production sur les sucres	47,1

Droit de licence sur la rémunération des débitants de tabacs	310,6
Taxe et droits de consommation sur les tabacs	970,4
Droit de consommation sur les alcools (LF 2006 : affectation Asso)	0,0
Droit sur les bières et les boissons non alcoolisées (LF 2006 : affectation Asso)	0,0
Garantie des matières d'or et d'argent	1,6
Amendes, confiscations et droits sur acquits non rentrés	0,0
Taxe spéciale sur certains véhicules routiers (taxe à l'essieu)	215,1
Autres droits et recettes à différents titres	2,7
Taxe sur les titulaires d'ouvrages hydroélectriques concédés	0,1
Taxe sur les concessionnaires d'autoroutes (LF 2006 : affectation Odac)	0,0
Taxe sur les achats de viande	2,2
Taxe spéciale sur la publicité télévisée	11,7
Autres taxes	26,1
Taxe sur les installations nucléaires de base	0,0
Taxes sur les stations et liaisons radioélectriques privées	0,0

RECETTES NON FISCALES

Contribution de la Caisse des dépôts et consignations représentative de l'IS	394,3
Produits des jeux exploités par la Française des jeux	1 979,0
Redevances, taxes ou recettes assimilées de protection sanitaire et d'organisation des marchés de viandes	55,6
Frais d'assiette et de recouvrement des impôts et taxes établis ou perçus au profit des collectivités locales et de divers organismes	264,0
Prélèvements sur le produit des jeux dans les casinos régis par la loi du 15 juin 1907	987,7
Prélèvements sur le pari mutuel	369,0
Recettes perçues au titre de la participation des employeurs à l'effort de construction (1 % logement)	12,5
Reversement au budget général de diverses ressources affectées	773,6
Pénalité pour défaut d'emploi obligatoire des travailleurs handicapés et des mutilés de guerre	1,9
Reversement à l'État de la taxe d'aide au commerce et à l'artisanat (TACA)	583,2
Produit de la taxe sur les consommations d'eau	17,4
Part de la taxe de l'aviation civile affectée au budget de l'État (LFI 2005)	183,1
Redevance pour le financement des contrôles phytosanitaires à l'importation des végétaux (LFI 2005)	1,3
Produit de la taxe sur certaines dépenses publicitaires (LFI 2006)	31,6
Taxes et redevances diverses	9,2
Contribution des offices et établissements publics de l'État dotés de l'autonomie financière et des compagnies de navigation subventionnées, sociétés d'économie mixte, entreprises de toute nature ayant fait appel au concours financier de l'État	0,0
Ressources à provenir de l'application des règles relatives aux cumuls des rémunérations d'activité	1,4

FONDS DE CONCOURS	
Contributions des entreprises industrielles au Fonds national pour l'emploi (FNE)	43,0

TRANSFERTS AUX COLLECTIVITÉS LOCALES ET À L'EUROPE	
Remboursements et dégrèvements d'impôts locaux	-12 820,5
Prélèvement au profit des collectivités locales	-4 060,5
Prélèvement au profit des Communautés européennes	-4 670,0

BUDGET ANNEXE DE L'AVIATION CIVILE	
Taxe de l'aviation civile au profit du BA "Contrôle et exploitation aériens" (CGI, art.302 bis K)	157,0

COMPTES SPÉCIAUX DU TRÉSOR	
Cinéma, audiovisuel et expression radiophonique locale (LF 2006, art. 50)	521,0
Développement agricole et rural (LF 2006, art. 52)	103,4

ORGANISMES DIVERS D'ADMINISTRATION CENTRALE (ODAC)	EN M€
Contribution au remboursement de la dette sociale (CRDS) au profit de la Cades (Caisse d'amortissement de la dette sociale)	5 465,8
Taxe sur les primes d'assurance au profit du FGAO (Fonds de garantie des assurances obligatoires de dommages ; ex-FGA)	21,0
Taxe sur les primes d'assurance au profit du FGTI (Fonds de garantie des victimes des actes de terrorisme et d'autres infractions ; ex-FGCAT)	245,0
Taxe parafiscale sur les spectacles au profit de l'ASTP (Association pour le soutien du théâtre privé)	8,2
Cotisation des entreprises cinématographiques au profit du CNC (Centre national de la cinématographie française)	0,0
Taxe sur les mutuelles au profit du fonds CMU (Fonds de financement de la couverture maladie universelle)	551,0
Cotisation de solidarité spéciale sur les boissons alcooliques au profit du fonds CMU (Fonds de financement de la couverture maladie universelle)	405,2
Droits de consommations sur les tabacs - QP au profit du fonds CMU (Fonds de financement de la couverture maladie universelle)	177,6
Cotisation patronale à l'AGS (Association pour la gestion du régime d'assurance des créances des salariés)	873,0
Taxe d'abattage au profit de l'Ofival (Office chargé des viandes, de l'élevage et de l'aviculture) LF 2006, art151	40,0
Contributions / chômage au profit du FS (Fonds de solidarité)	1 244,0
Prélèvement social de 2 % - QP 65 % au profit du FRR (Fonds de réserve des retraites)	1 599,0
Droits de consommations sur les tabacs au profit du FNAL (Fonds national de l'allocation logement)	139,8
Cotisations des employeurs au profit du FNAL (Fonds national de l'allocation logement)	1 886,0
Taxe sur les logements vacants au profit de l'Anah (Agence nationale pour l'amélioration de l'habitat)	20,0
Contribution annuelle des distributeurs d'énergie au Face (Fonds d'amortissement des charges d'électrification rurale)	335,0
Taxe d'aménagement du territoire due par les concessionnaires d'autoroutes au profit de l'Afitef (Agence de financement des infrastructures de transport de France)	512,0

Taxes au profit de la CNBA (Chambre nationale de la batellerie artisanale) et des VNF (Voies navigables de France)	166,0
Taxe additionnelle sur les billets d'avion pour l'aide au développement sanitaire au profit du FSD (Fonds de solidarité pour le développement >= 01/07/2006)	45,0
Redevance perçue sur formalités au profit de l'INPI (Institut national de la propriété industrielle)	130,0
Contributions des employeurs de main d'œuvre étrangère au profit de l'Anaem (ex-OMI Office des migrations internationales)	52,0
Contribution additionnelle aux primes d'assurances au profit du FNGCA (Fonds national de garantie contre les calamités agricoles)	91,0
Taxes parafiscales au profit de l'Ofimer (Office national interprofessionnel des produits de la mer et de l'aquaculture)	6,0
Taxe pour le financement des actions du secteur céréalier au profit de l'ONIGC (Office national interprofessionnel des grandes cultures)	20,0
Taxe sur les primes d'assurance au profit du FCRAC (Fonds de compensation des risques de l'assurance construction)	51,0
Taxes au profit de l'Ademe (Agence de l'environnement et de la maîtrise de l'énergie)	201,0
Prélèvement sur les sommes misées sur les jeux de la Française des jeux au profit du CNDS (Centre national du sport)	168,0
Contribution au service public de l'Électricité au profit du CSPE	1 684,4
Frais de dégrèvement divers (Base 2000 àc 2005)	-12,0

ADMINISTRATIONS PUBLIQUES LOCALES (APUL)	EN M€
FISCALITÉ DIRECTE LOCALE	
Redevances communale & département des mines	26,0
Taxe professionnelle	20 996,4
Taxe pour frais de chambres de commerce et d'industrie.	871,8
Taxe pour frais de chambres des métiers	192,9
Taxe d'habitation	12 099,0
Taxe foncière sur les propriétés bâties	20 128,0
Taxe foncière sur les propriétés non bâties (TF PNB)	830,0
Taxe pour frais de chambre d'agriculture + cotisation pour la Caisse d'assurance accidents agricoles	292,1
FISCALITÉ INDIRECTE LOCALE	
Droits d'enregistrement (taxe additionnelle aux droits de mutation)	9 878,8
Taxe sur les jeux et spectacles	329,0
Redevances et taxes funéraires	12,2
Versement pour dépassement du PLD	26,0
Taxe locale d'équipement (TLE)	450,0
Part dépassement du COS	2,1
Part pour non-réalisation de stationnement	17,7
Taxe spéciale d'équipement (Villes nouvelles, Basse-Seine)	5,0
Taxe additionnelle à la TLE au profit de la région Île-de-France	13,0

Tipp transférée aux départements	5 029,0
Tipp transférée aux régions (LF 2006, art 40)	988,0
TSCA transférée aux départements (LF 2006, Art 41)	1 124,0
Impôts sur les spectacles	38,5
Taxe de séjour	165,4
Taxe sur certaines fournitures d'électricité (Art L. 2333-2 CGCT)	1 509,9
Octroi de mer	848,0
Taxe de ski de fond	5,1
Surtaxes sur les eaux minérales	20,8
Taxes sur les emplacements publicitaires	26,4
Taxes sur les affiches, réclames et enseignes	16,3
Taxe destinée au financement des conseils d'archit., d'urb. et de l'envir.	56,4
Droits de consommation sur les alcools (Corse)	0,0
Taxe sur les tabacs (Corse)	40,0
Taxe sur l'énergie hydraulique	1,0
Taxe départementale des espaces naturels sensibles	179,0
Taxe sur les transports (Corse)	31,0
Taxe sur les remontées mécaniques	43,2
Taxe sur les rhums	4,0
Taxe sur les carburants (DOM)	458,1
Taxe d'assainissement (Agence de l'eau ; C. Santé, art. L1331-8)	1 646,0
Redevance pour droit de construire (EPAD)	0,0
Taxe spéciale d'équipement (EPLM)	10,9
Redevance pour la création de bureaux en région Île-de-France	261,0
Surtaxes locales temporaires	1,0
Autres taxes indirectes	250,1
Taxe sur les véhicules («Vignette»)	0,0
Taxe sur les certificats d'immatriculation (ex-cartes grises)	1 785,0
Taxes parafiscales et diverses versées par organismes collecteurs	14,2
Produit du versement de transport (Art L. 2333-64s CGCT)	5 266,0
Taxe d'apprentissage au profit du FNDMA (Fonds national de développement et de modernisation de l'apprentissage)	406,6
Contribution au développement de l'apprentissage (CGI, art 1599 quinquies A)	407,1

TRANSFERTS DE L'ÉTAT

Remboursements et dégrèvements d'impôts locaux nets de frais d'assiette et recouvrements	10 445,5
Prélèvements sur les recettes de l'État	4 060,5

ADMINISTRATIONS DE SÉCURITÉ SOCIALE (ASSO)	EN M€
Cotisations au FCATA (Fonds commun des accidents du travail agricole)	21,0
Droits de plaidoirie	14,0
Contribution sociale de solidarité des sociétés (CSSS) / Organic	4 559,0

Contribution entreprises médicaments	376,0
Contribution de solidarité des PAM conventionnés	17,0
Contributions préretraites des employeurs au FSV (à compter de 2004)	53,0
Taxe grossistes répartiteurs	58,0
Taxe hydrocarbures (au profit du régime spécial des Mines)	0,0
Contribution des laboratoires	1 153,0
Taxe préretraites au profit du FCAATA (Fonds de cessation anticipée d'activité des travailleurs de l'amiante)	55,0
Taxe alcools Cnam (LF 2006 : affectation Asso)	2 608,8
TVA brute sur les produits pharmaceutiques	2 943,0
TVA brute sur les tabacs	2 987,0
Taxe sur les primes d'assurance automobile (LF 2006 : affectation Asso)	964,0
Taxe sur les contributions patronales au financement de la prévoyance complémentaire (LF 2006 : affectation Asso)	627,0
Taxe sur les salaires (LF 2006 : affectation 95 % Asso)	9 567,1
Contribution CSG - QP au profit de la Cnaf	11 118,9
Contribution CSG - QP au profit du FSV	10 607,6
Contribution CSG (hors FFAPA)	53 504,3
Prélèvement social de 2 % / Cnam	357,5
Prélèvement social de 2 % / FSV	476,6
CNSA (Caisse nationale de solidarité pour l'autonomie) (QP 2 % soc)	2 083,4
Contribution CSG FFAPA (Fonds de financement de l'aide personnalisée autonomie) (ex CNSA)	1 022,6
Droits de consommation sur les tabacs - QP CNAMTS	3 066,5
Droits de consommation sur les tabacs - QP FCAATA (Fonds de cessation anticipée d'activité des travailleurs de l'amiante)	29,3
Droits de consommation sur les tabacs - QP FIPSA	4 946,5
Taxe sur les farines (affectation > 2004 : FIPSA)	65,8
Taxe sur les corps gras alimentaires (affectation > 2004 : FIPSA)	113,2
Frais de dégrèvement sur cotisations sociales	-240,0

UNION EUROPÉENNE	EN M€
Droits de douanes et autres droits	1 672,0
Cotisation à la production de sucre et d'isoglucose	47,0
Ressource TVA (D211)	2 906,8
Fonds de garantie aux actions extérieures et versements divers	44,2

TOTAL DES IMPÔTS, HORS COTISATIONS SOCIALES ET NETS DES IMPÔTS NON RECOUVRABLES	**499,9 MD€**
COTISATIONS SOCIALES EFFECTIVES, NETTES DES COTISATIONS NON RECOUVRABLES	**292,6 MD€**
TOTAL DES PRÉLÈVEMENTS OBLIGATOIRES	**792,5 MD€**

Annexe 8

Taux appliqués par les régions sur la valeur locative cadastrale des propriétés bâties pour déterminer le montant des taxes foncières payées par les propriétaires.

Source : UNPI (Union nationale de la Propriété immobilière) à partir du site Internet de la Direction générale des impôts.

Taxes foncières
Classement des plus forts taux régionaux en 2007

Classement par taux les moins élevés	Région	Taux
1	Corse	1,02 %
2	Ile-de-France	1,27 %
3	Alsace	1,68 %
4	Rhône-Alpes	2,07 %
5	PACA	2,36 %
6	Pays de la Loire	2,63 %
7	Réunion	2,66 %
8	Lorraine	2,68 %
9	Bretagne	2,97 %
10	Aquitaine	3,17 %
11	Poitou-Charentes	3,32 %
12	Champagne-Ardenne	3,42 %
13	Centre	3,47 %
14	Bourgogne	3,54 %
15	Nord-Pas-de-Calais	3,70 %
16	Limousin	3,76 %
17	Martinique	3,88 %
18	Guadeloupe	3,90 %
19	Franche-Comté	3,92 %
20	Guyane	4,10 %
21	Picardie	4,19 %
22	Haute-Normandie	4,42 %
23	Midi-Pyrénées	4,48 %
24	Auvergne	4,54 %
25	Languedoc-Roussillon	4,70 %
26	Basse-Normandie	5,16 %

Moyenne : 3,34 %

Annexe 9

Taux appliqués par les départements sur les mêmes valeurs locatives cadastrales.

Taxes foncières
Classement des taux départementaux en 2007

Classement par taux les moins élevés	Département	Taux
1	PARIS	0 %
2	YVELINES	4,60 %
3	HAUTS DE SEINE	4,74 %
4	RHONE	6,09 %
5	AIN	6,29 %
6	REUNION	6,45 %
7	VAL D'OISE	6,65 %
8	LOIRE ATLANTIQUE	6,68 %
9	CORSE DU SUD	6,79 %
10	MOSELLE	7,30 %
11	BAS-RHIN	7,38 %
12	MARNE	7,40 %
13	VAR	7,43 %
14	SAVOIE	7,46 %
15	ALPES MARITIMES	7,55 %
16	HAUT RHIN	7,59 %
17	HAUTE SAVOIE	7,65 %
18	VAL DE MARNE	8,10 %
19	PYRENEES ATLANTIQUES	8,52 %
20	INDRE ET LOIRE	8,63 %
21	LANDES	8,73 %
22	VIENNE	8,80 %
23	GIRONDE	8,91 %
24	VENDEE	8,93 %
25	ESSONNE	8,97 %
26	SEINE SAINT DENIS	9,01 %
27	NORD	9,03 %
28	FINISTERE	9,14 %
29	LOIRET	9,17 %
30	ILLE ET VILAINE	9,27 %
31	TERRITOIRE DE BELFORT	9,56 %
32	MEURTHE ET MOSELLE	9,77 %
33	ALLIER	9,84 %
34	VAUCLUSE	9,91 %
35	CHER	9,92 %
36	HAUTE VIENNE	10,33 %
37	LOIRE	10,39 %
38	DOUBS	10,63 %
39	MAINE ET LOIRE	10,65 %
40	DEUX SEVRES	10,75 %
41	BOUCHES DU RHONE	10,85 %
42	INDRE	11,02 %
43	SEINE ET MARNE	11,10 %
44	HAUTE CORSE	11,10 %
45	DROME	11,14 %
46	MORBIHAN	11,25 %
47	PUY DE DOME	11,28 %
48	HAUTE LOIRE	11,45 %

49	PYRENEES ORIENTALES	11,49 %
50	COTE D'OR	11,53 %
51	AVEYRON	11,72 %
52	ISERE	11,81 %
53	PAS DE CALAIS	11,83 %
54	SARTHE	11,84 %
55	COTES D'ARMOR	11,90 %
56	SAONE ET LOIRE	12,04 %
57	LOZERE	12,08 %
58	CREUSE	12,09 %
59	HAUTE GARONNE	12,32 %
60	HAUTES ALPES	12,56 %
61	CHARENTE MARITIME	12,59 %
62	ARDECHE	12,66 %
63	HERAULT	12,66 %
64	CORREZE	12,69 %
65	MANCHE	12,77 %
66	AUBE	13,01 %
67	SEINE MARITIME	13,16 %
68	YONNE	13,33 %
69	EURE	13,34 %
70	CALVADOS	13,36 %
71	MARTINIQUE	13,50 %
72	ARDENNES	13,56 %
73	MAYENNE	13,59 %
74	ARIEGE	13,71 %
75	GARD	13,82 %
76	VOSGES	13,83 %
77	LOIR ET CHER	14,00 %
78	EURE ET LOIR	14,07 %
79	NIEVRE	14,27 %
80	OISE	14,48 %
81	ALPES DE HAUTE-PROVENCE	14,49 %
82	LOT	14,61 %
83	LOT ET GARONNE	15,03 %
84	CANTAL	15,07 %
85	AISNE	15,43 %
86	HAUTES PYRENEES	15,68 %
87	SOMME	15,98 %
88	CHARENTE	16,09 %
89	HAUTE MARNE	16,56 %
90	HAUTE SAONE	16,84 %
91	DORDOGNE	16,94 %
92	JURA	17,12 %
93	MEUSE	18,54 %
94	TARN	18,76 %
95	GUADELOUPE	19,03 %
96	TARN ET GARONNE	19,47 %
97	ORNE	19,53 %
98	AUDE	21,17 %
99	GERS	21,89 %
100	GUYANE	25,98 %

Moyenne : 11,80 %

Annexe 10

Ce tableau, extrait de la comptabilité nationale, présente le patrimoine net des ménages, c'est-à-dire la valeur, à la fin de chaque année, depuis 1978, de leur résidence principale, de l'immobilier de rapport – c'est-à-dire rapportant un revenu foncier –, des actifs financiers depuis 1995 (actions, livrets d'épargne, compte de dépôts...) et des actifs professionnels lorsque le ménage a une activité d'indépendant à titre principal ou secondaire. Pour obtenir le patrimoine net, on soustrait du patrimoine brut l'ensemble des dettes contractées, soit 1 164,3 milliards en 2007. En 2007, la valeur totale de ce patrimoine était de 9 389 milliards d'euros, soit 147 400 euros par Français ou 263 000 euros par foyer fiscal. Les logements représentent une valeur de 2 921,1 milliards d'euros, les terrains bâtis 3 421,8 milliards et les contrats d'assurance-vie (provisions techniques d'assurances) 1 352,2 milliards. Les actions et titres d'OPCVM s'élèvent à 925,4 milliards. En 1978, la valeur des logements, hors inflation, s'est donc accrue en moyenne de 3,2 % par an. On notera l'effondrement de la valeur des terrains cultivés. En 1978, elle s'élevait à 94,2 milliards d'euros, soit à 293 milliards d'euros 2007. A cette date, elle ne représente plus que 110,6 milliards.

Comptes de patrimoine des ménages (y compris entreprises individuelles)

en milliards d'euros, en fin d'année

		1978	1979	1980	1981	1982	1983
AN.	ACTIFS NON FINANCIERS	770,0	887,9	1 012,1	1 135,9	1 255,1	1 375,5
AN.1	Actifs produits	499,6	589,2	687,0	786,7	884,6	983,5
AN.11	Actifs fixes	443,1	524,6	616,9	717,4	808,6	898,5
AN.111	Actifs fixes corporels	443,0	524,5	616,8	717,3	808,5	898,4
AN.1111	Logements	371,8	443,5	523,9	612,0	690,5	771,7
AN.1112	Autres bâtiments et génie civil	46,3	53,5	61,7	69,8	77,7	84,1
AN.11121	Bâtiments non résidentiels	25,2	29,0	33,3	37,4	41,1	44,1
AN.11122	Autres ouvrages de génie civil	21,0	24,4	28,4	32,5	36,5	40,1
AN.1113	Machines et équipements	13,5	15,4	18,0	20,9	23,3	24,8
AN.11131	Matériels de transport	2,3	2,6	2,9	3,1	3,4	3,6
AN.11132	Autres machines et équipements	11,1	12,8	15,1	17,8	19,9	21,2
AN.111321	Matériel informatique	0,0	0,0	0,1	0,1	0,2	0,2
AN.111322	Matériel de communication	0,6	0,7	0,8	0,9	1,0	1,0
AN.111329	Autres machines et équipements	10,5	12,0	14,3	16,7	18,8	20,0
AN.1114	Actifs cultivés	11,5	12,2	13,2	14,5	16,9	17,8
AN.112	Actifs fixes incorporels	0,1	0,1	0,1	0,1	0,1	0,1
AN.1121	Prospection pétrolière						
AN.1122	Logiciels	0,1	0,1	0,1	0,1	0,1	0,1
AN.1123	Œuvres originales						
AN.1129	Autres actifs fixes						
AN.12	Stocks	18,7	21,6	24,7	26,4	27,9	28,0
AN.13	Objets de valeur	37,9	43,0	45,4	43,0	48,2	57,0
AN.2	Actifs non produits	270,3	298,7	325,0	349,2	370,5	392,0
AN.21	Actifs corporels non produits	248,7	274,5	298,2	319,9	338,9	358,5
AN.211	Terrains	248,7	274,5	298,2	319,9	338,9	358,5
AN.2111	Terrains bâtis	94,2	109,4	126,4	141,4	154,4	169,8
AN.2112	Terrains cultivés	116,6	122,3	125,5	128,9	132,0	133,0
AN.2113	Terrains et plans d'eau de loisirs						
AN.2119	Autres terrains et plans d'eau	38,0	42,9	46,3	49,6	52,6	55,6
AN.212	Gisements						
AN.213	Ressources biologiques non cultivées						
AN.214	Réserves d'eau						
AN.22	Actifs incorporels non produits	21,7	24,2	26,8	29,3	31,6	33,5
AF.	ACTIFS FINANCIERS						
AF.1	Or monétaire et DTS						
AF.2	Numéraire et dépôts						
AF.3	Titres hors actions						
AF.4	Crédits						
AF.5	Actions et titres d'O.P.C.V.M						
dont AF.511	Actions cotées						
AF.6	Provisions techniques d'assurance						
AF.7	Autres comptes à recevoir						
A.	TOTAL DES ACTIFS						
PF.	PASSIFS FINANCIERS						
PF.1	Or monétaire et DTS						
PF.2	Numéraire et dépôts						
PF.3	Titres hors actions						
PF.4	Crédits						
PF.5	Actions et titres d'O.P.C.V.M.						
dont PF.511	Actions cotées						
PF.6	Provisions techniques d'assurance						
PF.7	Autres comptes à payer						
B.90	VALEUR NETTE						
B.90 + PF.5	Fonds propres						

		1984	1985	1986	1987	1988	1989
AN.	ACTIFS NON FINANCIERS	1 449,1	1 521,4	1 617,4	1 734,3	1 884,5	2 076,1
AN.1	Actifs produits	1 055,8	1 114,1	1 183,3	1 243,3	1 314,4	1 370,9
AN.11	Actifs fixes	972,5	1 037,0	1 107,2	1 165,1	1 238,2	1 297,9
AN.111	Actifs fixes corporels	972,4	1 036,9	1 107,1	1 165,0	1 238,0	1 297,7
AN.1111	Logements	838,6	898,2	964,6	1 017,4	1 083,8	1 136,3
AN.1112	Autres bâtiments et génie civil	89,5	92,7	95,8	99,8	104,0	108,3
AN.11121	Bâtiments non résidentiels	46,4	47,8	49,4	51,3	52,9	54,4
AN.11122	Autres ouvrages de génie civil	43,2	44,9	46,4	48,6	51,1	53,9
AN.1113	Machines et équipements	26,0	26,9	28,1	29,3	30,9	33,2
AN.11131	Matériels de transport	3,7	3,9	4,1	4,3	4,5	5,0
AN.11132	Autres machines et équipements	22,3	23,1	24,0	25,1	26,4	28,2
AN.111321	Matériel informatique	0,3	0,4	0,4	0,5	0,6	0,6
AN.111322	Matériel de communication	1,1	1,2	1,3	1,4	1,5	1,5
AN.111329	Autres machines et équipements	20,9	21,5	22,2	23,2	24,3	26,0
AN.1114	Actifs cultivés	18,3	19,0	18,6	18,4	19,3	19,9
AN.112	Actifs fixes incorporels	0,1	0,1	0,2	0,2	0,2	0,2
AN.1121	Prospection pétrolière						
AN.1122	Logiciels	0,1	0,1	0,2	0,2	0,2	0,2
AN.1123	Œuvres originales						
AN.1129	Autres actifs fixes						
AN.12	Stocks	28,2	26,9	25,6	25,9	26,7	27,9
AN.13	Objets de valeur	55,1	50,1	50,5	52,3	49,5	45,1
AN.2	Actifs non produits	393,2	407,3	434,1	491,0	570,0	705,2
AN.21	Actifs corporels non produits	358,2	371,3	397,3	453,5	531,0	663,9
AN.211	Terrains	358,2	371,3	397,3	453,5	531,0	663,9
AN.2111	Terrains bâtis	169,9	188,9	215,3	273,1	346,9	454,1
AN.2112	Terrains cultivés	132,6	127,9	127,5	126,0	128,8	142,0
AN.2113	Terrains et plans d'eau de loisirs						
AN.2119	Autres terrains et plans d'eau	55,7	54,4	54,5	54,5	55,3	67,8
AN.212	Gisements						
AN.213	Ressources biologiques non cultivées						
AN.214	Réserves d'eau						
AN.22	Actifs incorporels non produits	35,0	36,1	36,8	37,5	39,1	41,3
AF.	ACTIFS FINANCIERS						
AF.1	Or monétaire et DTS						
AF.2	Numéraire et dépôts						
AF.3	Titres hors actions						
AF.4	Crédits						
AF.5	Actions et titres d'O.P.C.V.M						
dont AF.511	Actions cotées						
AF.6	Provisions techniques d'assurance						
AF.7	Autres comptes à recevoir						
A.	TOTAL DES ACTIFS						
PF.	PASSIFS FINANCIERS						
PF.1	Or monétaire et DTS						
PF.2	Numéraire et dépôts						
PF.3	Titres hors actions						
PF.4	Crédits						
PF.5	Actions et titres d'O.P.C.V.M.						
dont PF.511	Actions cotées						
PF.6	Provisions techniques d'assurance						
PF.7	Autres comptes à payer						
B.90	VALEUR NETTE						
B.90 + PF.5	Fonds propres						

		1990	1991	1992	1993	1994	1995
AN.	ACTIFS NON FINANCIERS	2 225,1	2 254,0	2 235,1	2 246,0	2 321,0	2 330,0
AN.1	Actifs produits	1 450,1	1 542,7	1 590,3	1 626,5	1 663,4	1 717,3
AN.11	Actifs fixes	1 380,3	1 475,4	1 525,1	1 561,5	1 596,6	1 648,7
AN.111	Actifs fixes corporels	1 380,1	1 475,2	1 524,9	1 561,4	1 596,4	1 648,5
AN.1111	Logements	1 214,0	1 306,8	1 356,8	1 394,7	1 429,8	1 482,5
AN.1112	Autres bâtiments et génie civil	112,6	115,2	116,9	117,3	117,1	116,6
AN.11121	Bâtiments non résidentiels	55,9	56,7	56,7	55,9	54,6	52,9
AN.11122	Autres ouvrages de génie civil	56,7	58,6	60,2	61,4	62,5	63,7
AN.1113	Machines et équipements	34,6	34,2	32,5	31,5	32,2	33,8
AN.11131	Matériels de transport	5,2	5,0	4,5	4,3	4,3	4,3
AN.11132	Autres machines et équipements	29,4	29,2	28,0	27,2	27,9	29,5
AN.111321	Matériel informatique	0,7	0,6	0,6	0,6	0,8	0,8
AN.111322	Matériel de communication	1,5	1,5	1,5	1,5	1,5	1,7
AN.111329	Autres machines et équipements	27,2	27,0	25,9	25,1	25,6	27,0
AN.1114	Actifs cultivés	19,0	19,0	18,7	17,9	17,3	15,7
AN.112	Actifs fixes incorporels	0,2	0,2	0,2	0,2	0,2	0,2
AN.1121	Prospection pétrolière						
AN.1122	Logiciels	0,2	0,2	0,2	0,2	0,2	0,2
AN.1123	Œuvres originales						
AN.1129	Autres actifs fixes						
AN.12	Stocks	28,1	27,9	26,9	25,6	27,6	29,9
AN.13	Objets de valeur	41,6	39,5	38,3	39,4	39,1	38,7
AN.2	Actifs non produits	775,0	711,2	644,7	619,5	657,7	612,7
AN.21	Actifs corporels non produits	732,8	669,7	604,3	580,0	617,9	572,2
AN.211	Terrains	732,8	669,7	604,3	580,0	617,9	572,2
AN.2111	Terrains bâtis	509,8	468,2	430,2	421,3	462,1	432,1
AN.2112	Terrains cultivés	150,5	134,8	115,7	104,0	101,1	92,4
AN.2113	Terrains et plans d'eau de loisirs						
AN.2119	Autres terrains et plans d'eau	72,5	66,7	58,4	54,7	54,7	47,7
AN.212	Gisements						
AN.213	Ressources biologiques non cultivées						
AN.214	Réserves d'eau						
AN.22	Actifs incorporels non produits	42,2	41,5	40,4	39,5	39,8	40,5
AF.	ACTIFS FINANCIERS						1 644,1
AF.1	Or monétaire et DTS						
AF.2	Numéraire et dépôts						685,5
AF.3	Titres hors actions						94,7
AF.4	Crédits						28,7
AF.5	Actions et titres d'O.P.C.V.M						391,9
dont AF.511	Actions cotées						59,4
AF.6	Provisions techniques d'assurance						399,6
AF.7	Autres comptes à recevoir						43,7
A.	TOTAL DES ACTIFS						3 974,1
PF.	PASSIFS FINANCIERS						491,9
PF.1	Or monétaire et DTS						
PF.2	Numéraire et dépôts						
PF.3	Titres hors actions						
PF.4	Crédits						424,0
PF.5	Actions et titres d'O.P.C.V.M.						
dont PF.511	Actions cotées						
PF.6	Provisions techniques d'assurance						
PF.7	Autres comptes à payer						68,0
B.90	VALEUR NETTE						3 482,2
B.90 + PF.5	Fonds propres						

		1996	1997	1998	1999	2000	2001
AN.	ACTIFS NON FINANCIERS	2 394,2	2 420,5	2 526,5	2 799,1	3 074,3	3 391,8
AN.1	Actifs produits	1 787,0	1 850,2	1 908,4	1 967,3	2 109,6	2 212,9
AN.11	Actifs fixes	1 716,9	1 781,6	1 838,3	1 889,8	2 024,3	2 115,6
AN.111	Actifs fixes corporels	1 716,7	1 781,4	1 838,0	1 889,4	2 023,6	2 114,8
AN.1111	Logements	1 551,4	1 615,2	1 671,1	1 718,6	1 850,4	1 939,0
AN.1112	Autres bâtiments et génie civil	116,5	117,0	117,8	121,4	124,6	126,5
AN.11121	Bâtiments non résidentiels	51,5	50,7	50,3	50,9	51,5	51,6
AN.11122	Autres ouvrages de génie civil	65,0	66,3	67,4	70,5	73,0	74,9
AN.1113	Machines et équipements	34,3	34,6	35,5	36,3	37,9	38,6
AN.11131	Matériels de transport	4,0	3,7	3,6	3,5	4,3	5,2
AN.11132	Autres machines et équipements	30,3	31,0	31,9	32,8	33,6	33,4
AN.111321	Matériel informatique	0,8	0,8	0,9	1,1	1,1	1,0
AN.111322	Matériel de communication	1,7	1,7	1,7	1,5	1,3	1,3
AN.111329	Autres machines et équipements	27,8	28,5	29,3	30,3	31,1	31,1
AN.1114	Actifs cultivés	14,5	14,5	13,7	13,1	10,8	10,7
AN.112	Actifs fixes incorporels	0,2	0,2	0,2	0,4	0,6	0,8
AN.1121	Prospection pétrolière						
AN.1122	Logiciels	0,2	0,2	0,2	0,4	0,6	0,8
AN.1123	Œuvres originales						
AN.1129	Autres actifs fixes						
AN.12	Stocks	30,7	31,1	31,2	31,9	30,5	29,8
AN.13	Objets de valeur	39,4	37,6	38,9	45,6	54,9	67,6
AN.2	Actifs non produits	607,3	570,3	618,1	831,8	964,7	1 178,8
AN.21	Actifs corporels non produits	566,2	528,6	575,8	788,6	920,6	1 133,8
AN.211	Terrains	566,2	528,6	575,8	788,6	920,6	1 133,8
AN.2111	Terrains bâtis	432,0	404,2	449,8	644,0	772,1	970,4
AN.2112	Terrains cultivés	88,2	82,7	83,1	87,9	81,7	83,3
AN.2113	Terrains et plans d'eau de loisirs						
AN.2119	Autres terrains et plans d'eau	46,0	41,8	42,9	56,6	66,8	80,2
AN.212	Gisements						
AN.213	Ressources biologiques non cultivées						
AN.214	Réserves d'eau						
AN.22	Actifs incorporels non produits	41,1	41,6	42,3	43,2	44,1	45,0
AF.	ACTIFS FINANCIERS	1 793,8	1 940,2	2 085,9	2 379,8	2 476,1	2 452,4
AF.1	Or monétaire et DTS						
AF.2	Numéraire et dépôts	720,3	765,9	788,7	823,0	824,4	834,8
AF.3	Titres hors actions	89,7	73,3	66,5	57,6	70,8	75,0
AF.4	Crédits	29,9	36,6	27,2	21,0	22,7	22,4
AF.5	Actions et titres d'O.P.C.V.M	439,6	464,1	533,5	707,5	721,4	631,0
dont AF.511	Actions cotées	71,8	76,3	93,1	117,6	123,2	97,5
AF.6	Provisions techniques d'assurance	466,2	545,7	606,5	688,0	751,6	800,3
AF.7	Autres comptes à recevoir	48,1	54,5	63,4	82,7	85,2	88,9
A.	TOTAL DES ACTIFS	4 188,1	4 360,7	4 612,5	5 178,9	5 550,4	5 844,2
PF.	PASSIFS FINANCIERS	507,9	527,8	585,2	624,2	672,0	718,0
PF.1	Or monétaire et DTS						
PF.2	Numéraire et dépôts			0,0			
PF.3	Titres hors actions				0,1	0,1	0,2
PF.4	Crédits	437,0	451,4	465,9	494,3	520,6	551,3
PF.5	Actions et titres d'O.P.C.V.M.						
dont PF.511	Actions cotées						
PF.6	Provisions techniques d'assurance						
PF.7	Autres comptes à payer	70,9	76,4	119,3	129,9	151,3	166,6
B.90	VALEUR NETTE	3 680,1	3 832,9	4 027,2	4 554,7	4 878,5	5 126,1
B.90 + PF.5	Fonds propres						

		2002	2003	2004	2005	2006	2007
AN.	ACTIFS NON FINANCIERS	3 788,4	4 318,3	5 086,9	5 910,5	6 573,1	7 037,8
AN.1	Actifs produits	2 321,4	2 461,6	2 625,6	2 857,9	3 043,3	3 288,9
AN.11	Actifs fixes	2 217,0	2 353,5	2 510,7	2 726,7	2 900,2	3 139,3
AN.111	Actifs fixes corporels	2 216,1	2 352,6	2 509,8	2 725,7	2 899,1	3 138,2
AN.1111	Logements	2 037,7	2 165,1	2 312,8	2 521,2	2 687,6	2 921,1
AN.1112	Autres bâtiments et génie civil	129,8	137,5	145,5	151,2	157,3	162,4
AN.11121	Bâtiments non résidentiels	51,4	51,7	52,1	52,8	53,5	53,6
AN.11122	Autres ouvrages de génie civil	78,4	85,8	93,5	98,4	103,7	108,7
AN.1113	Machines et équipements	39,0	40,3	41,3	42,1	43,2	44,5
AN.11131	Matériels de transport	6,0	7,1	8,2	9,1	9,9	10,6
AN.11132	Autres machines et équipements	33,1	33,1	33,1	33,1	33,3	33,8
AN.111321	Matériel informatique	0,8	1,0	1,1	1,0	1,0	0,9
AN.111322	Matériel de communication	1,4	1,3	1,2	1,1	1,1	1,1
AN.111329	Autres machines et équipements	30,9	30,9	30,9	31,0	31,2	31,8
AN.1114	Actifs cultivés	9,6	9,8	10,2	11,2	11,0	10,3
AN.112	Actifs fixes incorporels	0,9	0,9	0,9	1,0	1,1	1,1
AN.1121	Prospection pétrolière						
AN.1122	Logiciels	0,9	0,9	0,9	1,0	1,1	1,1
AN.1123	Œuvres originales				0,0	0,0	
AN.1129	Autres actifs fixes						
AN.12	Stocks	28,9	31,4	32,1	35,4	37,3	38,5
AN.13	Objets de valeur	75,5	76,7	82,8	95,8	105,9	111,1
AN.2	Actifs non produits	1 467,0	1 856,7	2 461,3	3 052,6	3 529,8	3 748,9
AN.21	Actifs corporels non produits	1 421,2	1 811,2	2 415,9	3 007,4	3 484,8	3 704,0
AN.211	Terrains	1 421,2	1 811,2	2 415,9	3 007,4	3 484,8	3 704,0
AN.2111	Terrains bâtis	1 239,9	1 602,8	2 182,1	2 738,6	3 206,0	3 421,8
AN.2112	Terrains cultivés	84,7	89,5	93,4	111,5	114,3	110,6
AN.2113	Terrains et plans d'eau de loisirs						
AN.2119	Autres terrains et plans d'eau	96,6	118,9	140,4	157,3	164,5	171,6
AN.212	Gisements						
AN.213	Ressources biologiques non cultivées						
AN.214	Réserves d'eau						
AN.22	Actifs incorporels non produits	45,7	45,5	45,4	45,2	45,0	44,8
AF.	ACTIFS FINANCIERS	2 494,9	2 661,5	2 875,8	3 110,1	3 385,8	3 515,5
AF.1	Or monétaire et DTS						
AF.2	Numéraire et dépôts	864,0	898,2	933,4	964,0	986,9	1 025,7
AF.3	Titres hors actions	64,2	49,0	47,6	47,4	49,8	51,9
AF.4	Crédits	21,0	25,7	24,5	21,6	27,5	23,6
AF.5	Actions et titres d'O.P.C.V.M	597,5	676,6	733,9	815,4	931,1	925,4
dont AF.511	Actions cotées	72,0	86,6	101,5	131,5	152,1	129,8
AF.6	Provisions techniques d'assurance	836,4	906,7	1 020,7	1 130,3	1 252,6	1 352,2
AF.7	Autres comptes à recevoir	111,8	105,4	115,7	131,5	137,8	136,8
A.	TOTAL DES ACTIFS	6 283,3	6 979,8	7 962,7	9 020,6	9 958,9	10 553,3
PF.	PASSIFS FINANCIERS	727,6	786,8	863,8	970,7	1 083,8	1 164,3
PF.1	Or monétaire et DTS						
PF.2	Numéraire et dépôts						
PF.3	Titres hors actions	0,3	0,4	0,8	0,7	0,6	0,6
PF.4	Crédits	581,7	618,8	667,6	747,2	828,2	916,4
PF.5	Actions et titres d'O.P.C.V.M.						
dont PF.511	Actions cotées						
PF.6	Provisions techniques d'assurance						
PF.7	Autres comptes à payer	145,6	167,6	195,4	222,8	255,0	247,3
B.90	VALEUR NETTE	5 555,7	6 193,0	7 098,9	8 049,9	8 875,1	9 389,0
B.90 + PF.5	Fonds propres						

Source : INSEE, Comptes Nationaux, Base 2000

Annexe 11

Disponible sur le site impôts.gouv.fr, ce tableau recense les foyers fiscaux assujettis à l'ISF en 2007.

Pour chacune des communes où ils résident, on découvre le patrimoine moyen déclaré et l'impôt moyen versé. C'est la ville de Croix, dans le département du Nord, où le patrimoine moyen des 402 assujettis à l'ISF est le plus élevé : 3 741 886 euros.

Impôt de solidarité sur la fortune 2007
Villes de plus de 20 000 habitants
comptant plus de 50 redevables à l'ISF

Région	Départements	Code commune (INSEE)	Commune	nombre de redevables	patrimoine moyen en €	impôt moyen en €
Alsace	BAS-RHIN	67180	HAGUENAU	219	1 619 064	6 016
Alsace	BAS-RHIN	67218	ILLKIRCH GRAFFENSTADEN	188	1 307 776	3 560
Alsace	BAS-RHIN	67447	SCHILTIGHEIM	116	1 606 940	6 224
Alsace	BAS-RHIN	67482	STRASBOURG	2 530	1 939 805	9 670
Alsace	HAUT-RHIN	68066	COLMAR	406	1 633 799	6 544
Alsace	HAUT-RHIN	68224	MULHOUSE	561	1 672 216	6 727
Alsace	HAUT-RHIN	68297	SAINT LOUIS	93	1 502 197	5 264
Aquitaine	DORDOGNE	24037	BERGERAC	192	1 460 863	4 697
Aquitaine	DORDOGNE	24322	PERIGUEUX	212	1 750 413	7 913
Aquitaine	GIRONDE	33039	BEGLES	72	1 305 991	3 459
Aquitaine	GIRONDE	33063	BORDEAUX	3 119	1 697 987	7 042
Aquitaine	GIRONDE	33192	GRADIGNAN	204	1 439 648	4 701
Aquitaine	GIRONDE	33529	LA TESTE DE BUCH	336	1 459 210	5 023
Aquitaine	GIRONDE	33069	LE BOUSCAT	439	1 797 473	9 400
Aquitaine	GIRONDE	33243	LIBOURNE	209	1 676 415	6 235
Aquitaine	GIRONDE	33281	MERIGNAC	424	1 357 312	3 907
Aquitaine	GIRONDE	33318	PESSAC	400	1 463 524	4 962
Aquitaine	GIRONDE	33449	SAINT-MEDARD-EN-JALLES	157	1 423 239	4 254
Aquitaine	GIRONDE	33522	TALENCE	272	1 361 246	3 831
Aquitaine	GIRONDE	33550	VILLENAVE-D'ORNON	128	1 870 954	8 045
Aquitaine	LANDES	40088	DAX	199	1 782 848	7 820
Aquitaine	LANDES	40192	MONT-DE-MARSAN	163	1 417 938	4 356
Aquitaine	LOT-ET-GARONNE	47001	AGEN	210	1 510 928	5 723
Aquitaine	LOT-ET-GARONNE	47323	VILLENEUVE SUR LOT	148	1 426 681	4 572
Aquitaine	PYRENEES-ATLANTIQUES	64024	ANGLET	605	1 505 932	5 575
Aquitaine	PYRENEES-ATLANTIQUES	64102	BAYONNE	357	1 624 735	6 344
Aquitaine	PYRENEES-ATLANTIQUES	64122	BIARRITZ	767	1 561 449	5 962
Aquitaine	PYRENEES-ATLANTIQUES	64445	PAU	784	1 470 175	4 911
Auvergne	ALLIER	03185	MONTLUÇON	226	1 497 275	5 030
Auvergne	ALLIER	03190	MOULINS	119	1 437 118	4 701
Auvergne	ALLIER	03310	VICHY	336	1 393 027	4 291
Auvergne	CANTAL	15014	AURILLAC	205	1 489 534	5 091
Auvergne	HAUTE-LOIRE	43157	LE PUY-EN-VELAY	124	1 533 372	5 782
Auvergne	PUY-DE-DOME	63113	CLERMONT-FERRAND	794	1 587 924	6 352
Basse-Normandie	CALVADOS	14118	CAEN	1 038	1 720 323	7 094
Basse-Normandie	CALVADOS	14366	LISIEUX	125	1 507 204	5 081
Basse-Normandie	MANCHE	50129	CHERBOURG OCTEVILLE	196	1 563 038	5 707
Basse-Normandie	MANCHE	50502	SAINT LO	95	1 500 426	5 107
Basse-Normandie	ORNE	61001	ALENÇON	126	1 624 677	6 620

Région	Départements	Code commune (INSEE)	Commune	nombre de redevables	patrimoine moyen en €	impôt moyen en €
Bourgogne	COTE-D'OR	21054	BEAUNE	240	1 534 044	5 281
Bourgogne	COTE-D'OR	21231	DIJON	1 311	1 612 487	7 417
Bourgogne	NIEVRE	58194	NEVERS	209	1 519 003	5 319
Bourgogne	SAONE-ET-LOIRE	71076	CHALON SUR SAONE	288	1 474 688	5 177
Bourgogne	SAONE-ET-LOIRE	71153	LE CREUSOT	88	1 343 720	3 788
Bourgogne	SAONE-ET-LOIRE	71270	MACON	215	1 786 216	9 856
Bourgogne	SAONE-ET-LOIRE	71306	MONTCEAU LES MINES	54	1 320 704	3 702
Bourgogne	YONNE	89024	AUXERRE	250	1 419 253	4 664
Bourgogne	YONNE	89387	SENS	192	1 671 595	7 206
Bretagne	COTES-D'ARMOR	22278	SAINT-BRIEUC	350	1 545 545	5 682
Bretagne	FINISTERE	29019	BREST	533	1 688 456	6 745
Bretagne	FINISTERE	29039	CONCARNEAU	189	1 720 778	7 570
Bretagne	FINISTERE	29232	QUIMPER	414	1 495 747	5 435
Bretagne	ILLE-ET-VILAINE	35115	FOUGERES	127	1 474 996	4 775
Bretagne	ILLE-ET-VILAINE	35238	RENNES	2 068	1 640 984	6 669
Bretagne	ILLE-ET-VILAINE	35288	SAINT MALO	709	1 505 656	5 359
Bretagne	MORBIHAN	56121	LORIENT	272	1 554 077	5 553
Bretagne	MORBIHAN	56260	VANNES	760	1 555 578	5 857
Centre	CHER	18033	BOURGES	424	1 673 628	7 069
Centre	CHER	18279	VIERZON	117	1 462 180	5 175
Centre	EURE-ET-LOIR	28085	CHARTRES	456	1 583 832	5 847
Centre	EURE-ET-LOIR	28134	DREUX	129	1 626 344	6 493
Centre	INDRE	36044	CHATEAUROUX	231	1 681 525	7 557
Centre	INDRE-ET-LOIRE	37122	JOUE LES TOURS	158	1 453 566	4 746
Centre	INDRE-ET-LOIRE	37261	TOURS	1 194	1 551 163	5 606
Centre	LOIRET	45232	OLIVET	318	1 416 951	4 406
Centre	LOIRET	45234	ORLEANS	1 069	1 522 011	5 388
Centre	LOIR-ET-CHER	41018	BLOIS	303	1 416 739	4 474
Champagne-Ardenne	ARDENNES	08105	CHARLEVILLE MEZIERES	227	1 440 928	4 719
Champagne-Ardenne	ARDENNES	08409	SEDAN	52	1 858 238	9 131
Champagne-Ardenne	AUBE	10387	TROYES	385	1 688 883	7 130
Champagne-Ardenne	HAUTE-MARNE	52121	CHAUMONT	92	1 409 612	4 633
Champagne-Ardenne	HAUTE-MARNE	52448	SAINT-DIZIER	90	2 363 591	12 357
Champagne-Ardenne	MARNE	51108	CHALONS EN CHAMPAGNE	203	1 620 055	6 106
Champagne-Ardenne	MARNE	51230	EPERNAY	170	1 844 125	8 266
Champagne-Ardenne	MARNE	51454	REIMS	1 158	1 784 909	8 308
Corse	CORSE-DU-SUD	2A004	AJACCIO	251	1 854 859	8 134
Corse	HAUTE-CORSE	2B033	BASTIA	124	1 777 691	7 858
Franche-Comté	DOUBS	25056	BESANCON	695	1 563 127	5 965
Franche-Comté	DOUBS	25388	MONTBELIARD	116	1 409 034	4 242
Franche-Comté	JURA	39198	DOLE	130	1 469 910	4 209
Franche-Comté	TERRITOIRE DE BELFORT	90010	BELFORT	196	1 664 552	6 659

Région	Départements	Code commune (INSEE)	Commune	nombre de redevables	patrimoine moyen en €	impôt moyen en €
Guadeloupe	GUADELOUPE	9713	LE GOSIER	101	2 061 855	9 638
Guyane	GUYANE	Aucune ville de plus de 20 000 habitants ayant plus de 50 redevables à l'ISF				
Haute-Normandie	EURE	27229	EVREUX	301	1 511 812	5 198
Haute-Normandie	EURE	27681	VERNON	183	1 462 634	4 730
Haute-Normandie	SEINE-MARITIME	76217	DIEPPE	194	1 505 978	5 279
Haute-Normandie	SEINE-MARITIME	76259	FECAMP	128	1 481 276	4 860
Haute-Normandie	SEINE-MARITIME	76351	LE HAVRE	704	1 555 692	5 796
Haute-Normandie	SEINE-MARITIME	76451	MONT SAINT AIGNAN	491	1 813 500	8 032
Haute-Normandie	SEINE-MARITIME	76540	ROUEN	841	1 592 372	6 155
Haute-Normandie	SEINE-MARITIME	76681	SOTTEVILLE LES ROUEN	51	1 292 248	3 324
Ile de France	ESSONNE	91027	ATHIS MONS	143	1 416 341	4 639
Ile de France	ESSONNE	91103	BRETIGNY SUR ORGE	103	1 365 986	4 131
Ile de France	ESSONNE	91114	BRUNOY	342	1 458 094	4 987
Ile de France	ESSONNE	91174	CORBEIL ESSONNES	143	1 360 297	4 024
Ile de France	ESSONNE	91201	DRAVEIL	230	1 560 540	6 751
Ile de France	ESSONNE	91223	ETAMPES	112	1 737 957	6 889
Ile de France	ESSONNE	91228	EVRY	76	1 433 606	4 573
Ile de France	ESSONNE	91272	GIF SUR YVETTE	702	1 467 216	5 091
Ile de France	ESSONNE	91345	LONGJUMEAU	97	1 390 102	4 191
Ile de France	ESSONNE	91377	MASSY	182	1 290 879	3 579
Ile de France	ESSONNE	91421	MONTGERON	283	1 458 607	5 201
Ile de France	ESSONNE	91477	PALAISEAU	409	1 734 537	7 202
Ile de France	ESSONNE	91521	RIS ORANGIS	105	1 328 690	3 697
Ile de France	ESSONNE	91570	ST MICHEL SUR ORGE	92	1 278 320	3 439
Ile de France	ESSONNE	91549	STE GENEVIEVE DES BOIS	272	1 463 039	4 735
Ile de France	ESSONNE	91589	SAVIGNY SUR ORGE	312	1 307 391	3 546
Ile de France	ESSONNE	91657	VIGNEUX SUR SEINE	69	1 284 936	3 254
Ile de France	ESSONNE	91687	VIRY CHATILLON	117	1 329 580	3 663
Ile de France	ESSONNE	91691	YERRES	224	1 379 265	4 172
Ile de France	HAUTS-DE-SEINE	92002	ANTONY	1 387	1 393 102	4 315
Ile de France	HAUTS-DE-SEINE	92004	ASNIERES	1 235	1 609 356	6 748
Ile de France	HAUTS-DE-SEINE	92007	BAGNEUX	131	1 398 146	4 456
Ile de France	HAUTS-DE-SEINE	92009	BOIS-COLOMBES	521	1 442 928	4 603
Ile de France	HAUTS-DE-SEINE	92012	BOULOGNE BILLANCOURT	4 977	1 933 819	9 873
Ile de France	HAUTS-DE-SEINE	92019	CHATENAY MALABRY	521	1 498 346	5 325
Ile de France	HAUTS-DE-SEINE	92020	CHATILLON	376	1 399 890	4 294
Ile de France	HAUTS-DE-SEINE	92023	CLAMART	1 078	1 491 339	5 217
Ile de France	HAUTS-DE-SEINE	92024	CLICHY	226	1 417 391	4 471
Ile de France	HAUTS-DE-SEINE	92025	COLOMBES	691	1 559 754	5 989
Ile de France	HAUTS-DE-SEINE	92026	COURBEVOIE	1 656	1 500 733	5 292
Ile de France	HAUTS-DE-SEINE	92032	FONTENAY AUX ROSES	470	1 390 196	4 229
Ile de France	HAUTS-DE-SEINE	92040	ISSY LES MOULINEAUX	1 097	1 545 171	5 484
Ile de France	HAUTS-DE-SEINE	92035	LA GARENNE COLOMBES	493	1 466 614	5 109
Ile de France	HAUTS-DE-SEINE	92060	LE PLESSIS ROBINSON	274	1 388 056	4 138
Ile de France	HAUTS-DE-SEINE	92044	LEVALLOIS-PERRET	1 617	1 721 105	7 221
Ile de France	HAUTS-DE-SEINE	92046	MALAKOFF	215	1 641 372	7 505

Région	Départements	Code commune (INSEE)	Commune	nombre de redevables	patrimoine moyen en €	impôt moyen en €
Ile de France	HAUTS-DE-SEINE	92048	MEUDON	1 644	1 636 911	6 528
Ile de France	HAUTS-DE-SEINE	92049	MONTROUGE	594	1 663 920	7 705
Ile de France	HAUTS-DE-SEINE	92050	NANTERRE	405	1 443 905	4 767
Ile de France	HAUTS-DE-SEINE	92051	NEUILLY SUR SEINE	7 489	3 318 864	26 623
Ile de France	HAUTS-DE-SEINE	92062	PUTEAUX	491	1 534 957	5 764
Ile de France	HAUTS-DE-SEINE	92063	RUEIL MALMAISON	2 380	1 599 178	6 257
Ile de France	HAUTS-DE-SEINE	92064	SAINT CLOUD	2 012	2 243 166	13 189
Ile de France	HAUTS-DE-SEINE	92072	SEVRES	915	1 823 195	8 001
Ile de France	HAUTS-DE-SEINE	92073	SURESNES	801	1 698 729	7 078
Ile de France	HAUTS-DE-SEINE	92075	VANVES	534	1 508 458	5 237
Ile de France	PARIS	75101	PARIS 01	912	2 155 182	12 450
Ile de France	PARIS	75102	PARIS 02	544	1 677 850	7 046
Ile de France	PARIS	75103	PARIS 03	1 282	2 001 704	10 314
Ile de France	PARIS	75104	PARIS 04	1 561	2 365 984	14 271
Ile de France	PARIS	75105	PARIS 05	3 325	2 012 397	10 324
Ile de France	PARIS	75106	PARIS 06	4 678	2 699 333	17 879
Ile de France	PARIS	75107	PARIS 07	6 943	3 346 787	24 936
Ile de France	PARIS	75108	PARIS 08	3 869	2 835 198	19 819
Ile de France	PARIS	75109	PARIS 09	2 202	1 796 100	8 042
Ile de France	PARIS	75110	PARIS 10	1 233	1 589 589	6 209
Ile de France	PARIS	75111	PARIS 11	2 712	1 632 394	6 757
Ile de France	PARIS	75112	PARIS 12	3 307	1 634 525	6 571
Ile de France	PARIS	75113	PARIS 13	2 971	1 582 473	6 047
Ile de France	PARIS	75114	PARIS 14	4 505	1 799 634	8 215
Ile de France	PARIS	75115	PARIS 15	9 392	1 759 971	7 791
Ile de France	PARIS	75116	PARIS 16	18 537	2 844 189	19 563
Ile de France	PARIS	75117	PARIS 17	7 901	2 160 135	12 097
Ile de France	PARIS	75118	PARIS 18	1 993	1 776 955	7 976
Ile de France	PARIS	75119	PARIS 19	1 588	1 565 041	5 719
Ile de France	PARIS	75120	PARIS 20	1 741	1 458 880	4 802
Ile de France	SEINE-ET-MARNE	77058	BUSSY ST GEORGES	102	1 469 876	5 071
Ile de France	SEINE-ET-MARNE	77083	CHAMPS SUR MARNE	86	1 229 865	2 848
Ile de France	SEINE-ET-MARNE	77108	CHELLES	257	1 337 852	3 800
Ile de France	SEINE-ET-MARNE	77122	COMBS LA VILLE	100	1 334 785	3 745
Ile de France	SEINE-ET-MARNE	77152	DAMMARIE LES LYS	89	1 472 375	5 000
Ile de France	SEINE-ET-MARNE	77285	LE MEE SUR SEINE	52	1 866 688	8 630
Ile de France	SEINE-ET-MARNE	77284	MEAUX	242	1 607 948	5 956
Ile de France	SEINE-ET-MARNE	77288	MELUN	225	1 624 958	6 765
Ile de France	SEINE-ET-MARNE	77350	OZOIR LA FERRIERE	127	1 616 834	6 975
Ile de France	SEINE-ET-MARNE	77373	PONTAULT COMBAULT	149	1 310 967	3 654
Ile de France	SEINE-ET-MARNE	77514	VILLEPARISIS	61	1 253 443	3 112
Ile de France	SEINE-SAINT-DENIS	93001	AUBERVILLIERS	98	1 534 396	5 523
Ile de France	SEINE-SAINT-DENIS	93005	AULNAY SOUS BOIS	313	1 421 257	4 521
Ile de France	SEINE-SAINT-DENIS	93006	BAGNOLET	74	1 462 857	4 709
Ile de France	SEINE-SAINT-DENIS	93010	BONDY	84	1 442 259	4 821
Ile de France	SEINE-SAINT-DENIS	93029	DRANCY	148	1 459 954	4 623
Ile de France	SEINE-SAINT-DENIS	93031	EPINAY SUR SEINE	106	1 337 399	3 783

Région	Départements	Code commune (INSEE)	Commune	nombre de redevables	patrimoine moyen en €	impôt moyen en €
Ile de France	SEINE-SAINT-DENIS	93032	GAGNY	234	1 338 480	3 975
Ile de France	SEINE-SAINT-DENIS	93027	LA COURNEUVE	52	1 271 707	3 226
Ile de France	SEINE-SAINT-DENIS	93007	LE BLANC MESNIL	105	1 379 017	4 252
Ile de France	SEINE-SAINT-DENIS	93045	LES LILAS	183	1 650 094	6 858
Ile de France	SEINE-SAINT-DENIS	93057	LES PAVILLONS SOUS BOIS	141	1 472 451	4 934
Ile de France	SEINE-SAINT-DENIS	93046	LIVRY GARGAN	204	1 590 101	7 564
Ile de France	SEINE-SAINT-DENIS	93047	MONTFERMEIL	104	1 390 636	4 263
Ile de France	SEINE-SAINT-DENIS	93048	MONTREUIL SOUS BOIS	354	1 456 452	4 740
Ile de France	SEINE-SAINT-DENIS	93050	NEUILLY SUR MARNE	51	1 530 763	5 639
Ile de France	SEINE-SAINT-DENIS	93051	NOISY LE GRAND	268	1 404 949	4 325
Ile de France	SEINE-SAINT-DENIS	93053	NOISY LE SEC	129	1 368 206	4 147
Ile de France	SEINE-SAINT-DENIS	93055	PANTIN	165	1 400 090	4 300
Ile de France	SEINE-SAINT-DENIS	93059	PIERREFITTE SUR SEINE	52	2 834 286	17 972
Ile de France	SEINE-SAINT-DENIS	93063	ROMAINVILLE	62	1 364 660	3 907
Ile de France	SEINE-SAINT-DENIS	93064	ROSNY SOUS BOIS	180	1 384 991	4 140
Ile de France	SEINE-SAINT-DENIS	93066	SAINT DENIS	97	1 556 409	5 448
Ile de France	SEINE-SAINT-DENIS	93070	SAINT OUEN	100	1 418 458	4 403
Ile de France	SEINE-SAINT-DENIS	93071	SEVRAN	58	1 259 043	3 216
Ile de France	SEINE-SAINT-DENIS	93073	TREMBLAY EN FRANCE	91	1 319 958	3 669
Ile de France	SEINE-SAINT-DENIS	93077	VILLEMOMBLE	324	1 549 303	5 600
Ile de France	VAL-DE-MARNE	94002	ALFORTVILLE	105	1 434 579	4 535
Ile de France	VAL-DE-MARNE	94016	CACHAN	248	1 399 766	4 314
Ile de France	VAL-DE-MARNE	94017	CHAMPIGNY SUR MARNE	344	1 483 735	5 437
Ile de France	VAL-DE-MARNE	94018	CHARENTON LE PONT	641	1 593 585	6 104
Ile de France	VAL-DE-MARNE	94022	CHOISY LE ROI	173	1 441 749	4 867
Ile de France	VAL-DE-MARNE	94028	CRETEIL	386	1 443 017	4 733
Ile de France	VAL-DE-MARNE	94033	FONTENAY SOUS BOIS	882	1 759 279	7 672
Ile de France	VAL-DE-MARNE	94034	FRESNES	101	1 392 787	4 425
Ile de France	VAL-DE-MARNE	94041	IVRY SUR SEINE	185	1 931 187	9 498
Ile de France	VAL-DE-MARNE	94038	L'HAY LES ROSES	391	1 435 417	4 624
Ile de France	VAL-DE-MARNE	94043	LE KREMLIN BICETRE	125	1 406 974	4 610
Ile de France	VAL-DE-MARNE	94058	LE PERREUX SUR MARNE	711	1 527 188	5 391
Ile de France	VAL-DE-MARNE	94046	MAISONS ALFORT	449	1 482 288	5 326
Ile de France	VAL-DE-MARNE	94052	NOGENT SUR MARNE	1 147	1 789 881	8 276
Ile de France	VAL-DE-MARNE	94054	ORLY	63	1 280 094	3 275
Ile de France	VAL-DE-MARNE	94068	SAINT MAUR DES FOSSES	2 551	1 678 967	7 159
Ile de France	VAL-DE-MARNE	94071	SUCY EN BRIE	396	1 366 964	4 033
Ile de France	VAL-DE-MARNE	94073	THIAIS	236	1 547 825	5 768
Ile de France	VAL-DE-MARNE	94076	VILLEJUIF	200	1 435 362	4 542
Ile de France	VAL-DE-MARNE	94078	VILLENEUVE SAINT GEORGES	53	1 451 447	4 581
Ile de France	VAL-DE-MARNE	94079	VILLIERS SUR MARNE	157	1 402 678	4 420
Ile de France	VAL-DE-MARNE	94080	VINCENNES	1 410	1 576 331	5 841
Ile de France	VAL-DE-MARNE	94081	VITRY-SUR-SEINE	235	1 445 088	4 927
Ile de France	VAL-D'OISE	95018	ARGENTEUIL	279	1 763 138	9 324
Ile de France	VAL-D'OISE	95127	CERGY	156	1 325 433	3 807
Ile de France	VAL-D'OISE	95197	DEUIL LA BARRE	208	1 397 312	4 264
Ile de France	VAL-D'OISE	95203	EAUBONNE	281	1 337 205	3 743

Région	Départements	Code commune (INSEE)	Commune	nombre de redevables	patrimoine moyen en €	impôt moyen en €
Ile de France	VAL-D'OISE	95219	ERMONT	211	1 320 311	3 622
Ile de France	VAL-D'OISE	95252	FRANCONVILLE	129	1 480 006	6 213
Ile de France	VAL-D'OISE	95306	HERBLAY	184	1 475 175	5 104
Ile de France	VAL-D'OISE	95428	MONTMORENCY	542	1 680 040	7 182
Ile de France	VAL-D'OISE	95500	PONTOISE	184	1 572 391	5 715
Ile de France	VAL-D'OISE	95582	SANNOIS	147	1 331 011	3 773
Ile de France	VAL-D'OISE	95585	SARCELLES	77	1 323 030	3 534
Ile de France	VAL-D'OISE	95607	TAVERNY	186	1 366 347	3 886
Ile de France	YVELINES	78146	CHATOU	1 062	1 694 080	7 060
Ile de France	YVELINES	78172	CONFLANS-SAINTE-HONORINE	224	1 367 145	4 045
Ile de France	YVELINES	78208	ELANCOURT	154	1 274 472	3 313
Ile de France	YVELINES	78297	GUYANCOURT	126	1 327 560	3 929
Ile de France	YVELINES	78311	HOUILLES	298	1 320 189	3 654
Ile de France	YVELINES	78126	LA CELLE-SAINT-CLOUD	883	1 799 714	8 511
Ile de France	YVELINES	78158	LE CHESNAY	1 229	1 642 919	6 804
Ile de France	YVELINES	78440	LES MUREAUX	51	1 235 607	2 870
Ile de France	YVELINES	78358	MAISONS-LAFFITTE	999	1 606 977	6 288
Ile de France	YVELINES	78361	MANTES-LA-JOLIE	163	1 660 779	6 641
Ile de France	YVELINES	78423	MONTIGNY-LE-BRETONNEUX	202	1 288 259	3 338
Ile de France	YVELINES	78490	PLAISIR	250	1 413 451	4 532
Ile de France	YVELINES	78498	POISSY	302	1 374 127	4 148
Ile de France	YVELINES	78517	RAMBOUILLET	381	1 505 057	5 680
Ile de France	YVELINES	78551	SAINT-GERMAIN-EN-LAYE	1 838	1 770 769	7 903
Ile de France	YVELINES	78586	SARTROUVILLE	310	1 410 008	4 423
Ile de France	YVELINES	78640	VELIZY-VILLACOUBLAY	245	1 309 427	3 588
Ile de France	YVELINES	78646	VERSAILLES	4 296	1 732 158	7 405
Languedoc-Roussillon	AUDE	11069	CARCASSONNE	246	1 524 981	5 467
Languedoc-Roussillon	AUDE	11262	NARBONNE	278	1 526 959	5 498
Languedoc-Roussillon	GARD	30007	ALES	221	1 348 128	3 871
Languedoc-Roussillon	GARD	30189	NIMES	1 092	1 602 164	6 245
Languedoc-Roussillon	HERAULT	34003	AGDE	243	1 459 218	4 978
Languedoc-Roussillon	HERAULT	34032	BEZIERS	447	1 657 018	6 640
Languedoc-Roussillon	HERAULT	34108	FRONTIGNAN	91	1 413 415	4 227
Languedoc-Roussillon	HERAULT	34145	LUNEL	89	1 377 986	3 943
Languedoc-Roussillon	HERAULT	34172	MONTPELLIER	1 745	1 532 996	5 461
Languedoc-Roussillon	HERAULT	34301	SETE	312	1 632 129	6 188
Languedoc-Roussillon	PYRENEES-ORIENTALES	66136	PERPIGNAN	777	1 588 426	5 974
Limousin	CORREZE	19031	BRIVE-LA-GAILLARDE	408	1 669 838	6 511
Limousin	HAUTE-VIENNE	87085	LIMOGES	926	1 815 541	8 696
Lorraine	MEURTHE-ET-MOSELLE	54329	LUNEVILLE	89	1 563 408	5 448
Lorraine	MEURTHE-ET-MOSELLE	54395	NANCY	1 079	1 749 592	8 253
Lorraine	MEURTHE-ET-MOSELLE	54547	VANDŒUVRE LES NANCY	120	1 350 970	3 760
Lorraine	MEUSE	55545	VERDUN	71	1 778 374	7 097
Lorraine	MOSELLE	57227	FORBACH	68	1 669 150	7 988

Région	Départements	Code commune (INSEE)	Commune	nombre de redevables	patrimoine moyen en €	impôt moyen en €
Lorraine	MOSELLE	57463	METZ	726	1 695 227	7 290
Lorraine	MOSELLE	57480	MONTIGNY LES METZ	191	1 583 902	5 993
Lorraine	MOSELLE	57631	SARREGUEMINES	117	1 815 275	7 760
Lorraine	MOSELLE	57672	THIONVILLE	328	1 869 364	8 855
Lorraine	VOSGES	88160	EPINAL	215	1 795 420	8 692
Lorraine	VOSGES	88413	SAINT DIE DES VOSGES	114	1 610 926	6 345
Martinique	MARTINIQUE	9709	FORT DE FRANCE	123	2 217 326	12 297
Martinique	MARTINIQUE	9729	SCHOELCHER	52	1 653 240	6 491
Midi-Pyrénées	AVEYRON	12145	MILLAU	119	1 530 924	5 295
Midi-Pyrénées	AVEYRON	12202	RODEZ	233	1 676 384	6 771
Midi-Pyrénées	GERS	32013	AUCH	163	1 359 271	3 961
Midi-Pyrénées	HAUTE-GARONNE	31069	BLAGNAC	134	1 402 212	4 094
Midi-Pyrénées	HAUTE-GARONNE	31149	COLOMIERS	161	1 393 950	4 304
Midi-Pyrénées	HAUTE-GARONNE	31395	MURET	146	1 402 740	4 189
Midi-Pyrénées	HAUTE-GARONNE	31555	TOULOUSE	3 906	1 581 064	6 082
Midi-Pyrénées	HAUTE-GARONNE	31557	TOURNEFEUILLE	261	1 538 123	5 932
Midi-Pyrénées	HAUTES-PYRENEES	65440	TARBES	200	1 415 894	4 522
Midi-Pyrénées	LOT	46042	CAHORS	150	1 266 473	3 220
Midi-Pyrénées	TARN	81004	ALBI	299	1 504 177	5 531
Midi-Pyrénées	TARN	81065	CASTRES	249	1 534 116	5 419
Midi-Pyrénées	TARN-ET-GARONNE	82121	MONTAUBAN	317	1 641 573	6 311
Nord-Pas-de-Calais	NORD	59017	ARMENTIERES	94	1 701 416	8 211
Nord-Pas-de-Calais	NORD	59122	CAMBRAI	249	1 579 795	5 911
Nord-Pas-de-Calais	NORD	59163	CROIX	402	3 741 886	28 410
Nord-Pas-de-Calais	NORD	59178	DOUAI	351	1 532 448	5 486
Nord-Pas-de-Calais	NORD	59183	DUNKERQUE	465	1 442 616	4 770
Nord-Pas-de-Calais	NORD	59295	HAZEBROUCK	140	1 569 239	5 828
Nord-Pas-de-Calais	NORD	59368	LA MADELEINE	239	1 763 202	7 812
Nord-Pas-de-Calais	NORD	59328	LAMBERSART	394	1 782 603	7 740
Nord-Pas-de-Calais	NORD	59350	LILLE	1 479	1 667 954	6 917
Nord-Pas-de-Calais	NORD	59360	LOOS	61	1 482 717	4 958
Nord-Pas-de-Calais	NORD	59378	MARCQ EN BARŒUL	1 198	1 962 581	9 324
Nord-Pas-de-Calais	NORD	59392	MAUBEUGE	96	1 429 743	4 630
Nord-Pas-de-Calais	NORD	59410	MONS EN BARŒUL	91	1 855 082	11 949
Nord-Pas-de-Calais	NORD	59512	ROUBAIX	298	1 904 845	8 852
Nord-Pas-de-Calais	NORD	59599	TOURCOING	300	1 424 531	4 597
Nord-Pas-de-Calais	NORD	59606	VALENCIENNES	347	1 475 450	4 972
Nord-Pas-de-Calais	NORD	59009	VILLENEUVE D'ASCQ	568	1 823 843	8 432
Nord-Pas-de-Calais	NORD	59650	WATTRELOS	56	1 217 282	2 838
Nord-Pas-de-Calais	PAS-DE-CALAIS	62041	ARRAS	320	1 747 497	7 272
Nord-Pas-de-Calais	PAS-DE-CALAIS	62119	BETHUNE	202	1 590 795	5 561
Nord-Pas-de-Calais	PAS-DE-CALAIS	62160	BOULOGNE SUR MER	187	1 542 285	5 277
Nord-Pas-de-Calais	PAS-DE-CALAIS	62193	CALAIS	219	1 522 539	5 007
Nord-Pas-de-Calais	PAS-DE-CALAIS	62427	HENIN BEAUMONT	77	1 541 070	5 260
Nord-Pas-de-Calais	PAS-DE-CALAIS	62498	LENS	126	1 667 831	6 518

Région	Départements	Code commune (INSEE)	Commune	nombre de redevables	patrimoine moyen en €	impôt moyen en €
Pays-de-la-Loire	LOIRE-ATLANTIQUE	44109	NANTES	3 553	1 617 369	6 361
Pays-de-la-Loire	LOIRE-ATLANTIQUE	44114	ORVAULT	338	1 516 850	5 617
Pays-de-la-Loire	LOIRE-ATLANTIQUE	44143	REZE	149	1 328 397	3 790
Pays-de-la-Loire	LOIRE-ATLANTIQUE	44162	SAINT-HERBLAIN	176	1 313 283	3 767
Pays-de-la-Loire	LOIRE-ATLANTIQUE	44184	ST NAZAIRE	348	1 359 889	4 183
Pays-de-la-Loire	LOIRE-ATLANTIQUE	44190	ST SEBASTIEN	204	1 419 522	4 907
Pays-de-la-Loire	LOIRE-ATLANTIQUE	44215	VERTOU	245	1 484 964	5 158
Pays-de-la-Loire	MAINE-ET-LOIRE	49007	ANGERS	1 151	1 538 630	5 889
Pays-de-la-Loire	MAINE-ET-LOIRE	49099	CHOLET	388	1 500 528	5 026
Pays-de-la-Loire	MAINE-ET-LOIRE	49328	SAUMUR	223	1 434 453	4 588
Pays-de-la-Loire	MAYENNE	53130	LAVAL	373	1 587 783	6 746
Pays-de-la-Loire	SARTHE	72181	LE MANS	982	1 548 250	6 019
Pays-de-la-Loire	VENDEE	85191	LA ROCHE SUR YON	297	1 603 448	6 696
Picardie	AISNE	02408	LAON	124	1 666 568	6 358
Picardie	AISNE	02691	SAINT QUENTIN	293	1 530 562	5 444
Picardie	AISNE	02722	SOISSONS	255	1 647 131	6 338
Picardie	OISE	60057	BEAUVAIS	309	1 814 088	7 689
Picardie	OISE	60159	COMPIEGNE	539	1 648 469	6 609
Picardie	SOMME	80001	ABBEVILLE	135	1 519 131	5 342
Picardie	SOMME	80021	AMIENS	879	1 606 482	6 384
Poitou-Charentes	CHARENTE	16015	ANGOULEME	267	1 621 941	6 242
Poitou-Charentes	CHARENTE	16102	COGNAC	141	1 654 315	6 942
Poitou-Charentes	CHARENTE-MARITIME	17300	LA ROCHELLE	1 004	1 513 024	5 232
Poitou-Charentes	CHARENTE-MARITIME	17299	ROCHEFORT	130	1 394 643	4 032
Poitou-Charentes	CHARENTE-MARITIME	17415	SAINTES	154	1 423 097	4 384
Poitou-Charentes	DEUX-SEVRES	79191	NIORT	402	1 640 719	6 402
Poitou-Charentes	VIENNE	86066	CHATELLERAULT	167	1 412 710	4 492
Poitou-Charentes	VIENNE	86194	POITIERS	556	1 911 400	12 383
PACA	ALPES-DE-HAUTE-PROVENCE	04112	MANOSQUE	206	1 404 644	4 410
PACA	ALPES-MARITIMES	06004	ANTIBES	1 629	1 562 214	5 694
PACA	ALPES-MARITIMES	06027	CAGNES SUR MER	614	1 462 520	4 837
PACA	ALPES-MARITIMES	06029	CANNES	2 224	1 817 335	8 066
PACA	ALPES-MARITIMES	06069	GRASSE	584	1 500 454	5 257
PACA	ALPES-MARITIMES	06030	LE CANNET	626	1 753 625	7 716
PACA	ALPES-MARITIMES	06083	MENTON	376	1 465 521	4 948
PACA	ALPES-MARITIMES	06088	NICE	4 847	1 560 362	5 798
PACA	ALPES-MARITIMES	06123	SAINT LAURENT DU VAR	300	1 504 780	5 072
PACA	ALPES-MARITIMES	06155	VALLAURIS	493	1 562 076	5 582
PACA	ALPES-MARITIMES	06900	MONACO	394	2 484 280	15 635
PACA	BOUCHES-DU-RHONE	13001	AIX EN PROVENCE	2 701	1 632 860	6 499
PACA	BOUCHES-DU-RHONE	13004	ARLES	319	1 475 139	5 001
PACA	BOUCHES-DU-RHONE	13005	AUBAGNE	384	1 505 409	4 950
PACA	BOUCHES-DU-RHONE	13047	ISTRES	115	1 400 864	4 382

Région	Départements	Code commune (INSEE)	Commune	nombre de redevables	patrimoine moyen en €	impôt moyen en €
PACA	BOUCHES-DU-RHONE	13028	LA CIOTAT	362	1 526 875	5 223
PACA	BOUCHES-DU-RHONE	13054	MARIGNANE	112	1 425 029	4 405
PACA	BOUCHES-DU-RHONE	13055	MARSEILLE	5 859	1 719 135	7 057
PACA	BOUCHES-DU-RHONE	13056	MARTIGUES	206	1 337 445	3 702
PACA	BOUCHES-DU-RHONE	13103	SALON DE PROVENCE	270	1 466 555	4 945
PACA	BOUCHES-DU-RHONE	13117	VITROLLES	68	1 447 325	4 374
PACA	HAUTES-ALPES	05061	GAP	322	1 493 438	4 884
PACA	VAR	83050	DRAGUIGNAN	382	1 440 598	4 749
PACA	VAR	83061	FREJUS	591	1 451 232	4 740
PACA	VAR	83069	HYERES	933	1 475 937	4 852
PACA	VAR	83062	LA GARDE	177	1 518 246	5 396
PACA	VAR	83126	LA SEYNE SUR MER	270	1 328 400	3 672
PACA	VAR	83144	LA VALETTE	163	1 383 361	4 178
PACA	VAR	83118	SAINT-RAPHAEL	1 236	1 501 320	5 143
PACA	VAR	83129	SIX-FOURS-LES-PLAGES	444	1 422 074	4 373
PACA	VAR	83137	TOULON	1 294	1 448 432	5 046
PACA	VAUCLUSE	84007	AVIGNON	572	1 679 383	6 759
PACA	VAUCLUSE	84031	CARPENTRAS	205	1 638 616	6 178
PACA	VAUCLUSE	84035	CAVAILLON	186	1 447 378	4 510
PACA	VAUCLUSE	84087	ORANGE	163	1 500 498	4 937
Réunion	REUNION	9708	LA POSSESSION	76	1 585 372	5 595
Réunion	REUNION	9709	SAINT ANDRE	57	1 586 979	5 471
Réunion	REUNION	9711	SAINT DENIS	650	1 646 937	6 332
Réunion	REUNION	9715	SAINT PAUL	321	1 620 378	6 000
Réunion	REUNION	9716	SAINT PIERRE	160	1 719 637	6 531
Réunion	REUNION	9718	SAINTE MARIE	84	1 625 207	5 991
Réunion	REUNION	9722	TAMPON	155	1 600 244	5 740
Rhône-Alpes	AIN	01053	BOURG-EN-BRESSE	281	1 449 840	4 737
Rhône-Alpes	AIN	01283	OYONNAX	164	2 070 883	9 862
Rhône-Alpes	DROME	26198	MONTELIMAR	260	1 561 401	5 981
Rhône-Alpes	DROME	26281	ROMANS	168	1 537 836	5 378
Rhône-Alpes	DROME	26362	VALENCE	472	1 542 482	5 726
Rhône-Alpes	HAUTE-SAVOIE	74010	ANNECY	872	1 484 547	4 969
Rhône-Alpes	HAUTE-SAVOIE	74012	ANNEMASSE	220	1 330 459	3 671
Rhône-Alpes	HAUTE-SAVOIE	74281	THONON-LES-BAINS	386	1 766 371	7 680
Rhône-Alpes	ISERE	38053	BOURGOIN JALLIEU	146	1 561 490	6 097
Rhône-Alpes	ISERE	38151	ECHIROLLES	97	1 209 854	2 750
Rhône-Alpes	ISERE	38185	GRENOBLE	1 429	1 563 881	5 838
Rhône-Alpes	ISERE	38421	ST MARTIN D'HERES	74	1 465 733	4 680
Rhône-Alpes	ISERE	38544	VIENNE	222	1 478 140	4 998
Rhône-Alpes	ISERE	38563	VOIRON	181	1 586 833	5 971
Rhône-Alpes	LOIRE	42187	ROANNE	179	1 531 152	5 524
Rhône-Alpes	LOIRE	42207	SAINT CHAMOND	142	1 684 435	7 293
Rhône-Alpes	LOIRE	42218	SAINT ETIENNE	989	1 692 702	7 460

Région	Départements	Code commune (INSEE)	Commune	nombre de redevables	patrimoine moyen en €	impôt moyen en €
Rhône-Alpes	RHONE	69029	BRON	315	1 418 905	4 427
Rhône-Alpes	RHONE	69034	CALUIRE ET CUIRE	864	1 691 781	6 883
Rhône-Alpes	RHONE	69275	DECINES-CHARPIEU	88	1 382 973	4 089
Rhône-Alpes	RHONE	69123	LYON	6 709	1 760 925	7 906
Rhône-Alpes	RHONE	69282	MEYZIEU	142	1 654 986	6 740
Rhône-Alpes	RHONE	69149	OULLINS	125	1 466 617	5 232
Rhône-Alpes	RHONE	69286	RILLIEUX LA PAPE	155	1 570 226	5 793
Rhône-Alpes	RHONE	69290	SAINT-PRIEST	126	1 639 297	7 100
Rhône-Alpes	RHONE	69202	STE FOY LES LYON	605	1 693 812	7 364
Rhône-Alpes	RHONE	69259	VENISSIEUX	58	1 520 341	5 411
Rhône-Alpes	RHONE	69264	VILLEFRANCHE-SUR-SAONE	182	1 542 485	5 727
Rhône-Alpes	RHONE	69266	VILLEURBANNE	499	1 399 952	4 470
Rhône-Alpes	SAVOIE	73008	AIX LES BAINS	366	1 426 908	4 595
Rhône-Alpes	SAVOIE	73065	CHAMBERY	645	1 553 020	6 284

Annexe 12

Le dépouillement systématique des déclarations fiscales pour l'ensemble des communes de France (réalisé par le service de documentation du *Point*) a permis de recenser celles où la concentration des richesses est la plus forte. Sont ici présentées les 152 communes où résident des foyers fiscaux déclarant plus de 300 000 euros de revenus. Ainsi, à Arbent, dans le département de l'Ain, on compte 37 foyers fiscaux ayant déclaré plus de 97 500 de revenus fiscaux. Représentant 2,15 % du total des foyers fiscaux de la commune, leurs revenus représentent 24 % de la totalité des revenus fiscaux de la commune. Les revenus moyens de ces 37 foyers sont de 303 926 euros.

On observera que sur les 41 262 foyers fiscaux les plus riches de France (ceux dont les revenus sont supérieurs à 300 000 euros), 36,8 % résident dans le 16e arrondissement de Paris et 61 % à Paris. En y ajoutant la ville de Neuilly-sur-Seine, ce sont 84,6 % des riches de France qui se concentrent dans quatre arrondissements et une commune de la région Ile-de-France. Mais c'est à Saint-Barthélémy, dans le département de la Guadeloupe, que se trouvent les foyers déclarant les plus hauts revenus : 1 340 316 euros pour 27 foyers fiscaux. A noter également la forte concentration de richesses à Sainte-Marguerite, dans le département des Vosges : 1 215 488 euros pour 13 foyers fiscaux. On observera aussi que la ville de Croix, où se concentrent les patrimoines les plus élevés, n'est pas classée parmi les communes où les « riches » disposent de plus de 300 000 euros. Les « riches » en patrimoine ne sont pas fatalement riches en revenus.

Les 152 communes les plus riches de France

Département	Commune	Nombre de foyers fiscaux à + de 97 500 euros	% de foyers riches dans la commune	% des revenus de + de 97 500 euros par rapport au revenu fiscal total	Revenu moyen des foyers à + de 97 500 euros
01 - Ain	Arbent	37	2,15	24	303 926
	Fareins	26	2,55	25	300 296
	Montluel	18	0,51	7	300 791
04 - Alpes-de-Hautes-Provence	Pierrevert	44	2,27	36	634 489
07 - Ardèche	Guilherand-Granges	63	0,96	14	342 440
	Le Teil	18	0,37	16	805 492
	Ruoms	12	0,83	16	369 829
	Saint-Etienne-de-Fontbellon	26	1,85	25	367 387
11 - Aude	Limoux	56	0,97	17	333 114
	Vinassan	12	1,05	17	389 506
13 - Bouches-du-Rhône	Eyragues	28	1,17	17	328 293
	Maussane-les-Alpilles	28	2,12	25	322 481
	Rousset	24	1,11	35	1 064 754
	Saint-Rémy-de-Provence	104	1,72	25	343 187
15 - Cantal	Naucelles	16	1,62	18	303 952
16 - Charentes	Segonzac	18	1,45	25	411 120
17 - Charente-Maritime	Meschers-sur-Gironde	18	1,01	15	326 503
19 - Corrèze	Objat	23	1,08	17	335 509
	Saint-Pantaléon-de-Larche	18	0,73	26	1 012 078
22 - Côtes-d'Armor	Dinan	93	1,25	21	351 986
	Loudéac	69	1,28	20	341 469
	Plancoët	15	0,87	14	311 391

	Ploumagoar	16	0,59	12	416 196
	Yffiniac	31	1,29	27	588 691
23 - Creuse	Sainte-Feyre	11	0,84	10	300 447
24 - Dordogne	Chancelade	17	0,74	9	308 259
	Sarlat-la-Caneda	58	0,95	16	342 178
26 - Drôme	La-Roche-de-Glun	25	1,46	21	386 167
	Montélimar	212	1,05	16	332 646
	Nyons	31	0,70	11	300 929
	Tain-L'Hermitage	26	0,76	15	395 744
29 - Finistère	Bénodet	64	3,15	54	796 203
	Riec-sur-Belon	32	1,29	24	445 289
30 - Gard	Caveirac	41	2,20	25	367 179
	Les Angles	97	1,90	24	377 267
	Pont-Saint-Esprit	28	0,48	9	330 483
31 - Haute-Garonne	Eaunes	29	1,19	15	330 070
	Gaganc-sur-Garonne	17	1,17	20	448 984
	Montgiscard	16	1,45	18	368 040
32 - Gers	Condom	43	1,01	18	338 343
33 - Gironde	Arcachon	160	1,84	26	390 330
	Le Barp	13	0,58	11	446 998
	Le Bouscat	368	2,63	33	411 230
	Saint-Sulpice-et-Cameyrac	68	3 07	31	337 184
	Yvrac	27	2,06	42	820 446
34 - Hérault	Baillargues	71	2,23	39	628 148
	Balaruc-les-Bains	40	0,99	15	332 915
	Ganges	14	0,56	13	341 573
	Mudaison	22	1,60	22	359 670
	Saint-Clément-de-Rivière	142	6,14	37	300 423

35 - Ille-et-Vilaine	Domloup	19	1,51	19	373 625
	La Richardais	19	1,57	19	339 579
	Lécousse	28	1,94	23	354 923
37 - Indre-et-Loire	Azay-sur-Cher	21	1,45	22	491 432
	Ballan-Mire	65	1,71	30	626 012
	Sainte-Maure-de-Touraine	14	0,59	13	406 690
38 - Isère	La Verpillière	11	0,36	6	378 353
	Le Pont-de-Beauvoisin	16	0,91	14	304 085
	Pont-Evêque	18	0,63	13	391 351
	Saint-Etienne-de-Crossey	18	1,45	26	672 808
	Saint-Ismier	290	9,71	54	372 253
	Saint-Marcellin	41	0,84	15	351 424
	Seyssins	126	3,55	38	468 180
	Tullins	27	0,64	11	351 143
40 - Landes	Saint-Sever	22	0,79	14	360 344
41 - Loir-et-Cher	Contres	17	0,84	13	302 996
42 - Loire	Commelle-Vernay	21	1,54	23	481 345
	L'Horme	14	0,55	13	470 744
	Montrond-les-Bains	23	0,89	14	366 266
44 - Loire-Atlantique	Ancenis	39	0,91	14	326 354
	Les Sorinières	42	1,25	16	364 711
	Mauves-sur-Loire	26	1,79	20	319 444
	Missillac	18	0,73	15	420 336
	Plesse	17	0,73	19	504 794
	Port-Saint-Père	13	1,03	26	687 437
	Suce-sur-Erdre	95	3,27	30	366 617
45 - Loiret	Lailly-en-Val	12	0,88	12	337 567
	Poilly-lez-Gien	26	2,05	32	486 668

47 - Lot-et-Garonne	Castelculier	15	1,23	16	308 534
	Pujols	37	1,83	23	343 050
	Sainte-Livrade-sur-Lot	26	0,72	17	414 434
49 - Maine-et-Loire	Avrille	126	2,01	20	314 476
	Chalonnes-sur-Loire	28	0,84	14	348 895
	Mûrs-Erigné	45	1,61	22	371 211
	Vihiers	23	1,00	19	370 901
54 - Meurthe-et-Moselle	Fléville-devant-Nancy	19	1,59	15	301 563
	Gondreville	20	1,49	16	315 467
	Houdemont	29	2,49	26	411 313
	Neuves-Maisons	21	0,55	14	552 250
56 - Morbihan	Belz	15	0,72	11	310 957
	Languidic	22	0,58	9	305 961
	Ploeren	34	1,29	15	328 572
57 - Moselle	Longeville-les-Metz	75	3,19	47	562 945
	Plappeville	56	5,17	40	394 320
59 - Nord	Esquelbecq	13	1,18	15	303 180
	Mérignies	73	7,11	46	344 924
	Morbecque	31	2,33	29	354 630
	Onnaing	18	0,38	16	757 811
	Râches	13	0,94	14	319 506
	Vendeville	20	2,50	23	319 717
61 - Orne	Domfront	20	0,83	14	309 027
62 - Pas-de-Calais	Arques	30	0,59	11	338 711
	Etaples	32	0,53	10	302 323
	Saint-Etienne-au-Mont	19	0,73	13	326 722
63 - Puy-de-Dôme	Courpière	15	0,55	10	316 938

64 - Pyrénées-Atlantiques	Mauléon-Licharre	15	0,74	14	334 347
65 - Hautes-Pyrénées	Barbazan-Debat	18	1,03	14	340 854
	Bordères-sur-l'échez	14	0,63	13	450 301
66 - Pyrénées-Orientales	Saint-Genis-des-Fontaines	11	0,67	14	451 399
	Sorède	14	0,76	15	432 803
67 - Bas-Rhin	Châtenois	31	1,54	34	732 453
	Soufflenheim	19	0,71	19	646 117
69 - Rhône	Albigny-sur-Saône	24	1,56	20	328 457
	Chaponost	180	4,71	36	333 236
	Montanay	47	4,10	35	408 849
	Pommiers	38	3,79	52	783 531
	Toussieu	26	2,33	22	324 695
71 - Saône-et-Loire	Sanvignes-les-Mines	12	0,48	9	338 370
74 - Haute-Savoie	Combloux	33	2,96	41	543 116
	Taninges	11	0,60	19	817 260
	Veyrier-du-Lac	173	13,56	63	339 362
75 - Paris	6e arrondissement	3 680	14,30	66	341 639
	7e arrondissement	5 675	17,18	73	380 959
	8e arrondissement	4 025	16,54	68	307 710
	16e arrondissement	15 181	16,03	68	330 869
76 - Seine-Maritime	Saint-Jacques-sur-Darnetal	40	3,06	27	306 646
77 - Seine-et-Marne	Guignes	12	0,76	15	476 458
	Nanteuil-les-Meaux	39	1,36	16	331 834
	Trilport	11	0,43	6	330 317
79 - Deux-Sèvres	Châtillon-sur-Thouet	13	0,81	15	389 767
	Mauléon	28	0,68	12	346 482

81 - Tarn	Marssac-sur-Tarn	11	0,69	15	505 309
82 - Tarn-et-Garonne	Verdun-sur-Garonne	20	0,87	19	462 173
83 - Var	Plan-de-la Tour	33	1,86	28	402 916
	Ramatuelle	64	4,45	41	310 590
	Saint-Tropez	141	3,55	33	275 665
	Seillans	19	1,36	18	316 433
	Solliès-Ville	40	3,15	30	307 539
	Tourves	21	0,84	22	626 757
84 - Vaucluse	Le Thor	44	1,04	21	473 761
85 - Vendée	Château-d'Olonne	127	1,61	20	316 566
	Les Herbiers	106	1,34	18	308 705
	Mortagne-sur-Sèvre	38	1,20	17	322 564
	Saint-Fulgent	20	1,09	20	390 790
	Saint-Georges-de-Montaigu	14	0,75	17	550 489
	Saint-Gilles-Croix-de-Vie	54	1,12	16	322 271
86 - Vienne	Dange-Saint-Romain	11	0,62	23	857 221
	Vouille	16	0,94	26	751 697
88 - Vosges	Liffol-le-Grand	11	0,81	13	308 208
	Sainte-Marguerite	13	1,03	38	1 215 488
91 - Essonne	Boutigny-sur-Essonne	21	1,29	16	377 283
92 - Hauts-de-Seine	Neuilly-sur-Seine	6 383	18,83	69	316 484
93 - Seine-Saint-Denis	Livry-Gargan	218	0,96	14	375 902
971 - Guadeloupe	Saint-Barthélemy	27	3,30	71	1 340 316

Les 152 communes les plus riches de France

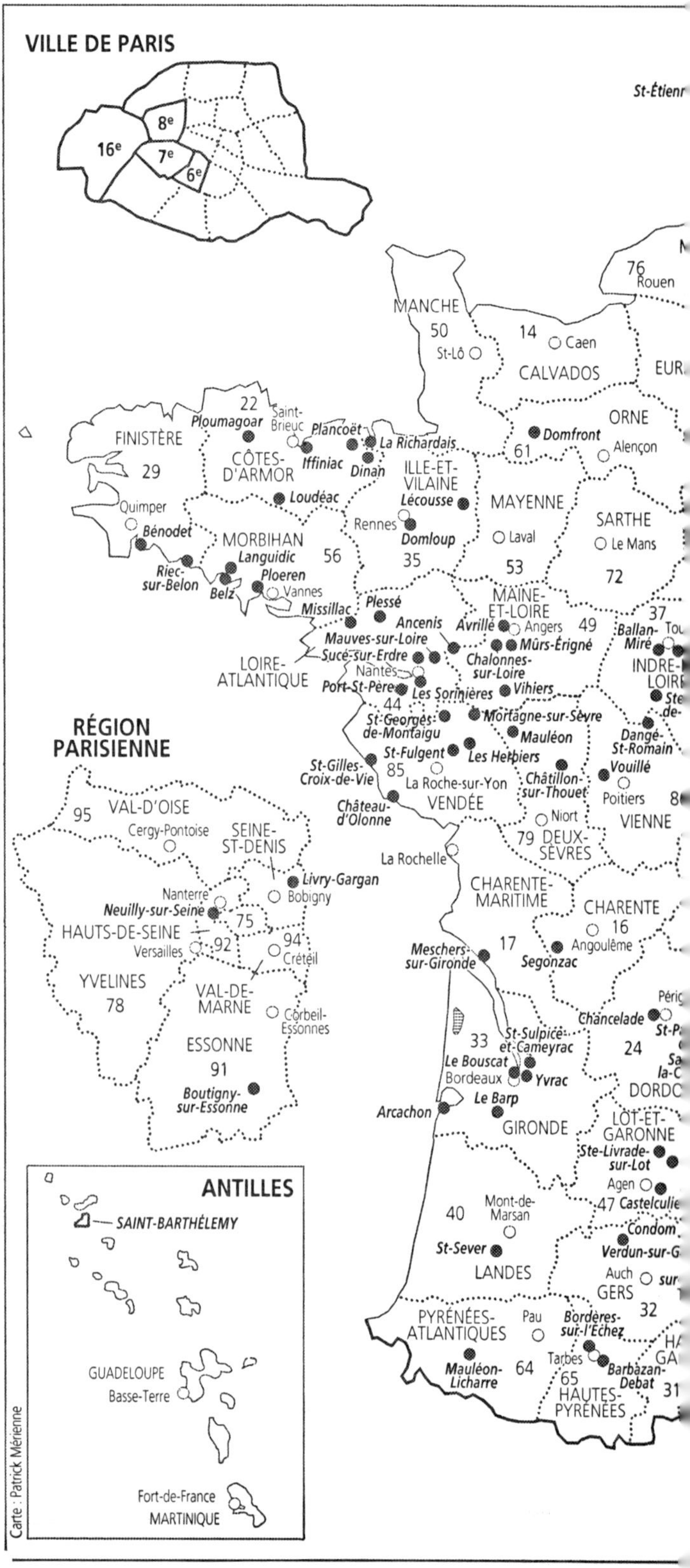

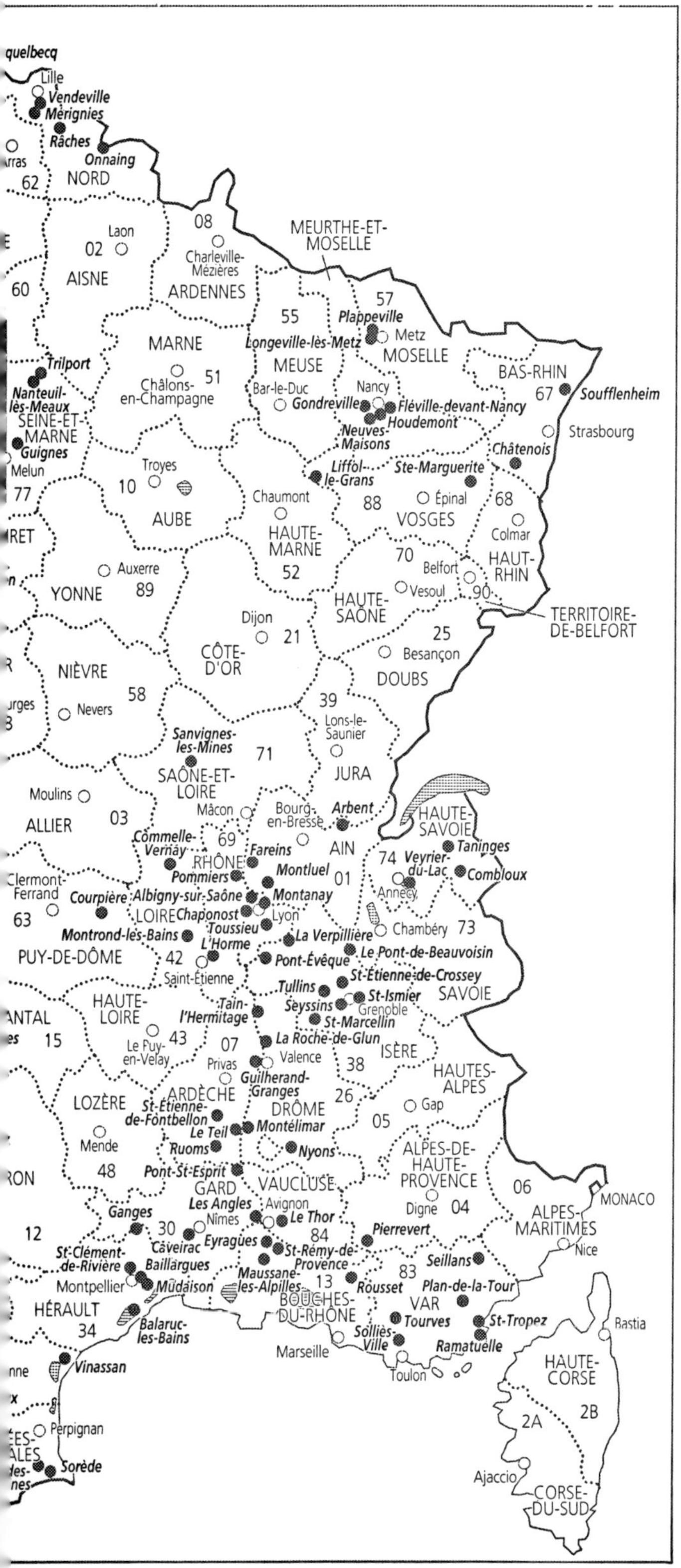
quelbecq
Lille
Vendeville
Mérignies
Râches
Onnaing
62
NORD
08
MEURTHE-ET-MOSELLE
Laon
02
Charleville-Mézières
AISNE
60
ARDENNES
57
55
Plappeville
MARNE
Longeville-lès-Metz
Metz
MEUSE
MOSELLE
Trilport
51
Châlons-en-Champagne
Bar-le-Duc
Nancy
BAS-RHIN
67
Soufflenheim
Nanteuil-lès-Meaux
Gondreville
Fléville-devant-Nancy
Houdemont
SEINE-ET-MARNE
Neuves-Maisons
Strasbourg
Guignes
Châtenois
Troyes
Liffol-le-Grans
Ste-Marguerite
Melun
10
77
Chaumont
88
Épinal
68
AUBE
VOSGES
Colmar
HAUTE-MARNE
70
HAUT-RHIN
Auxerre
Belfort
52
YONNE
89
Vesoul
90
HAUTE-SAÔNE
TERRITOIRE-DE-BELFORT
Dijon
21
25
Besançon
NIÈVRE
CÔTE-D'OR
DOUBS
58
39
Nevers
Lons-le-Saunier
Sanvignes-les-Mines
71
JURA
SAÔNE-ET-LOIRE
Moulins
03
Mâcon
Bourg-en-Bresse
Arbent
HAUTE-SAVOIE
ALLIER
Commelle-Vernay
69
Fareins
AIN
74
Veyrier-du-Lac
Taninges
RHÔNE
Pommiers
Montluel
01
Combloux
Clermont-Ferrand
Courpière
Albigny-sur-Saône
Montanay
Annecy
63
LOIRE
Chaponost
Lyon
Toussieu
Chambéry
73
Montrond-les-Bains
La Verpillière
L'Horme
Le Pont-de-Beauvoisin
PUY-DE-DÔME
42
Pont-Évêque
Saint-Étienne
St-Étienne-de-Crossey
Tullins
St-Ismier
SAVOIE
HAUTE-LOIRE
Tain-l'Hermitage
Seyssins
Grenoble
St-Marcellin
15
Le Puy-en-Velay
43
07
La Roche-de-Glun
ISÈRE
Valence
Privas
38
HAUTES-ALPES
Guilherand-Granges
ARDÈCHE
26
LOZÈRE
St-Étienne-de-Fontbellon
DRÔME
Gap
Le Teil
Montélimar
05
Mende
Ruoms
Nyons
ALPES-DE-HAUTE-PROVENCE
48
Pont-St-Esprit
06
GARD
VAUCLUSE
MONACO
Les Angles
Avignon
Digne
04
Ganges
ALPES-MARITIMES
30
Nîmes
Le Thor
12
84
Caveirac
Eyragues
Pierrevert
Nice
St-Clément-de-Rivière
St-Rémy-de-Provence
Seillans
Baillargues
83
Montpellier
Mudaison
Maussane-les-Alpilles
13
Rousset
Plan-de-la-Tour
HÉRAULT
BOUCHES-DU-RHÔNE
VAR
Bastia
34
Tourves
St-Tropez
Balaruc-les-Bains
Marseille
Solliès-Ville
Ramatuelle
HAUTE-CORSE
Vinassan
Toulon
2A
2B
Perpignan
Sorède
Ajaccio
CORSE-DU-SUD

Remerciements

L'auteur tient à remercier Jo Lécrivain et Philippe Dard pour leur contribution à l'élaboration de ces tableaux et annexes statistiques qui réclament beaucoup de travail, de savoir-faire et de vigilance.

Table

Deuxième partie
1,5 %

Troisième partie
19 à 3

Quatrième partie
2,8 à 3

Cinquième partie
43,3 à 38,6

Sixième partie
9 000

Cet ouvrage a été imprimé par
CPI Firmin Didot à Mesnil-sur-l'Estrée
pour le compte des Éditions Perrin
11, rue de Grenelle
Paris 7e
en janvier 2009

La photocomposition de cet ouvrage
a été réalisée par
GRAPHIC HAINAUT
59163 Condé-sur-l'Escaut

Imprimé en France
Dépôt légal : janvier 2009
N° d'édition : 2463 – N° d'impression : 93614